GEI® 长城智库丛书

吴 勇 李文惠◎著

新经济“闯关东”

——东北新动能培育实践与展望

科学技术文献出版社
SCIENTIFIC AND TECHNICAL DOCUMENTATION PRESS
·北京·

图书在版编目（CIP）数据

新经济“闯关东”：东北新动能培育实践与展望 / 吴勇，李文惠著. —北京：科学技术文献出版社，2023. 12

（长城智库丛书）

ISBN 978-7-5235-1089-6

Ⅰ. ①新… Ⅱ. ①吴… ②李… Ⅲ. ①区域经济发展—研究—东北地区 Ⅳ. ① F127.3

中国国家版本馆 CIP 数据核字（2023）第 235937 号

新经济“闯关东”——东北新动能培育实践与展望

策划编辑：张 闫　　责任编辑：李 晴　　责任校对：王瑞瑞　　责任出版：张志平

出 版 者　科学技术文献出版社
地　　址　北京市复兴路15号　邮编　100038
编 务 部　(010) 58882938，58882087（传真）
发 行 部　(010) 58882868，58882870（传真）
邮 购 部　(010) 58882873
官方网址　www.stdp.com.cn
发 行 者　科学技术文献出版社发行　全国各地新华书店经销
印 刷 者　北京厚诚则铭印刷科技有限公司
版　　次　2023 年 12 月第 1 版　2023 年 12 月第 1 次印刷
开　　本　787 × 1092　1/16
字　　数　353千
印　　张　21.25
书　　号　ISBN 978-7-5235-1089-6
定　　价　69.00元

“长城智库丛书”编委会

“长城智库丛书”总序

长城战略咨询（GEI®）创立于1993年8月，是伴随着中国改革开放进程成长起来的咨询机构，是中国新经济研究、咨询与服务的先行者，是着力构建以新经济发展规律为认知基础的、为各类决策者提供咨询服务的专业智库。立业30年以来，我们根植中国本土，基于对科技的社会与经济功能、政府与市场间协同的深刻把握，形成了对新经济的敏锐感知、独立思考和深刻洞见。我们有一支高素质的咨询师队伍和庞大的专家顾问网络，有丰富的行业数据库、咨询案例库和领先的咨询方法论。

长城战略咨询（GEI®）一直致力于新经济知识的积累、传播与共享，践行“知行合一，惟新守常”的文化理念。我们先后出版过多部著作，并主持编撰有“创新中国研究系列丛书”（山东教育出版社）、“创新战略研究丛书”（广西人民出版社）和“长城智库系列丛书”（金城出版社）。在长城战略咨询（GEI®）成立30周年之际，我们推出“长城智库丛书”系列著作，以期展示长城战略咨询最新的智力成果，推动当代中国新经济伟大事业的发展。

“长城智库丛书”编委会

2023年7月

序 言

2023年是长城战略咨询成立30周年。1993年8月，王德禄先生带领我们这个团队步入知识分子下海浪潮，发挥我们思想与智力的优势，在北京创办了长城企业战略研究所（简称“长城战略咨询”），尝试走一条“以咨询服务中国经济”的新路。30年来，我们从响应客户需求提供多领域咨询，到2013年开始聚焦新经济领域研究和咨询，再到2016年由新经济咨询向新经济促进服务进一步拓展，逐步探索形成新物种、新赛道、新场景、新治理的“四新”新经济理论框架和服务模式。

随着业务领域的拓展，我们开始在全国布局，2008年首先在宁波设立了第1个外埠业务中心。为了响应“新一轮东北振兴战略”的号召，我们于2018年3月在东北正式设立沈阳业务中心，这是长城战略咨询设立的第7个外埠业务中心。此后，我们又陆续在东北设立大连和长春两个业务中心。目前，我们在东北已布局形成40多人的研究和咨询团队，为东北地区提供新经济发展咨询和促进服务。

近年来，为了纪念长城战略咨询成立30周年，展示我们咨询与研究的成果，一直计划出版“长城智库丛书”，为客户伙伴认知升维提供新知识、新洞见。这本《新经济“闯关东”——东北新动能培育实践与展望》是其中一册，也是长城战略咨询第一本付印出版的地方性新经济发展概论类图书，对于丰富长城战略咨询新经济理论体系和实践案例库意义重大。本书在回顾东北兴衰历程的基础上，立足长城战略咨询新经济理论，介绍了新产业、新空间、新物种、新研发、新招商、新开放的“六新”突破口和具体路径，供当前致力于东北经济发展的各界实践者和研究者参阅。

希望本书对于东北振兴切实有益，也希望长城战略咨询的各外埠中心都编写出版同样的著作，以展示更多的新知和洞见。

长城战略咨询理事长、北京大学教授　刘志光

2023年12月

前　言

2018 年 3 月，长城战略咨询在东北的第一家分支机构——长城战略咨询沈阳业务中心正式成立。从区域比较视角看，东北地区[①]曾经具有比我国中部地区、西部地区更好的经济发展基础与地理条件，是竞争“中国经济第四极”最有潜力的区域[②]。为此，沈阳业务中心刚成立时，长城战略咨询创始人王德禄所长就给安排了一个课题，让我们好好研究“东北到底能不能振兴？如果能振兴，到底怎么干?”这 5 年多来，我们带着这个“大问题”，在咨询实践当中不间断地、系统性地深度思考，本书是我们思考成果之集成。思考的核心结论是：从经济发展来看，东北很难再像新中国成立初期到 20 世纪 90 年代一样在全国遥遥领先，但是东北仍然很有希望成为我国重要的经济中心之一，其中最为关键的手段是“发展新经济、培育新质生产力、壮大新动能”，即党的二十大报告中提出的“开辟发展新领域新赛道，不断塑造发展新动能新优势”。习近平总书记于 2023 年 9 月在哈尔滨主持召开新时代推动东北全面振兴座谈会时也指出“积极培育战略性新兴产业和未来产业，加快形成新质生产力[③]，增强发展新动能”。为此，本书将以新经济、新动能及新质生产力为主题，探讨新时代东北经济振兴的新思路、新举措。

---

① 根据国家实施的东北振兴计划，东北地区包括东北三省（辽宁省、吉林省、黑龙江省）和内蒙古自治区东部五盟市（呼伦贝尔市、兴安盟、通辽市、赤峰市和锡林郭勒盟），总面积约 145 万平方千米，简称“东北三省一区”。在日常的话语体系中，东北地区常指辽宁省、吉林省、黑龙江省三省，简称“东北三省”。后文我们提及东北及东北地区时，根据特定场合需要，使用东北三省一区或东北三省空间范畴。

② 当时，有《振兴东北大视野：第四增长极》《新的增长极：东北振兴战略》等专著出版。但目前来看，2022 年，京津冀地区、长三角地区、粤港澳大湾区（内地九市）经济总量均突破 10 万亿元大关，尤其是长三角地区达到 29 万亿元。另外，成渝地区经济总量也达到 8 万亿元，预计到 2025 年有望突破 10 万亿元。而东北三省 2022 年 GDP 合计仅为 5.8 万亿元，成渝地区成为现实经济版图中的第四极。

③ 根据新华社解读，新质生产力有别于传统生产力，涉及领域新、技术含量高，依靠创新驱动是其中关键；形成新质生产力，关键在培育形成新产业，经济发展从来不靠一个产业“打天下”，主导产业和支柱产业在持续迭代优化，促进当前经济增长的重要引擎都是从曾经的“未来产业”、战略性新兴产业发展而来。参考文献：新华社．习近平总书记首次提到“新质生产力”[EB/OL]. [2023-09-12]. https://baijiahao.baidu.com/s?id=1776789772639441205&wfr=spider&for=pc.

一、为何写作本书：帮助更多领导干部“认知升维”

上文已经提到，新时代东北经济振兴取得新突破的关键是新动能培育，我们认为其中更为关键的是需要有一批“懂得如何抓好新动能培育”的实干家。但我们发现，东北地区一些领导干部，尤其是新近调任到经济口工作的领导干部，对于新动能培育总体认识还不够深刻，对于全国典型模式及东北有效实践的了解也不够全面。为此，我们立足长城战略咨询近年来在东北地区“陪伴式”咨询服务的积累和沉淀，在深刻领会习近平总书记关于东北振兴系列重要讲话精神的基础上，充分内萃东北本土实践并外取全国先进模式形成本书。概括来说，本书具有以下 3 个特点：

是一本“实操性”图书。长城战略咨询一直坚信经典的“二八原则”，并创造性地提出了“80–20–4”原则①，即“真正对任何一件事情有实质性帮助的往往只有最为关键的 4% 小切口举措”。为此，本书从咨询顾问较擅长的“实操性”视角，归纳提出新时代东北新动能培育的“六新”突破口，即新产业、新空间、新物种、新研发、新招商、新开放，并试图分别提炼真正对东北新动能培育有实质性助推作用的 4% 举措，以助力东北地区采取相对最优的干法，精益求精干成一件件对于东北振兴有效的事情，争取少走弯路，用效率一点点把这些年落后的逐步追赶回来。

是一本“概论性”图书。我们发现，近年来社会的快速进步和产业的不断变革，对于政府抓好经济工作的综合性、专业性要求越来越高。为此，本书将系统介绍新动能培育及产业结构调整的主要方面，并将东北置于全国大格局中进行分析、判断、评价，同时在此基础上提出下一步工作建议，以便于东北地区系统性地了解新时代东北新动能培育的大格局、总逻辑及有效举措，从而迅速建构起新质生产力和新动能培育的知识体系，更快、更好地投入培育实践。

是一本“大白话”专业读物。编写本书时我们尽量采用“大白话”，并且多讲案例、少讲道理，多说逻辑、少说概念。可以说，本书的内容比较“接地气”。但是，这并不妨碍我们广泛吸收各领域专家学者的最新理论性研究成果，力争与主流经济学界不脱节。

① 长城战略咨询 . 80–20–4：帕累托平方的创意法则 [R]. GEI 企业研究报告，2017（11）. 这是对“二八原则”的再创造，对 20% 部分再进行“二八”分解就是最为关键的 4% 精华。

二、本书核心内容：以新动能培育“六新”抓手为核心

结合本书“实操性、概论性”定位，我们反复打磨形成8章内容。这些内容既要确保没有太多冗余内容和理论性分析，又要确保能讲明白新质生产力和新动能培育的必要性、原理及关键抓手。

第一章 东北到底能不能振兴？我们在回顾东北兴衰历程的基础上，阐述我们对于东北振兴可行性及关键突破口的总体判断，为各位读者理解后续章节内容奠定基础。

第二章 战略与执行：振兴举措落地见效之前提。推进任何一项大工程，都离不开战略和执行，尤其对于做事相对不够精细的东北地区，更需要抓好战略与执行。为此，在介绍新质生产力和新动能培育“六新”抓手之前，我们将首先介绍基础性的战略与执行。包括与“战略”相关的比较优势与区域个性研究、区域综合实力提升研究、三年行动计划编制等内容，与“执行”相关的政府精益做事、大传播体系构建等内容。此外，还介绍了确保战略持续领先和战略“不走样”落地的“陪伴式”高端智库模式。

第三章 抓新产业：东北振兴的根本在于产业振兴。东北究竟应该抓哪些“新产业”，以及如何培育壮大这些“新产业”值得关注。本章我们将立足东北实际，介绍现代化产业体系、产业链—产业集群—产业生态圈、新赛道及未来产业3个产业层次，以及先进制造业、数字经济、现代服务业等重点领域“新产业”的促进举措。

第四章 抓新空间：构筑新空间是东北孕育新产业的关键。当前各地都比较注重发展环境先行，即打造有利于特定新产业涌现的特定新空间，让一些新空间先发展起来，再发挥辐射效应带动周边区域发展。本章我们依次介绍开发区、重磅产业功能区、专业产业园、主题楼宇、片区开发等不同尺度或属性的新空间及其打造要点，供东北各地参考。

第五章 抓新物种：新物种大量涌现是东北振兴的关键标志。企业是构成经济的基本细胞，抓好以新物种企业为重点的企业队伍建设对于东北培育壮大新动能意义重大。狭义的“新物种企业”特指瞪羚企业、独角兽企业、哪吒企业等以物种命名的企业，是新动能企业中最活跃的群体。本章我们首先概括性地介绍全国及各地比较关注的企业品类，其次重点介绍瞪羚企业、独角兽企业等新物种企业，同时还介绍了专精特新企业、科技领军企业、总部企业等其他值得东北关注的重点新动能

企业。

第六章　抓新研发：创新是东北振兴的第一动力。新研发核心是通过研发及成果转化孵育“硬科技企业”，即“发展高科技、实现产业化”。为此，本章我们按照党的二十大报告提出的科技、教育、人才“三位一体”新要求，以构建成熟的创新生态为总体方向，依次介绍值得东北各地关注的科技“双中心”、战略科技力量、战略人才力量、关键核心技术攻关、场景创新、新一代专业孵化载体、科技体制改革、科技金融、科教产教融合等内容。

第七章　抓新招商：东北实现“赶超发展”的必要手段。对于后发地区和创新资源相对匮乏的地区，招商引资往往被视为新动能培育“一号工程”，可见，招商引资也是东北赶超发展的必要手段。本章我们首先概括性地介绍以构建“百战百胜”大招商体系为导向的招商改革，其次依次介绍产业链招商、总部招商、场景招商、资本招商、招商项目评估等值得东北关注的内容。

第八章　抓新开放：链接全球资源加速东北振兴。开放带来进步，封闭必然落后。立足新的发展阶段，东北应该如何抓好开放型经济？我们认为，首先需要抓好海陆空对外开放通道建设，并依托海港、空港、陆港等发展临港产业，这也是这些年深圳、宁波、重庆、郑州等城市发展的关键手段；其次需要通过都市圈建设、东北一体化发展等提升沈大长哈[①]4个中心城市的能级，进而提升东北链接国际市场和资源的能力；同时，还需积极融入东北亚经济圈，加强与日韩俄毗邻国家间的产业合作。此外，还需关注东北服务业的进一步扩大开放。本章将分别介绍以上内容。

三、新经济与新动能的关系：新经济是新动能的主力代表

长城战略咨询定位于“新经济思想引领者、新经济生态建设者、新经济服务提供商”，那么，我们近年来一直所倡导的“新经济”与本书中强调的“新动能”到底是什么关系呢？我们认为，“新经济”是新旧动能转换中“新动能”的主力代表[②]。具体如下：

“新经济”的由来。20世纪90年代以来，美国经济出现第二次世界大战后罕见的持续性高速增长，这主要得益于经济全球化背景下信息技术产业及其带动的高科技产业实现蓬勃发展，美国《商业周刊》1996年年底的一篇文章称其为“新经济”。

① 沈大长哈指沈阳、大连、长春、哈尔滨4个城市。

② 王德禄 . 纵论新经济 [M]. 北京：科学技术文献出版社，2023.

此后，国内也开始关注、研究并促进新经济发展。例如，国务院发展研究中心 2001 年创办的《新经济导刊》就在持续关注全球新经济发展新趋势、新动向，长城战略咨询也是国内较早关注并系统研究新经济的智库机构之一。

如何推动“新经济”发展？长城战略咨询近年来在总结美国硅谷、中国中关村等国内外新经济发展高地经验时发现：通过创业来扩散新技术并推动新兴产业发展是新经济起飞的主要路径，我们称这一路径为“创业式创新”①。在过去很长一段时间内，中国推动“创业式创新”的最核心手段是布局建设以服务技术创业及科技企业为己任的高新区，目前，这一新经济起飞路径已在国家级新区、经开区、中心城区等实现了复制推广。为此，我们始终坚信高层次创业是新经济形成的起点，包括前些年常提及的跨区域创新、系列创业、改变世界的创业，以及近年来常提及的硬科技创业、赛道牵引的创业、场景驱动的创业等，这也是我们长期坚持在各地“劝创业”的原因所在。有了高层次创业，后续就有希望诞生瞪羚企业、独角兽企业等新物种企业，它们不断开辟新赛道新领域，就有望涌现出一批批原创新兴产业，这些原创新兴产业不断发展壮大，就能成为各地区新经济、新动能的核心支柱。近年来，长城战略咨询还特别针对“创业到引爆新经济”这个阶段，提出了“新物种、新赛道、新场景、新治理”这 4 个核心抓手，作为各地培育壮大新经济的关键发力点。这“四新”内容也将贯穿在本书新动能培育“六新”抓手的阐述之中。

长城战略咨询辽宁业务总监　吴勇

2023 年 12 月

① 王德禄，赵慕兰 . 中国新经济发展之路：脉络、经验与前瞻 [J]. 新经济导刊，2019，7（3）：9-15.

目　录

图目录

表目录

专栏目录

第一章
东北到底能不能振兴？

我们思考的核心结论是：东北经济很难再像新中国成立初期到20世纪90年代一样遥遥领先于全国其他地区，但东北仍有希望成为我国重要的经济中心之一，其中，最为关键的手段是抓好“新质生产力和新动能培育”。此外，我们认为，成为我国重要的经济中心之一，对于东北地区承担国家赋予的“五大安全”使命①，也具有重大战略意义。

第一节　东北兴衰历程回顾

约瑟夫·熊彼特有句名言：人们可以用3种方式去研究经济，即通过理论、通过统计和通过历史。越是一个需要规划未来的时代，就越需要回顾过去。为此，我们先从历史视角出发，截取几个东北经济发展的断面，看看东北究竟发生了什么，弄清楚它从哪里来，之后才能想明白它向哪里去。本书将从1949年开始回顾。

一、社会主义建设时期（1949—1978年）：高端要素涌入，重工业占据中国半壁江山，这是有史以来东北经济最繁荣的时期，1978年东北共有6个城市GDP排名位列全国前二十

在日本投降前夕，虽然东北的工业遭受了日本蓄意破坏、苏联强行拆运机械设备及内战破坏等劫难，但在日本战败后，尤其是在1948年11月辽沈战役胜利东北全境解放后，东北的工业得到全面恢复②。“一五”计划至改革开放以前，东北主要重工业产品基本都占全国的半数以上，创造了新中国的第一炉钢水、第一辆汽车、第一艘万吨轮船、第一架飞机等数不清的“第一”③。当然，这离不开全国优秀人才涌入东北，以及苏联援建项目的支持。此后直到19世纪80年代，东北工业发展还为支援全国建设做出重大贡献：一是改革开放以前，东北生产的众多生产资料，如石油、钢材、煤炭、水泥等，均采用计划调拨方式，以极低价格调配全国；二是东北三省国企利润大部分上缴国家，即使在20世纪80年代及以后相当长的一段时期，税赋仍高于东部沿海地区；三是东北工业为全国工业的发展无偿输送大量技术和人才④。例如，湖北十堰二汽就是在长春一汽的援助下建立起来的，全国各

① 即维护国家国防安全、粮食安全、生态安全、能源安全、产业安全。

② 石建国. 东北工业百年简史 [M]. 北京：中国人民大学出版社，2016.

③ 同②。

④ 根据位于沈阳市铁西区的中国工业博物馆相关展示内容整理。

地的许多钢厂都是鞍钢援建的。总之，这个时期的东北，在重工业带动下 GDP 遥遥领先，1978 年沈阳、大连、哈尔滨、鞍山、大庆、长春等 6 个城市 GDP 排名位列全国前二十（表 1–1），是全国城市化水平最高的地区。

二、改革开放至第一轮东北振兴战略实施前（1978—2003 年）：东北原有优势重工业部分被淘汰，轻工业、高科技产业、金融商贸、外向型经济等培育力不从心，经济地位显著下降

自 20 世纪 90 年代开始，长期计划经济体制使得东北经济积重难返，许多传统产品因为竞争力较低而逐渐被淘汰，重工业工厂一茬接着一茬地废弃、缩减。例如，随着煤炭、黑色金属、石油等资源储量减少，开采成本上升，使得建立在这些资源基础上的原材料工业日益丧失竞争优势。1991 年，新华社刊发题为《东北现象引起各方关注》的报道，称东北出现的“工业经济效益下滑、大量企业停产半停产、大批工人下岗、技术人才流失、在全国经济地位下降等状况”为“东北现象”。与此同时，1984 年“神州第一开发区”大连经济技术开发区获批，1991—1992 年沈阳、大连、长春、哈尔滨等 7 个老牌高新区获批，1991 年还启动了继陆家嘴之后唯一以金融商贸为特色的沈阳金融商贸开发区建设，这些探索都试图培育轻工业、高科技产业、金融商贸等新增长点。虽然发展初期有一定的效果，如 1993—1994 年，沈阳高新区在全国的排名仍位居第三，但由于东北历史包袱太重（例如，20 世纪 90 年代末期，东北成为亏损国有企业改革主要“阵痛区”，期间将近 800 万名的工人下岗失业[①]），有限资金多投入解决这些历史包袱及稳定“重工业”，而在新增长点培育上力不从心。此外，再加上东北地区整体上向市场经济的转型滞后，发展轻工业干不过沿海省份，发展高科技干不过武汉、成都、西安等科教高地，发展金融商贸干不过北上广深。长此以往，东北经济地位显著下降，到 2003 年，全国城市 20 强仅剩三席（表 1–1），东北三省 GDP 占全国比重也从 1978 年的 13.1% 降到 1990 年的 11.3%，再到 2003 年的 8.5%[②]。

① 杨海涛，刘彬生 . 东北地区结构性失业问题研究 [J]. 黑龙江社会科学，2008（5）：89–92. 本文相关测算：1998—2004 年东北地区国有企业下岗职工数量累计为 745.8 万人。

② 根据《中国统计年鉴 2022》及 2022 年版辽宁、吉林、黑龙江统计年鉴中数据测算。

表 1-1 全国 GDP 排名前二十城市（1978 年、2003 年、2021 年）[①]

排名	1978 年		2003 年		2021 年	
	城市	GDP/ 亿元	城市	GDP/ 亿元	城市	GDP/ 万亿元
1	上海	272.8	上海	6250	上海	4.32
2	北京	108.8	北京	3663	北京	4.02
3	天津	82.7	广州	3496	深圳	3.06
4	重庆	71.7	深圳	2895	广州	2.82
5	沈阳	43.6	苏州	2801	重庆	2.78
6	广州	43.1	天津	2447	苏州	2.27
7	大连	42.1	重庆	2250	成都	1.99
8	武汉	39.9	杭州	2099	杭州	1.81
9	哈尔滨	39.3	无锡	1901	武汉	1.77
10	青岛	38.4	成都	1870	南京	1.63
11	成都	35.9	宁波	1786	天津	1.56
12	南京	34.4	青岛	1780	宁波	1.45
13	鞍山	32.8	武汉	1662	青岛	1.41
14	大庆	32.5	大连	1632	无锡	1.40
15	苏州	31.9	沈阳	1603	长沙	1.32
16	石家庄	29.9	南京	1576	郑州	1.26
17	南通	29.4	哈尔滨	1414	佛山	1.21
18	唐山	29.1	佛山	1381	济南	1.14
19	杭州	28.4	泉州	1380	合肥	1.14
20	长春	27.9	石家庄	1377	福州	1.13

① 2021 年和 2003 年数据来自《中国城市统计年鉴 2004》《中国城市统计年鉴 2022》。1978 年数据来自山川网《四十年来谁沉浮》、星球数据派《中国 20 强城市 GDP 大洗牌》等公众号文章，其中，存在异议的几个数据处理如下：重庆 71.7 亿元引自《重庆统计年鉴 2022》；哈尔滨 39.3 亿元引自《哈尔滨统计年鉴 2022》；长春 27.9 亿元引自长春市统计局《砥砺奋进辉煌四十载　不忘初心逐浪新时代》；石家庄 29.9 亿元引自《石家庄日报》刊载的《40 年间，石家庄市生产总值增长 215 倍》；根据《黑龙江日报》刊载的《大庆城市转型发展的主要成就》，1979 年大庆建市时 GDP 为 35.7 亿元，大庆 32.5 亿元为推算数据，实际当时大庆市还不存在。

三、东北振兴上升为国家战略以来(2004 年至今):基本上稳住了优势重工业,中国的重工业中心依旧在东北,并且新动能培育上也有所成效,但慢进即退,东北城市全部退出 GDP 排名前二十

2001 年,我国加入 WTO,大豆等大宗农产品进口关税下调,作为我国最重要的商品粮生产基地的东北地区再度出现“不适症状”。2002 年 1 月,新华社刊登了题为《“铁杆庄稼”积压严重,“新东北现象”引人关注》的报道,称东北农业遭遇了与当年工业几乎一样的问题,如农产品生产成本高、市场竞争力差等,并称其为“新东北现象”。2002 年 11 月,党的十六大报告提出“采取有力措施,支持东北地区等老工业基地加快调整改造,支持以资源开采为主的城市和地区发展接续产业”。在此之后,2003 年 10 月,中共中央、国务院正式印发《关于实施东北地区等老工业基地振兴战略的若干意见》,并于 2004 年 8 月正式启动实施东北振兴战略。2003—2012 年,东北地区的 GDP 保持较高速增长,并且在国企改革、经济结构调整、打造新经济支撑带等方面取得了重大成效,被媒体称为东北经济的“黄金十年”。主要原因是该时期正好赶上中国工业化高速增长时期,需要大量能源、原材料、生产装备,这与东北的产业结构正好相契合[①]。但从另一角度看,这一契合继续固化了东北地区的重工业产业结构,也造成了新一轮产业结构调整的隐性障碍。从 2014 年开始,当全国在新常态的产能过剩等背景下加速产业结构调整之时,东北地区出现了经济增长落后、投资断崖式下滑、财政收入急剧减少等急症,加上同时期出现的人才外流、营商环境恶化等问题,一时间东北面临极大的压力。2015 年 2 月,新华社刊发《事关全局的决胜之战——新常态下“新东北现象”调查》,东北经济增长情况成为全国上下热议的话题。此后,2016 年 4 月,1.6 万亿元新一轮“东

① 李凯,赵球,高宏伟 . 东北振兴中的产业结构调整 [M]. 沈阳:辽宁人民出版社,2020.

北振兴"计划启动[①]。在实施新一轮东北振兴战略以来，东北基本稳住了重工业，尤其是大国重器相对领先的地位，鞍钢、一汽、一重、沈飞、大船、大庆油田等重工业集团仍是中国一流水平，其生产的产品是我国发展不可或缺的。由于一个地区新型产业结构的形成和综合发展实力的提升需要一个过程，为此，即使国家部署实施了两轮东北振兴战略，也未能让东北的经济领先地位实现重塑，到 2021 年，东北地区位列全国 GDP 排名前二十的城市已从 1978 年的 6 个归零（表 1–1），东北三省中排名第一的大连在全国仅排第 28 位，此外，东北三省 GDP 占全国的比重到 2013 年降到 6.9%，2021 年更是降到 4.9%[②]。但不可否认的是，近些年东北地区在落实维护国家"五大安全"重要使命中也取得不错成效，2023 年 9 月，习近平总书记在哈尔滨主持召开新时代推动东北全面振兴座谈会时肯定性地指出，"2018 年 9 月在沈阳召开深入推进东北振兴座谈会以来，东北三省及内蒙古在推动东北振兴方面取得新进展新成效，国家粮食安全'压舱石'作用进一步夯实，产业安全基础不断巩固，能源安全保障作用不断强化，生态安全屏障不断筑牢，国防安全保障能力稳步提升，改革开放呈现新气象"。

第二节　长城战略咨询对"东北振兴"的判断

区域（城市）经济理论认为，以"区外市场为中心"的产业，而非"以区内市

① 根据中国宏观经济研究院国土开发与地区经济研究所副所长张庆杰观点，与 2003 年东北振兴战略相比，2016 年新一轮东北振兴战略主要"新"在 5 个方面：一是问题新。上一轮振兴将重点放在解决民生保障、维护社会问题上。新一轮振兴着力于转型发展问题，对经济发展、社会进步等做出了全面部署和安排。二是方法新。上一轮振兴主要采取加大资金投入和政策倾斜的方式，实现了数量型的扩张性增长。新一轮振兴更加强调通过改革，发挥地方和企业主体作用；通过体制机制创新，释放科技和人才资源优势；通过实行区域内部和跨区域合作等新的方式，增强发展活力。三是路径新。上一轮振兴主要通过支持国有重点企业和壮大传统优势产业带动区域发展，依靠扩大产能拉动企业和地区经济增长，振兴老工业的意味强烈。新一轮振兴则是将提高经济发展质量效益，发展新经济、培育新动能作为促进经济增长主要途径。四是任务新。与上一轮相比，新一轮振兴任务更加聚焦，按照着力完善体制机制、着力推进结构调整、着力鼓励创新创业、着力保障和改善民生等重点任务推进。五是目标新。新一轮振兴提出了实现东北"全面振兴"的总体目标，并将其分为了到 2020 年和 2030 年两个阶段目标，同时明确了全面振兴的标志就是要使东北地区成为"全国重要的经济支撑带，具有国际竞争力的先进装备制造业基地和重大技术装备战略基地，国家新型原材料基地、现代农业生产基地和重要技术创新与研发基地"的"一带五基地"。

② 根据《中国统计年鉴 2022》及 2022 年版辽宁、吉林、黑龙江统计年鉴中数据测算。

场为中心"的产业，使得区域（城市）持续成长成为可能[①]。通俗讲，一个区域繁荣与否，关键要看有没有超级产业和超级企业，它们有实力参与全国乃至全球大循环，能从该区域以外的市场获得充足的订单。这是我们判断"东北能否振兴"的基础逻辑，我们也将基于该逻辑对以下 4 个关键问题给出初步判断。

问题一：东北为何曾经如此繁荣?

经研究，东北从 20 世纪 50—80 年代 30 余年的经济繁荣，主要依靠以全国计划需求为中心的重工业，该产业实力很强，让东北经济在全国遥遥领先，但离不开此前 40 多年的培育。从上文的兴衰历程回顾中，我们能看出，1978 年东北 6 个城市 GDP 排名位列全国前二十的繁荣景象与其重工业领先地位密不可分，鼎盛时期主要重工业产品都占到全国的一半以上。这是什么概念？几乎全国重工业产品的需求，包括军工、钢铁、汽车、轮船、飞机等都被东北企业"垄断"供给，可想其实力之强。能取得如此成绩离不开此前奉系培植、苏联援助[②]、地方积极发展等多重力量 40 多年的积累及接续努力，更离不开新中国成立以来在计划经济初期党中央对东北地区相当大力度的资源、政策倾斜和特别布局。

问题二：当前东北为何相对衰退?

经研究，东北从 20 世纪 90 年代开始到如今 30 年的经济衰退，实是"慢进"，在重工业实力衰减的背景下，高科技产业、数字经济等按市场经济规律运行的新动能发展滞后，未有效"接续"上，再加上全国轻重工业比例的大变换，让东北经济的领先地位不再。2018 年，习近平总书记在深入推进东北振兴座谈会上的重要讲话中指出，东北地区存在"四个短板"和"三偏"问题，即体制机制、经济结构、开放合作、思想观念"四个短版"和产业结构偏重、民营经济偏弱、创新人才偏少"三偏"，这"四个短板"和"三偏"问题系统揭示了东北衰退的原因。在学术界及民间，对于东北这些年经济衰退或慢进，也有各种论断，如长期计划经济依赖导致市场经济发育不足[③]、企业家精神缺乏、营商环境较差、人才流失、资源型城市资

---

① 吴志强，李德华 . 城市规划原理（第四版）[M]. 北京：中国建筑工业出版社，2012.

② 新中国成立初期苏联援建中国的 156 个项目，其中 1/3 位于东北地区。

③ 石建国 . 从开埠设厂到"共和国长子"：东北工业百年简史 [M]. 北京：中国人民大学出版社，2016. 核心观点：从东北工业发轫起，其工业发展主导力量就不是市场，包括洋务企业的官办、官督商办、官商合办，奉系军阀和日本统治时期的官僚资本；新中国成立后，东北实施计划经济时间最久、力度最大，这也使得改革开放后东北市场发育缓慢。

源枯竭、存在经济成本高地现象[①]、寒冷气候制约等。纵观习近平总书记的讲话及以上学界、民间各种论断，我们认为，产业结构更新调整需要周期是近期东北衰退一个相对直接的、不能忽视的关键原因。“接续产业”的培育需要周期，同步更新发展逻辑和培育手段也需要时间，尤其是高科技产业、数字经济及新型消费品等新兴行业，从发展逻辑的转换和产业培育的实施，再到产业发展壮大需要好几十年的时间。例如，2002 年沈阳市和中国科学院沈阳自动化研究所合作建设沈阳 IC 装备产业园，超前布局 IC 装备产业，目前沈阳成为继北京、上海之后的全国第三大 IC 装备产业基地，涌现出了芯源微、拓荆科技、富创精密等 3 家科创板上市，但 2022 年沈阳 IC 装备产值仅 65 亿元，预计再给沈阳 10 年左右的时间，产值规模很可能突破 200 亿元。

问题三：未来东北能否再度领先？

经研究，如果遵循新经济的发展逻辑和规律实施转变，再给东北 20 年的时间，或许能再度成为中国的经济中心之一，也有希望 1 ～ 2 个城市排名进入全国前二十，但东北经济很难再像 20 世纪 50—80 年代一样遥遥领先。为啥接下来几十年，东北经济很难再像 20 世纪 50—80 年代一样遥遥领先？我们推断，未来 30 年东北亚经济格局发生大变化，尤其俄罗斯东部地区经济全面崛起的可能性不大，并且像新中国成立前后一样获得类似于苏联援助、中央政府支持等外力接续助推的可能性也不大，要继续做到遥遥领先不现实，但非常有希望成为中国重要的经济中心之一。为何是 20 年？因为这些年东北已经遵循新经济发展规律培育了一批有潜力实现爆发式成长的新兴产业，他们已有一定领先性，但还需要拓展到全国及全球市场，再给他们 20 年时间，他们就有望从“小苗”成长为“参天大树”。此外，国家早些年在东北布局了大量高校院所，据统计，东北三省共有高等学校 250 多所，在校生超过 330 万人，共有职业院校 900 多所，在校生超过 110 万人，尤其拥有中国科学院的多个所，以及哈尔滨工业大学、大连理工大学、东北大学等工科类院校，其衍生高科技新兴产业能力较强，这也是东北能再振兴的重要家底。为何是 1 ～ 2 个城市？我们发现，沈阳、大连、长春等东北中心城市成长势头都很好，他们不仅

① 王蒙 . 东北经济成本“高地”现象的负面影响及对策 [J]. 财政科学，2021（6）：92-98，109. 本文通过对辽宁、吉林、黑龙江三省的水、电、液化气、宽带 4 项公用事业产品价格高于平均价格的情况进行梳理，认为东北三省存在成本“高地”现象，并指出成本“高地”对区域经济存在推升辖区内企业用能成本、限制有效需求提升、弱化企业相对竞争力、恶化区域营商环境、阻碍区域平衡发展等不利影响。

高度重视遵循新经济规律的经济先导区的建设[①]，还分别有精细化工、汽车产业等支柱产业，也储备了集成电路、生物医药、航空航天等高潜力新兴产业。

问题四：东北再度繁荣有何路径？

经研究，一以贯之、久久为功地遵循新经济发展规律推进新质生产力和新动能培育，是东北经济地位快速回升的关键，可以延续前些年的培育行动，重点依托各类开发区、重磅产业功能区等经济先导区，聚焦具有一定基础的新兴产业，培育一批跨国型、跨省型新领军企业。为何新质生产力和新动能培育是关键？前面已提到，东北经济下滑是因为“接续产业”未无缝衔接上，为此，在遵循新经济发展规律的前提下加速“接续产业”或“新动能”的培育就成为东北经济地位快速回升的关键[②]。党的十八大以来习近平总书记在考察东北及参加东北有关座谈会时，曾多次提到了“培育壮大新动能”这一要求。习近平总书记在2023年9月主持召开的新时代推动东北全面振兴座谈会上也指出，“推动东北全面振兴，根基在实体经济，方向是产业升级”，东北地区要“加快构建具有东北特色优势的现代化产业体系”，要“积极培育战略性新兴产业、未来产业，加快形成新质生产力，增强发展新动能”。实际上，东北地区在20世纪90年代初开始设立各类开发区时，就已在积极推进新动能培育及探索发展新机制，如1991年创办的东软集团、2001年创办的新松机器人公司，都是当时沈阳高新区培育的重点新动能企业。我们认为，未来要想让东北成为全国重要的经济中心之一，关键是延续最近20年，尤其最近10年左右的新动能培育行动及新机制探索，并一以贯之、久久为功推进见效。

本章延伸阅读推荐：

1. 王成金．东北地区全面振兴的重大问题研究[M]. 北京：科学出版社，2021. 本书介绍了“五个安全”、“五头五尾”、特色产业、粮食生产基地、旅游资源开发、科技创新、国际合作、引领示范新高地、城市化重点地区、特殊类型地区等方面问题和路径。

2. 林木西，和军．东北老工业基地全面振兴、全方位振兴[M]. 北京：经济科学出版社，2021. 本书介绍了国企改革、新业态培育、城市群建设、开放、地方治理体系等振兴手段。

3. 周建平，程育，李天娇．东北振兴战略总论[M]. 沈阳：辽宁人民出版社，2020. 本书介绍了东北振兴战略及新一轮东北振兴战略的提出背景、演进变化、实施情况。

---

① 例如，沈阳重点推进的沈阳浑南科技城、沈阳空港经济区、沈阳国际陆港、沈阳汽车城、沈阳古城等；大连重点推进的金普新区、大连英歌石科学城、长兴岛开发区、大连太平湾合作创新区（东北亚新蛇口）等；长春重点推进的长春新区、长春国际汽车城、中韩（长春）国际合作示范区等。

② 东北振兴研究院副院长李凯也持有类似观点。详见李凯等著《东北振兴中的产业结构调整》。

4. 常修泽 . 中国东北转型通论 [M]. 沈阳：辽宁人民出版社，2020. 本书介绍了体制、结构、文化方式三大转型，以及建设开放前沿、新旧动能转化、思想解放等转型手段。

5. 迟福林等 . 东北振兴新动力 [M]. 沈阳：辽宁人民出版社，2020. 本书介绍了“一带一路”建设、以开放倒逼改革、深化国企改革、改善营商环境等有望推动东北振兴的新动力。

6. 周建平 . 绸缪东北：新一轮东北振兴 [M]. 重庆：重庆大学出版社，2019. 本书介绍了改革、产业结构调整、创新创业、开放合作、改善民生、优化空间布局等新一轮东北振兴发力点。

第二章
战略与执行：振兴举措落地见效之前提

对于如何抓好经济发展重大举措落地，我们有一个“四句话”的方法论，即“想清楚、说明白、做到位、讲出去”，虽然这“四句话”对于全国也适用，但主要针对东北“干事太糙”问题提出的。前两句对应“战略”，后两句对应“执行”。实际上，这“四句话”不仅仅适用于经济发展领域，也适用于推动任何领域的一切干预手段落地见效。这里，我们非常关注战略与执行联动，因为许多战略的失败，不是战略本身的错误，而是没有连续的、一致的行动来支撑[①]。

第一节，我们将介绍“想清楚”的方法。当前，我们正身处一个变化日益加快、不确定性日益增强、一天比一天复杂的发展环境中，选择正确的战略变得无比重要，同时也无比困难。在我们看来，需要关键领导干部想清楚的战略问题，主要包括两类：第一类是区域个性问题，核心是要想清楚一个区域有哪些比较优势，有望举起几杆大旗，然后以“成为第一”为目标，依托大旗的号召及久久为功的精准施策，不断PK掉或者超越不同层级的竞争对手，树立起难以撼动的“江湖地位”；另一类是综合实力提升问题，核心是要想清楚GDP、常住人口等几个反映区域综合实力的战略性指标，未来几年到底能够干到什么水平，到底要采取哪些系统化提升措施。

第二节，我们将介绍“说明白”的方法。在想清楚之后，还需要说明白，为此我们还将介绍三年行动计划、五年规划、中长期规划等各类规划工具，用来承载、固化已经“想清楚”的战略问题。

第三节和第四节，我们将介绍“做到位”的方法。没有队伍就没有生产力。想要做到位，核心还得看组织能力。我们在2020年年初做过一项研究，发现“干事太糙”是制约东北振兴的重要原因之一，为此我们将介绍推进“政府精益做事”的一般性方法。

第五节，我们将介绍“讲出去”的方法。通过构建“大传播体系”持续发声，有利于一个区域“出圈”，提升资源、流量的汇聚能力。最近我们发现，东北各地区普遍不太重视，也不擅长运用“讲出去”这一传播工具促进经济发展。为此，我们将予以专门介绍。

最后，我们还将介绍“陪伴式高端智库”模式。各地区可以探索将“想清楚、说明白、做到位、讲出去”的部分工作外包给专业智库，以借助专业智库的力量实现战略持续领先和战略“不走样”落地。

---

① 刘学．战略：从思维到行动[M]．北京：北京大学出版社，2009.

第一节 加强区域个性挖掘和综合实力提升研究

“战略”一词起源于战争领域，《孙子兵法》就是介绍军事战略的经典著作，正确的战略及具体战术往往能够达到事半功倍的效果，在商业竞争、区域发展领域，“战略”也至关重要①。管理学大师德鲁克曾在其著作《卓有成效的管理者》中提到“做正确的事情，往往比正确地做事更重要”。2003 年 7 月，时任浙江省委书记、代省长的习近平同志在省委十一届四次全会上，系统提出经典的“八八战略”，即进一步发挥“八个方面优势”，推进“八个方面举措”，这一战略成功指导浙江省近 20 年来的高速高质发展②。由于战略至关重要，几乎每天都有合作伙伴找我们咨询“战略性问题”，我们几乎每天都在“谈战略”。对于任何一个区域来说，非常有必要想清楚到底应该怎么发展，然后再基于这些核心的战略考虑采取经济促进手段，避免每天忙于事务性的低层次工作，付出了大量努力最终还无法取得经济发展成效。结合我们这些年的实践积累，我们认为一个区域需要想清楚的发展战略主要有两类：一是如何塑造区域的“面子”即区域个性；二是如何提升区域的“里子”即综合实力。

一、区域个性研究

“区域个性”是长城战略咨询的专属词汇，我们创立该方法，核心是帮助一个区域找到比较优势③，并指导区域谋求差异化发展。我们定义“区域个性”为：在遵循市场经济规律、新经济规律等普适性规律的前提下，一个区域在长期的发展过程中逐步形成的、明显优于其他地区且不易被超越的区域内在特质，它能创造其他地区无法取代的竞争优势和地位④。例如，硅谷、中关村就是创新高地的代名词。尤其，在当前这个各地都竞相发展的时代，挖掘、塑造区域个性，推动一个区域快速“出圈”尤为重要。为此，这就需要各地主动识别区域个性，政府出手加以干预，快速举起几杆彰显个性的“大旗”。又如，辽沈银行总部之所以落户沈河区，就与其积极塑造“区域性金融中心”个性密不可分。此外，大连积极塑造世界级石化基

① 想进一步了解“战略”可延伸阅读以下专著。亨利·明茨伯格，约瑟夫·兰佩尔．战略历程：穿越战略管理旷野的指南 [M]. 魏江，译．北京：机械工业出版社，2012；马丁·里维斯，纳特·汉拿斯，詹美贾亚·辛哈．战略的本质 [M]. 王喆，韩阳，译．北京：中信出版社，2016.

② 浙江干部培训教材编审指导委员会．“八八战略”与中国特色社会主义在浙江的实践 [M]. 杭州：浙江人民出版社，2020.

③ 我们非常认可林毅夫教授的“比较优势”理论（林毅夫．论经济发展战略 [M]. 北京：北京大学出版社，2005）.

④ 长城战略咨询．新经济条件下如何挖掘区域个性 [R]. GEI 企业研究报告，2015（1）.

地形象、哈尔滨积极塑造冰城形象、长春积极塑造国际汽车城形象等，也都是东北塑造区域个性的典型代表。具体如下：

如何识别区域个性？我们主要基于“长板分析法”和“机会分析法”[①]来识别区域个性。简单来说，就是看看新时期都有何种机遇，然后将各自区域的不同方面与其他区域进行比较，找到已有一定优势，符合时代大趋势并且能够有所发展的“小长板”。这些“小长板”就是潜在的区域个性，也是我们需要重点识别的对象。

如何塑造区域个性？一方面要围绕“小长板”一以贯之、久久为功实施促进举措；另一方面要加强常态化品牌传播，并且联合权威机构，持续发榜单，树起难以撼动的“江湖地位”。最终经过几年的不懈努力，进一步拉长“小长板”成为“大长板”，塑造广为知晓的“区域个性”，进而吸引多方关注和资源导入，推动区域跨越式发展。此外，各地还有必要谋划创建党中央、国务院及国家部委的有关示范区，进一步巩固区域个性的“江湖地位”。

专栏 2-1　沈河区建设“东北楼宇经济第一区”的战略考量

◆ 有何“比较优势”？沈河区高品质商务楼宇数量居东北第一，占东北总量的20%；高度300米以上在营楼宇数量居东北第一，已形成超亿元营业收入楼宇42座、超亿元税收楼宇14座，并携手上海浦东、北京朝阳、深圳福田等一线城区入选2022年“中国楼宇经济（总部经济）标杆城区”30强。

◆ 如何进一步巩固“比较优势”？①制订楼宇经济振兴新突破三年行动计划。②打造十大楼宇集聚区，如惠工方圆金融楼宇集聚区、市府广场总部楼宇集聚区、彩塔商务楼宇集聚区、五里河科技楼宇集聚区等。③建设“十百千”楼宇空间，“十”即10座七星标杆大厦、10座金牌示范楼宇和10座新引擎特色楼宇，“百”即约100个单体5000平方米以上优质楼宇，“千”即高品质楼宇总面积突破1000万平方米。④依托高品质楼宇的承载力，打造“东北总部经济第一区”。⑤高规格举办东北楼宇经济峰会。

资料来源：长城战略咨询根据公开资料整理。

① 长城战略咨询．新经济长板论[R]. GEI企业研究报告，2015（11）；长城战略咨询．新经济机会论[R]. GEI企业研究报告，2017（4）．这两种分析法都是基于新经济规律而总结出来的。

二、综合实力提升研究

能够很好反映一个区域综合实力的指标，主要有两类：一是《第一财经》新一线城市排名、中国社会科学院百强区、国家高新区综合排名、国家级经开区综合排名等综合性榜单 / 排名；二是 GDP、财政收入、常住人口等单一的战略性经济指标。综合实力提升研究的核心就是要搞清楚这些评价体系及单一指标背后原理，并依次设计目标及任务举措。由于各地重视综合实力比较，"十四五"等中长期规划对综合实力提升专题研究也有强制性要求，为此，经常有区域委托我们开展综合实力提升研究。

哪些综合性排名值得关注？实际上，综合性排名非常多，各地可以结合区域个性塑造需要，有所侧重地关注综合性排名。例如，试图提升区域综合实力排名的区县，可以关注中国社会科学院百强区县榜单。根据 2022 年该榜单，东北地区，和平区（50 名）、铁西区（70 名）、沈河区（75 名）、中山区（84 名）、大东区（98 名）入选百强主城区榜单；2021 年年底提出建设"东北综合实力第一区"的浑南区（56 名）入选百强新城区榜单；瓦房店市（68 名）、庄河市（93 名）入选百强县榜单。此外，金普新区 2022 年年初也提出建设"东北第一强区"，并亮出主要经济指标数据，但其属于国家级新区，未入选中国社会科学院的榜单。

哪些单一经济指标值得关注？需要当成战略性经济指标来抓的主要包括 GDP、财政收入、常住人口、固定资产投资额（简称"固投"）、社会商品零售总额（简称"社零额"）等指标（详见专栏 2-2）。它们不仅是编制"十四五"等中长期规划需要重点预测的指标，也是各地横向比较时常用的指标。其中，GDP 指标尤其值得关注。虽然很多时候，我们都批判 GDP 不科学，并且还抱怨被困在数据里，但是我们也不得不面对现实，就如 50 多年前全面质量管理大师戴明所说的"除了上帝，任何人都必须用数据说话"。

如何编好综合实力提升方案？我们认为，最关键的是"两定"，即定好目标、定好任务。定目标要充分和其他地区比较，找到自己的生态位置。例如，我们参与过浑南区建设"东北综合实力第一区"的实施方案，从 6 个维度出发设定目标，提出"到 2023 年建成东北科技创新第一区、营商环境第一区，到 2025 年建成数字经济第一区、生态宜居第一区，到 2030 年建成对外开放强区、经济实力强区"。定任务要充分利用"80–20–4"的方法，即在反复比较中找到对于实现目标最有效的 4% 关键举措，我们在给各地提建议时，通常会提出 3 ～ 5 个主攻的方向。

专栏 2-2　五大战略性经济指标：GDP、财政收入、常住人口、固投、社零额

◆ GDP 指标。GDP 虽有局限性，但不可否认，它是判断经济总体实力最重要的宏观经济指标。诺贝尔经济学奖获得者萨缪尔森曾说，GDP 是 20 世纪最伟大的发明之一。GDP 核算有 3 种方法：生产法、收入法和支出法。我们认为，对于关键领导干部，不用细致掌握如何核算 GDP，而更为重要的是了解 GDP 与经济发展之间的逻辑关系，从而有效推动经济实质性增长，主要有两条路径：一是从生产法对应的“供给侧”分析 GDP 增长路径，如此来看，农林牧渔、制造业、建筑业、批零住餐、金融业、信息技术服务、商务服务、运输仓储、房地产、居民服务、科技服务、文教卫体等 12 个重点行业的繁荣是促进经济实质性增长的关键，不仅与这些行业总体规模有关，还与业态结构、增加值率、劳动力供给、空间载体质量、研发投入、融资环境等相关，为此可以采取相应措施；二是从支出法对应的“需求侧”分析 GDP 增长路径，如此来看，消费（常用社零额替代）、投资（常用固投完成额替代）、净出口（常用海关进出口差额替代）三大主要需求变量，也是促进经济实质性增长的关键，也俗称“三驾马车”，为此，各地可以采取抓招商引资、抓固投、抓居民消费、抓人口增长、抓出口等 GDP 提升手段。根据 2022 年东北各地市及主要区县统计公报或政府工作报告数据，东北共计 4 个城市 GDP 突破 5000 亿元，包括大连市（8430 亿元）、沈阳市（7695 亿元）、长春市（6744 亿元）、哈尔滨市（5490 亿元）；共计 7 个区县 GDP 突破 1000 亿元，包括金普新区、铁西区、长春汽开区、沈河区、南岗区、和平区、甘井子区，其中，东北地区 GDP 第一区金普新区 2022 年 GDP 为 2705 亿元。

◆ 财政收入指标。对于地方政府，财政收入指标甚至比 GDP 指标更为重要，毕竟财政收入指标和地方的“过日子”息息相关，有钱好办事。相对规范、可以横向比较的财政收入指标，主要是指一般公共预算收入。但实际发展中，各地更为关心的是可支配财力。最大口径的可支配财力，即政府可相对自由支配用于经济和社会发展的资金，主要有 6 类：一是一般公共预算收入，其中税收收入占大头。二是政府性基金收入，其中主要是国有土地使用权出让收入，大城市及其周边的区域土地出让收入会比较高，俗称“土地财政”。三是上级政府财政支持，包括上级税收留存部分返还、上级土地出让收入留

存部分返还、专项转移支付及一般性转移支付，这是各地争取资金、争取项目、争取政策“三争取”工作的核心。四是政府债，因为目前发债权在省级政府及计划单列市，因此，各地关键是策划项目和向上争取发债指标。五是国资公司利润和融资，其中，各类开发区的平台公司利润和融资能力相对较强，尤其可以学习新加坡淡马锡公司，组建一批国有资本运营公司，根据被投企业效益来决定进退。六是愿意参与片区开发等项目合作的社会资本。此外，地方政府可支配财力还与教育、医疗、社会保障、行政管理等刚性支出相关，刚性支出越多，实际上可以自由支配的财力越少。各地要想让自己的钱多一点、事情好办一点，可以重点从以上 6 个方面想办法。对于债务负担比较严重的地区，也可以从以上方面着手筹集资金化解债务，还可以积极争取财政部的“化债试点”政策。目前，东北地区一般公共预算收入第一区也是金普新区，2022 年其一般公共预算收入为 166 亿元。

◆ 常住人口指标。常使用的人口指标主要是常住人口和户籍人口两个指标，我们认为，常住人口指标更有意义，因为它代表实际消费能力和产业支撑能力，这也是常住人口指标被视为一项经济发展战略性指标的原因所在。人口增长主要有两个来源：一是出生大于死亡的自然增长，二是区外人口迁入带来的机械增长。其中，主要依靠产业的带动，而不是单纯的房地产开发拉动人口机械增长，才是良性的增长。根据第七次全国人口普查，2010—2020 年人口增长 TOP5 城市，包括深圳（713 万人）、广州（597 万人）、成都（581 万人）、西安（448 万人）、郑州（397 万人）等，都主要依托产业实力和经济活力良性拉动人口的机械增长。最近，各地区都非常注重吸纳更多的“高知青年人才”，主要从 3 个方面着手：一是人才的分类分梯度精细化管理，包括存量认定、外源引进、内生培育；二是迎合高知青年人群对“心意工作”的想象，包括不错的行业、不错的企业、不错的办公环境、不错的薪酬待遇等；三是迎合高知青年人群对“美好生活”的想象，包括对区域特定文脉的认同和记忆、高性价比的新房或次新房、毗邻微度假区及口袋公园、属于名校学区、毗邻轻奢消费商圈、毗邻充满人间烟火气的美食街区、便捷的一老一小 15 分钟生活圈等，各地也可以针对这些高知青年人群的偏好，打造特色化的青年友好社区、青年友好街区等承载“新生活”的空间。

◆ 固投指标。固投是国家及各地区宏观经济调控的重要指标。从统计操作上来讲，固投包括500万元及以上建设项目投资和房地产开发投资，而从抓固投指标的角度来讲，固投主要盯着3个来源：第一个是政府投资，第二个是房地产投资，第三个是社会资本投资；从行业领域来看，要盯住先进制造业、生产性服务业、能源新兴产业、数字经济导向下的新基建等重点领域[①]。目前，东北地区的固投第一区是浑南区，2022年其固投为542亿元。在疫情影响及房地产不景气的背景下，浑南区固投之所以如此高，主要有两个方面原因：一是积极推进重磅产业功能区“沈阳浑南科技城”开发建设，尤其通过上级政府资金支持、专项债、投资人+EPC、银行贷款等多种方式，形成充足资金支撑科技城的开发建设；二是积极发展高科技产业，实体经济在浑南的投资发展态势依旧较好。

◆ 社零额指标。社零额是反映区域消费经济发展状况的最主要，也是最重要的指标。对社零额的统计方法可以概括为“限额以上单位联网直报、限额以下单位抽样调查和其他行业单位科学推算相结合”的方法，其中，重点是限额以上的批发和零售业、住宿和餐饮业企业。目前，东北地区社零额第一区是沈河区，2022年其社零额为864亿元，消费的重点方向是石油、汽车、珠宝、商超等，消费的承载空间主要包括中街、五爱和南塔市场、东陵路汽贸街及商业综合体。各地提升社零额的核心是抓新消费场景建设。

第二节　编制三年行动计划，绘制振兴举措落地的路线图

各地经常编制五年规划、三年行动计划等各类规划、计划，核心都是希望把发展战略以相对规范、严谨的文本给“固化”下来，成为蓝图或路线图，方便宣贯和推动落地[②]。其中三年行动计划最受欢迎，这与地方政府主要领导任期多为2～3年有关，2023年年初辽宁省委书记郝鹏在接受采访时提出“辽宁干部到底行不行，三年行动是试金石”。对于需要调动多个部门联合实施、有重大战略意义、短期内需要见到实效的重点事项，都可以通过编制三年行动计划凝聚共识、明确分工，合

① 李宁男．东北地区固定资产投资对经济增长的影响研究[D]. 长春：吉林大学，2022.

② 尹俊，徐嘉．中国式规划：从“一五”到“十四五”[M]. 北京：北京大学出版社，2021.

力干出成效。有时，还需编制与三年行动计划配套的“年度工作要点”，指引年度重点举措取得新突破。此外，针对复杂事项、着眼于长期的事项，或上级政府有明确要求的事项，还需要编制五年规划、十五年期规划等中长期规划。

一、究竟哪些事项值得编制“三年行动计划”？

我们认为，主要有3类：第1类是党中央、国务院及国家部委支持地方依托地市、区县、开发区等建设的各类示范区、试验区。例如，东北近年来获得批复的沈抚改革创新示范区、中韩（长春）国际合作示范区、服务业扩大开放综合试点、国家新一代人工智能创新发展试验区等；第2类是省、市要求各区县和园区重点推进的事项，如沈阳市“振兴新突破我要当先锋”行动对各区县重点突破事项就有明确要求（详见专栏2-3）；第3类是各地自主推进的重点事项，如我们协助沈阳市编制的航空航天产业发展三年行动计划就属于这一类，此外，2023年11月，中国共产党辽宁省第十三届委员会第六次全体会议提出的新时代辽宁“六地”定位，也属于这一类，包括国家重大战略支撑地、重大技术创新策源地、具有国际竞争力的先进制造业新高地、现代化大农业发展先行地、高品质文体旅融合发展示范地、东北亚开放合作枢纽地。

二、如何编好、用好“三年行动计划”？

对于各种类型规划、计划，最担心的是流于形式，对实际工作产生不了指导，例如，原中财办副主任杨伟民2020年就系统总结过规划编制与落实中的诸多问题[①]。为了解决这些问题，各地可以尽量选择有实力的编制单位，并与编制单位“融合共创”，同时还要加强组织动员会、专题推进会、总结会“三会”，让规划、计划不只停留在纸面上，而是“真刀真枪”干起来。具体如下：

如何选择有实力的编制单位？可以参考长城战略咨询的标准去选择。这里不是为了推销，确实因为我们独特的价值观、商业模式及方法论体系，让我们擅长编制这类具有实操性的规划和计划。例如，我们协助沈阳航空集团及沈阳工业和信息化局编制的沈阳航空产业规划和三年行动计划，就获得市主要领导“四个有”高度评价，即有高度、有系统思维、有目标、有举措。为何我们能够获得如此评价？首先，对于“图上画画、墙上挂挂”这种流于形式的规划，我们坚决不干。其次，我

① 杨伟民曾在2020年中国经济50人论坛唐山研讨会关于“地方编制十四五规划要注意的问题”主题演讲中提到：“规划要让人看得懂，必须实实在在、一目了然，不用猜测。很多规划拿来以后要猜其中的词语到底是什么意思，让人猜的规划不是好规划。规划的每一句话都要有含义，要么就是判断，要么就是目标，要么就是方向，要么就是任务，要么就是实现任务的路径、政策。”

们坚持“知行合一”的商业模式，我们不光帮着编制规划，还会陪伴着一步步推动规划落地，因此，不仅规划编制时我们会再三考虑是否能落地，在陪伴实施过程中我们也会持续思考举措的有效性及下一步升级方向，为后续规划修订做准备，与其说规划是编出来的，不如说是日积月累“攒出来”的。此外，长城战略咨询“总部10多个专业性部门+外埠20多个综合性部门”的组织架构，让我们“上能接天线、下能接地气”，对于对标、夺标等分析我们不用临时抱佛脚，而是积累在我们骨干人员大脑中，可以即插即用。最后，我们在编制规划时还非常注重“推理”，如GDP、工业总产值等指标都是推算出来的，不是凭感觉“拍出来的”，尤其产业发展的目标和举措也注重推理，都是根据一家家企业、一个个项目情况归结出来的。

如何实现与编制单位“融合共创”？各地要充分发挥熟悉情况、善于动员优势，多组织“五会”让规划与实际发展吻合。“五会”即市区领导和部门负责人参与的专题研讨会、各类主体参与的专场座谈会、驻区院校专家参与的论证会、各部门负责人逐一参与的重点任务对接会、全国各领域权威专家分别参与的重点模块打磨会。各地一定要注意，切忌编制规划时当“甩手掌柜”，这样形成的规划一定质量不高。

专栏2-3　沈阳市“振兴新突破　我要当先锋”行动对各区县的定位

- 和平区：打造高质量发展、高品质生活示范区，综合实力力争3年进入全国城区50强。
- 沈河区：打造“两邻”幸福家园、古城复兴典范、区域性金融中心。
- 铁西区：打造新型工业化示范区的核心区，沈阳经济技术开发区力争3年进入全国经济技术开发区第一集团。
- 皇姑区：打造宜居宜业创新型城区，成为东北数字经济创新发展示范区。
- 大东区：争创国家先进制造示范区，打造全国工业百强区，力争3年进入全国工业百强区第一集团。
- 浑南区：打造东北综合实力“第一区”，沈阳高新技术开发区力争3年进入全国高新技术开发区的第一集团。
- 于洪区：打造东北城乡协调发展先行区，沈阳振兴发展西部增长极。
- 沈北新区：建设国内一流大学城，打造全国知名、东北第一的农产品及食品精深加工产业重要集聚区，辉山经济技术开发区迈入全国百强行列。

◆ 苏家屯区：打造国家中心城市门户枢纽，力争3年进入全省城区综合实力第一集团。

◆ 辽中区：打造城乡融合发展示范区，建设沈阳城市副中心，沈阳近海经济区力争3年进入省级开发区第一集团。

◆ 新民市：打造实施乡村振兴战略的示范市，力争进入全国百强县。

◆ 法库县：打造东北地区一二三产业融合发展示范县、辽宁生态宜居和绿色产业发展先行县，成为绿色能源发展的示范县。

◆ 康平县：打造沈阳“北美”建设核心区、现代农业产业化先导区、城乡转型发展示范区，“十四五”提前一年实现县域经济倍增。

资料来源：长城战略咨询根据公开资料整理。

第三节　推进政府精益做事，让振兴决策普遍“超预期落地”

我们常言“没有队伍就没有生产力”“只要有人张罗，就肯定能干成”“只要持之以恒久久为功，假以时日就能干成全国第一”。习近平总书记也非常关注东北的干部建设问题。例如，2018年9月主持召开深入推进东北振兴座谈会时强调“从目前东北的情况看，最大的落后是观念落后，解放思想、转变观念、深化改革，进而跟上时代，是东北振兴的关键所在。”最近在2023年9月主持召开的新时代推动东北全面振兴座谈会上又提出，“要加强东北同中央和国家机关、东南沿海地区干部任职挂职和双向交流，优化干部队伍结构，提高专业化素质”。此外，我们在2020年年初也做过一项相关研究，其核心观点是：缺少达成战略的执行，即缺少精益求精推动各项振兴举措落地的组织系统，是当前东北振兴关键制约因素之一，为此我们提出当前东北振兴的关键突破口之一是“政府精益做事”。虽然这些年东北确实推进了较多在全国都具有领先性的举措，但“有名无实”居多，“干事太糙”是当前东北振兴主要的“绊脚石”之一。实际上，东北“精益做事”的文化是存在的。例如，工业学大庆时期[①]，大庆以铁人王进喜为代表的几代石油人以“宁肯少活二十年，拼命也要拿下大油田”“宁肯把心血熬干，也要让油田稳产再高产”的奋

① 尤靖波．大庆会战与工业学大庆[M]．北京：石油工业出版社，2019.

斗精神，苦干实干，“精益求精做事”推进大庆石油发展。

我们再刨根问底，发现当前东北“干事太糙”的深层次原因主要包括两个方面：一方面与执行层相关，如普遍不擅任务分解导致举措不够系统、普遍不是“清单控”导致执行常打折扣、普遍缺乏横向领导力导致跨部门合作大多“形式大于内容”等；另一方面与领导层及其附属机构有关，如领导变动较为频繁导致经济促进举措不连续、发展举措选择太多太杂导致精力和资源不集中、对承载经济增长点的开发区重视程度不够、管理制度及管理工具未与时俱进、专业智库的幕后推手作用未有效发挥等。

为了解决以上这些导致“干事太糙”的问题，我们在拉姆·查兰、戴维·尤里奇等相关执行力理论①②的指导下，经反复研讨提出，当前推进东北政府“精益做事”需要上下联动。一方面需要自下而上从执行层着手，让执行层力量快速崛起；另一方面还需要领导层及其附属机构自上而下营造执行层“精益干事”的环境。具体如下：

一、执行层：追求进步的执行层如何自我突破，干出里程碑成绩？

刚才已经提到，东北执行层还普遍存在不擅任务穷尽分解、不擅任务进度管理、不擅横向领导等问题。对于追求进步的执行层，为了实现自我突破，可以从以下方面着手：

学会使用“做事精益度”的量表，找到制约精益做事的深层次原因。自我评价比评价他人更困难，要让执行层不借助工具或者专业人士帮助自主测评工作精益度并提出工作精益求精方案不现实。人类与动物的最大区别就是制造和使用工具。为此，我们针对东北地区执行力特点，参考组织发展和人力发展的有关理论及测评工具，专门开发了做事“精益度”测评表（表2–1）。本量表最大亮点是，综合考虑“知”（即“为何干”）和“行”（即“如何干”）两维度，尤其考虑“知”，避免“用行动上的忙碌来掩盖思想上的懒惰”。执行层有必要学会使用该“做事精益度”量表，“一事一议”评价正在推进事项的精益度（但不能机械化，需注重灵活运用测评量表），并有针对性地采取工作精益化改进措施，干出一件件有显示度的里程碑事件。

① 拉里·博西迪，拉姆·查兰．执行：如何完成任务的学问[M]. 刘祥亚，译．北京：机械工业出版社，2021.

② 戴维·尤里奇．赢在组织：从人才争夺到组织发展[M]. 孙冰，范海鸿，译．北京：机械工业出版社，2019.

表 2–1　针对你所干之事做事“精益度”的测评量表

类型	测评问题	得分（0 ～ 10 分）	
知	你知道所干之事的目标或所能解决的问题吗？	完全知道（10 分） 大概知道（5 分） 完全不知道（0 分）	
	你知道所干之事谁干得最好及其经验吗？		
	你知道干好所干之事需要系统采取哪些行动吗？		
	你知道干好所干之事存在的困难及所需资源吗？		
	干事后，你知道干法存在的问题及改进思路吗？		
行	干事时你有躬身入局全身心投入吗？	全面做到（10 分） 基本做到（5 分） 完全未做到（0 分）	
	干事时你有争取上级、下属及兄弟部门支持吗？		
	干事时你有积极寻求专业机构帮助吗？		
	干事时你有按计划进度有序推进各项行动吗？		
	干事时你有结合阶段性成效不断优化行动吗？		

注：选出一件你正在推进的事情，回答以上 10 个问题，其总得分就是“精益度”得分，得分越高，说明你事情干得越精益求精。使用该量表请遵循以下 3 个步骤：①选择测评对象：从你所做工作中，选择一件持续、系统推进的事情进行评估，并清晰写下工作名称。②开展测评：围绕你写下的那件工作，回答量表中的 10 个问题，给出得分，切记要只围绕你写下的那件工作进行回顾、自评，不要用多项工作交叉测评。③测评结果应用：最终得分不是最重要的，最重要的是测评的过程，答题过程中觉得没有理由给高分的事项，就是需要下一步着力改进提升的事项。为了使测评更加客观、结果应用更加精准，也可请专业机构进行第三方评估。

提升任务穷尽分解能力①。东北很多执行层因缺乏经验，不擅长把宏观任务不重复、不遗漏地拆分成具体工作。2013 年时任贵阳市委书记陈刚曾形象生动地讲过原因：在北京时，他自称“陈三点”，讲话讲三点，为什么要做，怎么做、有什么要求；到贵阳后，他开始自称“陈十条”，布置一项工作，不仅要提要求，还要提十个环节，先从一做到十，再按这十条来验收。之所以这样调整，在于其到贵阳之后，发现自己布置的事情一次落实不了，布置了两次还是落实不了。刚开始，他认为是下面干部干活不努力，后来发现错了，其实下面的干部都非常敬业，只不过他们没有经验和积累，不擅任务分解。对于东北，和贵阳情况非常类似，也亟须执行层自我提升任务分解能力。

养成“清单控”习惯。东北能够做到每周甚至每天习惯性列出工作清单、干完一件划掉一件的“清单控”领导干部仍然偏少，这样导致工作举措常打折扣，要么遗漏，要么延误。为此，就需要各执行层提升工作进度和时间管理能力，成为出色

① 芭芭拉·明托．金字塔原理：思考、表达和解决问题的逻辑 [M]. 汪洱，高愉，译．海口：南海出版公司，2019.

的“清单控”。

提升横向领导力[①]。我们发现，东北普遍存在没有意愿或缺少能力去调动非隶属同事共同完成有挑战工作的问题，而这种横向领导力是完成复杂度高、需要多部门协作的政府事务所必需的。例如，很多“纵向领导力”挺不错的部门领导，一旦涉及跨部门合作，其主导的工作也多是“形式大于内容”。为此，对于追求进步的执行层，一方面需要多向友邻单位请教，边干边学，通过谦虚的学习可以激发友邻单位的合作意愿；另一方面要开放自己所拥有的资源，助力友邻单位完成工作，由此形成协作文化，便能达到提升横向领导力的目的。

二、领导层及其附属机构：如何营造执行层“精益干事”的环境？

我们认为，领导层及两办、组织部、改革办、党校等附属机构，需要多多扮演赋能者的角色，帮着“执行层”干出更多精品工程。通俗来讲，领导层及其附属机构，要多多运用各种领导艺术及各种管理工具，以此激发各级执行层的战斗力，让全员动起来、跑起来，最近沈阳市在这个方面下了很大的功夫，效果也非常明显。此外，本书第七章还介绍了“链长制”的相关内容，也有利于让全员动起来、跑起来，形成“人人有事干、事事有人干”的局面。

举措一：把开发区作为“干事出业绩”第一平台。开发区作为经济发展主阵地，各地都要把开发区建设作为一号工程，给予开发区更高行政级别，任命有思想、有闯劲、有领导力的干部作为负责人，还要积极推动开发区开展“小管委会＋大公司”改革，并打通“干部流动”渠道，让想干事、有能力的干部都到开发区平台干事。此外，各地市和各区县都可以探索“小专班＋大平台公司”模式，主要因为开发区牌子属于“稀缺资源”。例如，沈阳市就探索了“市级航空专班＋市属国资沈阳航空产业集团”模式，作为沈阳市推动“世界级航空航天产业集群”建设的牵头和实施单位。

举措二：进一步加强组织能力和人才能力建设，尤其推动组织架构与区域发展战略动态匹配，并探索绩效改进指导和动员[②]。我们发现，东北很多地方改革纯粹为了完成上级的“重强抓”任务，不以提升组织战斗力为“终”而设计改革。东北也有很多地方，组织架构改一次就多年都不动，这也不行，因为再完美的组织都不能适配各种情形下的不同任务。此外，我们还发现，东北很多地方的改革，组织架

① 罗杰·费希尔．横向领导力：不是主管，如何带人成事？[M]．刘清山，译．北京：北京联合出版公司，2015.

② 杨国安．组织能力的杨三角：企业持续成功的秘诀[M]．北京：机械工业出版社，2015.

构调整了、新设计了岗位体系、新聘用了人员，就认为执行力可以提升，实际上这只完成了一半，即组织发展（OD）环节，还有另一半人才发展（TD）环节没有完成，包括考核体系优化、人才定期盘点、领导力提升计划实施、培训组织、比学赶超活动组织等。为此，各级编办、组织部门不仅要推进以提升组织战斗力为核心的改革，还要动态推进改革，让组织与发展战略动态适配。此外，还可以探索在公共部门应用 OKR①，多组织关键目标讨论会、业务交流会，实现考核、督查与绩效的改进指导相结合，也可以组织各种大比武、赛马、争先锋等活动，探索“游戏化”方式推进绩效改进。

专栏 2-4　沈阳市“绩效改进动员”实践

- 沈阳“振兴新突破　我要当先锋”行动。2021 年年底浑南区开始尝试“对标夺标”行动，旨在推动全区各部门“精益做事”，取得新突破。2021 年 12 月，沈阳市结合浑南区的实践，进一步优化升级为全市的“振兴新突破　我要当先锋”行动，并要求各区县都要采取“争先锋”行动，聚焦市委对各区县定位，全面对标夺标，精益求精实施，在 2 ～ 3 年内取得一批振兴新突破。
- 浑南升级对标夺标行动，开展“亮剑大会”。浑南区在 2021 年年底对标夺标行动的基础上，结合市级“振兴新突破　我要当先锋”行动要求，从 2022 年 2 月起，创新组织了“亮剑大会”，每月举行一次，各单位的主要负责同志逐一述职，评委团结合现场表现打分，形成“月考成绩单”，对前 10% 先进单位颁发“骏马奖”，对后 10% 落后单位给予“蜗牛牌”。

资料来源：长城战略咨询根据公开资料整理。

举措三：领导层要提升领导艺术及业务能力②，得有“真本事”。各级领导在推进各项工作时，一定要注重工作的延续性，不能一味求新、求变而全盘否定过去的做法，结果丢西瓜捡芝麻。各级领导在安排布置工作时，不仅要把为什么做、怎么做、做成什么样说清楚，也要把谁做得好、工作流程怎样、时间进度如何、具体谁负责等内容一并说清楚。各级领导要对下发的各类指导文件全面把关，注重“长

① 即目标与关键成果法，为明确和跟踪目标及其完成情况的管理工具。

② 詹姆斯·M.库泽斯，巴里·Z.波斯纳.领导力：如何在组织中成就卓越[M].徐中，沈小滨，译.北京：电子工业出版社，2018.

计划、短安排”相结合，尤其是短安排类文件，一定要确保文件少说空话、少说套话，多说有实操性、有具体抓手、有依托项目的工作任务。此外，各主要领导一定要沉下心来研究项目，项目不仅是发展的重要依托，而且还是调动各级干部一起向前冲的重要载体。

举措四：加强与专业机构合作。习近平总书记曾多次对智库建设做出重要批示。例如，2014 年 10 月在中央全面深化改革领导小组第六次会议上强调：“改革发展任务越是艰巨繁重，越需要强大的智力支持，要重点建设一批具有较大影响和国际影响力的高端智库。”可见，各级政府主要领导要重视智库的作用，要引导智库科学编制规划和提供科学决策支撑，绘制可以干到底的蓝图，减少战略和政策左右摇摆，让执行层所干之事更持久。还要支持智库提供陪伴式服务，助力有关职能部门学会用专业能力做专业的事，协助培养业务知识过硬的专家型领导干部。同时，还可以委托智库开展第三方评估，实现以评促改、以评促建、以评促优。

第四节　深化开发区管理体制改革，成为精益做事主平台

大抓开发区建设是中国近 40 年经济快速发展的奥妙所在，全国各级各类开发区经济产出占全国 GDP 总量的 50% 以上。因此，各地都比较重视开发区建设，以激发开发区干事创业热情为核心的改革接连不断。对于东北来说，尤其要优先把开发区作为干事创业、精益做事的试验田，通过系列改革实现“完善干部担当作为激励和保护机制，形成能者上、优者奖、庸者下、劣者汰的良好局面”①。这些年，我们参与了大量的开发区改革工作，有国家级、也有省级，有高新区、也有经开区。这里，我们将结合参与改革实践的积累，重点介绍管委会、平台公司各自的改革方向及实施流程，供东北各地参考。

一、开发区为何热衷于改革？

我们认为，当前东北各开发区都较为关注改革，主要受 3 个方面动力驱使。一是上级要求。国务院近年来陆续出台《关于促进开发区改革和创新发展的若干意见》《关于推进国家级经济技术开发区创新提升打造改革开放新高地的意见》《关于促进国家高新技术产业开发区高质量发展的若干意见》等指导意见，同时每年还发布高新区、经开区等综合排名，这不仅对改革提出直接要求，还间接倒

① 2023 年 9 月，习近平总书记在新时代推动东北全面振兴座谈会上的重要讲话。

逼开发区改革。此外，省市层面也常跟随其后，出台更加明确或更加超前的改革意见。例如，大连市就明确要求大连保税区、金石滩度假区、普湾经济区、太平湾合作创新区实施去行政化的法定机构改革。二是开发区自身求变的需要。经常有合作伙伴找我们，让我们帮着出招儿，如何才能够把他们的干部队伍搞起来。例如，就有合作伙伴给我们提过："我得老等着他们、督着他们干事，这不是长久之计，怎么让他们自驱动干事，而且干得比我预期还好。"三是改革有效期越来越短，需要几年一大改，每年甚至半年一小改。由于外部环境变化太快，通常改革有效期只有2～3年，时间长了，不仅组织自身会僵化，组织与战略的匹配度也会大大降低。

二、如何搞好管委会改革?

管委会改革，核心是调动公务编、事业编等行政编制人员及政府派遣人员的积极性和战斗力，此外，为开发区争取上级支持的改革及剥离开发区社会事务的改革，通常也被视为是管委会改革的范畴。改革核心要点如下：

管委会改革重点方向有哪些？从当前东北实践来看，各开发区采取的改革组合各有侧重，但总体上主要包括以下四大方向。一是"扩区强权"改革。主要是向省市政府争取支持。例如，各地争取高新区在全市实施"一区多园"的改革，争取市委常委或副市长兼任开发区党工委书记的改革，争取省市财政对于新增税收省市留存部分全额返还的改革，以及争取建设用地指标倾斜或者统筹安排耕地占补平衡指标的改革。二是聚焦主责主业改革。主要争取上级政府及所属区县支持，进一步强化管委会产业规划、企业培育、招商引资、科技创新、对外开放、营商环境建设等经济职能，并有序剥离城市建设、社会事务等社会事务职能，实现开发区轻装上阵、回归经济发展功能的本位。三是部门调整改革。主要在"大部制"改革和聚焦主责主业的总体要求下，对内设机构及其职责进行重新梳理，这里注意"因事设岗"，让组织架构与开发区发展战略相匹配，尤其这个过程中要加强经济发展部门及人员的配置，通常经济发展类编制占比不低于70%，以确保开发区承担起经济发展主战场的功能。四是人事薪酬制度改革。通常按照"档案封存、员额总控、全员聘任、因岗选人、以岗定薪、绩效考核"总体要求实施，其中选拔范围可以扩大到事业单位、直属国企在职人员及驻区的重点高校院所、事业单位及国有企业。

管委会改革需要出台哪些文件？要实施全面的管委会改革，需要编好1+N文件，至于局部的改革，在其基础上选择适用内容即可。最核心的"1"即开发区体制机制创新改革实施总体方案，主要作用是明确改革总体思路，凝聚共识。其次的“N”作为配套文件，主要包括：一是管委会机构设置及人员配置方案，主要明确开发区管委会内设机构名称、职能配置、编制和干部职数等；二是管委会内设机构全员聘任方案，主要明确聘任岗位数量、人员聘任范围、聘任方式、聘任条件及相关待遇；三是管委会绩效考核方案，主要明确绩效考核对象、考核指标体系、考核计划等；四是管委会薪酬管理办法，主要明确人员薪酬模式、绩效薪酬分配标准、薪酬调整机制；五是代拟的市政府支持开发区发展的意见，主要明确领导职数、编制数量、土地指标、财税奖励、基金设立、审批权限、先行先试等方面支持意见；六是针对政区合署办公的开发区还需要代拟政区联动发展方案，主要明确开发区与其所属区县在经济发展、城市建设、社会事务等方面的职能分工。

管委会改革主要有哪些流程？从我们这些年的经验来看，全面的管委会改革主要包括六大流程：一是起草编制改革文件，这个过程需要充分调研、充分凝聚共识，需要基于发展实际而不仅仅是上级文件要求编制高质量的改革文件，其中对于全面改革有必要请专业机构参与编制。二是推动改革文件过会，包括征求上级政府意见及管委会内部上会。三是召开改革动员会，公布改革方案，号召各级领导干部积极参与支持改革。四是组织全员聘任，组织干部公开竞聘及双向选择，逐级完成全员岗位选聘。五是组织公开招聘，可根据实际需要组织。六是管委会的试运行，包括各部门常态化运行、绩效考核、薪酬套改、改革效果评估等事项。

专栏 2-5　沈阳高新区 2019—2022 年管理体制改革实践

沈阳高新区始建于 1988 年，当时以和平三好街为核心区，1991 年经国务院批准成为首批国家高新区。此后又经历了数次改革，最近的一次全方面改革是在 2019 年。按照上级有关要求，沈阳高新区对管委会进行了重组，由“虚”转“实”，尤其重点实施了管委会大部制改革。改革后管委会为市委、市政府派出机构，机构规格为副厅级，党工委、管委会合署办公，由市委、市政府委托浑南区区委、区政府管理，负责政策制定、发展规划、科技创新、投资促进、项目建设、企业服务等经济发展职能，不承担社会管理职能。在这次改革之后，沈阳高新区还结合平台公司支撑需要及沈阳浑南科技城建设需要，推进了“小管委会＋大公司”改革和科技城工作专班改革。具体如下：

一是探索大部制改革，突出招商与产业服务职能。2019 年改革后，高新区内设综合办公室（党工委办公室）、科技发展办公室（创新创业服务办公室）、火炬综合办公室、企业服务办公室、项目服务办公室、项目（合同）监管办公室、招商局等7个处级单位。尤其在招商方面，由招商局统一牵头管理，针对10条重点培育的产业链，下设了10个产业促进办，分别负责产业链招商、专业园区建设推进等工作。此外，还强化了产业服务功能，由产业促进办、企业服务办、项目服务办等联合开展企业和项目服务。此后，管委会的部门设置又经历了多次调整，但总体的原则，都是突出大部制改革、突出招商和产业服务职能。

二是对标法定机构，深化“小管委会＋大公司”改革。2020年6月，高新区平台公司——沈阳高新发展投资控股集团有限公司（简称“高发投”）正式运营，按照“高新区市场化运行承接商和产业投资发展商”的总体定位，重点培育产业招商、基金投资、开发建设、运营服务等4个业务板块，以市场化方式承接政府行政服务职能，为探索法定机构改革做准备。截至2022年年底，共派出200多名工作人员融入管委会，承接了产业招商、企业服务等两项重要职责，助力高新区招商引资、产业园区建设、引导基金设立等工作走在全市前列。

三是成立“科技城工作专班”，高标准推进沈阳浑南科技城建设。高新区充分发挥“区政一体”制度优势，整合浑南区、高新区主要力量，成立由浑南区区委书记和区长任组长的工作推进领导小组，领导小组下设综合协调、规划设计、土地整理、建设推进、项目引育、科技创新、金融财政、人才保障等8个专班，由浑南区、高新区相关领导负责专班工作，并从全区选配近50名优秀干部集中脱产办公，有效推动了科技城规划建设各项任务高标准落地、落实。

资料来源：长城战略咨询根据公开资料整理。

三、如何搞好“大公司”改革？

我们认为，推进管委会“大公司”重组改革，核心是按照“小管委会＋大公司”的改革要求，组建有望做大的“产业投资集团”。作为开发区的平台公司，受开发区党工委、管委会领导，采用市场化手段，协助开发区承担开发建设、资本运营、招商引资等经济发展职能。对于东北地区来说，很多地方都不太重视平台公司的建设，发展比较好的仅长春高新、长春经开等少数几个。对于平台公司改革，我们认为，不仅需要关注组建方式，还需要关注后续各业务板块如何运营，以及后续如何上市发展。

如何按照"大公司"要求组建"平台公司"？结合我们的经验，需要重点抓好5项工作。一是编制"产业投资集团有限公司"组建及运营方案，在经管委会上会通过后实施，主要明确产投集团设立方式、治理架构、业务板块、人员配置、人员招聘、薪酬体系、绩效考核等相关内容。二是完成人员任命和招聘，原则上集团公司的董事长由开发区管委会指派，总经理及以下层级的人员采用市场化公开招聘。三是平台公司组建，完成产投集团及一级核心子公司的注册或变更，完成有关资产划拨和处置，其中一级子公司通常包括园区运营公司、招商服务公司、投资管理公司、开发建设公司等。四是定期组织公司业绩考核，最好开展具体到人的业绩考核，可以采用季度考核和年度考核相结合的方式，考核结果与个人季度奖金、年终奖、晋升淘汰等挂钩。例如，可以对连续2年年度绩效考核超过90分的予以10%调薪奖励，并作为优先培养及干部聘任人选；对于连续2年年度绩效考核低于60分的，末位淘汰，予以解聘，甚至还可以根据绩效考核结果执行重点绩效指标"一票否决"、末位降职降薪等政策，实现"人员能上能下、收入能增能减"。五是兑现承诺的薪酬，包括岗位标准工资和绩效工资两个部分，一般越高级别的岗位，其绩效工资占比越高，对于东北中心城市，集团公司管理层年薪可以定在60万～80万元，业务板块负责人年薪可以定在30万～40万元。

作为管委会平台公司，应该重点发展哪些业务板块？结合我们这些年的咨询积累，平台公司重点要抓好6个板块业务[①②]。一是园区运营服务板块，主要业务包括产业生态运营、企业服务、物业租售、物业服务、水电气热管理、餐宿经营等；二是招商引资板块，主要业务包括招商代理、招商活动组织、项目落地服务、企业会客厅运营等；三是科技创新板块，主要业务包括产业技术研究院运营、科技招商、成果转化活动组织等；四是金融投资板块，主要业务包括产业投资、融资服务等；五是开发建设板块，主要业务包括产业载体建设、基础设施建设、地产开发等；六是人力资源板块，主要业务包括人才派遣、人才猎聘服务、人才活动组织、人才会客厅运营等。

如何将开发区平台公司打造成上市公司？苏州工业园的平台公司——中新集团经过11年努力，最终2019年成功获准IPO，为开发区平台公司上市带来新曙光。

① 中关村发展集团志编纂委员会．中关村发展集团志（2010—2020）[M]. 北京：知识产权出版社，2020.

② 葛培健．科创二十年 "张江高科"1996—2016[M]. 上海：复旦大学出版社，2016.

此外，各地相对重视推动平台公司上市，其主要目的基本都是希望上市后撬动更多的社会资源，参与开发区建设。根据我们的经验，要将开发区平台公司打造成上市公司，一方面在平台公司成立初期要大力发展土地开发和园区建设运营业务，形成较为稳定的收入和利润，为上市做好稳健的财务准备；另一方面平台公司在具备一定资本实力后要大力发展产业投资业务，随着投资业务的迅速扩展，原有的建设、土地开发等业务比重会逐渐减小，被投公司贡献的收入比重会逐渐增大，这么平台公司也将形成持续的盈利能力。

专栏 2–6　东北地区上市平台公司——长春高新的实践

长春高新技术产业(集团)股份有限公司(简称“长春高新”)，成立于1993年，1996年在深交所上市。2022年营业收入为126亿元，包括基因工程制药、生物疫苗、中成药、房地产等四大业务板块，形成了金赛药业、百克生物、华康药业、高新地产“四驾马车”鼎力发展的格局。

资料来源：长城战略咨询根据公开资料整理。

四、简要认识法定机构改革

“法定机构”改革是指通过法定授权行使经济管理为主的职能，并且实行企业化管理、市场化运作，这比前面介绍的“小管委会 + 大公司”改革更加彻底。例如，大连普湾经济区除了党工委书记、纪委书记两位领导为行政编制外，其他包括副主任、局长、副局长等在内所有人员，均为市场化方式高薪招聘的人才或者放弃身份的原管委会人才，这么做的好处是，“绩效考核”可以玩真的，干不好就走人，干好了可以实实在在拿到更多奖金，让想干事的干部更有空间，让躺平的干部彻底失去空间；同时，普湾经济区也成立了法定机构平台公司，承担与原管委会平台公司类似的功能。此外，大连太平湾合作创新区也推行了法定机构改革，2023年5月，大连市人民代表大会常务委员会通过《大连太平湾合作创新区条例》，明确太平湾合作创新区管委会实行企业化管理、市场化运作，并采取政企合作、管委会 + 公司的综合开发建设和运营模式。

第五节　构建大传播体系，持续发声放大东北“比较优势”

本章开篇时提到，除了“想清楚、说明白、做到位”，“讲出去”对于经济发展也至关重要。当前，在国内其他城市都努力“出圈”和东北整体“慢进则退”的双重压力下，尤其需要沈阳、大连、长春、哈尔滨等城市发挥龙头作用，尽快“出圈”，引流量、引关注，提振区域发展信心。若东北这些城市不“出圈”，渐渐就会被遗忘。

一、初步认识城市“出圈”

大众关于“出圈”的认识多是指某个明星、某个事件走红，超出原有固定粉丝圈，被更多圈子外的路人所知晓。经过我们研究认为，城市“出圈”是指“城市新形象在新群体中获得正面认知并持续获得流量的过程”，通俗来讲，就是一个城市改变了原来不温不火的形象而形成的新形象，突然在一定人群范围中爆火。

二、为何“讲出去”及“出圈”如此重要?

“讲出去”实际上就是在“举大旗”“塑品牌”，有了“大旗”的号召，就会有大量相关的流量、资源跟过来，同时还会激发区内各类主体的活力，需要“做到位”的许多事情就好办了很多。这些年，国内“讲出去”做得最好的城市非成都莫属。成都有大量典型的“讲出去”案例，我们经常提到的是“熊猫基地”案例。实际上，陕西秦岭野生熊猫密度世界第一，但西安人看熊猫也要去成都。这主要源于10多年前，成都立足拥有位于市区的“成都大熊猫繁育基地”等比较优势，锚定成都作为“熊猫主题旅游度假区”战略定位，并依托搜索引擎、抖音等当下最新潮的传播手段持续占领大众心智，让大家想去看熊猫便第一时间想到去成都，去成都旅游也第一时间想到要去看熊猫。该成都“熊猫基地”案例，是非常成功的“讲出去”案例，有效打造了“成都熊猫”这一超级IP，并全面带动成都文旅产业大发展及城市魅力提升。

三、既然“讲出去”及“出圈”如此有魅力，且东北也迫切需要，那如何才能有效实现?

回归理论层面，“讲出去”实际上就是“品牌传播”。品牌传播有非常系统的方法论，不仅需要立足比较优势或者成为第一原则确定“传播定位”，也需要久久为功推进以内容、媒介为核心的传播生态建设，此外，还需要推动与品牌相关联的产业生态建设，以有效承接成功“出圈”或成功塑造超级IP带来的超级流量和资源，实现既红火热闹又有产业带动[①][②]。具体如下：

定位：发掘需要持续放大的“比较优势”。我们常言品牌传播是传播“好”而不是捏造“好”，品牌必须依托于实力，通俗来讲就是必须依托于“比较优势”。一个区域、一个城市要发展，需要有鲜明的区域个性，即比较优势，这样才能够被记住、易传播。可见，做好品牌传播的第一步，就是要发掘比较优势，为传播定个位。对于如何挖掘区域个性及比较优势的内容，详见本章第一节。

内容：聚焦“比较优势”，策划创作具有传播力的内容。策划具有传播力的事件和话题需要注意以下几点：一是具有引爆潜力，要么制造热点，要么蹭热点；二是具有连续性，避免幻想仅仅一两次热点就能成功“出圈”；三是广泛发动群众，广大群众在今天是最重要的内容生产主体之一，要鼓励大家发现本地具有城市特色的、有趣的且容易引发裂变式传播的内容。此外，有条件的地区，也可以探索建设融媒体中心，打造数字采编“中央厨房”，实现不间断地输出优质内容。与此同时，各地还要有计划地搞些大动静（即全国性或区域性的大活动），大动静就是大内容，大内容才可能有大传播、大影响力。例如，辽宁连续举办多届的全球工业互联网大会就有很强的传播力，最近辽宁又结合促进先进制造业发展需要，开始重塑“制博会”品牌[③]。

媒介：虽万物皆媒介，但要精准投放。品牌塑造虽然可以依托任何看得到或看不见的媒介，所谓“万物皆媒介”，但要认识城市传播主要吸引企业落户、吸引人才定居的使命，有所侧重地精准投放内容。可以重点依托公众号、抖音、头条号等对于城市传播相对有效的媒体平台，但是要注意与时俱进，什么是头部、哪里有流量就聚焦什么。也要加强链接财经、时政等领域头部媒体，很典型的例子就是成都，虽然《第一财经》与成都的关系饱受争议，但常年占据“新一线城市榜单”榜首，已逐步让大众接受了成都的“江湖地位”。此外，对于城市传播还要加强形象标识建设，园区、街头形象标识对于塑造城市品牌至关重要，一个小的精神堡垒、一个牌匾、一个标语（如金普新区提出的“山海关不住、投资到金普”，就非常有影响

① 艾·里斯，杰克·特劳特. 定位：有史以来对美国营销影响最大的观念 [M]. 北京：机械工业出版社，2013.

② 刘志武. 网红景区和网红城市：形成、打造、案例分析 [M]. 北京：中国旅游出版社，2019.

③ 制博会即中国国际装备制造业博览会，每年举办一届，2023 年为第 21 届，于 9 月 1 日在沈阳开幕，辽宁省委书记郝鹏、省长李乐成、中国工业经济联合会会长李毅中（工业和信息化部原部长）等领导和嘉宾出席。

力)、一个地标建筑，都将有助于塑造特定品牌形象。我们经常举例，目前浦东随处可见的总部基地和总部大楼，就是浦东总部经济最好的广告。

专栏 2–7　对东北地区推进“城市大会”的几点建议

城市产业促进大会（我们称其“城市大会”）具有调动政府部门、激活区内主体、吸引区外要素、塑造品牌形象、促进经济增长等功能。从成都、武汉等万亿 GDP 城市的经验看，也经常围绕特定行业或特定主题，组织“城市大会”，每年上百场。作为区域经济发展战略顾问，我们经常建议各地政府部门，要经常谋划并召开“城市大会”，时不时“搞点动静”。此外，我们也经常联合各地谋划并召开新物种、新赛道等领域原创性“城市大会”。最近几年我们常驻东北发现，东北地区整体对“城市大会”的认知亟待升维，为此提出以下几点建议：

①重视“城市大会”这个助推经济发展的超级工具。各地一定要尽早认识到“城市大会”的经济发展促进功能，把它作为助推经济爆发式增长的超级工具，一定要想想，所在城市、所在区县，有必要在哪些方面“搞点大的动静”。

②加强谋划有利于促进地区主导产业快速发展的“城市大会”矩阵。各地都要加强“城市大会”战略研究和系统谋划，拉出“重磅城市大会”清单，并要争取把区级、市级主导的城市大会上升到省级乃至国家级。

③重视在大会热闹背后务实推进相关工作落地。大会“仪式感”很有必要，但更需要会前会后常态化推进有关工作的落地。正所谓，城市大会“既要面子、也要里子”。2019 年，我们协助辽宁省科技厅组织了辽宁瞪羚独角兽企业发展峰会，大会背后更有意义的是全省上下持续推动瞪羚独角兽企业不断涌现。

④充分调动市直部门、各区县、各先导区谋划组织重磅城市大会。为了让城市持续充满活力、散发生机，要经常搞“城市大会”刷“存在感”。但如果只是地市主要领导去张罗，很难做到全面开花，能抓几场就很不错了。

⑤重视广泛传播，好的大会怎么宣传都不为过。广泛传播能够扩大城市大会影响力，让大会感召力由大会现场有限几百人，扩大到社会各界，甚至扩大到广大的互联网用户，尤其是在网络中持续发酵，引发二次、N 次传播。

第六节　建设陪伴式高端智库，持续确保振兴战略与时俱进

近年来，各地越来越重视“战略引领发展”，在重大决策前听取智库意见逐渐成为政府部门的一种习惯。这种“先谋后断”机制，使得智库的作用和地位进一步提升。我们建议各地市各区县所要做的，不是单纯增加与智库的合作，更要与高端智库建立陪伴式中长期战略合作，这样才能形成“优质决策—实施指导—跟踪评估—决策优化”的闭环，并陪伴促进各级领导干部认知升维和能力提升，让经济发展的方方面面都有智库的支撑，实现振兴战略与时俱进。没有专业智库帮助，政府自己也能干，但是不够专业，常干得零七八碎。我们将介绍智库相关内容，指引各地尽快找到心仪的陪伴式高端智库。

一、初步认识“智库”

美国兰德公司创始人弗兰克·科尔博莫形象地称，智库是一个“思想工厂”，主要为决策者服务。位于华盛顿的马萨诸塞大道被称为“智库街”，集聚美国企业研究所、布鲁金斯学会等顶级智库，在白宫各项公共决策正式出台的背后，包括预案提出、可行性分析、实施方案编制、结果预测等这些工作，全由这些智库完成。智库之所以这么厉害，能完成如此复杂的“思想生产”，与其成熟的方法论①，以及丰富的知识储备密切相关②，这让他们有“快思考”能力，能持续输出“洞见”（具体原理详见图 2–1）③。中国自古以来就有幕僚传统，如稷下学宫等。长城战略咨询作为知名智库之一，经常有客户好奇，问我们和政府部门、院校研究机构及咨询机构到底有啥区别。我们经常解释：智库不同于政府机构，智库的政治、经济与学术行为都是围绕着其存在的根本目的“影响政府决策”而存在，其并不直接制定相关决策；智库不同于普通大学的一般研究所，智库开展研究的目的不仅在于探讨自然与社会发展规律，更重要的是将之转化成有针对性、可操作的政府决策建议。

---

① 智库通常有“理念型”“经验型”“逻辑模式型”“数据主导型”等模式，也有对应的方法论。最近，党中央要求各地大兴调查研究，这也是智库非常核心的方法论之一，智库也坚信“没有调查就没有发言权、没有调查就没有决策权”“调查研究是获得真知灼见的源头活水”“凡是愁没有办法的时候，就去调查研究，一经调查研究，办法就出来了，问题就解决了”等理念。

② 例如，我们长城战略咨询的同行零点咨询就有比较有意思的知识积累方法，主要靠创始人袁岳及主要骨干员工不断读 EMBA、不断读博士等方式学习新知识。

③ 长城战略咨询吴勇所著《快思考、“三观”知识让 GEI 咨询师底气十足》中提出“洞见能力源于快思考”的观点，获得长城战略咨询“2017 年新经济征文比赛”一等奖，2018 年刊登于长城智库公众号。

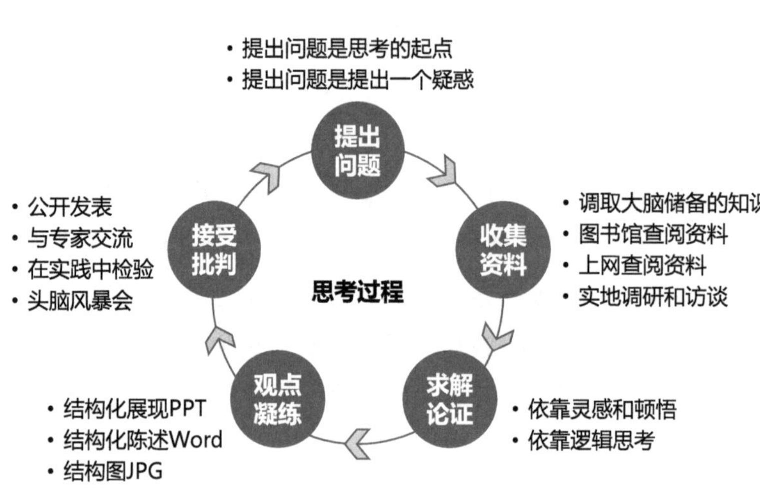

图 2-1　思考的过程及提升"快思考能力"的 7 个手段①

二、选择陪伴式高端智库有何原则？

我们认为，各地在选择陪伴式高端智库时可以采取"三问"标准。一问智库的专长是否与需求匹配。这是选择陪伴式战略合作智库的首要标准，全球没有一家智库擅长所有领域的研究，如我们长城战略咨询只擅长新经济、新动能培育领域的研究，国际政治、城市建设、社会民生、农业发展等我们都不擅长，并且最好选那些深耕垂直领域的智库，如果不垂直，根本搞不透一个行业、一个领域，这样就很难对决策提供有效支撑。二问智库是否既具有全国视野，又设立本地化机构。只有智库对全国最新经验和做法有所了解，才能指引东北各地对标夺标及取得振兴新突破。只有智库在本地或就近设立办公室，并且拥有一定数量经验丰富的，能够提供跟踪研究服务的高级研究人员，才有实力提供 2 周内甚至 24 小时内快速响应的"微咨询"服务，以满足各地政府决策对"快和准"这对"鱼和熊掌"兼得的需求。三问智库是否接地气和"知行合一"。全国很多知名智库主要研究宏观问题或者侧重探索发展规律，并依靠这类更有传播力的成果持续扩大自身影响力，成为高"曝光率"机构，也有很多畅销出版物，这很好，但选择陪伴式智库时不能仅仅看影响力，还应注重选择对于地市、区县层面实操性问题有深入研究的机构，否则仅适合

① 长城战略咨询吴勇于 2016 年 12 月绘制，参考资料包括苗东升所著《钱学森系统科学思想研究》、大前研一所著《思考的技术》、丹尼尔·卡尼曼所著《思考，快与慢》、邱昭良所著《如何系统思考》等。

培训合作及单项研究合作。此外，各地还可以适当关注下价格，选“绝对好、相对便宜”的智库。

专栏 2-8　长城战略咨询及东北分支机构简介

◆ 北京市长城企业战略研究所（简称“长城战略咨询”），成立于1993年，系中国新经济咨询第一品牌，总部位于北京，在20多个城市建设分支机构，拥有500多人专职咨询顾问、3000多名外部专家。与国务院研究室、国家发展改革委、科技部、商务部、工业和信息化部，以及全国近200个重点城市和园区建立深度合作，形成“企业—产业—区域”“三观结合”的特色业务轴心，在城市战略、园区发展、新兴产业、高成长企业、创新创业等方面具有较强实力。

◆ 2018年，长城战略咨询带着“思想与洞见为东北振兴赋能的使命”落户沈阳，在有关单位的支持下成立了辽宁沈大自创区（高新区）研究院、沈阳新经济研究中心等面向专业发展领域或特定区域的新型智库，并获批省级科技创新智库基地。作为专业服务机构，战略伙伴和专业人士是实现价值的双核心①。一方面，长城战略咨询在东北“陪伴式”服务的合作伙伴已扩展到数十个；另一方面，长城战略咨询已在沈阳、大连、长春等地设立常驻办公室，形成了40多人的专职咨询顾问，并具有3个“90%”特征，即90%以上拥有研究生学历、90%以上来自双一流高校、90%以上为“90后”新生代咨询顾问。

本章延伸阅读推荐：

1. 中共中央党史和文献研究院，中央学习贯彻习近平新时代中国特色社会主义思想主题教育领导小组办公室. 习近平关于调查研究论述摘编[M]. 北京：党建读物出版社、中央文献出版社，2023. 本书收录、摘编了党的十八大以来习近平总书记关于调查研究的重要论述。

2. 王德禄. 纵论新经济[M]. 北京：科学技术文献出版社，2023. 本书收录了2009—2022年长城战略咨询创始人王德禄所长博客中与新经济相关的文章，囊括了他在新经济领域中的理论创新与实践探索。

3. 刘志光，武文生. 智库亦咨询[M]. 北京：科学技术文献出版社，2023. 本书收录了1993年

① 大卫·梅斯特. 专业服务公司的管理[M]. 吴卫军，郭蓉，译. 北京：机械工业出版社，2018.

以来，长城战略咨询关于智库建设及咨询业发展的相关公开发表文章及研究报告。

4. 王德禄 . 新经济方法：长城智库方法论 [M]. 北京：金城出版社，2018. 本书介绍了长板论、挖掘区域个性、80–20–4、外脑式头脑风暴、全球创新地图、新经济生态论、新经济机会论、企业爆发式成长论等新经济时代战略制定的主要方法论。

第三章
抓新产业：东北振兴的根本在于产业振兴

2016 年 5 月，习近平总书记在黑龙江调研时，对东北地区提出“老原新三篇大文章”，即抓好“老字号”产业、“原字号”产业、“新字号”产业。2019 年 8 月，习近平总书记在十九届中央财经委员会第五次会议上指出“东北地区建设现代化经济体系具备很好的基础条件，全面振兴不是把已经衰败的产业和企业硬扶持起来，而是要有效整合资源，主动调整经济结构，形成新的均衡发展的产业结构”。2023 年 9 月，习近平总书记在哈尔滨主持召开新时代推动东北全面振兴座谈会时指出，东北地区要“加快构建具有东北特色优势的现代化产业体系”，要“积极培育新能源、新材料、先进制造、电子信息等战略性新兴产业，积极培育未来产业，加快形成新质生产力，增强发展新动能”，要“加快发展风电、光电、核电等清洁能源，建设风光火核储一体化能源基地”，要“加强生态资源保护利用，依托东北的生态环境和生物资源优势，发展现代生物、大数据等新兴特色产业，发展冰雪经济和海洋经济”。习近平总书记讲的抓好“老原新三篇大文章”、主动调整经济结构及加快构建现代化产业体系，实际上都需要积极培育新产业。

2020 年，东北振兴研究院李凯副院长等出版的《东北振兴中的产业结构调整》著作中，也阐述了大量很有启发的研究结论[①]。例如，东北的支柱产业与全国的支柱产业偏离，以全国体量最大的消费型产业即“计算机、通信和其他电子设备制造业”为例，2018 年全国营业收入为 10.6 万亿元，而东北三省这一产业营业收入仅为 665 亿元，占全国比重为 0.65%，同期广东占全国比重高达 36.57%；又如，东北的优势产业集中在产业规模较小的行业，以“航空、航天器及设备制造业”为例，2014 年东北三省营业收入为 405 亿元，占全国比重为 13.36%，拥有绝对优势，但全国该行业规模仅 3028 亿元，而同期“计算机、通信和其他电子设备制造业”是其规模的 22 倍。

本章内容主要回答东北如何调整产业结构、如何选择及培育新产业的问题。从我们这些年的观察来看，东北各地也非常清楚地知道需要“产业立区、产业立市”、需要产业结构调整、需要积极培育新产业，普遍比较困惑的是，到底应该抓哪些新兴产业。根据我们的经验，需要各地领导干部搞清楚的产业定位主要包括 3 个层次：第一个层次是现代化产业体系，它是一个面向中长期的产业蓝图，该产业定位几乎包括各地中长期需要抓住的重点产业，是最全的产业定位，如最近我们参与的“沈阳现代化产业体系构建”课题就属于这一类；第二个层次是产业链、产业集群、

① 李凯，赵球，高宏伟 . 东北振兴中的产业结构调整 [M]. 沈阳：辽宁人民出版社，2020.

产业生态圈，它主要包括各地近 3 ～ 5 年需重点抓住的关键产业，其通常是现代化产业体系中贡献了 80% 经济规模的 20% 支柱产业；第三个层次是新赛道及未来产业，它主要包括各地近 2 ～ 3 年需要重点抓住、正处于风口期的关键中的关键产业，其通常是现代化产业体系中具有爆发式成长潜力的最核心的 4% 产业，如我们最近参与的“辽宁超前布局未来产业”课题就属于这一类。以上 3 个层次产业定位是我们本章前三节的内容。

此外，本章还将介绍先进制造业、数字经济、现代服务业等重点产业。制造业是立国之本、强国之基，是实体经济最重要的组成部分。数字经济预计到 2025 年将占据我国 GDP 半壁江山。全球产业升级普遍遵循“轻工业—重工业—服务业”的规律，目前全球已由“工业型经济”向“服务型经济”转型。三者对东北振兴同样重要。

第一节　构建现代化产业体系是东北各地产业升级大方向

现代化产业体系是一个面向中长期的产业蓝图，几乎包括了各地中长期需要抓住的重点产业。现代化产业体系主要用于党代会报告、“十四五”发展规划及各类中长期发展规划中，日常行政工作中提得较少。党的十七大报告首次提出“发展现代产业体系”；党的十八大报告扩展为“着力构建现代产业发展新体系”；党的十九大报告又进一步提出“着力加快建设实体经济、科技创新、现代金融、人力资源协同发展的产业体系”，党的二十大报告专门用一段话来阐述“建设现代化产业体系”。在我们看来，越是高层级的政府、越是多重功能叠加的区县，越需要构建现代化产业体系。于 2023 年 5 月召开的二十届中央财经委员会第一次会议，进一步明确加快建设以实体经济为支撑的现代化产业体系，提出推进产业智能化、绿色化、融合化，建设具有完整性、先进性、安全性的现代化产业体系，并强调 5 个“坚持”，即坚持以实体经济为重，防止脱实向虚；坚持稳中求进、循序渐进，不能贪大求洋；坚持三次产业融合发展，避免割裂对立；坚持推动传统产业转型升级，不能当成“低端产业”简单退出；坚持开放合作，不能闭门造车。对于东北而言，各省市及重点区县都有必要构建现代化产业体系，以有效指引“产业体系”升级，进而支撑建设十万亿 GDP 地区，以及万亿 GDP 城市、千亿 GDP 区县等。对于东北地区，我们了解到，2022 年辽宁省政府印发了《辽宁省深入推进结构调整“三篇大文章”三年行动方案（2022—2024 年）》，提出加快建设 3 个万亿级产业基地，重点支持12个市场竞争优势明显的千亿级产业集群，扶持壮大10个战略性新兴产业集群，这是辽宁最新的现代化产业体系[①]，并将实施改造升级“老字号”、深度开发“原字号”和培育壮大“新字号”三大重点任务（详见专栏3-1）。同年，黑龙江省政府也印发了《黑龙江省产业振兴行动计划（2022—2026年）》，提出构建“4567”现代产业体系[②]。

专栏3-1　辽宁省推进产业结构调整“老原新三篇大文章”的实践

◆ 改造升级“老字号”：聚焦汽车、机床、船舶、输变电、石化、钢铁、菱镁、轻工、纺织等9个领域，推动老企业智能升级、老企业服务化转型、老设备更新改造、老矿山老城区绿色转型和老品牌振兴发展。

◆ 深度开发“原字号”：延长石化产业链、做强冶金产业链、补齐菱镁产业链和做深农产品加工产业链。

◆ 培育壮大“新字号”：加快发展高端装备、电子信息、生物医药、新材料、节能环保产业；引育壮大增材制造、柔性电子、量子科技、储能材料等未来产业；培育壮大现代服务业。

一、为何各地热衷于构建现代化产业体系？

我们发现，各地都有强烈的“产业体系”升级诉求，让“一茬接着一茬”的新兴产业推动区域经济实现中长期稳步增长，推动还不够现代化的“现行产业体系”，向具有更强竞争力的“新型产业体系”升级。具体来说，就是要推动相对以传统产业为主的产业组合，快速升级为以先进制造业、数字经济、现代服务业、现代农业等新兴产业为主的产业组合。例如，日本第二次世界大战后的“经济奇迹”就源于

① 即加快建设3个万亿级具有国际影响力的先进装备制造业基地、世界级石化和精细化工产业基地、世界级冶金新材料产业基地；重点支持数控机床、航空装备、船舶与海工装备、轨道交通装备、菱镁精深加工、电力装备、压缩机和制冷装备、精细化工、高品质钢铁材料、先进有色金属材料、粮油、畜禽等12个市场竞争优势明显的千亿级产业集群；扶持壮大集成电路装备、节能环保、新能源汽车、生物医药、人工智能、软件、工业互联网、机器人及无人机、先进医疗装备、氢能等10个战略性新兴产业集群。

② 即着力打造数字经济、生物经济、冰雪经济、创意设计“四个经济发展新引擎”，实现“换道超车”跨越发展；培育壮大航空航天、电子信息、新材料、高端装备、农机装备等“五个战略性新兴产业”；加快推进能源、化工、食品、医药、汽车、轻工等“六个传统优势产业”向中高端迈进；加快推进信息服务、现代金融、现代物流、服务型制造、旅游康养、养老托育、文化娱乐等“七个现代服务业发展”。

其不断升级的产业体系，第二次世界大战后初期日本产业以造船、钢铁、石化等重工业为主，20 世纪 80 年代以后逐步升级为以汽车、家电、先进装备、电子信息、生命健康等高新技术产业为主，近年日本又面临着汽车、电子信息等优势产业的继续升级问题（详见专栏 3–2）。对于东北地区来说，目前产业发展呈现出传统和资源型产业过剩，新兴产业和大规模消费品工业发展滞后，高新技术产业对经济尚未形成有效支撑的现状，这样的产业结构难以支撑东北经济高质量发展[①]，这也是新一轮东北振兴战略实施以来东北各地非常注重现代化产业体系构建的原因所在。

专栏 3–2　日本电子信息产业衰退历程[②]

◆ 家电行业：日本的松下、索尼、东芝、日立、三洋、夏普等品牌曾占据中国绝大多数家用电器市场，但近年被中国企业战胜，如今日立、夏普、东芝等家用电器企业已经被中国收购，三洋为家用电器供应零部件，索尼、松下等公司也纷纷退出，其失败与日本“终生雇用”制[③]、过分注重技术而非市场、中国“家电下乡”政策等有很大关系。

◆ PC 行业：当前，联想、戴尔、惠普是当之无愧的巨头，电脑出货量年年稳居全球前列，但真正的“笔记本之父”是日本东芝，其生产了世界上首台真正意义上的笔记本电脑，且曾经还是全球销量冠军。

◆ 手机行业：2000 年，日本夏普公司推出了世界上第一款照相手机，短短几年后，夏普手机在日本流行起来，当时的夏普手机实现了非接触式移动支付，有超过 300 万像素的摄像头，且支持数字电视流媒体，而如今在全球手机市场上几乎看不到日本手机的踪影。

◆ 半导体行业：日本半导体技术曾无人能及，1986 年日本半导体市场份额高达 39.6%，超越美国成为世界第一，而如今占全球市场份额仅 15% 左右。

◆ 数字经济：日本 2001 年推出“IT 基本法”，旨在促使日本成为世界领先的信息化国家，并相继出台了一系列数字经济发展战略，但政策效果并不理想，目前中美两国均发展出世界领先的数字化平台企业，但日本始终没有发展出类似企业，导致日本企业具有成为平台企业附属加工者的危险。

---

① 李凯，赵球，高宏伟 . 东北振兴中的产业结构调整 [M]. 沈阳：辽宁人民出版社，2020：23，60.

② 西村吉雄 . 日本电子产业兴衰录 [M]. 侯秀娟，译 . 北京：人民邮电出版社，2016.

③ 很多日本公司都有“自动加薪”的规定，工资不会随着员工的努力和公司的工作效率而变化，而会随着工作的年限而增加。

二、近期哪些现代化产业体系值得参考？

国家统计局发布的《战略性新兴产业分类（2018）》，实际上就是我国现代化产业体系的最核心部分，其入选的九类产业，都是知识技术密集、物质资源消耗少、成长潜力大、综合效益好的新兴产业（详见专栏 3–3），2021 年我国战略性新兴产业增加值占 GDP 比重为 13.4%①。2023 年 8 月，工业和信息化部等还联合印发了《新产业标准化领航工程实施方案（2023—2035 年）》，提出了 8 个新兴产业、9 个未来产业重点领域（表 3–1），对于今后各地构建现代化产业体系具有重要指导意义。对于城市尺度，比较有影响力的现代化产业体系包括：北京市 2017 年提出的"十大高精尖产业"，2021 年又升级提出"2441"高精尖产业体系 2.0 版②；合肥市立足"大湖名城、创新高地"的城市战略定位，2020 年提出的"芯屏汽合、集终生智"高新技术产业体系；武汉市在"十四五"规划中提出的九大支柱产业、六大战略性新兴产业、五大未来产业的"965"现代产业体系。可见，各地现代化产业体系主要由优势产业（或支柱产业）、战略性新兴产业和未来产业构成，并注重将优势产业或支柱产业培育成具有核心竞争力的万亿级、千亿级产业链或产业集群。

专栏 3–3　国家战略性新兴产业分类（2018）

- ◆ 新一代信息技术产业：下一代信息网络产业；电子核心产业（含集成电路）；新兴软件和新型信息技术服务；互联网与云计算、大数据服务；人工智能。
- ◆ 高端装备制造产业：智能制造装备产业；航空装备产业；卫星及应用产业；轨道交通装备产业；海洋工程装备产业。
- ◆ 新材料产业：先进钢铁材料；先进有色金属材料；先进石化化工新材料；先进无机非金属材料；高性能纤维及制品和复合材料；前沿新材料。
- ◆ 生物产业：生物医药产业；生物医学工程产业；生物农业；生物质能。
- ◆ 新能源汽车产业：新能源汽车整车制造；新能源汽车装置、配件制造；新能源汽车相关设施制造；新能源汽车相关服务。

① 中国科学院科技战略咨询研究院．构建现代产业体系：从战略性新兴产业到未来产业 [M]. 北京：机械工业出版社，2022.

② 2021 年，北京市印发《北京市"十四五"时期高精尖产业发展规划》，提出构建"2441"高精尖产业体系，即新一代信息技术、医药健康两个国际引领支柱产业，集成电路、智能网联汽车、智能制造与装备、绿色能源与节能环保 4 个特色优势产业，区块链与先进计算、科技服务业、智慧城市、信息内容消费 4 个创新链接产业，并抢先布局一批未来前沿产业。

- ◆ 新能源产业：核电产业；风能产业；太阳能产业；生物质能；智能电网。
- ◆ 节能环保产业：高效节能产业；先进环保产业；资源循环利用产业。
- ◆ 数字创意产业：数字创意技术设备制造；数字文化创意活动；设计服务；数字创意与融合服务。
- ◆ 相关服务业：新技术与创新创业服务；航空运营；现代金融。

资料来源：长城战略咨询根据公开资料整理。

表 3-1　国家“8+9”新产业重点领域

类型	产业领域	代表性细分方向
八大新兴产业	新一代信息技术	第五代移动通信（5G）、电子信息制造、软件、新兴数字领域
	新能源	新能源发电、新能源并网、新能源关键设备
	新材料	先进石化化工材料、先进钢铁材料、先进有色金属及稀土材料、先进无机非金属材料、高性能纤维及制品和高性能纤维复合材料、前沿新材料
	高端装备	工业机器人、高端数控机床、农机装备、工程机械、医疗装备、智能检测装备、增材制造装备
	新能源汽车	新能源汽车整车、关键部件系统、核心元器件、智能网联技术、充换电基础设施
	绿色环保	碳达峰碳中和、绿色制造、工业节能、工业节水、工业环保、工业资源综合利用
	民用航空	航空器、发动机、机载系统、通用基础与运营支持
	船舶与海洋工程装备	高技术船舶、海洋工程装备
九大未来产业	元宇宙	工业元宇宙、城市元宇宙、商业元宇宙、文娱元宇宙
	脑机接口	脑信息读取与写入
	量子信息	量子计算处理器、量子编译器、量子计算机操作系统、量子云平台
	人形机器人	人形机器人专用结构零部件、驱动部件、机电系统零部件、控制器
	生成式人工智能	AIGC 模型能力、服务平台技术要求、应用生态框架、服务能力成熟度评估、生成内容评价
	生物制造	生物制造食品、药品、精细化学品
	未来显示	新一代显示材料、专用设备、工艺器件
	未来网络	应用感知网络（APN6）、随路检测（iFit）
	新型储能	正负极材料、保护器件

三、东北各地如何构建现代化产业体系？

结合我们这些年的经验，构建现代化产业体系需要把握好3个通用原则①。一是科学绘制产业体系蓝图。在各地产业体系现代化蝶变的过程中，往往都需要一个产业蓝图以指引产业体系升级，为此就需要编制高水平的现代化产业体系规划。例如，深圳市2009年就领先全国印发了《深圳市现代产业体系总体规划（2009—2015年）》②。对于绘制产业体系蓝图，最大的挑战是到底选择哪些新兴产业纳入现代化产业体系，这个过程中要注重尽可能地全面纳入有潜力的新兴产业，让未来项目落地不受限制，但同时新兴产业的选择又不能盲目追求“大而全”，尤其要重点选择有“比较优势”的新兴产业，这就需要非常有挑战的权衡取舍。此外，还需要注意现代化产业体系虽然是中长期的产业体系，但也是动态演进的，需要不断迭代。二是推动产业体系中重点产业链、重点新赛道等关键少数的核心产业做大做强，成为现代化产业体系的核心支柱。本章开篇已经提到，各地3～5年需重点抓住的关键产业，主要是现代化产业体系中贡献了80%经济规模的20%重点产业链及现代化产业体系中最具爆发式成长潜力的4%重点新赛道。三是推动支撑产业体系现代化的核心要素迭代升级。产业升级实际上需要方方面面的要素都升级，各地可以结合产业特点，有所侧重地抓好核心要素迭代升级，如打造升级版的产业空间、升级版的企业梯队、升级版的创新体系、升级版的招商体系、升级版的产业数字化促进体系、升级版的营商环境、升级版的人居环境等。

其次，我们认为，东北地区构建现代化产业体系还需要把握一些特殊要求：一是突出先进制造业主导地位。习近平总书记在2023年9月主持召开的新时代推动东北全面振兴座谈会上强调：“推动东北全面振兴，根基在实体经济。”东北地区历来重视制造业的发展，制造业是东北地区的比较优势，尤其拥有比较齐全的装备制造业体系，具备发展先进制造业的基础条件。在构建现代化产业体系时，东北地区仍需坚持以实体经济为重，将汽车、高端装备、航空航天等先进制造业作为现代化产业体系最重要的基础和核心。二是同步发力现代服务业与现代农业。党的二十大报告提出：“推动现代服务业同先进制造业、现代农业深度融合。”习近平总书记在新时代推动东北全面振兴座谈会上还强调：“要以发展现代化大农业为主攻方向，

① 郑栅洁．加快建设以实体经济为支撑的现代化产业体系[J]．求是，2023（13）．

② 2009年，深圳市率先提出构建现代产业体系，出台《深圳市现代产业体系总体规划（2009—2015年）》，提出建设全球电子信息产业基地、新兴高新技术产业基地、先进制造业基地、区域金融中心、现代服务业基地。2022年，出台《关于发展壮大战略性新兴产业集群和培育发展未来产业的意见》，提出重点发展网络与通信、半导体与集成电路等20个战略性新兴产业和合成生物、区块链等10个未来产业。

加快推进农业农村现代化，协同推进农产品初加工和精深加工，延伸产业链、提升价值链。”构建现代化产业体系，还需要把握一二三产业不能隔离对立的基本前提，现代化产业体系不仅是制造业，还包括现代化的农业、服务业和基础设施，制造业的发展既需要以农业为基础，也需要高水平服务业的赋能。三是兼顾传统产业转型升级。2023年5月召开的二十届中央财经委员会第一次会议提出的“五个坚持”原则之一便是“坚持推动传统产业转型升级，不能当成‘低端产业’简单退出”。东北地区传统产业体量较大，制造业的优势远未发挥出来，在构建现代化产业体系时还需处理好传统产业与新兴产业之间的关系，要兼顾新旧产业，一手抓传统产业转型升级，一手抓新兴产业培育壮大。四是布局直接面向消费者的大规模产业。根据东北振兴研究院李凯副院长的观点，东北地区产业结构调整还需要把握比较优势产业与大规模产业的均衡[①]。东北地区消费品工业发展相对缓慢，存在规模小、供给质量不高、品牌建设不强等问题，一味强调根据比较优势选择产业发展方向，会加剧轻重工业发展不平衡问题。因此，东北地区在保持比较优势产业的同时，还需要发展直接面向消费者的大规模消费品工业，如人工智能、服务机器人等。

第二节　只有抓好产业链、产业集群，才能筑牢东北经济的基石

产业链、产业集群、产业生态是“现代化产业体系”中贡献了80%经济规模的20%支柱产业，常用于政府工作报告、各种日常的交流推荐和宣传报道，它们也是使用频率最高的产业说法。与现代化产业体系涉及多个产业不同，这3个概念都是聚焦单一产业，只是各有侧重，其中，产业链侧重于抓纵向联动及供应链安全；产业集群侧重于抓空间集聚和规模；产业生态圈侧重于抓各个相关方面的有机互动和协同，既注重抓纵横联动，又注重抓环境要素[②]。例如，合肥市2020年启动产业链“链长制”，提出聚焦12条重点产业链，配备“链长”，推动产业链升级，尤其确保供应链稳定；苏州市2020年提出把生物医药产业作为未来10年发展的“一号

① 李凯，赵球，高宏伟．东北振兴中的产业结构调整[M]. 沈阳：辽宁人民出版社，2020：126.

② 深圳市推动重点产业链“全链条、矩阵式、集群化”发展经验。a. 绘制重点产业链发展路线图，实施重点产业链“链长制”，推动产业链上下游、产供销、大中小企业整体配套、协同发展；b. 从企业招引、项目培育、空间落地、人才支撑、惠企政策等多维度构建“矩阵式”产业扶持体系；c. 整合产业发展重点依托的空间载体，集中布局产业链上中下游企业，推动建立“头雁引领群雁飞”“大手牵小手”产业生态。

产业”，并强调建成继电子信息产业之后苏州市第二个万亿产业集群[①]；成都市2021年提出重点培育12个产业生态圈，并强调要推进58个与之配套的产业功能区建设。对于东北来说，各地至少要抓好产业链、产业集群、产业生态圈三类手段中的一种，让其成为当地经济的核心支柱。

一、产业链：抓纵向联动

关于产业链思想，最早源于亚当·斯密在《国富论》中对分工的论述，主要强调企业内部资源的协作，后来剑桥大学马歇尔教授在研究“产业区”时将产业链内涵延伸到企业间的分工协作，这是当前常用产业链理论的正式起源。可见，抓产业链核心是抓“纵向联动”。根据我们的经验，抓产业链非常适用于制造业，尤其是汽车、精细化工等产业链条长、供应关系复杂的行业领域，抓产业链容易抓出成效。例如，最近合肥市提出的12条重点产业链、湖北省提出的16条重点产业链及沈阳市提出的8条重点产业链，都以制造业为主（详见专栏3-4）。此外，近期各地在抓产业链建设时，可以重点把握以下趋势：一是抓好“产业链、创新链、人才链、金融链、服务链、政策链”等多链融合，这个趋近于抓产业生态圈。二是抓产业链供应链现代化，让产业链及供应链创新能力更强、附加值更高、更加数字化、更加可持续、更加安全可靠、更加协调顺畅。三是抓产业链促进机制创新，主要是“链长制”。

专栏3-4　抓产业链建设的典型案例

◆ 合肥市12条重点产业链（2020版）：集成电路、新型显示、创意文化、网络与信息安全、生物医药、节能环保、智能家电、新能源汽车暨智能网联汽车、光伏及新能源、高端装备及新材料、人工智能、量子产业。

◆ 湖北省16条重点产业链（2021版）：汽车、智能制造装备、集成电路、光通信、现代化工、节能环保、纺织、食品、新材料、生物医药、大数据、人工智能、软件和信息服务、工业互联网、船舶和海洋工程装备、航空航天。

◆ 沈阳市8条重点产业链（2022版）：高端装备（含机器人）、航空（含军工）、集成电路装备、生物医药及医疗装备、汽车及零部件、新一代信息技术、食品、新能源及节能环保。

资料来源：长城战略咨询根据公开资料整理。

① 2020年，苏州市印发《全力打造苏州市生物医药及健康产业地标实施方案（2020—2030）》，将生物医药产业列为“一号产业”重点打造，提出对标“全球药谷”，用10年时间再造1个万亿级产业。

二、产业集群：抓空间集聚

哈佛大学迈克尔·波特教授1990年在《国家竞争优势》一书中正式提出“产业集群”概念，根据其定义，产业集群是指“一组在地理上靠近的相互联系的公司和关联的机构，它们同处或相关于一个特定产业领域，由于具有共性和互补性而联系在一起”。可见，抓产业集群核心是抓“空间集聚”，但同时也要抓产业关联。国内早期对产业集群的研究主要基于浙江的实践经验[①②]，辽宁大学唐晓华教授也较早关注产业集群，出版了《产业集群：辽宁经济增长的路径选择》专著[③]，近年来对产业集群研究影响力最大的要数北京大学的王缉慈教授[④⑤]。最近10多年，产业集群概念也受到政府部门的广泛关注，国家相关部委纷纷启动产业集群认定，例如，2013年科技部开始认定的“国家创新型产业集群”，截至2021年认定4批共计151家；2020年国家发展改革委认定首批66家“国家级战略性新兴产业集群”；2021年工业和信息化部开始通过集群竞赛的方式认定“先进制造业集群”，截至2022年认定3批共45家，该竞赛被认为是国内最高规格的产业集群竞赛，代表着国内产业集群的最高水准。2022年，沈阳市机器人及智能制造集群与长春市汽车集群携手入选第三轮国家先进制造业集群，实现东北“零”的突破（详见专栏3–5）。此外，近期各地在抓产业集群建设时，可以重点把握以下趋势：一是抓产业集群的整体升级，可以开展省级或市级产业集群认定和评价，“以申促建”“以评促建”提升集群整体发展水平。二是抓世界级产业集群建设，如武汉市2020年提出到2025年打造光电子信息（含软件和信息服务）、汽车及零部件、生物医药与医疗器械3个世界级产业集群。根据长城战略咨询研究，建设“世界级产业集群”需要具备以下4个条件：有显著的规模效应（营业收入万亿级）、有引领全球的原始创新能力、有影响全行业格局的头部企业、有广泛且纵深的协同效应[⑥]。

---

① 虞锡君，佘明龙，郭玉华．产业集群与区域经济发展：嘉兴特色块状经济研究[M]. 杭州：杭州出版社，2004.

② 盛世豪，郑燕伟．浙江现象：产业集群与区域经济发展[M]. 北京：清华大学出版社，2004.

③ 唐晓华．产业集群：辽宁经济增长的路径选择[M]. 北京：经济管理出版社，2006.

④ 王缉慈．创新的空间：产业集群与区域发展[M]. 北京：科学出版社，2019.

⑤ 王缉慈．超越集群：中国产业集群的理论探索[M]. 北京：科学出版社，2010.

⑥ 长城战略咨询参与了2019年深圳市的软科学研究项目“深圳高新区以产业创新共同体打造世界级产业集群的对策研究”，并在研究中提出了该观点。

专栏 3-5　东北三省先进制造业集群建设实践

◆ 沈阳市机器人及智能制造集群：2021 年，沈阳市机器人及智能制造集群产值 1213 亿元，是 2018 年的 3 倍，集聚了中国科学院沈阳自动化研究所、中国科学院机器人与智能制造创新研究院、国家机器人创新中心等国家级创新平台，培育出了新松机器人、众拓机器人、通用机器人等一批“隐形冠军”企业。

◆ 长春市汽车集群：汽车产业是长春市第一支柱产业，2021 年，汽车集群产值 6142 亿元，占全市工业产值 70% 以上，累计产销整车 240 多万辆。中国一汽龙头企业带动效应显著，拥有红旗、解放、奔腾、大众、丰田、奥迪六大整车厂，集聚汽车零部件配套企业近 1100 家，配套产值规模近 1600 亿元。

资料来源：长城战略咨询根据公开资料整理。

三、产业生态圈：抓方方面面的内在关联和互动协同，既注重抓纵横联动，又注重抓环境要素

2012 年《硅谷生态圈：创新的雨林法则》出版，系统揭示了硅谷热带雨林孕育高科技产业的原理[①]。在国内，长城战略咨询是较早系统研究产业生态理论的机构[②]。我们发现，热带雨林是地球上抵抗力最强、稳定性最高的生态系统，演替速度极快，并呈现出多样、偶发、复杂、自组织等特征，成熟的产业生态也具有类似特征：一是汇聚多样性企业、机构、中介等各类主体，如同热带雨林中丰富的物种、群落；二是最具前途的企业常常超预期偶发性出现，如爆发式成长的哪吒、独角兽等企业；三是各类主体间关系错综复杂，如同热带雨林中复杂的群落关系；四是当产业生态发育到一定程度，将出现业界的自治。为此，要建设成熟的产业生态，不仅要加强集聚纵向横向各类主体，还要积极促进产业生态上下游环节及旁侧环节纵横交错合作、产业间跨界合作、大中小企业融通合作及产学研实质性合作，尤其还要加强阳光水分空气等要素供给及自组织机制建设。此外，根据我们的经验，对于以服务业为主的地区，可以侧重抓产业生态圈，因为服务业一般链条不长但种类很多，抓产业链容易忽视横向联动。对于以制造业为主的地区，实际上也可以抓产业生态圈，并且可以把制造业纳入产业生态圈一起抓，但是仍有必要继续抓产业链，因为如果忽视了制造

① 维克多・黄，格雷格・霍洛维波．硅谷生态圈：创新的雨林法则 [M]. 诸葛越，许斌，林翔，等译．北京：机械工业出版社，2015.

② 长城战略咨询．新经济生态论 [R]. GEI 企业研究报告，2017（9）.

业和服务业的区别，将制造业和服务业一视同仁，容易出现“抓不深、抓不透”的问题。从全国的实践来看，成都市较早在全市推行产业生态圈建设，2021 年提出重点培育 12 个产业生态圈，并围绕每个产业生态圈进行系统推进[①②③]。

专栏 3-6　通化生物医药产业生态圈建设实践

在东北地区，吉林省通化市是继长春、沈阳之后，第 3 个出现独角兽企业的城市，包括通化安睿特 1 家独角兽企业和惠升生物 1 家潜在独角兽企业。作为一个非中心城市，持续深耕生物医药产业是原因所在。

2022 年，通化市医药健康工业实现产值 229.3 亿元，医药健康服务业实现营业收入 176 亿元。此外，通化市还相继获批国家火炬计划生物医药产业基地、生物产业国家高技术产业基地、首批国家新型工业化医药产业示范基地，生物医药产业集群入围第一批国家战略性新兴产业集群。并且，通化市还建设了东宝生物医药产业园、修正医药科技产业园、通化安睿特重组人白蛋白产业园等产业园。截至 2022 年年底，通化市集聚了规模以上医药工业企业 72 家，培育了通化东宝、通化金马、紫鑫药业、益盛药业和吉药控股 5 家 A 股上市企业。

资料来源：长城战略咨询根据公开资料整理。

第三节　只有超前布局新赛道，东北才能更好地拥抱未来

为什么各地在抓好现代化产业体系及产业链、产业集群、产业生态的基础上，还需要重点抓好新赛道？因为新赛道具有爆发式增长潜力，还拥有千亿甚至万亿的海量市场，有点类似于企业战略中经常提到的“蓝海市场”[④]。可以说，新赛道是

① 成都市经济和信息化局 . 成都市智能制造产业生态圈蓝皮书（2019）[M]. 成都：西南财经大学出版社，2021.

② 成都市经济和信息化局 . 成都市先进材料产业生态圈蓝皮书 [M]. 成都：西南财经大学出版社，2021.

③ 成都市地方金融监督管理局 . 成都市现代金融产业生态圈蓝皮书 [M]. 成都：西南财经大学出版社，2021.

④ W. 钱・金，勒妮・莫博涅 . 蓝海战略：超越产业竞争、开创全新市场（扩展版）[M]. 吉宓，译 . 北京：商务印书馆，2016. 作者强调，已知市场空间中的残酷竞争只能制造血腥的“红海”，令企业深陷其中，并与对手争抢日益缩减的利润额。作者基于对跨度达 100 多年，涉及 30 多个产业的 150 项战略行动的研究，提出要取得持久性的成功，企业不能靠与对手竞争，而是要开创“蓝海”，即蕴含庞大需求、能带动企业增长的新市场空间。

现代化产业体系中最为活跃、最具爆发力的新兴业态。这就意味着在整个现代化产业体系中，只要你抓住了这么几个关键中的关键产业，就可能实现区域经济爆发式增长，从而实现“赶超式”发展。例如，合肥这些年 GDP 年均增长 20%，就与其抢抓集成电路、新能源汽车、语音识别、量子信息等新赛道密不可分。最近抓新赛道也上升为国家战略。2022 年 6 月，习近平总书记在武汉光谷考察时强调，要“催生更多新技术新产业，开辟经济发展的新领域新赛道，形成国际竞争新优势。”党的二十大报告也提出：“深入实施科教兴国战略、人才强国战略、创新驱动发展战略，开辟发展新领域新赛道，不断塑造发展新动能新优势。”可见，抓新赛道是东北主动抓未来、实现“赶超式”发展的关键一招，尤其前些年东北已经错过了电商、消费互联网、电子信息、新能源汽车等大量的发展风口，当前不能再“看天吃饭”了，要超前布局、提前播种，为此本部分予以专门介绍。

一、“新赛道”一词的由来及定义

“赛道”原本是体育竞技领域的词汇，2015 年前后“互联网 +”浪潮下出现各式各样的创业方向，投资机构把这些全新出现的行业统称为新赛道，后来这一概念被引入产业培育领域。长城战略咨询在该领域有一定的发言权，已连续两年发布全国新赛道体系报告[①]，定义新赛道为“面向未来的、具有跨界属性的、投资机构关注的、有爆发式增长潜力、有海量市场前景”的新产业。此外，与传统产业发展逻辑相比，新赛道是风险资本等敏锐市场力量选择和发展的结果，培育新赛道更符合市场经济规律。

二、新赛道与“未来产业”的关系：极具科技感的新赛道即未来产业

未来产业是指由突破性和颠覆性技术推动，尚处于孕育孵化阶段的新兴产业，其有望 5 ～ 10 年后成长为战略性新兴产业，并在 20 ～ 30 年后成长为支柱产业。未来产业是“现代化产业体系”必不可少的组成部分，与“硬科技”产业概念内涵及范畴相近，与“新字号”产业概念相比更聚焦未来领域，资本市场较为关注的新赛道产业可视为其主要细分领域。近年来，未来产业受到国家及各地高度重视。2020 年 10 月，习近平总书记在深圳经济特区建立 40 周年庆祝大会上提出，“前瞻布局战略性新兴产业，培育发展未来产业”。《中华人民共和国国民经济和社会发展第十四个五年规划和 2035 年远景目标纲要》提出，要“前瞻谋划未来产业，在类脑智能、量子信息、基因技术、未来网络、深海空天开发、氢能与储能等前沿科技

① 长城战略咨询 . 中国新赛道体系发展报告 2023[R]. 2023.

和产业变革领域，组织实施未来产业孵化与加速计划”，并提出“布局国家未来产业技术研究院”“打造未来技术应用场景”等培育手段。截至2022年年底，全国已有上海、浙江、江苏、山西、河南、江西等6个省份出台省级层面的“未来产业”指导文件，深圳、南京、宁波、郑州等20余个地市也发布了针对“未来产业”的指导文件。在东北地区，沈阳率先编制发布了《沈阳市未来产业培育和发展规划（2018—2035年）》，重点培育“3+2”未来产业，包括未来生产、未来交通、未来健康三大主导产业及未来信息技术、未来材料两大赋能产业，具体包括智能机器人、增材制造、智能医疗、人工智能、工业互联网、储能材料、防腐材料等17个重点方向。最近，我们也联合大连理工大学张志宏教授团队，共同参与了辽宁省2023年决策咨询和新型智库专项研究课题中的“关于我省加快培育发展未来产业的对策研究”的重大课题，在该课题成果中我们提出了辽宁省六大“未来产业集群”新赛道布局建议（表3–2）。

表3–2　辽宁省六大“未来产业集群”新赛道布局建议

产业领域	新赛道方向	产业领域	新赛道方向
未来装备	下一代数控机床 下一代空天装备 下一代船舶装备 下一代IC装备 下一代机器人 下一代重大成套装备	未来智能	人工智能大模型 工业软件 工业互联网 网络安全 元宇宙 传感器
未来材料	先进基础材料 先进半导体材料 生物医用材料 高性能3D打印材料	未来健康	下一代医疗装备 现代中医药 基因诊断与细胞治疗 眼健康
未来能源	氢能“制—储—输—用” 先进储能 氢能源汽车 新型能源材料	未来生物	数字化+农业全产业链 现代种业 生物制造

资料来源：长城战略咨询与大连理工大学张志宏教授团队联合研究成果。

三、新赛道与“新字号”产业的关系：新赛道产业是“新字号”的核心组成部分

2016年习近平总书记在黑龙江省调研时，对东北地区提出抓好“老原新三篇大

文章"，我们理解这里的"新字号"是希望东北要多培育新兴产业。根据我们之前研究，东北这些年在能源、材料、汽车、大国重器等领域还是非常领先的，鞍山、长春、大庆等城市依旧是我国重要的钢都、汽车城、石油城，主要落后掉队的是数字经济等新兴产业。此外，大家经常误以为，"新字号"产业都是硬科技、黑科技产业，实际上"新字号"产业是一个相对概念，只要是新兴出现的、只要是有前景的产业，包括传统产业领域中的新业态，都能算作东北地区"新字号"产业的范畴，可见"新字号"产业比新赛道产业范畴更广。

四、哪些新业态领域属于新赛道？

长城战略咨询是国内最早系统研究新赛道体系的机构。我们持续深耕新物种企业挖掘和培育，每年发布中国独角兽企业报告、中国哪吒企业报告等权威榜单，根据入榜新物种企业新赛道分布，总结出"GEI 新赛道体系 6D–MN"，即六大方向、M 个主赛道、N 个新赛道，并于 2021 年联合南京市政府公开发布，这是目前国内相对权威的新赛道体系。其中，主赛道及新赛道的数量是动态变化的，2021 年有 22 个主赛道、98 个新赛道。商业方向包括电子商务、新金融、智慧物流、网络社交 4 个主赛道；民生方向包括数字文娱、人居生活 2 个主赛道；社会方向包括互联网医疗、互联网教育、智慧出行 3 个主赛道；数字方向包括人工智能、数链科技、云计算、物联网 4 个主赛道；产业方向包括产业互联网、数字企业、机器人、智能硬件、新能源智能汽车 5 个主赛道；科技方向包括商业航空航天、量子信息、医疗科技、前沿新材料 4 个主赛道（图 3–1）。我们认为，西安市 2018 年提出的"九大硬科技产业"也属于新赛道范畴[①]。此外，根据我们协助辽宁省科技厅编制的 2022 版《辽宁省瞪羚独角兽企业发展报告》，辽宁省瞪羚企业、独角兽企业主要集中在 7 个主赛道 27 个细分赛道，虽然和全国相比，这些新赛道还相对传统，但他们或许更符合东北当前的发展阶段（图 3–2）。为此，东北在选择新赛道方向时，既要注重立足东北当前发展阶段，又要注重紧跟全国新赛道趋势。

① 国务院发展研究中心国际技术经济研究所，西安市中科硬科技创新研究院 . 硬科技：大国竞争的前沿 [M]. 北京：中国人民大学出版社，2021.

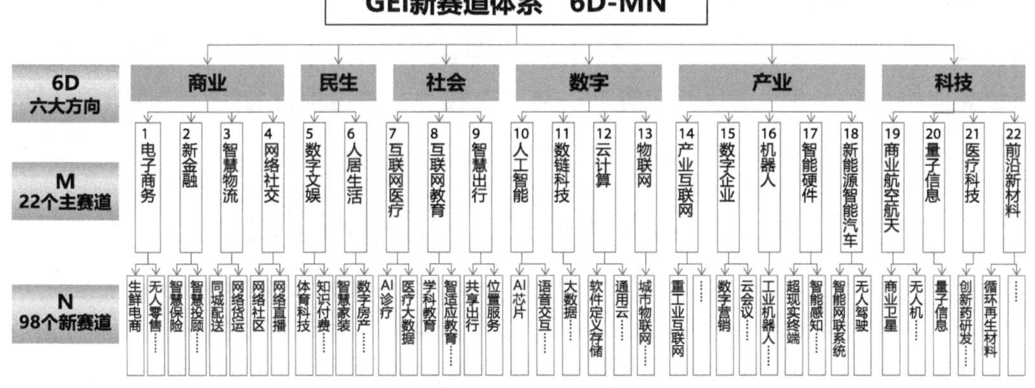

图 3–1　“GEI 新赛道体系 6D–MN”示意（2021 版）

图 3–2　辽宁省瞪羚、独角兽企业行业赛道分布（2022 版）

五、东北各地如何选择及培育新赛道？

从原理上讲，新赛道的出现更多是尖端技术人员、一流投资人、企业家等市场力量选择的结果，因此，政府要遵循市场规律，逆向选择拟培育新赛道，即从新物种企业出发，选择适合培育的新赛道。具体来看，各地区可以从两个视角出发选择新赛道：一是可以挖掘内生新物种及潜在新物种企业，顺势而为抢先布局新赛道；二是可以外源招引全国新物种企业，组团式招引相近赛道的多家企业。在选择好赛道后，针对新赛道的孵育及培育壮大，可以差异化采取举办新赛道行业峰会[①]、搭

① 2022 年、2023 年我们分别协助大连、长春举办了“制造 +”新赛道大会、“数实融合”新赛道大会。

建示范应用场景、组织交叉学科的未来技术研究、组织国资领投新赛道企业、探索新赛道治理创新等组合手段。尤其在治理方面，可以建立包容审慎监管机制，对新赛道企业给予 2 ～ 5 年的成长包容期，对非主观的轻微违规行为实行“首错免罚”。

第四节　只有制造业的振兴，才能带动东北全面振兴

制造业是实体经济的最核心部分[①]。从全球来看，美国、德国、日本等经济强国都非常重视制造业，我国也把制造业誉为“立国之本、兴国之器、强国之基”[②③]。可见，在现代化产业体系中，先进制造业重要性不言而喻。2023 年 9 月，习近平总书记在哈尔滨市主持召开新时代推动东北全面振兴座谈会时也指出，东北地区要“加快传统制造业数字化、网络化、智能化改造，推动产业链向上下游延伸，形成较为完善的产业链和产业集群”。国内上海、深圳、苏州、宁波[④]、重庆[⑤]、合肥[⑥]等城市，都非常重视先进制造业的发展。但我们发现，这些年东北主要城市先进制造

① 黄群慧 . 论新时期中国实体经济的发展 [J]. 中国工业经济，2017（9）：5-24. 该文认为实体经济可分成 3 个层次：第一个层次实体经济，即制造业，用 R0 表示，为实体经济的核心部分，也是最狭义的实体经济；第二个层次实体经济，包括 R0、农业、建筑业和除制造业以外的其他工业，用 R1 表示，为实体经济的主体部分，也是一般意义或者传统意义上的实体经济；第三个层次实体经济，包括 R1、批发和零售业、交通运输仓储和邮政业住宿和餐饮业，以及除金融业、房地产业以外的其他所有服务业，可以用 R2 表示，为实体经济的整体内容，也是最广义的实体经济。R2 和金融业、房地产业构成国民经济整体。

② 瓦科拉夫・斯米尔 . 美国制造：国家繁荣为什么离不开制造业 [M]. 李凤海，刘寅龙，译 . 北京：机械工业出版社，2014.

③ 加里・皮萨诺，威利・史 . 制造繁荣：美国为什么需要制造业复兴 [M]. 机械工业信息研究院战略与规划研究院，译 . 北京：机械工业出版社，2014.

④ 王任祥 . 中国制造 2025・宁波实践 [M]. 北京：中国财政经济出版社，2019.

⑤ 重庆 2023 年出台《深入推进新时代新征程新重庆制造业高质量发展行动方案（2023—2027 年）》，提出打造“33618”现代制造业集群体系。做大做强做优智能网联新能源汽车、新一代电子信息制造业、先进材料等三大万亿级产业集群，加快推动智能装备及智能制造、食品及农产品加工、软件信息服务等三大五千亿级支柱产业集群，创新打造新型显示、高端摩托车、轻合金材料、轻纺、生物医药、新能源及新型储能等六大千亿级特色优势产业集群，培育壮大未来产业和高成长性产业领域的 18 个“新星”产业集群。

⑥ 合肥市围绕制造强市建设，提出实施“2833”地标性产业集群培育工程，即打造新一代信息技术、汽车和智能网联汽车 2 个具有国际竞争力的五千亿级产业集群，打造家电和智能家居、高端装备制造、节能环保、光伏新能源、生物医药和大健康、新材料、绿色食品、创意文化等领域 8 个具有国内竞争力的千亿级产业集群，打造 3 个千亿级龙头企业，培育 300 个专精特新“小巨人”和“冠军”企业。

业发展水平相对落后，对先进制造业的重视程度也还远远不够。例如，代表我国先进制造业最高水平的国家级先进制造业集群全国共 45 个，东北仅 2 家入选，还是第三批入选的。又如，2011—2020 年东北“三省一区”规模以上工业企业利润总额年均下降 8.9%，同期全国年均增长 1.2%①。但我们也关注到，东北近年来在制造业的转型升级上有一些有益探索，如最近辽宁省提出了“数字辽宁智造强省”战略，其中 2022 年省财政安排了 15 亿元的“智造强省”专项资金预算；哈尔滨市瞄准“先进制造之都”建设，出台了系统化制造业促进举措。

专栏 3–7　全国 Top3 工业增加值城市制造业发展实践

- 上海：2021 年工业增加值首次突破 1 万亿元，全国排名保持第一。规模以上工业总产值 3.9 万亿元、工业战略性新兴产业总产值 1.6 万亿元。其中，2020 年新能源汽车、新能源和生物产值同比增速分别为 190%、16% 和 12%。
- 深圳：工业增加值全国排名第二。45 个国家先进制造业集群中深圳占 4 个，包括新一代信息通信、先进电池材料、高端医疗器械和智能装备。
- 苏州：工业增加值全国排名第三。2021 年规模以上工业总产值突破 4 万亿元，其中，电子信息、装备制造、生物医药、先进材料四大产业产值3.8 万亿元。

资料来源：长城战略咨询根据公开资料整理。

一、初步认识“先进制造业”

先进制造业没有官方的定义，中国社会科学院工业经济研究所认为，先进制造业是“集现代科学技术之大成的产业领域，不仅体现为技术、工艺的先进性，也体现为制造模式、生产组织方式和供应链等的先进性，既包括依托先进技术形成的战略性新兴产业、高技术产业，也包括通过技术改造、工艺革新、商业模式、生产组织方式等转型升级后的传统产业”。此外，从代表我国先进制造业最高水平的国家级先进制造业集群中也能窥见一些轮廓，工业和信息化部公布的 3 批 45 个国家级先进制造业集群包括新一代信息技术领域 13 个、高端装备领域 13 个、新材料领域 7 个、生物医药及高端医疗器械领域 5 个、消费品领域 4 个、新能源及智能网联

① 迟福林，马禹．统筹发展与安全：推动东北地区全面振兴的战略任务 [J]. 区域经济评论，2023（1）：66–75.

汽车领域3个，覆盖制造强国建设重点领域，这45个集群2021年主导产业产值达19万亿元，布局建设了18家国家制造业创新中心，占全部国家级创新中心数量的70%，培育了170余家国家级制造业单项冠军企业、2200余家国家级专精特新“小巨人”企业。

二、东北需要重点抓好哪些“先进制造业”？

按照黄奇帆的观点，每个时代都会催生出几件世界性的耐用消费品，如机械化时代催生了手表、自行车、缝纫机、收音机、照相机等；电气化时代催生了汽车、空调、电视机、冰箱、洗衣机等；信息化时代催生了台式电脑、笔记本电脑、手机、液晶电视、打印机等；当下人工智能时代，有望催生能够胜任人类基础性工作的家用机器人、具有逻辑判断能力的内容输出型机器人、具备脑机接口的AR/VR头盔或眼镜、自动驾驶清洁能源汽车、突破材料限制的3D打印等新一代“五大件”，这些产品一旦成熟，市场规模将达到万亿美元级，哪个国家、哪个城市能够抓住机会，就能在国际竞争中走在前列。为此，我们认为，东北未来发展先进制造业，除了继续巩固汽车、石化及精细化工、电子信息、高端装备、航空航天等优势产业外，还要积极培育发展黄奇帆提到的新一代“五大件”及其他符合时代需要的重点消费品。

汽车。东北是新中国汽车工业的发源地，诞生了新中国第一台卡车和第一台轿车，目前已形成以吉林为“主体”，以辽宁、黑龙江为“两翼”的汽车产业集群，拥有一汽集团、华晨宝马、大庆沃尔沃等重点汽车整车企业，形成了长春汽开区、沈阳大东汽车城等汽车生产制造基地，东北三省汽车产值超过1万亿元。其中，长春汽开区拥有一汽红旗、一汽解放、一汽轿车、一汽大众、一汽丰越、一汽奥迪等6家主机厂，以及一汽富维、一汽富晟、富奥、麦格纳、大陆、伟巴斯特、曼胡默尔等340家汽车零部件配套企业，形成了“中、重、轿”三大系列多个车型的产品格局；沈阳大东汽车城拥有华晨宝马、上汽通用北盛、华晨雷诺金杯、华晨中华等四大整车资质，以及德科斯米尔、美国德尔福、法国法雷奥等百余家汽车零部件配套企业。近年来，东北汽车产业集群相较长三角、珠三角地区，存在整车企业发展缓慢、零部件配套率低、自主创新能力不足、专业化水平较低等问题，尤其在自动驾驶及新能源汽车等领域已经处于落后地位。我们认为，东北未来发展汽车产业主要有两个着力点：一是积极开展新能源汽车、智能网联汽车全产业链布局，长春、沈阳、大连等汽车产业生态较成熟的城市重点引进自动驾驶清洁能源汽车整车、新能源汽车零部件、智能网联汽车零部件等3类项目，抢先布局新赛道新领域；二是提升零部件配套率，建设一批配套产业园，提升零部件本地配套能力。

石化及精细化工。东北地区油气资源丰富，依托油气资源加工已形成大连长兴岛、盘锦辽东湾、大庆、抚顺、吉林、辽阳等多个大型石化产业基地，东北三省原油产量占全国1/4、原油加工量和乙烯产量占全国近1/5。其中，辽宁围绕世界级石化和精细化工产业基地目标定位，依托临港运输便利条件，重点建设长兴岛（西中岛）石化产业基地、辽东湾精细化工产业带，集聚了恒力石化、北方盘锦沥青、北方华锦化学等10余家上市公司，最近还有多个重大项目落户，产业规模已突破万亿元，居于全国前列，在烯烃、芳烃、精细化工、化工新材料等领域具备竞争优势，其中沙特阿美再投辽宁800亿元，扩大在辽的布局。黑龙江以大庆石化产业基地为核心，集聚了大庆油田、大庆石化、大庆炼化、哈尔滨石化等骨干企业。我们认为，未来东北应重点推动石化产业向“减油增化”和精细化工转型，推动产品由“原料型”向“材料型”转变，主要有3个着力点：一是围绕高端精细化学品、化工新材料等领域延伸产业链，吸引龙头企业围绕高端产品建设研发及产业基地；二是瞄准新兴应用市场加强产学研合作，承接一批附加值高、工艺技术先进的科技成果，加快高端产品研发上市；三是推进绿色化数字化改造，打造智慧工厂、绿色工厂。

专栏3-8　宁波绿色石化产业发展实践

宁波是国内七大石化产业基地之一，绿色石化产业集群于2022年入选国家级先进制造业集群，是全国石化行业唯一一家。2022年，宁波石化产业规模以上工业总产值达到5221亿元。主要有5个经验做法值得东北借鉴：

一是推动产业链向高端化、精细化方向延伸。形成了以炼油乙烯为龙头，延伸发展碳二、碳三等化工新材料的产业体系，原油加工量、成品油、石油沥青等多种主要石化产品规模居国内领先地位。

二是聚力引培绿色石化企业。拥有石化产业相关规模以上企业超300家，其中千亿级企业1家、百亿级企业7家、十亿级企业25家，陆续引进了法国道达尔、韩国SK、德国朗盛、美国利安德巴塞尔等多家世界500强企业。

三是优化空间布局推动产业集聚发展。目前，宁波绿色石化产业集群区已经形成了镇海片区（石化经济技术开发区）、北仑片区（经济技术开发区）和大榭片区（大榭开发区）等3个集聚区，三大石化集聚区产值占全市90%以上。

四是坚持绿色发展。建成11家绿色工厂、2个国家级绿色园区，基本实现园区中循环、企业小循环，物料管道输送、集中供热供气、排放超低水平、污水集中处理的一体化管理，乙烯、炼油等单位产品综合能耗处于国际领先水平。

五是推动石化产业与区域优势产业联动发展。宁波塑料加工、纺织、服装、家电、汽车工业、日用品制造发达，培育形成了汽车制造、电气机械、纺织服装等七大千亿级产业集群，为石化产业发展提供了广阔的市场空间。

资料来源：长城战略咨询根据公开资料整理。

食品加工。食品工业既是传统产业也是民生产业，是农产品向消费市场转化的重要中间环节。根据胡润研究院发布的2022中国食品行业百强榜单，东北有北大荒农垦、桃李面包、九三粮油、十月稻田4家企业上榜，此外，东北也诞生了辉山、禾丰、皓月、完达山、飞鹤、哈高科大豆、大庄园肉业等知名食品品牌。但是东北食品产业的发展面临着产业链条短、层次低，龙头企业少、品牌带动作用低，企业自主创新能力弱、产品科技含量低等问题。东北具有农业规模化生产的先天条件，并培育出十月稻田等农业独角兽企业，依托"农头"发展"食尾"的潜力也非常大。我们认为，东北未来发展食品产业主要有3个着力点：一是充分发挥东北资源禀赋突出的优势，实现农业"接二连三"融合发展，聚焦特色农产品精深加工，提升特色生态农业品牌化水平，培育打造一批本土特色品牌。二是聚焦消费新趋势，引导和鼓励传统食品企业技术改造和转型升级，积极发展婴幼儿食品，适合中老年及特殊人群的功能食品、预制菜等高附加值领域。三是完善产业生态，延伸发展检验检测、安全溯源、仓储运输等环节。

专栏3-9　依托地域特色发展特色食品产业实践

◆ 柳州螺蛳粉。2022年，柳州螺蛳粉全产业链销售收入达到501亿元，并且以一碗螺蛳粉，带火了一座城。主要有4个经验做法值得东北借鉴：一是抓住网红电商爆发期，做足"臭"的话题。柳州因为一部唯美的螺蛳粉全过程短片，迅速让"李子柒牌"螺蛳粉成为销量冠军，天猫旗舰店螺蛳粉月销量达100万多单。二是竖起品牌大旗，放手让企业干。成功申请"柳州螺蛳粉"地理标志，共享给80多家本地化预包装螺蛳粉企业使用。三是用工业化思维做好的产品和标准化的产业链。包括研发预包装螺蛳粉、制定《柳州螺蛳粉地方标准》、打造柳州螺蛳粉原材料示范基地、建设中国首家柳州螺蛳粉产业学院。四是生态化布局螺蛳粉小镇，让在线产业扎根发展。规划布局了螺蛳粉产业园和螺蛳粉小镇、"京东农场"等集聚区。

◆ 眉山泡菜。2021 年，眉山市泡菜销售收入 217 亿元，孵化出吉香居、乐宝、川南、味聚特、惠通等中国驰名品牌。主要有 6 个经验做法值得东北借鉴：一是规划建设"中国泡菜城"，面积为 5.5 平方千米，聚集泡菜生产及上下游龙头企业 30 余家，形成了泡菜加工与包装、冷链、物流产业集群；二是建成泡菜原料新品种繁育试种基地、泡菜原料标准化生产基地、国家级泡菜质量监督检验中心等；三是建成眉山会展中心、泡菜博物馆、泡菜广场风情街、泡菜主题公园、商住小区等市政及功能配套设施；四是依托"泡菜产业技术创新联盟"和"泡菜创新团队"，组建四川东坡中国泡菜产业技术研究院，每年研发泡菜新产品 100 余个；五是连续举办十三届中国泡菜食品国际博览会，成为眉山特有的会节品牌；六是市、区先后出台《关于强力推进泡菜产业发展的决定》《关于扶持中国泡菜城泡菜产业发展的意见》等奖补政策。

资料来源：长城战略咨询根据公开资料整理。

电子信息。中国电子信息行业可以说是从一张白纸成长为如今中国最具国际竞争力的行业之一，也成为武汉、成都、郑州、苏州等中心城市的支柱产业，但在这过程中东北却错过了布局电子信息产业的时机。2007 年，英特尔落户大连，布局了英特尔在亚洲的第一个芯片制造工厂，但是英特尔相对封闭，没有带动周边配套产业集聚。目前，东北在空调、电视机、冰箱、洗衣机、电脑、手机等多个领域输得很惨，但是在 IC 装备、光电等领域却走出了自己的创新之路，例如，沈阳依托中国科学院沈阳自动化研究所等成果转化孵化了拓荆科技、芯源微、富创精密、沈科技等 IC 装备"四小龙"。我们认为，未来东北重点是抢抓人工智能时代机会，前瞻布局第三代半导体、下一代人工智能、下一代物联网、未来网络通信、智能传感器等产业领域，抓住电子信息行业新风口。

高端装备。东北拥有良好的装备制造业基础，装备制造业体系比较齐全，成套装备产品研发、制造能力居国内国际领先水平，尤其重型装备产品在国内具有不可替代的地位，是我国数控机床（工业母机）、机器人、大型船舶、重型机械、轨道交通、海洋工程、能源与环保等重大装备的产业基地。东北地区拥有沈阳机床、大连机床、科德数控、齐重数控、齐二机床、新松机器人、大连船舶重工、恒力重工、中国一重、沈鼓、北方重工、哈电、北方车辆、沈变、大连华锐重工、融科储能、微控新能源、瓦轴等一批行业龙头企业，多数高技术产品实现国产化突破，技术水平处于国际领先。例如，大连是国家船舶与海工装备的重要研制生产基地，生产了我国第一艘万吨轮船、第一艘航母；又如，沈阳是我国机器人产业的发源地，2022年沈阳市机器人及智能制造集群入围先进制造业集群“国家队”。未来，东北要进一步发挥现有高端装备产业与科研优势，把握产业链安全视角给先进装备制造业带来的重大机会，突破一批“颠覆性”或“卡脖子”关键技术装备、核心零部件、精密制造技术及核心软件。

先进材料。东北是我国重要的原材料基地，在钢铁、铝、镁等传统材料领域基础较好，在高端金属结构材料、先进高分子材料和高性能复合材料等新材料领域也初步形成集聚态势，拥有鞍钢、本钢、东北特钢、中钛装备、东北轻合金、海谱润斯等领军企业，还拥有中国科学院金属研究所、哈尔滨工业大学、大连理工大学、东北大学等材料领域顶尖院校，并形成辽宁金属新材料、吉林碳纤维、黑龙江石墨烯等特色产业集群，尤其2021年与本钢集团合并后的鞍钢集团，其粗钢产量位居全国第3位，仅次于中国宝武和卢森堡的安赛乐米塔尔。我们认为，东北下一步主要有三方面着力点：一是推动领军企业通过战略并购、内部创业孵化、加大新材料研发及产业化等做大做强；二是推动驻东北的顶尖材料院校科技成果本地转化；三是积极培育发展新能源材料、电子材料等新兴产业领域，最终推动东北地区由“我国重要的原材料基地”升级为“我国重要的先进材料基地”。

专栏 3-10 长沙新材料产业发展实践

新材料产业是长沙市七大千亿级产业之一，2021年规模工业总产值超1600亿元，已形成先进储能材料、新型合金材料、碳基材料三大优势领域，其中先进储能材料产业规模和市场占有率全国第一。主要有4个经验做法值得东北借鉴：

一是依托高校提供技术和人才支撑。长沙聚集了国防科技大学、中南大学、湖南大学、长沙矿冶研究院、长沙新材料产业研究院等一批科研院校，5名新材料领域两院院士、100名专家及学科带头人等。尤其先进储能材料依托中南大学校友圈迅速崛起，比亚迪掌舵人王传福、动力电池龙头鹏辉能源创始人夏信德、锂电正极材料龙头容百科技董事长白厚善、动力电池回收龙头格林美董事长许开华等都曾就读于中南大学。

二是搭建产业创新平台。建成长沙高新区国家新材料成果转化及产业化基地、宁乡高新区国家级节能环保新材料高新技术产业化基地、国家新型工业化产业示范基地（电池材料）、望城经开区国家有色金属材料精深加工高新技术产业化基地等平台。

三是打响产业品牌。长沙曾经连续举办两届中国先进材料产业创新与发展大会暨长沙新材料产业博览会，催生出较好的产业集聚效应。

四是出台专项政策支持产业发展。2022年，长沙出台《关于支持先进储能材料产业做大做强的实施意见》，从“用电支持、供地优先、金融服务、创新鼓励、应用推广、招商激励、龙头打造”等方面引导产业发展。

资料来源：长城战略咨询根据公开资料整理。

航空航天。东北航空航天产业主要集中在沈阳、长春、哈尔滨3个城市。沈阳是新中国航空工业的摇篮，拥有601所、606所、626所等航空科研院所，沈飞公司、黎明公司等知名企业，在歼击机、民用飞机大部件、航空发动机、燃气轮机等领域相对领先。长春拥有“飞行员的摇篮”——中国人民解放军空军航空大学，打造了“南有珠海，北有长春”的知名航空会展品牌——长春航空展，形成了以“吉林一号”卫星为牵引、以长光卫星为龙头，包括长光辰芯、长光宇航、长春奥普、长春霍伊特等50余家配套企业的航天信息产业生态。哈尔滨在直升机领域相对领先，有哈飞、航发东安、广联航空等知名企业。我们认为，东北未来发展航空航天产业主要有3个着力点：一是聚焦沈飞、哈飞、黎明等龙头企业配套需求，精准招引配套企业就近聚集，降低生产及物流成本；二是积极发展航空服务业，发展壮大机场地面保障、低空旅游、航空培训、应急救援等业态；三是加大商业航天等领域布局，加快推动一批卫星应用领域的项目落地。

生物医药。东北医药产业经过多年发展，基本覆盖生物药、化学药、中药等各个医药领域，集聚了修正药业、三生制药、东北制药、誉衡药业、通化东宝等全国医药工业百强企业。这些年，东北医药产业与自身相比实现较大发展，但与国内先进地区相比、与世界医药发展的趋势相比，还存在明显差距，包括研发投入不足、新业态布局不足、专业化分工与协作不足等。我们认为，下一步东北医药产业发展可以从以下 3 个方面着手：一是进一步挖掘放大东北在中医药领域产业优势，提升现有头部企业核心竞争力，积极培育中医智能装备等新业态企业；二是与石化及精细化工产业等结合，大力发展化学原料药、CDMO 等领域；三是抓住生物药的发展机遇，围绕新一代生物技术、药物新靶点、生物技术和信息技术交叉融合等领域加强企业引培。

清洁能源。东北能源资源丰富，是国内风能、光能最为富集的地区之一，在风电、光伏、核电、氢能等领域基础较好，集聚了中国一重、沈鼓、融科储能、微控新能源等一批行业龙头企业。跨越东北三省的松辽风光储一体化清洁能源基地是全国九大清洁能源基地之一。建有辽宁红沿河核电站、庄河核电站、徐大堡核电站等核电项目，其中红沿河核电站是中国首次一次同时装机 4 台百万千瓦级核电机组标准化、规模化建设的核电项目，也是东北地区第一个核电站。我们认为，东北未来要围绕资源优势加快发展风电、光电、核电等清洁能源，建设风光火核储一体化能源基地。主要有 4 个着力点：一是增强清洁能源发电供给能力，推动天然气发电与风力、太阳能、核能发电等新能源发电融合发展；二是优化电力输送通道，提高电网跨省跨区大范围资源优化配置能力，支撑建设适应大规模可再生能源和分布式电源友好并网、源网荷双向互动、智能高效的新型电力系统；三是加强新能源领域示范项目建设，重点推动飞轮储能、全钒液流电池、氢储能等技术的研究和示范应用；四是加强重点领域能源装备自主创新，着力突破能源装备制造关键技术、材料和零部件等领域“卡脖子”技术。

三、如何抓好先进制造业？

我们认为，上海、深圳、苏州、宁波、佛山等城市已有非常成熟的先进制造业促进手段，包括上海发展生产性服务业促进两业融合、宁波打造制造业单项冠军之城、佛山推动传统制造业数智化转型、深圳和苏州发展战略性新兴制造业等，这些方法手段可以直接复制借鉴。此外，哈尔滨在“先进制造之都”建设方案中提出的六大专项行动也比较全面系统，包括规模以上企业和专精特新企业培育、先进制造业项目招商和建设、先进制造业集群发展、制造业数字化智能化转型、制造业绿色低碳发展、制造业创新发展。值得东北地区关注的国家级先进制造业平台，如表 3-3 所示。概括来说，东北各地在抓先进制造业时，可以从以下 5 个方面着手。

表 3–3　值得东北地区关注的国家级先进制造业平台

国家主管部门	国家级先进制造业平台
工业和信息化部规划司	国家先进制造业集群 国家新型工业化产业示范基地 重点产品、工艺“一条龙”应用示范
工业和信息化部信发司	新一代信息技术与制造业融合发展试点示范 跨行业跨领域工业互联网平台 工业互联网平台创新领航应用案例 工业互联网 App 优秀解决方案 工业软件优秀产品
工业和信息化部信管局	工业互联网一体化进园区“百城千园行”专题活动（包括政策进园区、网络进园区、标识进园区、平台进园区、安全进园区、要素进园区、应用进园区等内容） 5G+ 工业互联网典型应用场景和重点行业 工业互联网试点示范项目 工业互联网标识解析节点 5G 全连接工厂
工业和信息化部装备一司	智能制造示范工厂揭榜单位和优秀场景 增材制造典型应用场景名单 机器人应用优秀场景
工业和信息化部网安局	工业互联网安全深度行活动典型案例和成效突出地区 工业领域数据安全管理试点典型案例和成效突出地区
工业和信息化部科技司	国家制造业创新中心 工业和信息化部重点实验室 产业技术基础公共服务平台 国家技术创新示范企业 国家级质量标准实验室 工业产品质量控制和技术评价实验室 制造业质量管理数字化典型场景和解决方案
工业和信息化部政法司	服务型制造示范企业、示范平台、示范城市 制造业单项冠军企业（产品） 国家工业设计研究院 国家级工业设计中心 中国优秀工业设计奖 国家工业遗产
工业和信息化部企业局	专精特新“小巨人”企业

续表

国家主管部门	国家级先进制造业平台
工业和信息化部节能司	绿色制造（含绿色工厂、绿色工业园区、绿色供应链管理企业） 工业产品绿色设计示范企业 工业废水循环利用试点企业、园区 工业绿色微电网典型应用场景与案例
工业和信息化部消费品司	消费品工业“三品”战略示范城市
国家发展改革委	先进制造业和现代服务业融合发展试点
商务部	信息技术外包和制造业融合发展重点企业

资料来源：长城战略咨询根据公开资料整理。

抓内培外引。制造业“内培外引”举措，实际上和本书第五章、第七章介绍的关于企业培育、招商引资的通用举措类似，只是制造业更聚焦中国制造业 500 强、国家级制造业单项冠军企业、国家级专精特新“小巨人”等具有“制造”属性的企业门类（第五章第五节还将专门介绍）。对于有条件的地区，可以联合专业机构，成立“制造业单项冠军”或专精特新企业培育中心。例如，近年来长城战略咨询的浙江业务中心、广东业务中心，就分别协助宁波、佛山开展了制造业单项冠军企业的系统培育，并形成了一套行之有效的培育方法论。

抓数智化转型。最近，国家在制造业数字化转型上下了很大的功夫，聚焦智能工厂、工业互联网领域，启动了智能制造示范工厂、5G 全连接工厂、工业互联网试点示范项目、工业互联网标识解析节点、跨行业跨领域工业互联网平台、工业互联网 App 优秀解决方案、工业软件优秀产品等大量认定及促进工作。目前，东北各地都比较注重抓制造业企业的数智化转型，尤其是辽宁省已经连续举办四届全球工业互联网大会，但对于沈大长哈等主要城市制造业数智化转型的系统性和成效方面，和青岛、佛山等第一梯队城市还有非常大的差距，尤其青岛不仅培育出青岛海尔中央空调互联工厂、青岛啤酒厂、青岛海尔冰箱互联工厂等 3 座全球“灯塔工厂”，还培育出卡奥斯等解决方案头部企业，已赋能 6 家工厂入选全球“灯塔工厂”。

抓创新驱动。前几年，工业和信息化部抓制造业创新驱动发展比较注重抓核心基础零部件（元器件）、关键基础材料、先进基础工艺、产业技术基础“四基”及首台（套）重大技术装备[①]，最近两三年相对注重抓国家制造业创新中心、产业技

① 国家制造强国建设战略咨询委员会，中国工程院战略咨询中心 . 北京：工业强基 [M]. 电子工业出版社，2016.

术基础公共服务平台、工业产品质量控制和技术评价实验室、制造业质量管理数字化典型场景和解决方案等重点事情。例如，自 2016 年起，工业和信息化部陆续批复由龙头企业牵头组建的国家制造业创新中心，截至 2022 年共计批复 26 家，目前东北仅 1 家，即沈阳的“国家机器人创新中心”。此外，我们认为东北在抓制造业创新驱动发展时，还需要多多借助科技口的模式及力量，如“卡脖子”关键核心技术攻关、中试基地等。最近我们在协助沈阳研究编制 8 条制造业产业链的“卡脖子”攻关长名单、短名单、路线图，全面落实 2022 年习近平总书记在新松公司调研时提出的“要时不我待推进科技自立自强，只争朝夕突破‘卡脖子’问题，努力把关键核心技术和装备制造业掌握在我们自己手里”。

抓生产性服务业及“两业”融合、服务型制造。《中华人民共和国国民经济和社会发展第十四个五年规划和 2035 年远景目标纲要》提出，要“以服务制造业高质量发展为导向，推动生产性服务业向专业化和价值链高端延伸”。我们认为，东北地区下一步要从 3 个方面入手：一是生产性服务业。根据国家统计局发布的《生产性服务业统计分类（2019）》，生产性服务业包括为生产活动提供的研发设计与其他技术服务，货物运输、通用航空生产、仓储和邮政快递服务，信息服务，金融服务，节能与环保服务，生产性租赁服务，商务服务，人力资源管理与职业教育培训服务，批发与贸易经纪代理服务，生产性支持服务等十大领域。这个分类以统计为目的，覆盖面广，但不够聚焦。上海生产性服务业“十四五”规划提出的十大业态对于东北促进生产性服务业发展更有借鉴价值，包括总集成总承包服务、供应链管理服务、产业电商服务、研发和设计服务、检验检测认证服务、智能运维服务、节能环保服务、生产性金融服务、生产性专业服务、职业教育培训服务。二是两业融合。包括先进制造业与现代服务业的融合及物流业与制造业的融合。2021 年，国家发展改革委公布第二批先进制造业和现代服务业融合发展试点名单，沈阳铁西区获批国家两业融合试点区域，走在东北前列[①]；此外，国家发展改革委 2020 年还牵头启动了推动物流业制造业深度融合创新发展工作[②③]。三是服务型制造。根据工业和信息化部、国家发展改革委、中国工程院在 2016 年共同发布的《发展服务型制

① 国家发展和改革委员会产业发展司．两业融合：推动先进制造业和现代服务业深度融合发展的探索与实践 [M]. 北京：中国计划出版社，2023.

② 《关于印发〈推动物流业制造业深度融合创新发展实施方案〉的通知》（发改经贸〔2020〕1315 号）。

③ 国家发展和改革委员会经济贸易司，中国物流与采购联合会．物流业制造业深度融合创新发展典型案例（2021）[M]. 北京：中国财富出版社，2021.

造专项行动指南》，服务型制造是指制造业企业更好地满足客户需求，从生产性制造为主转为“制造＋服务”，从单纯提供产品向提供“产品＋服务”整体解决方案转变，通俗讲就是要推动制造业企业的业务从微笑曲线的中间向两端延伸，发展研发、设计、物流、包装、知识产权、分销与售后服务等微笑曲线“两端环节”[①②]。截至 2023 年年初，工业和信息化部已经公布四批服务型制造示范名单，东北三省累计 20 家企业入选，沈阳市还入选了工业设计特色类示范城市（表 3–4）。

表 3–4　东北三省国家服务型制造示范企业名单

批次	企业名单
第一批（2017 年）	沈阳东软医疗系统有限公司 大连冷冻机股份有限公司 长春合心机械制造有限公司
第二批（2018 年）	鞍山森远路桥股份有限公司 沈阳鼓风机集团股份有限公司 中车大连电力牵引研发中心有限公司
第三批（2021 年）	三一重型装备有限公司 辽宁紫竹高科装备股份有限公司 辽宁思凯科技股份有限公司 沈阳恒久安泰环保与节能科技有限公司 哈尔滨工大金涛科技股份有限公司 中冶焦耐（大连）工程技术有限公司
第四批（2023 年）	沈阳工业泵制造有限公司 迈格钠磁动力股份有限公司 丹东东方测控技术股份有限公司 哈尔滨滨博实自动化股份有限公司 大连德迈仕精密科技股份有限公司 瓦房店轴承集团有限责任公司 大连达伦特香氛科技有限公司 大杨集团有限责任公司

资料来源：长城战略咨询根据公开资料整理。

抓绿色生产及要素保障。绿色生产核心是抓“三绿”，即抓好绿色园区、绿色工厂、绿色企业，重点标志性成果是创建国家级绿色工厂、绿色工业园区、绿色供应链管理企业、工业产品绿色设计示范企业等，这是制造业可持续发展的基础保障，尤其是在“双碳”目标和能耗“双控”背景下，更要抓好绿色生产。但要注意

① 服务型制造研究院 . 服务型制造：助力建设现代化产业体系 [M]. 北京：中国发展出版社，2023.

② 工业和信息化部服务型制造专家组 . 服务型制造典型模式解读 [M]. 北京：经济管理出版社，2016.

不要矫枉过正，本质上来说，只有污染的企业、没有污染的行业，为此要积极推动存在污染风险的企业运用高科技手段解决污染问题，而不能对风险企业所在的行业“一票否决”。制造业的要素支撑主要包括人才、土地、能源等，对于东北各地尤其要注重制造业技能人才的培养。我们认为，东北的“机器换人”还有非常长的道路要走，毕竟宝马第三工厂等“黑灯工厂”还属于少数，为此对于一线员工及技工仍是需求重点。技能人才是将设计图纸转化为现实产品的具体实施者，是先进的科技和机器设备的操控者，是技术攻关革新与现场管理改善的主要生力军，在工艺流程优化、工装设备改进、事故隐患排除、工艺技术创新、材料成本降低、生产效率提升等方面，具有无法代替的作用，东北各地都要加强技能人才培养，本书后续章节还将介绍卓越工程师、大国工匠等高技能人才及其培养手段（详见第六章内容）。东北三省近 3 年获批的绿色工业园区名单如表 3–5 所示。

表 3–5　东北三省近 3 年获批的绿色工业园区名单

2020 年	中德（沈阳）高端装备制造产业园 大连经济技术开发区
2021 年	沈阳—欧盟经济开发区 辽阳高新技术产业开发区
2022 年	抚顺高新技术产业开发区 盘锦高新技术产业开发区 黑龙江杜尔伯特经济开发区

资料来源：长城战略咨询根据公开资料整理。

第五节　只有抓住数字化大势，东北经济地位才能快速回升

自 1995 年美国学者泰普斯考特提出“数字经济”概念以来，发展数字经济逐步成为全球共识。根据中国信通院、中国社科院等预测，2025 年数字经济将占中国经济的半壁江山，其中，数字产业化将占 GDP 的 10%、产业数字化将占 GDP 的 40%。我国《“十四五”数字经济发展规划》也提出 2025 年数字经济核心产业增加值占 GDP 比重达到 10%，即达到 13 万亿。可见，数字经济对于经济发展之重要性，各地不得不抓。实际上，沈大长哈等东北地区中心城市近些年落后，核心也是数字经济及其衍生产业的落后。最近两三年，东北多数地区开始重视数字经济的发展，

尤其是辽宁省，立足作为工业大省、农业大省、海洋大省、科教大省、文旅大省的"场景优势"，按照"数字辽宁、智造强省"的战略定位积极培育数字经济，并连续举办四届全球工业互联网大会。虽然，东北地区不断完善大数据、物联网、5G网络等基础设施建设，在工业软件、行业应用软件等领域全面发力，但是和全国比较还有较大的差距，根据《2022中国统计年鉴》，2021年东北软件业务收入为2399亿元，仅占全国（95501亿元）的2.4%；从企业培育来看，福布斯"2022中国数字经济100强"榜单，东北没有一家入选。下一步，东北各地区都有必要大抓、特抓数字经济发展，并推动数实融合，把所有产业用数字化重塑一遍。此外，近年来东北抓经济的势头非常猛，各地常问我们如何实现GDP年均20%以上增长，对于沈大长哈4个中心城市的中心城区以及新城区，我们都会建议要大力发展数字经济，这是实现GDP高速增长的最主要路径。

一、初步认识"数字经济"

实际上，数字经济发展始于20世纪90年代，已历经多波发展浪潮：最早的数字经济叫软件服务业，中国第一位计算机博士就诞生在东北的沈阳，即东软集团创始人刘积仁，他创办的东软集团是我国第一家软件上市企业，东北也抓住了这一波发展浪潮，尤其大连软件外包全国第一，此时正值我国全面启动市场经济体制改革阶段。第二波是以电商为核心的消费互联网，涌现出BAT、京东、抖音等头部企业，并拉动通信、终端、芯片、人工智能等软硬件大发展，在这波浪潮的初始阶段东北就开始落后掉队，此时正值我国市场经济体制改革向各领域、各层级全面深入渗透的阶段。第三波就是现在，主要是围绕消费互联网升级及产业互联网、智慧城市等需要，全面推动数字经济发展，此时正值我国新经济开始全面铺开发展的阶段。尤其在新经济发展的最近十多年，数字经济是成长性最好的产业。例如，2021年作为杭州"经济招牌"的数字经济核心产业增加值为4905亿元，占GDP的27%，较上年增长11.5%。此外，要全面认识数字经济，可以详细翻阅《"十四五"数字经济发展规划》，这也是我国数字经济领域首个国家级规划，尤其规划提出的8个关键指标，就能较为清晰地窥见我们数字经济发展大战略，具体包括数字经济核心产业增加值占GDP比重、IPv6活跃用户数、千兆宽带用户数、软件和信息技术服务业规模、工业互联网平台应用普及率、全国网上零售额、电子商务交易规模和在线政务服务实名用户规模。

二、哪些产业属于数字经济的范畴？

根据2021年5月国家统计局公布的《数字经济及其核心产业统计分类2021》，

数字经济可以分为数字产品制造业[①]、数字产品服务业、数字技术应用业、数字要素驱动业、数字化效率提升业五大类，其中，前面四大类为数字经济的核心产业，即数字产业化；第五大类为产业数字化，是数字技术与实体经济融合业态（详见专栏 3–11）。我们认为，对于东北地区这五大类数字经济领域都值得关注，从发展的难易程度来讲，第五大类相对容易，可以依靠第五大类发展带动前四大类发展。

专栏 3–11　《数字经济及其核心产业统计分类（2021）》提出的数字经济范畴

◆ 数字产品制造业：计算机制造；通讯及雷达设备制造；数字媒体设备制造；智能设备制造；电子元器件及设备制造。

◆ 数字产品服务业：数字产品批发；数字产品零售；数字产品租赁；数字产品维修。

◆ 数字技术应用业：软件开发；电信、广播电视和卫星传输服务；互联网相关服务；信息技术服务。

◆ 数字要素驱动业：互联网平台；互联网批发零售；互联网金融；数字内容与媒体；信息基础设施建设；数据资源与产权交易。

◆ 数字化效率提升业：智慧农业；智能制造；智能交通；智慧物流；数字金融；数字商贸；数字社会；数字政府。

资料来源：长城战略咨询根据公开资料整理。

三、东北各地如何抓好数字经济？

近年来，我国在数字经济发展上做了大量的部署，以工业和信息化部为主，采取了近 40 项具体的行动抓手（表 3–6）。对于东北来说，主要是抓好数字产业化、产业数字化、城市智慧化、产业生态化“四化”[②③]。具体如下：

① 当前，全世界大约每 3 台 PC（含笔电、平板、一体机）、每 5 台显示器、每 6 块智能手表，就有 1 个是“重庆造”，重庆是当之无愧的全球 IT 制造高地，也有效支撑重庆经济发展。

② 黎晓春，常敏. 三化融合：建设全国数字经济第一城的杭州路径[M]. 杭州：浙江工商大学出版社，2021.

③ 我们提的“四化融合”，比杭州市发展数字经济的“三化融合”经验多了“产业生态化”。

表 3-6　值得东北地区关注的国家级数字经济平台

国家主管部门	国家级数字经济平台
工业和信息化部信发司	新一代信息技术与制造业融合发展试点示范 跨行业跨领域工业互联网平台 工业互联网平台创新领航应用案例 工业互联网 App 优秀解决方案 工业软件优秀产品 新一代信息技术典型产品、应用和服务案例 大数据产业发展示范项目 区块链典型应用案例 新型信息消费示范城市、示范项目 中国软件名城（园）
工业和信息化部信管局	工业互联网一体化进园区"百城千园行"专题活动 5G+ 工业互联网典型应用场景和重点行业 工业互联网试点示范项目 工业互联网标识解析节点 5G 全连接工厂
工业和信息化部装备一司	智能制造示范工厂揭榜单位和优秀场景 增材制造典型应用场景名单
工业和信息化部信通司	"5G+ 智慧旅游"应用试点 移动物联网应用典型案例 国家新型数据中心典型案例
工业和信息化部电子司	先进计算典型应用案例 智能体育典型案例 虚拟现实先锋应用案例
工业和信息化部网安局	工业互联网安全深度行活动典型案例和成效突出地区 工业领域数据安全管理试点典型案例和成效突出地区 5G 应用安全创新推广中心 网络安全技术应用试点示范项目
工业和信息化部企业局	中小企业数字化转型试点城市 中小企业"链式"数字化转型典型案例
工业和信息化部科技司	物联网赋能行业发展典型案例 制造业质量管理数字化典型场景和解决方案
工业和信息化部节能司	国家绿色数据中心
国家发展改革委	"东数西算"国家算力枢纽 国家数字经济创新发展试验区

续表

国家主管部门	国家级数字经济平台
科技部	国家新一代人工智能创新发展试验区 国家新一代人工智能公共算力开放创新平台
中央网信办	国家网络安全教育技术产业融合发展试验区 IPv6 技术创新和融合应用综合试点城市和试点项目 国家区块链创新应用试点

资料来源：长城战略咨询根据公开资料整理。

抓数字产业化，发展壮大数字经济核心产业。各地区可以结合国家统计局《数字经济及其核心产业统计分类（2021）》对数字经济细分领域的界定，选择重点发展的行业领域及细分赛道，尤其是云、大、物、智等数字经济核心产业，包括云计算、大数据、物联网、人工智能。各地区还要积极建设产业城、产业园、主题楼宇等载体承载数字经济产业，也要加强引进世界 500 强中的数字经济核心产业企业及全国电子信息百强、软件百强、互联网百强企业等区域总部。我们发现，最近沈阳市非常重视数字经济发展，提出打造东北数字经济第一城，而且其浑南区、皇姑区等重点区县也非常重视数字经济发展，制定了系统化方案，并采取了系列化推进举措（详见专栏 3-12）。

专栏 3-12　沈阳市重点区县发展数字经济的定位及主要思路

◆ 浑南区建设“中国沈阳 · 北方算谷”的核心考虑：将重点依托沈阳人工智能计算中心、沈阳国际软件园、东北大学等优势资源，以建设“北方地区算力新高地、数字经济发展新空间、泛在智慧应用新场景”为目标，打造“双核六园”承载空间，重点布局发展人工智能、物联网、云计算、大数据、工业互联网、网络安全、数字孪生、智慧城市等八大数字经济核心产业。

◆ 皇姑区建设“东北数字经济创新发展示范区”的核心考虑：落实市委对皇姑建设数字经济创新发展示范区的指示，重点依托楼宇空间载体、城区丰富场景及院校创新资源，以建设“数字产业引领示范、数字治理应用示范、数字生态创新示范”为具体方向，围绕夯实产业基础、培育优质企业、建设数字场景、布局数字基建、配置创新要素 5 个方面实施 22 项工作任务。

资料来源：长城战略咨询根据公开资料整理。

抓产业数字化，推动优势产业数字化转型。实际上，对于农林牧渔、制造业、建筑业、批零住餐、金融业、商务服务、运输仓储、房地产、居民服务、文教卫体等12个支撑GDP的重点行业，都需要数字化转型，并且每个重点行业都有自己的行业"Know-how"，各地在抓产业数字化时一定要深入特定行业中去。例如，佛山是我国重要的制造业基地，近年来，以智能制造应用场景为主要驱动力，推动家电、陶瓷、家具、纺织等传统制造业数智化转型升级，全面提升美的集团、林氏木业等传统制造业企业竞争力。此外，有条件的地区还可以建设数字化转型促进中心、行业数字大脑等，赋能产业数字化转型。目前东北地区在制造业数字化方面已采取了相对系统的举措（本章第四节已介绍），下一步有必要推广到更多的行业领域。

抓城市智慧化，加快智慧城市建设。核心是抓超级"城市大脑"建设，汇集政务、社会、城市、产业领域数据，实现数字底座"一体贯通"和城市物联"全域感知"，推动城市治理数字化转型，并带来3个方面的效果：一是实现便企利民高频次事项"一网通办"；二是实现水电气暖供应、生态环境监测、食药品监管、应急指挥等"一网统管"；三是实现政府运行"一网协同"。我们发现，近年来东北的先行地区都相对重视"城市大脑"建设，包括沈阳、大连等城市及金普新区、浑南等区县，但其成效距离以上理想状态还有很大差距，为此还需加强线下流程优化与线上系统升级同步推进。

抓产业生态化，营造一流数字经济发展环境。营造一流的数字经济发展生态，需要多方面的系统发力，我们认为，当前最主要的包括两个方面。一是加强双千兆网络、工业互联网二级解析节点、星火链网骨干节点、泛在感知系统、超算中心、数据交易所等新型数字基础设施建设，最近国家也组织认定国家新型数据中心、国家新一代人工智能公共算力开放创新平台等重点设施。从美国经验看，1993年克林顿政府提出"信息高速公路计划"，这是当时一项极有前瞻性和魄力的基础设施建设计划，克林顿政府计划投资4000亿美元，用20年时间逐步将电信光缆铺设到所有家庭用户，同时鼓励和培育信息设备、通信和信息系统软件的研究开发，培养和造就大量的信息技术人才，最终"信息高速公路计划"获得巨大成功，包括IBM、摩托罗拉、思科、英特尔、微软等软硬件企业，以及雅虎、谷歌等互联网企业在内的大批信息技术企业获益匪浅，快速发展成为世界级企业。二是要积极推动场景策划开放。例如，沈阳市就率先提出打造数字化场景应用东北第一城，2021年4月23日"遇见场景・预见未来"沈阳市城市机会场景清单发布会上，沈阳市向全球发布和释放"千余场景、万亿机会"，此后，沈阳市及多个区县还在场景招商、场景培育科技型企业、场景促进城市治理现代化等方面系统发力。此外，沈阳市、哈尔滨市还要重点依托国家新一代人工智能创新发展试验区这一战略性平台，积极推动人工智能重大场景建设和开放（详见专栏 3–13）。

专栏 3–13　科技部推动场景创新促进人工智能发展的主要举措[①]

◆ 打造人工智能重大场景。主要聚焦四大领域打造场景：一是聚焦制造、农业、物流、金融、商务、家居、消费等重点行业；二是聚焦城市管理、交通治理、生态环保、医疗健康、教育、养老等重点社会领域；三是聚焦数学、化学、地学、材料、生物和空间科学等领域重大科学问题；四是聚焦亚运会、全运会、进博会、服贸会及战略骨干通道、高速铁路、港航设施、现代化机场建设等国家重大活动和重大工程。

◆ 提升人工智能场景创新能力。支持专精特新“小巨人”、独角兽等参与场景创新。支持高校、科研院所、新型研发机构等参与场景创新。鼓励市场化人工智能场景创新促进服务机构发展。推动国家新一代人工智能创新发展试验区和国家人工智能创新应用先导区以场景为抓手开展创新试验。

◆ 加快推动人工智能场景开放。建立人工智能场景清单征集、遴选、发布机制。建设集测试、展示、路演、体验为一体的人工智能场景创新体验区。

◆ 加强人工智能场景创新要素供给。鼓励算力平台、共性技术平台、行业训练数据集、仿真训练平台等人工智能基础设施资源开放共享。推动城市和行业的人工智能“数据底座”建设和开放。鼓励普通高校、职业院校在人工智能学科专业教学中设置场景创新类专业课程。

资料来源：长城战略咨询根据公开资料整理。

第六节　服务型经济是沈大长哈未来主要经济形态

从 20 世纪 80 年代开始，全球开始由“工业型经济”向“服务型经济”转型，目前，主要发达国家服务业增加值占 GDP 的比重都在 70% 以上，并且其现代服务

① 《科技部等六部门关于印发〈关于加快场景创新以人工智能高水平应用促进经济高质量发展的指导意见〉的通知》（国科发规〔2022〕199 号）。

业在服务业中的比重已达到70%。从国内情况看，目前现代服务业已成为上海、北京、深圳等城市重点发展的主导产业。东北产业结构以重工业为主，现代服务业滞后已成为制约区域竞争力提升的关键因素。为此，尤其沈大长哈等区域性中心城市要加快发展现代服务业，提高经济发展质量和效益。

一、初步认识“现代服务业”

我国“现代服务业”的提法最早出现在1997年9月党的十五大报告中。2007年3月，出台《国务院关于加快发展服务业的若干意见》，提出要“适应新型工业化和居民消费结构升级的新形势，重点发展现代服务业，规范提升传统服务业”。根据科技部2012年2月发布的《现代服务业科技发展“十二五”专项规划》，现代服务业是指以现代科学技术特别是信息网络技术为主要支撑，建立在新的商业模式、服务方式和管理方法基础上的服务产业，它既包括随着技术发展而产生的新兴服务业态，也包括运用现代技术对传统服务业的改造和提升。根据世贸组织的服务业分类标准，现代服务业主要包括九大类，即商业服务、通信服务、建筑工程服务、教育服务、环境服务、金融服务、健康与社会服务、旅游服务、娱乐文化体育服务。从《上海市服务业发展“十四五”规划》来看，上海重点布局的现代服务业包括金融服务、贸易服务、航运服务、科技服务、信息服务、专业服务（法律、财会咨询、人力资源等）、集成服务（总集成总承包、现代供应链、物流服务、研发设计服务等）、养老服务、文创教育服务、会展旅体服务、商贸家政服务。

二、东北需要重点抓好哪些“现代服务业”?

我们认为，东北沈大长哈在选择服务业发展方向时，可以重点对照《上海市服务业发展“十四五”规划》提出的产业方向，选择适合的领域。例如，沈阳市的中心城区沈河区就对标上海制定了“2+5”现代化产业体系（详见图3–3）。此外，除了本章涉及的信息服务、科技服务、现代物流外，还有必要积极发展金融服务、文旅体服务、商贸服务、商务服务等业态。

金融服务。东北沈大长哈4个城市均提出建设“金融中心”定位，并且还集聚了一定数量的金融牌照及国家级金融产业平台（详见表3–7），但是各有侧重、发展水平也有所差距。其中，大连市得益于拥有中国4家期货交易所之一大连商品交易所，是东北地区金融体系最完善、机构聚集度最高的城市，还拥有大连银行、大连农商行、华信信托、日本财险、中荷人寿、百年人寿、大通证券等法人金融机构。沈阳市主要依托沈阳金融商贸开发区（沈河区）、沈阳金融街（和平区）等“一区一街”，集聚了盛京银行、辽沈银河、盛银消费、锦银租赁、融盛财险等法人金融机构。目前，东北 4 个金融中心与上海、重庆等市相比，还存在新兴金融业态少、金融对实体经济支持不强、直接融资比重偏低等问题。下一步，沈大长哈 4 个城市要“对症下药”采取措施。

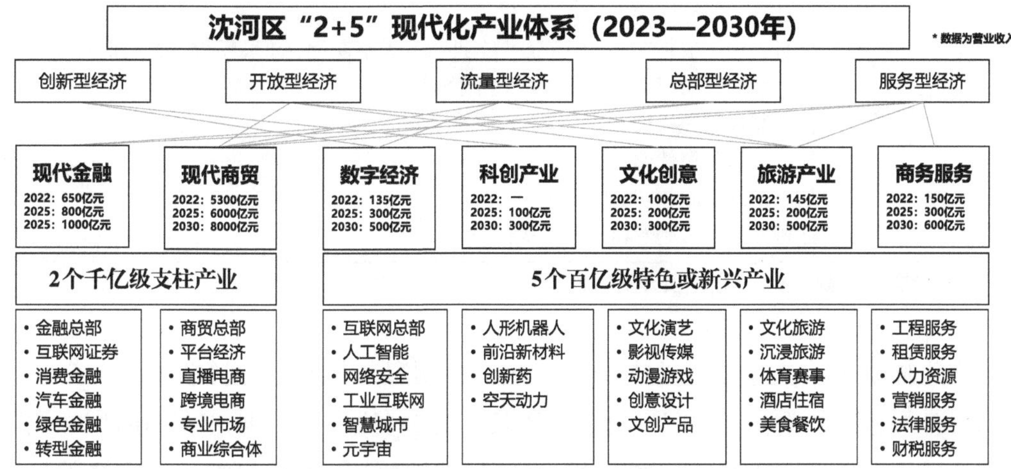

图 3–3　沈河区以服务业为主的“2+5”现代化产业体系

表 3–7　值得东北地区关注的金融牌照及国家级平台

国家主管部门	金融牌照及国家级平台
中国人民银行	金融控股公司 支付机构（东北 6 家，即新天支付等） 个人征信备案机构 企业征信备案机构（东北 8 家，即中策征信等） 法人信用评级机构（东北 4 家，即瑞泽信用等） 国家级绿色金融改革创新试验区 国家级科创金融改革试验区 国家级普惠金融改革试验区
国家金融总局	银行（东北 19 家，即盛京银行、大连银行、吉林银行、哈尔滨银行、龙江银行、辽沈银行、辽宁振兴银行等） 保险公司（东北 5 家，即阳光农业相互保险、都邦财产保险、鑫安汽车保险、融盛财产保险、华汇人寿保险） 信托公司（东北 3 家，即华信信托、吉林省信托、中融国际信托） 金融资产管理公司 金融租赁公司（东北 3 家，即锦银金融租赁、九银金融租赁、哈银金融租赁） 企业集团财务公司（东北 7 家，即鞍钢集团财务、忠旺集团财务、吉林森林工业集团财务、一汽财务、哈尔滨电气集团财务、东方集团财务、一重集团财务） 汽车金融公司 消费金融公司（东北 2 家，即盛银消费金融、哈银消费金融）

续表

国家主管部门	金融牌照及国家级平台
中国证监会	证券公司（东北 6 家，即中天证券、麦高证券、大通证券、东北证券、恒泰长财证券、江海证券） 期货公司（东北 4 家，即东方汇金期货、天富期货、永商期货、大通期货经纪） 基金管理公司特定客户资产管理子公司 公募基金管理机构 科技创新公司债券 新型基础设施领域 REITs 试点 区域性股权市场专精特新专板试点

资料来源：长城战略咨询根据公开资料整理。

文旅体服务。文旅体产业本身经济效益不明显，但其产业关联度大、带动效应强，各地也格外重视。沈阳历史源远流长，旅游资源丰富，既有明清时期的沈阳故宫、民国时期的张氏帅府、20 世纪 50 年代的铁西工人村生活馆，也有自然景观棋盘山风景区、沈阳鸟岛等，以及现代文旅项目沈阳方特等。大连是滨海城市，还拥有多国文化和历史建筑的风貌，“时尚之都”“北方海洋消费中心城市”“足球城市”等形象突出。长春是“中国工业旅游示范城市”及“新中国电影摇篮之城”，拥有众多老工业遗址、工业博物馆及电影旅游资源，还拥有长春冰雪新天地等冰雪经济品牌。哈尔滨是世界冰雪文化名城，拥有得天独厚的冰雪资源，“冰雪消费”形象突出。疫情放开以来，东北各地的旅游市场也迅速升温。作为中国冰雪文化的摇篮，哈尔滨冰雪旅游产品特色十足，除了冰雕雪景，巨型雪人、逃学企鹅、阳台演奏的“加勒比海盗”、东北“罗浮宫”哈药六厂等吸引了全国各地游客到访，让哈尔滨成为 2022 年冬天真正的顶流城市。自 2023 年 5 月以来，沈阳接连举办 CBA 总决赛、李荣浩演唱会、任贤齐演唱会、张杰演唱会等大型文体活动，掀起全城热潮。可见，东北的这些城市往往不缺引爆点和出圈点，但如何维持网红景点、网红城市的热度，防止热度只是昙花一现更值得去挖掘与思考。网红城市若想长红，就要找到城市有趣的灵魂，并久久为功发力，才能把短期流量变为持久留量。

医疗健康。受社会老龄化、医疗需求升级等因素影响，医疗健康产业会在相当长的时期内持续保持增长态势。医疗健康服务业可大致分为医疗机构、健康养老、个体化诊疗、医疗服务、康复保健、医美、健康管理等领域，沈大长哈 4 个城市在各领域各有侧重。沈阳在互联网 + 医疗健康、眼健康等细分领域已具有发展优势，集聚东软医疗、东软熙康、新松医疗、东软威特曼、迈思医疗、何氏眼科、兴齐眼药等一批业内优质企业，拥有全国唯一的眼基因库。大连聚焦发展生命健康、智慧医疗等领域，集聚医诺生物、维特奥、心医国际等企业。长春在基因工程等领域基础较好，拥有国家基因工程药物质量管理示范中心、国家基因工程新药孵化基地、国家人类干细胞库国际联合研究中心等平台。哈尔滨在特医食品等领域有所布局，拜仑斯特拥有国内首家特殊医学用途配方食品研发中心。未来，沈大长哈 4 个城市要发挥原料、科教、医疗等多种资源优势，加快发展壮大智慧医疗、精准医疗、健康养老、健康管理等优势或特色领域。

会展服务。会展经济具有强大的产业关联度及溢出能力，成为各地区促进贸易、引进技术、吸引外资、展示形象、获取信息的重要手段，不仅使产业活动的载体自身获得效益，更重要的是能够在较长时期内促进载体地域内几乎所有经济与人文相关内容的发展和繁荣。为此，沈大长哈 4 个城市都有必要大力发展会展经济，可以进一步提升中国国际装备制造业博览会（中国制博会）、中国吉林 · 东北亚投资贸易博览会（东北亚博览会）、中国国际数字和软件服务交易会（数交会）、中国国际专利技术与产品交易会（专交会）、中国—俄罗斯博览会（中俄博览会）、辽宁国际投资贸易洽谈会（辽洽会）等重点展会影响力，并加快打造一批展示面积大、软硬件设施较好的会展场馆，以及加快培育一批有专业水准、有竞争实力的会展公司。

商贸服务。商贸服务主要包括批发、零售、住宿、餐饮、租赁等行业。商贸服务是连接生产和消费的桥梁与纽带，培育和发展商贸服务对拉动经济、引导消费、改善人民生活等都有重要作用。近年来，沈大长哈等城市都在积极推动“东北亚消费中心城市”或“国际消费中心城市”建设，但是成效还不太明显。根据第一财经 · 新一线城市研究所发布的“2022 城市商业魅力排行榜”，沈阳、哈尔滨、大连、长春商业魅力综合得分均是“二线城市”，排名全国 21 位、28 位、29 位、34 位。未来，东北沈大长哈 4 个城市有必要从供给侧多努力，打造城市消费新地标、塑造城市消费新形象，并从消费侧角度多组织促销活动，吸引外地人到东北消费，最终促进商贸服务提质提效。

商务服务。商务服务主要包括企业管理服务、法律服务、咨询与调查、广告、职业中介等行业，在北京、上海、广州和深圳等一线城市发展规模较大。东北商务服务主要集中在沈大长哈 4 个区域性中心城市的中心城区，形成了中国 · 沈阳人力资源服务产业园、中国长春人力资源服务产业园、大连国家广告产业园、长春智慧法务区等特色集聚区。下一步，东北商务服务领域应重点引进一批法律服务、会计审计、人力资源、咨询评估等高端商务服务机构，同时积极培育本土商务服务品牌，形成一批高端商务服务集聚区。

本章延伸阅读推荐：

1. 李凯，赵球，高宏伟 . 东北振兴中的产业结构调整 [M]. 沈阳：辽宁人民出版社，2020. 本书介绍了东北地区产业结构的特征、调整思路及传统产业、新兴产业、服务业调整的行业选择。

2. 唐晓华 . 东北老工业基地新一轮产业结构优化：以制造业为例 [M]. 北京：经济科学出版社，2019. 本书介绍了东北制造业结构转型、两业融合、集群化、国际化、创新驱动等举措。

3. 唐晓华 . 我国先进制造业发展战略研究 [M]. 北京：经济科学出版社，2020. 该书虽站在全国视角研究先进制造业，但唐晓华为辽宁大学教授，书中存在大量东北视角的思考。

4. 袁丹丹 . 东北地区制造业竞争力提升路径研究 [D]. 沈阳：辽宁大学，2022. 本博士论文是近期研究东北地区制造业发展战略的重要成果之一。

第四章
抓新空间：构筑新空间是东北孕育新产业的关键

一流的产业发展需要一流的产业空间予以承载。对于东北来说，近些年在推进开发区、产业功能区等产业载体建设上，也开展了比较多的探索，但成效上不如东北沿海甚至中部地区。本章将重点介绍 3 类不同尺度与属性的空间载体及其发展关键，供东北各地参考。

第一类是各类开发区及依托其建设的示范区。例如，国家高新区、国家级经开区、综合保税区、临空经济示范区、中外合作园、边境合作区、国家级旅游度假区、国家农高区，以及主要依托国家高新区建设的自创区、主要依托国家级经开区和综合保税区建设的自由贸易试验区（简称“自贸区”）、主要依托国家级经开区建设的国家级新区。通常，这类空间载体需要由国务院或国家相关部委批复设立，很难在短期内见成效，需要数十年久久为功持续打造。我们将在本章的第一小节予以介绍。

第二类是重磅产业功能区。通俗讲就是各地区重磅打造的、具有重磅项目承载能力和广泛影响力的、其空间尺度在几平方千米到几十平方千米的、往往需要多届政府接续打造的、以发展新兴产业为主的功能区，包括科技城、科学城、产业城、产业谷、特色小镇、吃喝玩乐新地标、创新城区、新经济活力区等多种形式。通常，这类空间载体是各地党政一把手最关注的产业空间类型，其可以是开发区组成部分，也可以独立存在，并且发展较好后还可以成为一类开发区。例如，临空经济示范区最初就由郑州自主重磅打造的“郑州航空港经济综合试验区”复制推广而来。此外，最近很潮的“片区开发”模式，被认为是当前打造重磅产业功能区的首要手段。以上两部分内容我们将在本章第二节和第五节分别予以介绍。

第三类是多分布于边缘城区的专业产业园和多分布于中心城区的主题楼宇。其常常是开发区及重磅产业功能区的组成部分，我们将在本章的第三节和第四节分别予以介绍。

第一节　开发区是我国经济奇迹之奥妙，也是东北振兴之希望

自 1984 年设立首家国家级经开区——大连经济技术开发区以来，我国各类开发区发展迅速。开发区以产业发展为使命，作为制造业、高新技术产业和生产性服务业的集聚发展平台，成为我国近年来经济高速增长的第一引擎，常言道“理解不了开发区模式就不能很好地解释中国近 40 年快速发展的奥妙所在”。根据国家发展改革委、科技部、商务部、海关总署等部委联合发布的《中国开发区审核公告目录》

2018年版，我国共有省级及以上开发区2543家，其中国家级开发区552家①。据统计，2022年国家高新区和国家级经开区两类重点开发区经济总量共计占全国GDP的25%左右，其他各级、各类开发区占全国GDP的30%左右，两者加总即全国各级、各类开发区经济产出占到全国GDP总量的50%以上②。接下来，我们将对值得东北地区关注的国家级开发区及依托其建设的国家级示范区予以介绍（表4–1）。

表4–1 值得东北地区关注的国家级开发区及依托其建设的国家级示范区

国家主管部门	国家级开发区及依托其建设的国家级示范区
工业和信息化部规划司	国家高新区：以发展高科技、实现产业化为使命 国家自创区：自主创新先行先试、做出示范
商务部外资司	国家级经开区：引领地区开放发展的重要支撑和强劲引擎 边境合作区：沿边地区开放先锋
商务部自贸区港司	国家自贸区：外商投资及进出口贸易前沿阵地
海关总署自贸司	综合保税区：开放层次最高、功能最齐全、优惠政策最多的特殊开放区域
国家发展改革委区域司	国家级新区：新的区域增长极 临空经济示范区：我国新发展格局中最具活力的增长空间
国家发展改革委高技术司	中外合作园：国际产业转移和技术交流的关键载体
文化和旅游部资源开发司	国家级旅游度假区：从服务境外游客到服务国内游客度假
农业部科技教育司	国家农高区：打造中国农业创新发展新样本

一、国家高新区：以“发展高科技、实现产业化”为使命

原由科技部成果与区域司负责管理，其下属的火炬中心具体执行，2023年国家机构改革后调整为由工业和信息化部规划司负责管理。1988年5月，国务院批准建立第一个国家高新区——北京市新技术产业开发试验区，即中关村科技园区前身；同年8月，国家火炬计划启动实施，建设“发展高科技、实现产业化”的高新区是

① 根据《中国开发区审核公告目录》（2018年版），包括国家高新区156家、国家级经开区219家、海关特殊监管区域135家（含综合保税区、保税港区、保税区、出口加工区等）、边境/跨境经济合作区19家、其他类型开发区23家（包括国家旅游度假区、中外合作园区、沈抚示范区等）。

② 其中，2022年国家高新区园区生产总值16.5万亿元，占我国GDP的比重为13.9%；2022年国家级经开区地区生产总值15万亿元，占我国GDP的比重为11.4%。

其重要内容之一[①]。截至 2023 年 6 月，全国共批准设立 178 家国家高新区。2020 年 7 月，国务院发布《关于促进国家高新技术产业开发区高质量发展的若干意见》，这是自 20 世纪 90 年代批准成立首批国家高新区之后，首次以国务院名义发布的国家高新区文件。近年来，国家高新区的经济占比已超越国家级经开区，这得益于国家高新区大力推动招商引资的同时，始终不忘“发展高科技、实现产业化”的初心使命，使其后劲很足。从东北三省来看，虽然各省高度重视高新区发展，如辽宁省提出国家高新区“战略地位最高、创新资源最密、发展环境最优、主导产业最强”的战略定位，但东北三省的高新区无论从数量还是质量上看，都不占优势，目前暂无高新区进入科技部火炬中心 2022 年度国家高新区综合评价 20 强，这也是东北三省这些年新动能培育效果不佳、被大量南方省份超越的原因所在。截至 2023 年 6 月，东北三省共有 16 家国家高新区（表 4–2），而江苏省国家高新区数量（18 家）就超过东北三省。对于东北三省，我们认为首要任务是抓好 16 家存量国家高新区，为什么抓存量是核心呢？一方面，高新区牌子含金量非常高，高新区是国务院一个个审批的；另一方面，最近国家对高新区的批复一度放缓，2018 年之后暂停，2022 年 12 月才重新启动国家高新区的批复。我们认为，下一步东北三省可以从以下 3 个方面入手：一是省级层面抓一个专项政策、一套评价办法、一个专项资金、一个大会、一次培训的“五个一”重点工作（详见专栏 4–1）。二是单个高新区要做好学意见、研指标、争支持、抓企业、搞宣传等 5 项工作（详见专栏 4–2）[②]。三是由于国家高新区将由为工业和信息化部规划司管理，有必要提前谋划布局先进制造业、专精特新企业培育、数字园区、绿色园区等工信口较为关注的内容。

表 4–2　东北三省 16 家国家高新区名单

省份	名称	批复时间	2021 年营业收入 / 亿元	2021 年高企数 / 家
辽宁（8 家）	大连高新技术产业开发区	1991 年	3704	1024
	沈阳高新技术产业开发区	1991 年	1906	1290
	鞍山高新技术产业开发区	1992 年	923	135

① 科技部火炬高技术产业开发中心，北京市长城企业战略咨询研究所 . 中国增长极：高新区产业组织创新 [M]. 北京：清华大学出版社，2007.

② 成都高新技术产业开发区管理委员会 . 高新之光：一个国家级高新区的三十年华丽蜕变 [M]. 北京：中国发展出版社，2018.

续表

省份	名称	批复时间	2021 年营业收入 / 亿元	2021 年高企数 / 家
辽宁（8 家）	辽阳高新技术产业开发区	2010 年	707	40
	营口高新技术产业开发区	2010 年	699	122
	本溪高新技术产业开发区	2012 年	68	47
	阜新高新技术产业开发区	2014 年	272	66
	锦州高新技术产业开发区	2015 年	334	87
吉林（5 家）	长春高新技术产业开发区	1991 年	4746	769
	吉林高新技术产业开发区	1992 年	771	55
	长春净月高新技术产业开发区	2012 年	402	346
	延吉高新技术产业开发区	2010 年	187	32
	通化医药高新技术产业开发区	2013 年	157	27
黑龙江（3 家）	哈尔滨高新技术产业开发区	1991 年	2370	684
	大庆高新技术产业开发区	1992 年	1718	248
	齐齐哈尔高新技术产业开发区	2010 年	422	85

资料来源：长城战略咨询根据公开资料整理。

专栏 4-1 对东北三省国家高新区实施“五个一”工程的建议[①]

我们了解到，东北三省围绕“五个一”工程已经开展了一些工作，但是下一步还是要继续围绕一个专项政策、一套评价办法、一个专项资金、一个大会、一次培训的“五个一”系统开展工作。

- 出台支持高新区发展的政策措施。目前，辽宁省和吉林省已经分别出台了《辽宁省高新区高质量发展新突破三年行动方案（2023—2025 年）》《吉林省人民政府关于支持吉林长春国家农业高新技术产业示范区高质量发展的若干意见》，下一步东北各省要更加聚焦国家高新区发展定位与目标，围绕国家高新区产业发展、企业培育、创新平台、管理体制改革等方面，由省政府出台促进高新区创新驱动、高质量发展、争先晋位的政策措施。
- 制定面向高新区的考核评价办法。东北三省都要建立全省高新区动态管理机制，对考核评价结果好的高新区予以表扬，对考核评价结果较差的高新区予以通报，对整改不力的省级高新区予以撤销。辽宁省下一步要继续深化实施

① 长城战略咨询 . 强化全省高新区管理的“五个一”工程 [R]. GEI 新经济内参，2022.

已出台的《辽宁省高新区高质量发展绩效评价工作方案》。

◆ 设立高新区高质量发展专项资金。东北三省都要积极争取省委省政府支持，设立高新区高质量发展专项资金，制定专项资金管理办法，明确专项资金用途和支持方式，对省内考核评价较好的先进高新区给予资金奖励，用于新赛道促进、高成长企业培育、创新平台载体建设等工作。

◆ 召开全省高新区发展大会。东北各省可以每年召开全省高新区发展大会，总结部署全省高新区创新发展工作，通报高新区考核评价结果，邀请优秀高新区代表分享经验。目前，辽宁连续多年举办全省高新区大会、吉林每年常态化举办全省高新区工作会议等，下一步要继续坚持并升级。

◆ 组织高新区专题培训学习。东北各省可以通过跨省横向交流、省内拉练互鉴、专家培训等多种方式提升各高新区干部队伍认知水平。

专栏 4-2 对东北三省存量国家高新区争先晋位和高质量发展的建议

◆ 学意见：学好 2020 年国务院印发的《国务院关于促进国家高新区技术产业开发区高质量发展的若干意见》。这是继 1991 年后，首次以国务院名义发布的支持国家高新区建设的政策性文件。文件提出国家高新区"创新驱动发展示范区和高质量发展先行区"的两区定位，并提出 6 个方面 18 条具体举措。我们认为，其中最有用的是提出"省级人民政府要将国家高新区作为实施创新驱动发展战略和高质量发展的重要载体，所在地级市人民政府要切实承担国家高新区建设的主体责任"，这将有利于各国家高新区争取省市支持，提升高新区在当地的战略位势。

◆ 研指标：吃透《国家高新区评价指标体系》。国家高新区设立以来就酝酿设立评价指标体系。2008 年公开发布的是第一版，2013 年更新形成第二版。2016—2017 年，启动第三版指标体系研究，与《国务院关于深化"证照分离"改革进一步激发市场主体发展活力的通知》文配套，于 2021 年正式发布，也是当前用于国家高新区评价的指标体系。2021 版指标体系包括 5 个方面，共 46 个指标，含 5 个定性评价指标和 41 个定量评价指标。最近，国家高新区主管部门由科技部调整为工业和信息化部，指标体系也会有所调整。各国家高新区要及时跟进，对最新的指标体系进行专题分析，找准发展的指挥棒。

◆ 争支持：积极争取市级支持，出台专项支持办法，探索实质性的"一区多园"

建设模式。要充分用好国发 7 号文中“所在地市级人民政府要切实承担国家高新区建设的主体责任，加强国家高新区领导班子配备和干部队伍建设，并给予国家高新区充分的财政、土地等政策保障”“鼓励以国家高新区为主体整合或托管区位相邻、产业互补的省级高新区或各类工业园区等，打造更多集中连片、协同互补、联合发展的创新共同体”两个条款，争取市委市政府在干部配备、土地指标、财税分成、产业基金、大项目布局、“一区多园”等方面，给予国家高新区专项支持。对于已采取“一区多园”模式的高新区要实质推进“一区多园”建设，联合各分园加强企业梯度培育、创新平台搭建、产业链招商、体质机制优化、产业发展环境建设等工作，充分用好“国家高新区分园”的牌子发展高新产业。

◆ 抓企业：强化优质企业培育，巩固高新区发展的基石。企业是高新区发展的核心，例如，2021 版国家高新区火炬评价体系的 41 项定量指标中，近 30 项和企业质量有关。这近 30 项指标又可以分为 3 类：第 1 类是增加特定类型企业，包括新注册企业、孵化器在孵企业、科技型中小企业、高新技术企业、瞪羚企业、境内外上市企业等；第 2 类是多培育具有特定属性企业，包括从业人员吸纳强、研发人员占比高、本科及以上学历人员占比高、外籍人员和留学归国人员占比高、企业工资高，设立境外研发机构、拥有国家级研发机构，研发投入多、国际研发合作投入多，发明专利及境外发明专利多、注册商标及境外注册商标多、主导制定国际标准多，获得了风险投资，企业利润率高、企业纳税多、企业增加值率高，技术服务出口占比高、高新技术企业出口总额占比高，综合能耗低、碳排放量低等；第 3 类是多培育特定行业企业，包括高技术服务业、数字产业等。因此，各高新区要把加强优质企业的精细培育作为持久提升高新区排名的首要手段。

◆ 搞宣传：加强品牌塑造，让各界看到高新区实力及潜力，增强其吸引力。各高新区可以围绕创新创业、产业发展、招商引资、科技型企业培育、场景开放、园区数字化变革、园区绿色发展等高新区发展热点领域，每年联合国家有关部委、省市有关主管部门，举办一批省内外具有广泛传播力的主题活动。

二、国家自创区：自主创新先行先试、做出示范

2008 年金融危机对中国产生了一定的影响，这也倒逼国家开始思考发展方式，

更加关注长远发展，更加重视知识和科技的力量。在党和国家将创新驱动发展战略定为国策之时，国家自主创新示范区（简称"国家自创区"）应运而生。国家自创区特指在推进自主创新、政策试点和机制体制改革等方面先行先试、探索经验、做出示范的区域，主要依托国家高新区建设，原来由科技部成果与区域司负责管理，2023年国家机构改革后调整为由工业和信息化部规划司负责管理。简单地讲，国家自创区是国家高新区的升级版。2009年3月，国家正式批复中关村为首个国家自创区。截至2022年年底，国家自创区数量达到21家，覆盖全国61家国家高新区。近年来，国家自创区围绕科技体制改革，在科技成果转移转化、科技金融、人才引进培养、新业态包容审慎监管等方面，探索了一批可复制可推广的新规则、新制度。例如，中关村自创区先后试点"1+6"和"新四条""新新四条"等系列政策，武汉东湖、天津等国家自创区先后出台"黄金十条""津十条"等一系列全国首创性政策①。目前，东北三省已获批建设3家国家自创区，包括沈大自创区、长春自创区、哈大齐自创区（详见专栏4-3）。其中，沈大自创区批复较早，在推动沈阳、大连两个高新区布局重大科学基础设施、筹建辽宁实验室、布局沈阳浑南科技城和大连英歌石科学城、推动与中国科学院加强院地合作等方面起到积极作用，同时还有力推动了大连金普新区、沈阳铁西中德园等探索创新驱动发展之路，尤其大连金普新区借助自创区建设，积极培育新物种企业、布局创新平台，已建设成为东北瞪羚第一区。对于未来，我们期待长春自创区、哈大齐自创区和沈大自创区用好国家自创区这个牌子，在自主创新方面探索更多经验、做出更多示范。

专栏4-3　东北三省3家国家自创区基本情况

- ◆ 沈大自创区：2016年获得国务院批复，依托沈阳、大连两个高新区创建，还包括金普新区、和平三好街、铁西中德园3个片区。
- ◆ 长春自创区：2022年获得国务院批复，依托长春、长春净月两个高新区创建。
- ◆ 哈大齐自创区：2022年获得国务院批复，依托哈尔滨、大庆、齐齐哈尔3个高新区创建。

资料来源：长城战略咨询根据公开资料整理。

① 国家自主创新示范区发展报告编写组．国家自主创新示范区发展报告2019[M]. 北京：科学技术文献出版社，2020.

三、国家级经开区：引领地区开放发展的重要支撑和强劲引擎

国家级经济技术开发区由国务院办公厅批复，主管部门为商务部。1978 年改革开放以来，我国为加快吸纳国际资本，引进先进技术，扩大出口创汇，于 1981 年决定首先在沿海城市设立经济技术开发区。1984 年，我们第一家国家级经开区——大连金州开发区批复设立，即目前隶属于金普新区的大连经济技术开发区，随后国务院相继批准在沿海 12 个城市建立 14 家国家级经开区。截至 2022 年年底，全国共有 230 家国家级经开区，东北三省共有 22 家，其中，辽宁 9 家、吉林 5 家、黑龙家 8 家（表 4–3）。国家级经开区在我国改革开放进程中，在大力吸引利用外资、加快我国制造业发展等方面发挥了重要作用。我们认为，下一步东北三省可以从以下 3 个方面入手：一是省级层面要比照国家高新区，统筹抓好一个专项政策、一套评价办法、一个专项资金、一个大会、一次培训等“五个一”重点工作。二是各国家级经开区主动推动“二次创业”，尤其可以按照《国家级经济技术开发区综合发展水平考核评价办法（2021 年版）》的导向，从对外开放（30% 权重）、科技创新（15% 权重）、绿色发展（15% 权重）、统筹协调（10% 权重）、发展质量（30% 权重）等多个维度继续发力，持续推进经开区高质量发展和争先进位。三是各省级经开区要积极争创国家级经开区，尤其沈大长哈要实现再增量，周边地市要努力实现全覆盖。

表 4–3　东北三省 22 家国家级经开区名单

省份	名称	批复时间	2022 年排名[①]
辽宁（9 家）	大连经济技术开发区	1984 年	15
	营口经济技术开发区	1992 年	—
	沈阳经济技术开发区	1993 年	16
	大连长兴岛经济技术开发区	2010 年	—
	锦州经济技术开发区	2010 年	—
	盘锦辽滨沿海经济技术开发区	2013 年	—
	沈阳辉山经济技术开发区	2013 年	—
	铁岭经济技术开发区	2014 年	—
	旅顺经济技术开发区	2014 年	—

① 商务部公布的 2022 年国家级经济技术开发区综合发展水平考核评价结果前 30 强。

续表

省份	名称	批复时间	2022 年排名[①]
吉林（5 家）	长春经济技术开发区	1993 年	27
	吉林经济技术开发区	2010 年	—
	四平红嘴经济技术开发区	2010 年	—
	长春汽车经济技术开发区	2010 年	—
	松原经济技术开发区	2013 年	—
黑龙江（8 家）	哈尔滨经济技术开发区	1993 年	—
	宾西经济技术开发区	2010 年	—
	海林经济技术开发区	2010 年	—
	哈尔滨利民经济技术开发区	2011 年	—
	大庆经济技术开发区	2012 年	—
	绥化经济技术开发区	2012 年	—
	牡丹江经济技术开发区	2013 年	—
	双鸭山经济技术开发区	2014 年	—

资料来源：长城战略咨询根据公开资料整理。

四、综合保税区：开放层次最高、功能最齐全、优惠政策最多的特殊开放区域

综合保税区是设立在内陆地区的、具有保税港区功能的海关特殊监管区域，由海关总署负责管理，包含保税区、保税物流园区、出口加工区等多种外向型功能区，区内企业可以开展研发、加工、制造、再制造、检测、维修、货物存储、物流分拨、融资租赁、跨境电商、商品展示、国际转口贸易、国际中转、港口作业、期货保税交割等业务，对于发展对外贸易、促进产业转型升级、构建国际国内双循环发展格局等发挥着重要作用。截至 2022 年年底，全国共有 157 家综合保税区，其中，东北三省现有综合保税区 8 家（表 4–4）。我们认为，下一步东北三省可以从以下 3 个方面入手：一是推动重大“外向型”项目在综保区落户，实现进出口额成倍增长，解决当前 8 家综合保税区排名靠后问题。二是积极培育保税加工制造、保税仓储物流、保税维修检测、保税研发、保税展示交易、保税融资租赁等“保税 +”新业态。三是加大布局加工制造中心、研发设计中心、物流分拨中心、检测维修中心、销售服务中心及跨境电商产业园等外向型功能平台，为入住综合保税区的外资

外贸企业提供专业服务[①]。

表 4–4　东北三省 8 家综合保税区名单

省份	名称	批复时间	2022 年排名[②]
辽宁（4 家）	大连大窑湾综合保税区	2020 年	57
	大连湾里综合保税区	2020 年	49
	沈阳综合保税区	2011 年	111
	营口综合保税区	2017 年	125
吉林（2 家）	珲春综合保税区	2018 年	114
	长春兴隆综合保税区	2011 年	127
黑龙江（2 家）	哈尔滨综合保税区	2016 年	94
	绥芬河综合保税区	2009 年	129

资料来源：长城战略咨询根据公开资料整理。

五、国家自贸区：外商投资及进出口贸易前沿阵地

我国于 2013 年在上海划定了一个对贸易监管、投资管理、金融服务等多个方面开展制度创新试验与示范的区域，因为这些制度创新和功能示范只能在规定的区域内先期进行试验，因此，这个划定的区域又被叫作自贸区[③]。自贸区的设定，是我国成为世界贸易大国之后，为提升我国对外经济发展质量而设定的、承载对外贸易领域中多项功能的综合改革试验区。自上海自贸区设立以来，习近平总书记多次对自贸区提出“要大胆试、大胆闯、自主改的要求”，“不当改革的旁观者、跟随者，而要做改革的参与者、引领者，要着眼国际高标准贸易和投资规则，加大制度创新，坚持全方位对外开放和推动贸易、投资自由化便利化，进一步彰显全面深化改革和扩大开放试验田的作用”[④]。截至 2022 年年底，我国已设立 21 家自贸区和海南自由贸易港，累计向全国复制推广了 278 项制度创新成果，以占全国不到 4‰的

① 2021 年国务院印发的《关于促进综合保税区高水平开放高质量发展的若干意见》，是我国海关特殊监管区域发展史上又一份具有里程碑意义的文件，也是综合保税区当前和今后一段时期升级发展的纲领性文件，该文件提出综合保税区下一步重点推动综合保税区发展成为具有全球影响力和竞争力的加工制造中心、研发设计中心、物流分拨中心、检测维修中心、销售服务中心等五大中心。

② 2023 年第一季度海关总署公布的综合保税区进出口总值排名。

③ 辛昱辰，萧安．思索·改革：自贸区 [M]. 上海：上海社会科学院出版社，2020.

④ 谢国平．中国传奇：从特区到自贸区 [M]. 上海：上海人民出版社，2019.

国土面积，贡献了全国 18.5% 的外商投资和 17.3% 的进出口，可以看出，自贸区已成为我国全面对外开放的重要窗口和外商投资及进出口贸易的前沿阵地。中国（辽宁）自贸区设立于 2017 年，包括沈阳片区、大连片区和营口片区，是东北地区首个自贸区，其定位是致力于打造成为驱动东北老工业基地振兴发展的新引擎。2019 年，中国（黑龙江）自贸区设立，包括哈尔滨片区、黑河片区、绥芬河片区，定位致力于打造对俄罗斯及东北亚区域合作的中心枢纽。我们认为，下一步东北三省可以从以下 3 个方面入手：一是围绕投资便利化和贸易便利化，积极推动重大制度创新，进而促进重大"外向型"项目落户自贸区。二是积极推动国际通道建设，为外资"请进来"及进出口贸易提供便利条件。三是吉林要积极争创国家自贸区，实现东北三省自贸区全覆盖。

专栏 4-4　东北三省 2 家国家自贸区基本情况

- 中国（辽宁）自贸区：2017 年获得批复，包括沈阳片区、大连片区和营口片区。
- 中国（黑龙江）自贸区：2019 年获得批复，包括哈尔滨片区、黑河片区、绥芬河片区。

资料来源：长城战略咨询根据公开资料整理。

六、临空经济示范区：我国新发展格局中最具活力的增长空间

2011 年，北卡罗来纳大学卡萨达教授提出"航空大都市"理论，被美国《时代》杂志评为"改变世界的十大观念之一"，在随后的 10 年里，这一理论被我国很多地方政府尤其是拥有大型机场的地方政府所重视，并被广泛地应用和试验于机场周边地区的规划之中，这些区域就是临空经济区①。2013 年国务院批复郑州航空港经济综合试验区，这是我国支持建设的第一个临空经济区，已成为中原经济区建设的战略突破口，是河南对外开放、打造内陆开放高地的综合性抓手②。2015 年，国家发展改革委、民航总局复制推广郑州航空港经济综合试验区经验，联合印发了《关于临空经济示范区建设发展的指导意见》，提出选择若干条件成熟的临空经济区开展

① 张琳琳，郭景坤 . 效能航空城：面向全球竞争的中国临空经济发展新模式 [M]. 北京：航空工业出版社，2021.

② 八月天，尚攀 . 起飞：第一航空港成长记 [M]. 郑州：河南科学技术出版社，2018.

试点示范，从国家层面规范和支持了临空经济区的规划和建设。截至2022年年底，包括郑州航空港经济综合试验区在内，国家共批复17家国家级临空经济示范区（表4–5），目前东北三省长春已成功创建，沈大正在积极创建。我们认为，下一步东北三省可以从以下3个方面入手：一是避免“急功近利”，机场基本都远离市区，依托其布局的临空经济区通常是在一张白纸上干起，是一个“从无到有”的漫长过程，为此，要严格按照规划推进招商引资，避免导入大量的非航空关联性产业，使得临空优势“白白浪费”。二是积极引进或者培育一批主要依赖航空物流的外向型头部企业。例如，郑州成功引进富士康科技园，其2021年主营业务收入达4052亿元，成为全国单体产值最大的项目，也助力郑州新郑综合保税区进出口值从2012年的1799亿元增加到2021年的4739亿元，实现自封关运行以来“十连增”，位居全国综合保税区排名第2位、海关特殊监管区第3位，目前东北地区的临空经济区缺少类似于富士康这样的外向型超级大项目。三是除了长春以外，沈阳、大连、哈尔滨都要积极创建国家级临空经济示范区，实现“以升促建”。

表4–5　全国17家国家级临空经济示范区名单

名称	批复时间	货物吞吐量 / 万吨	旅客吞吐量 / 万人次
郑州航空港经济综合试验区	2013年	63	1900
北京大兴国际机场临空经济示范区	2016年	18	2500
青岛胶东临空经济示范区	2016年	30	1600
重庆临空经济示范区	2016年	50	3550
广州临空经济示范区	2017年	210	4000
上海虹桥临空经济示范区	2017年	40	3300
成都临空经济示范区	2017年	65	4000
长沙临空经济示范区	2017年	20	2000
贵阳临空经济示范区	2017年	13	1750
杭州临空经济示范区	2017年	80	2800
宁波临空经济示范区	2018年	15	950
西安虹桥临空经济示范区	2018年	40	3000
首都机场临空经济示范区	2019年	140	3250
南京临空经济示范区	2019年	38	1800

续表

名称	批复时间	货物吞吐量 / 万吨	旅客吞吐量 / 万人次
长春临空经济示范区	2020 年	10	1200
南宁临空经济示范区	2020 年	16	1100
福州临空经济示范区	2020 年	17	900

资料来源：长城战略咨询根据公开资料整理，为 2021 年年底数据。

七、中外合作园：国际产业转移和技术交流的关键载体

中外合作园是指我国与特定国家合作，根据该国产业与技术转移趋势和投资意向，同时通过两国政府、园区、企业三层次的合作，实现两国产业链分工合作和高端项目集聚。高水平的中外合作园在深化对外开放、提升城市在国际产业分工中的位势、实现转型升级发展等方面都发挥着重要作用。1992 年，中日两国政府和日本 16 家民间企业共同出资开发建设“大连工业团地”[①]，是中外合作园的雏形。1994 年建立的苏州工业园区积极借鉴新加坡在园区建设和管理方面的成功经验，作为中国和新加坡两国政府间的重要合作项目，被誉为“中国改革开放的重要窗口”和“国际合作的成功范例”[②]。在苏州工业园区之后，随着对外开放战略的不断深入，特别是 2013 年“一带一路”倡议提出之后，越来越多的国家期望与中国展开深度合作，亚洲的新加坡、日本、韩国，欧洲的德国、法国、荷兰、意大利、瑞士等国都与中方合作共建产业园区。从全国来看，国内中外合作园以中德合作园数量最多，其次是中韩合作园、中俄合作园、中以合作园、中日合作园[③]。从东北三省来看，辽宁省充分发挥毗邻日本、韩国等区位优势及依托宝马工厂等重大外资项目落户的前提条件，重点布局了沈阳中德高端装备制造产业园、中日（大连）地方发展合作示范区（或称中日生态城）、中韩（长春）国际合作示范区等中外合作园（表 4–6）。我们认为，下一步东北三省可以从以下 3 个方面入手：一是要久久为功进一步做大做强现有的中德园、中日示范区和中韩示范区等 3 家国家级平台。二是要积极对接俄罗斯、朝鲜等东北接壤国家，积极创建中俄、中韩等中外合作园。三是要把中日示范区、中韩示范区等建设同本书中第八章将介绍的开放通道建设、临港经济培育等

① 王国栋 . 中国第一工业团地：大连工业团地建设纪实报告 [M]. 大连：大连出版社，2003.

② 陈德明，洪银兴，曹勇 . 中国区域发展中的江苏经济 [M]. 南京：南京大学出版社，1996.

③ 张宇燕，顾学明，克里斯托弗 · 皮萨里德斯，等 . 世界开放：韧性、新生与安全 [J]. 国际经济评论，2023（2）：9–29.

结合起来，引培一批重点外资企业、外经贸企业。

表 4–6　东北三省 3 家国家级中外合作园名单

省份	名称	建设主体	批复单位
辽宁	沈阳中德高端装备制造产业园	沈阳经济技术开发区	国务院
	中日（大连）地方发展合作示范区	金普新区、长兴岛、庄河	国家发展改革委
吉林	中韩（长春）国际合作示范区	中韩（长春）国际合作示范区	国务院

资料来源：长城战略咨询根据公开资料整理。

八、国家级新区：新的区域增长极

国家级新区是承担国家重大发展和改革开放战略任务的“国家战略片区”，由国家发展改革委审查，最终由国务院审批。由于国家级新区地位特殊、增长动能强劲、角色举足轻重，GDP 占所在城市经济比重普遍在 20% 以上，最高的超过 40%。与国家高新区、国家级经开区等不同的是，国家级新区更注重体制机制的改革创新，更注重对区域发展的带动能力，更注重打造区域增长极，而非仅着眼于产业发展。1992 年年末，国务院批准设立了首个国家级新区——上海浦东新区，也是全国唯一一个 GDP 总量破万亿元的城区（2022 年为 1.6 万亿元），因此，在新时代又被赋予建设社会主义现代化示范区的重任[①]。截至 2022 年年底，全国共批准设立了 19 家国家级新区，3 家位于东北，包括大连金普新区、哈尔滨新区、长春新区，仍有郑州郑东新区、合肥滨湖新区、武汉长江新区等 10 多家新区在申报国家级新区。目前，东北主要城市沈大长哈除了沈阳外，均获批国家级新区，未来一方面要把已获批的新区切实经营好；另一方面要探索将沈抚改革创新示范区作为沈阳建设国家级新区的起步区，充分释放示范区的政策红利，扩区发展，打造成为沈阳关键的增长极。

专栏 4–5　东北三省 3 家国家级新区建设情况

◆ 大连金普新区：2014 年 6 月国务院批复设立，是东北三省第一个国家级新区，由原金州区、大连开发区、保税区、普湾经济区、金石滩国家旅游度假区组成。总面积 2299 平方千米，常住人口 158 万人。

① 赵启正，邵煜栋 . 浦东奇迹 [M]. 北京：五洲传播出版社，2017.

◆ 哈尔滨新区：2015 年 12 月国务院批复设立，是全国唯一以对俄合作为主的国家级新区，包括松北区、呼兰区、平房区 3 个行政区的部分区域，涵盖哈尔滨高新区、哈尔滨经开区和利民经开区。总面积 493 平方千米，常住人口 158 万人。

◆ 长春新区：2016 年 2 月国务院批复设立，是长吉图开发开放先导区的重要组成部分，包括朝阳区、宽城区、二道区和九台区部分区域。总面积 499 平方千米，常住人口 58 万人。

资料来源：长城战略咨询根据公开资料整理。

专栏 4-6　沈抚改革创新示范区：全国首个、唯一一个改革创新示范区

沈抚改革创新示范区位于沈阳、抚顺两个特大工业型城市区域交界处，于 2017 年 4 月挂牌成立，2018 年 9 月获得国务院关于《沈抚改革创新示范区建设方案》的批复，2020 年 4 月中央编办又批复设立沈抚改革创新示范区党工委、管委会，为省委、省政府派出机构，肩负着为东北振兴"蹚出新路、示范引领"的使命。近 5 年来，沈抚改革创新示范区签约项目 383 个、投资 3737 亿元，156 个项目开工建设、投资 1663 亿元，并围绕用人制度、运行机制、行政审批制度、网格化社会治理等十大改革领域形成 50 余项制度性创新成果。

资料来源：长城战略咨询根据公开资料整理。

九、边境合作区：沿边地区开放先锋

边境合作区是沿边地区迈向国际性开发与合作的标志性动作，是沿边经济融入世界经济的先行区。中国边境合作区建设始于 1992 年，这一年是国家级边境合作区设立的高峰期，国务院先后批准 14 家国家级边境合作区。在随后的近 20 年，国家层面暂停了国家级边境合作区的批设，直到 2011 年才又重启国家级边境合作区的批设，但这一时期不再批量设立，而是根据实际需要单点设立[①]。截至 2022 年年底，全国共批准设立了国家级边境合作区 17 家，东北三省共有 5 家，其中辽宁 1 家（丹东边境经济合作区）、黑龙江 2 家（黑河边境经济合作区、绥芬河边境经济

① 胡伟，于畅. 区域协调发展战略背景下中国边境经济合作区发展研究[J]. 区域经济评论，2020（2）.

合作区）、吉林 2 家［和龙边境经济合作区、中国图们江区域（珲春）国际合作示范区］，如表 4–7 所示。我们认为，下一步东北三省可以从以下 3 个方面入手[①]：一是加强产业对接协作，加大对"一带一路"沿线国家，特别是合作区对应邻国的国别研究，前瞻性谋划与邻国地区产业协作密切的产业链布局，积极探索跨境产业链协作，推动合作区加快成为与邻近国家开展产业协作的新窗口。二是以口岸合作推动双边监管协调机制建设，最大限度地实现通关便利化，探索与沿边国家共建"通关一体化"，优化通关效率，并探索通关互信机制。三是支持属地政府与边境合作区交叉任职，构建与其发展阶段相适应的管理体制，一方面增加边境合作区治理的自主性，提高行政效率；另一方面提升属地政府参与边境合作区建设的积极性，降低制度性交易成本。

表 4–7　东北三省 5 家边境合作区名单

省份	名称	批复时间
辽宁	丹东边境经济合作区	1992 年
黑龙江	黑河边境经济合作区	1992 年
	绥芬河边境经济合作区	1992 年
吉林	中国图们江区域（珲春）国际合作示范区	2012 年
	和龙边境经济合作区	2015 年

资料来源：长城战略咨询根据公开资料整理。

十、国家级旅游度假区：从服务境外游客到服务国内游客度假

国家级旅游度假区 30 余年来，历经试点探索、规范建设两个重要发展阶段。一是 20 世纪 90 年代初，为进一步扩大对外开放，鼓励吸引外资，我国启动了国家级旅游度假区建设试点，并明确"国家旅游度假区是符合国际度假旅游要求，以接待海外游客为主的综合性旅游区"[②]。1992 年由国务院一次性批复了国家旅游度假区 12 家试点，由于国家旅游度假区的功能定位主要针对国际旅游市场，且这个阶段国内度假旅游尚未兴起，首批 12 家国家旅游度假区除了三亚亚龙湾和大连金石滩稍有影响外，其余度假区均未达到预期效果。二是 1999 年随着旅游"黄金周"

① 《商务部等 17 部门关于服务构建新发展格局　推动边（跨）境经济合作区高质量发展若干措施的措施》（商资发〔2023〕18 号）。

② 《国务院关于试办国家旅游度假区有关问题的通知》（国发〔1992〕46 号）。

的诞生，国内休闲度假游市场潜力持续释放，为推动旅游度假区建设提供了较为成熟的发展条件。2015 年 4 月，国家旅游局重新启动国家级旅游度假区评定工作。同年 11 月，吉林长白山等 17 家旅游度假区被认定为首批国家级旅游度假区。此后，国家级旅游度假区创建评定工作正式进入规范化和常态化，并分别于 2018 年、2019 年、2020 年认定公布了第二批 9 家、第三批 4 家、第四批 15 家国家级旅游度假区。截至 2022 年年底，全国五批次共批复 60 家国家级旅游度假区（不含国务院批准的 12 家试点）。其中，东北三省共 3 家，分别为辽宁大连金石滩国家旅游度假区（首批 12 家）、长白山旅游度假区和亚布力滑雪旅游度假区（表 4–8）。我们认为，下一步东北三省可以从以下 3 个方面入手：一是挖掘核心引爆点，深挖东北的冰雪、滨海、山川等超级 IP，打造出属于东北的“苍山洱海”“天涯海角”。二是围绕吃、住、行、购、娱等方面完善配套生态。三是超前谋划，积极争创更多的国家级旅游度假区。

表 4–8　东北三省 3 家国家级旅游度假区名单

省份	名称	批复时间	批复单位
辽宁	辽宁大连金石滩国家旅游度假区	1992 年	国务院
吉林	长白山旅游度假区	2015 年	国家旅游局
黑龙江	亚布力滑雪旅游度假区	2020 年	文化和旅游部

资料来源：长城战略咨询根据公开资料整理。

十一、国家农高区：打造中国农业创新发展新样本

国家农业高新技术产业示范区是农业科技园的一种高级形态，原由科技部农村科技司负责管理，2023 年国家机构改革后调整为由农业部科教司负责管理。1997 年和 2015 年，国务院分别批准建立杨凌、黄河三角洲国家农高区，在依靠科技创新发展现代农业基础上开展深入探索。2018 年 1 月，《国务院办公厅关于推进农业高新技术产业示范区建设发展的指导意见》中首次以农业高新技术产业为主题，从国家层面系统指导农高区建设发展。同年，科技部制定了《国家农业高新技术产业示范区建设工作指引》，具体指引国家农高区建设。截至 2022 年年底，全国共有 9 家国家农高区，其中东北三省有吉林长春国家农高区和黑龙江佳木斯国家农高区 2 家（表 4–9）。我们认为，下一步东北三省可以从以下 3 个方面入手[①]：一是更加突出科技“原色”，如长春农高区要突出玉米生物育种、基因编辑等重点领域，持续

① 《国务院办公厅关于推进农业高新技术产业示范区建设发展的指导意见》（国办发〔2018〕4 号）。

推进种业“卡脖子”关键核心技术攻关与重大创新。二是更加突出产业“特色”，在“一区一主题”上下功夫，要强化“农业科技创新＋产业集群”发展路径，壮大特色鲜明的优势产业。三是更加突出融合“底色”，坚持城乡融合发展，培育新型乡村特色智慧社区。四是辽宁要积极创建国家农高区，实现零的突破，早日实现东北三省国家农高区全覆盖。

表 4-9　全国 9 家国家农高区名单

名称	批复时间
陕西杨凌国家农高区	1997 年
山东黄河三角洲国家农高区	2015 年
山西晋中国家农高区	2019 年
江苏南京国家农高区	2019 年
吉林长春国家农高区	2022 年
黑龙江佳木斯国家农高区	2022 年
河南周口国家农高区	2022 年
内蒙古巴彦淖尔国家农高区	2022 年
新疆昌吉国家农高区	2022 年

资料来源：长城战略咨询根据公开资料整理。

第二节　要想经济发展好，就得有几个像样的重磅产业功能区

通俗讲，重磅产业功能区就是各地区重磅打造的、具有重磅项目承载能力的、具有广泛影响力的、空间尺度在几平方千米到几十平方千米的、往往需要多届政府接续努力的、以发展新兴产业为主的功能区。例如，郑州的航空港经济综合试验区，后来推广到全国有了临空经济示范区。实际上，科技城 / 科学城、环院校科创组团、产业城、产业谷、特色小镇、吃喝玩乐新地标、新经济活力区等都属于重磅产业功能区。通常，大多数区县都会集中精力打造 2 ～ 3 个重磅产业功能区，而对于管辖面积较大的新区、开发区、先导区等，甚至有多达数十个重磅产业功能区。例如，管辖面积 2299 平方千米的东北 GDP 第一区大连金普新区，除了重视抓开发区外，也非常重视抓重磅产业功能区的建设，曾经打造过中国首个中外合作基

地“中日团地”、中西合璧的时尚商圈“五彩城”、以发展数字技术和生物技术为核心的“双D港”等功能区，近期又打造了中日生态城、中国北硅谷、松木岛精细化工基地、大连数谷等重磅产业功能区。再如，2021年沈阳市启动35个核心发展板块建设，各区县至少1个，就是沈阳市积极谋划打造的重磅产业功能区（详见专栏4–7）。评判一个地区的经济行不行，就看有没有几个像样的重磅产业功能区，为此各地极为重视各类型重磅产业功能区的建设。

专栏4–7　沈阳市划定35个核心发展板块

为提升中心城市核心功能，以“有诉求、有产业、有支撑、有空间、有特色”为原则，全域共划定35个核心发展板块，并提出各自板块的发展定位、主导功能、建设容量、轨道交通等指导要求，力争打造成为“经济发展的增长点、新兴产业的聚焦点、城市结构的关键点、城市建设的新亮点”，以点带面，使城市面貌发生明显改观。其中：

- 滨水特色功能区9片。充分发挥滨水区域的生态优势，展示城市窗口形象，承载国际化发展需求，集聚传媒、科技、生态、文旅等多元化现代服务功能，如王家湾滨水地区（2.9平方千米）、丁香湖滨水区（5.0平方千米）。
- 城市更新示范区11片。以存量资源为载体、以文化传承创新为特色、以城市更新为契机，以文化、商业、创意等为主导功能，如盛京皇城历史文化街区（1.7平方千米）、太原街商业区（3.0平方千米）。
- 高新产业聚合区7片。以科技创新、生产服务、商业商务等为主导功能，重点是促进产业转型升级，如首府科创产业片区（1.8平方千米）、沈阳中关村科创基地（2.8平方千米）。
- 公共服务中心区8片。以金融商业、商务办公、文化服务等为主导功能，打造公共服务中心区域，如彩塔现代服务产业片区（2.0平方千米）。

资料来源：长城战略咨询根据公开资料整理。

一、科技城/科学城：科技自立自强的核心承载空间

从概念上讲，科技与科学差别还是非常大，科技是科学与技术的混称，在使用时大多更强调技术层面，科学大多单纯地强调知识层面，但在我国政府与社会的话语体系中，并没有刻意去区分科技与科学的概念，自然也不会刻意区别科技城和科

学城的差别。目前，科技城 / 科学城都是指用于承载各类创新平台、科技服务平台及创新成果产业化项目的功能空间[①]，以助力各地打造原始创新策源地。国际上正式叫科技城或科学城的，如日本筑波科学城、法国法兰西岛科学城、法国索菲亚—安蒂波利斯科学城、新加坡科学城等，美国斯坦福研究园、美国波士顿128公路高技术园区、美国北卡三角研究园、英国剑桥科学园等也具有科技城或科学城的功能。国内创新基础较好的城市，基本都在布局科技城或科学城，如上海的张江科学城，北京的中关村科学城、未来科学城、怀柔科学城及四川的绵阳科技城等。对于东北来说，辽宁已在沈大两市分别布局了沈阳浑南科技城、大连英歌石科学城（详见专栏 4–8），下一步要加快推进落地见效，而对于吉林、黑龙江两省则有必要加快布局。

此外，有时高校院所相对不够集聚，但是又想把有限的高校院所充分用好，这时，我们通常会建议各地建设微型版的科技城或科学城，名字可以叫“环院校科创组团”“环高校知识经济圈”等，这类主要分布在中心城区或二三线城市为数不多的高校院所周边。2022年，上海环高校知识经济圈企业超过1.8万家[②]，其中，最有影响力的是环同济大学知识经济圈（详见专栏 4–9）。在东北地区，近期沈河区正在推进的中科文萃数字港，实际就是“环院校科创组团”，其依托中国科学院金属研究所、沈阳自动化研究所等创新资源，布局以数字经济为核心的约6平方千米的科创产业组团，通过数字主题楼宇打造、低效空间更新发展数字经济、联合高校院所利用其金角银边发展数字经济等方式，培育发展数字经济产业。

专栏 4–8　东北三省科技城 / 科学城建设情况

◆ 沈阳浑南科技城：以打造科技创新策源地、新旧动能转换发动机、新经济发展示范区为定位，布局先进材料、智能制造、信息技术、生命健康等五大主导产业，重点推进辽宁材料实验室和辽宁辽河实验室等地方实验室建设，并超前布局超大型深部工程灾害物理模拟设施、高能射线多束源材料多维成像分析测试装置、未来工业互联网科研基础设施等重大科技基础设施，建设材

① 在科技城 / 科学城建设时，各地都非常关注承载创新成果产业化项目，因为建设科技城、科学城需要政府投入大量的资金建设各类创新平台、科技服务平台及其配套设施，且多数靠地方专项债、投资人 +EPC 等方式融资建设，都希望这些产业化项目未来能为当地创造源源不断的税收。

② 上海市产业创新生态系统研究中心，同济大学上海国际知识产权学院创新与竞争研究中心 . 年环高校知识经济圈调查报告 2022[R]. 2022.

料科学国家研究中心、中国科学院大学机器人与智能制造学院、中国科学院机器人与智能制造创新研究院等重点创新平台及北方算谷等“一谷七园”科创园区。

◆ 大连英歌石科学城：以打造具有全国影响力的创新策源中心为定位，聚焦洁净能源技术、新一代信息技术、智能制造、生命健康、海洋工程等领域开展科技研究和成果孵化，重点推进辽宁黄海实验室、辽宁滨海实验室、大连凌水湾实验室等地方实验室建设，并超前布局大连先进光源大科学装置等重大科技基础设施，建设大连理工大学实验室组群、大连化物所实验室组群等重点创新平台。

资料来源：长城战略咨询根据公开资料整理。

专栏 4-9 “环同济知识经济圈”发展经验

“环同济知识经济圈”是上海建设环高校创新生态圈的雏形。20 世纪 80 年代以来在同济大学周边形成一批教授和研究生创业企业，2002 年同济周边的产业带现象被媒体报道，2007 年同济百年校庆期间与杨浦区正式签订合作协议，2009 年被科技部认定为“环同济研发设计服务特色产业基地”。目前，该经济圈区域面积约 2.6 平方千米，经过 10 多年经营，产值从 2002 年的 10 亿元增长到 2007 年的 80 亿元，再到 2020 年 500 多亿元，目前正向 2025 年突破 1000 亿元目标迈进。此外，在 2017 年教育部第四轮学科评估中，同济大学的土木工程、环境科学与工程、城乡规划学、管理科学与工程 4 个学科排名获得 A+，这 4 个学科又正好与环同济知识经济圈的四大产业——建筑设计、环保产品、城市规划和工程咨询一一对应。近年来，上海各区县纷纷复制杨浦与同济大学合作的经验，推动“环高校创新生态圈”建设。例如，闵行区与上海交通大学联合打造了“大零号湾”、宝山区与上海大学联合打造了“环上大科技园”。

资料来源：长城战略咨询根据公开资料整理。

二、产业城 / 产业谷

产业城、产业谷、产业基地是各地打造最多的重磅产业功能区，其空间尺度通常在几十平方千米左右，从全国来看，成功的案例也非常多。例如，依托武汉东湖高新区建设的中国光谷、武汉生物城及依托武汉经开区建设的中国车谷，成为武汉打造光电子、汽车及零部件、生物医药及医疗器械三大世界级产业集群的重要支撑。我们发现，东北近年来也建设了一些很不错的产业城、产业谷、产业基地，如大连长兴岛石化基地、长春国际汽车城等；同时各地仍在积极布局，如沈阳市正推进建设的沈阳汽车城、北方算谷、沈阳航空航天城，大连市正在推进建设的中国北硅谷等。

专栏 4-10　武汉光谷生物城"一城七园"建设实践

- 生物创新园 2 平方千米。已聚集辉瑞、国药集团、华大基因、药明康德、生物技术研究院等 450 余家企业，是国家生物服务外包试点园区。
- 生物医药园 6 平方千米。已聚集人福医药、费森尤斯、国药物流、喜康生物等 200 余家企业，是国家创新生物诊疗制剂及服务的唯一试点园区。
- 生物农业园 2 平方千米。已聚集中种集团、中农发、中牧股份、科前动物等 100 余家企业，定位打造"中国种都"。
- 医疗器械园 1.5 平方千米。已聚集国药器械、联影医疗、中科开物、中旗医疗等 110 余家企业，是国家级生殖健康产业基地。
- 医学健康园 2 平方千米。拟建设同济医院、省妇幼保健院、人福医疗集团、同济医学院、中国医药技术交易中心等，打造中部地区重要的医学健康中心。
- 智慧健康园 1 平方千米。拟打造华中地区智慧健康产业发展新高地。
- 生命健康园 12 平方千米。拟打造一批具有较强引领带动效益的世界级生物龙头企业和"重磅炸弹"级产品。

资料来源：长城战略咨询根据公开资料整理。

三、特色小镇

特色小镇打造的逻辑和产业城、产业谷及产业基地类似，只是其空间尺度更小，一般为几平方千米。虽然，近几年特色小镇不如 2017 年前后那么火爆，2016 年住建部公布了中国第一批特色小镇名单，把特色小镇建设上升到国家重点培育的产业空间高度。实际上，早在 2015 年习近平总书记就在中央财办报送的《浙江特色小镇调研报告》上做出重要批示，"抓特色小镇建设大有可为，对经济转型升级具有重要意义"。目前，东北也布局建设了一些不错的特色小镇，如沈阳的光明小镇、永安机床小镇、盛京基金小镇、长春的红旗小镇（详见专栏 4–11），吉林的辽源袜业小镇等。最近，我们仍会建议东北各地布局建设特色小镇，毕竟它仍旧是一种重要的重磅产业功能区形式。

专栏 4–11 长春红旗小镇建设实践

长春红旗小镇位于长春市经开区，规划用地面积6000亩，以发展汽车产业为核心。主要做法：一是实行政企共建模式，由一汽集团、汽开区、长发控股集团三方联合组建长春市长盛开发运营服务有限公司，作为小镇投资建设运营主体，以业主身份筹集资金、规划建设、运营管理。二是推行产城融合发展，引入教育培训、移动出行和智能网联等内容，最终形成特色鲜明、立志民族品牌复兴、产镇融合的绿色智能小镇。三是打造小镇客厅，在红旗生产制造基地中，以红旗LOGO为设计元素，为来访者和参观游客提供停车、餐饮等服务。四是规划建设红旗博物馆、汽车展览馆、红旗穿梭体验中心、汽车博览馆等主题馆，建设各类玩具车、卡丁车、汽车历史文化街区等文旅项目。五是布局建设汽车文化主题公园，围绕公园建设成熟的商业服务配套设施、五星级酒店及高档居住小区。

资料来源：长城战略咨询根据公开资料整理。

四、吃喝玩乐新地标

吃喝玩乐新地标形式可以有很多种，包括旅游度假区、景区、复原的古城、步行街、商业综合体、文创园、主题乐园、田园综合体、大型演艺、夜经济项目、沉浸式文旅项目、体验式文商旅项目、体育休闲项目等，可以升级而来，也可以全新打造。但是总体来说，都得不断更新改造、不断与时俱进，才能持续红火。现在很多不错的开发运营商都比较擅长把握消费新趋势，打造了很多红火时间比较长的吃喝玩乐新地标，如西安的大唐不夜城、成都的宽窄巷子和熊猫基地、北京的环球影城等。东北也打造了沈阳中街及方城、哈尔滨中央大街、长春这有山、沈北稻梦空间、本溪小市一庄等不错的吃喝玩乐新地标（详见专栏 4–12）。我们认为，下一步重点是推动这些地标持续升级及不断打造新地标。

专栏 4-12　东北三省吃喝玩乐新地标典型案例

◆ 沈阳中街：位于沈阳市沈河区，其历史可追溯为清朝前期修建沈阳故宫时按“前朝后市”规制设置的商业街，迄今已有近 400 年历史，现中街主街长 1360 米，总商业面积约 50 万平方米，是东北规模最大、形成最早、遗存最多的历史文化街区。主要做法：一是积极推进中街综合改造利用相关工作，2018 年 12 月，沈阳中街被商务部列为首批国家步行街改造提升试点，经过两年时间顺利完成七大类 12 项改造升级建设任务，于 2020 年 9 月重新开市，改造后的中街在市场主体数量及街区客流量方面均实现爆发式增长，2021 年以来先后获得全国示范步行街、国家级夜间文化和旅游消费集聚区、国家级旅游休闲街区、全国 20 个沉浸式文旅新业态示范案例等国家级荣誉称号。二是重点培育了一批极具风格特色的文旅融合消费场景，中街充分发挥文旅资源集聚和商业载体丰富优势，形成了以中央里为代表的“美食 + 非遗”消费场景、以盛京龙城为代表的国风文化消费场景、以益田假日世界为代表的“新潮 + 科技”消费场景，并推进中街周边孙祖庙、耳朵眼胡同微更新、微改造，运用老建筑、老胡同、老字号、老故事等古城历史文脉重现城市记忆，营造商业文化和历史文化兼容并蓄的消费氛围。三是大力推动中街消费业态迭代更新，一方面引入 X11、茅台冰淇淋、TC 调色师等区域首店和网红流量店，提升中街消费热度；另一方面，建设挂牌辽宁首家剧本娱秀产业园，引入铭思文化、盒能文化等优秀剧本秀企业，推出了幡灵迷境等全国知名剧本秀品牌，拓宽了中街在沉浸式文化消费领域的发展深度。四是加强塑造以中街为核心的“沈阳古城”地标性品牌，持续做好沈阳故宫、张学良故居、中街“一宫一居一街”核心 IP 建设，打通通天街等“断头路”，串联起中街、沈阳路、盛京路，并分批实施西中街、沈阳路、朝阳街、正阳街等特色街区主题谋划和立面景观修缮工程，形成方城地区联动发展格局。五是定期策划“古城文化”主题活动，围绕中街布局花灯、凉亭、非遗文创展销等装饰景观，打造了“沈阳古城过大年”“古城游园会”“古城十二时辰”等特色活动，提升了中街整体知名度和吸引力。

◆ 哈尔滨中央大街：位于哈尔滨市道里区，始建于 1898 年，全长 1450 米，是因中东铁路的修建而带“火”的一条街，最为繁盛时这里曾拥有 19 个国家的领事馆，号称“亚洲第一街”，2023 年端午小长假期间，3 天总客流量为 571

万人次。主要做法：一是突显欧陆异国风情，注重保护文艺复兴、巴洛克等多种风格的 71 栋俄罗斯古典式建筑，每年都会上演冰雕艺术文化节、街头音乐文化节、圣诞嘉年华、音乐之街、书香老街等欧式风格文化旅游活动。二是融合周边形成合力，将兆麟公园、圣索菲亚教堂、防洪纪念塔等旅游文化资源打包推出，使中央大街与周边景点形成"三点一线"的游览格局，并发挥辅街作用，打造文化体验、本地特产、风情小吃、儿童游乐等各具风格的辅街，使辅街在商业业态上与中央大街形成互补。

◆ 长春这有山：位于长春市朝阳区红旗商圈，第一批国家级夜间文化和旅游消费集聚区，2019 年国庆开业当天，客流量超过 7 万人次，整个国庆期间日均客流量超过 5 万人次。主要做法：一是以微景区打造大型室内空间，以山为形，在室内构筑了高达 30 米的山丘小镇，移入"宽窄巷子""北京王府井大街"等传统街市场景，利用立体化建筑动线，将所有品牌店铺及建筑景观进行串联，在保证用户购物体验的基础上提高了空间店铺容积率，还解决了东北冬季旅游受制于低温影响的问题。二是重塑消费业态，提出"24 小时不闭店"的经营理念，形成集夜游、夜玩、夜购、夜宿等多业态于一体的旅游消费闭环，并以零售、餐饮、酒吧、文创等小而美的场景切入，迎合青年群体对于个性化和差异化选择的追求。

◆ 沈阳稻梦空间：位于沈阳市沈北新区，占地 1500 多亩，是稻田画基地，也是我国最大的水稻科普教育基地，有"中国稻田画之乡"和"中国田园"的美誉，年接待游客 22 万余人次。主要做法：一是玩转"稻田"IP，打造不同主题、不同时节的稻田画，稻田画从创意到美术，每一步都精益求精，构图填色之后再进行 3D 转换，GPS 定位连线，由专业插秧人员进行操作，最终成就大家眼前的绚丽。二是完善景区配套，景区内共有景点 20 余个，体验区内设稻田画观赏区、稻梦水城、阳光沙滩、亲子乐园、渔猎部落、锡伯族文化体验馆、木屋餐饮等"景中景"，丰富游客游玩体验。

◆ 本溪小市一庄：位于本溪市本溪县小市镇，起步于一个农家乐小饭店，用 6 年时间，发展成为集休闲旅游、田园度假、餐饮娱乐、文化演艺、生态康养于一体的综合性景区，每年吸引游客 200 多万人次。主要做法：一是以"满乡文化故里"老街和"梦回汉唐"为主题，常年举办戏剧、非遗等展演活动，并邀请诸多演艺名人和网红达人走进小市一庄拍摄短视频，进行网络直播。

二是注重与本溪水洞、关门山等本地旅游景区及小市羊汤、本溪温泉等本地特色旅游产品联动，充分抓住作为沈阳等地游客前往本溪游玩的关键节点，实现借势发展。

资料来源：长城战略咨询根据公开资料整理。

五、创新城区：中心城区“城市更新”新路径

概括来说，“创新城区”是具有高校院所多、科技企业多、创新活动多“三多”特征的城区。国内，上海科技发展研究中心最早开始关注“创新城区”建设，于2015年翻译了美国布鲁金斯学会2014年发布的《创新城区的崛起：美国创新地理的新趋势》研究报告[①]。从逻辑上讲，创新城区主要有两种来源：一是前几年在城市边缘划定的、以发展高科技产业为核心的高新区，其实现产城融合发展成为创新城区；二是位于城市中心的老城区积极探索“发展高科技、实现产业化”的创新驱动发展之路，成为创新型经济活跃的创新城区[②]。这里我们主要关注第2种来源，因为第一种来源已有健全的自上而下的推进体系，而第2种来源是地方政府自主探索行为。近年来，我们在给中心城区建言“全面转型创新城区”的时候，开始客户抵触情绪都很大，经常听到“创新都是高新区干的，中心城区搞啥创新”“我们科技局都没有，咋建创新城区”等言论，尤其对于那些金融业和文商旅繁荣的中心城区，抵触情绪更大。为了说服这些中心城区采纳建言，我们通常会讲以下5个观点：

一是中心城区需要对经济发展有更高的追求。中心城区已经通过建设区域金融中心、消费中心，以及大力发展楼宇经济、总部经济等实现了较高的GDP、税收规模及经济密度，但是仍需要有更高的追求，尤其不能认为中心城区GDP增速就应该低于全市平均水平。

二是建设创新驱动可以不是“一号工程”，但必不可少。当前中心城市普遍面临发展空间受限、产业偏旧、设施老化、青年人群外流等问题，我们也赞同中心城区转型升级、更新改造及再放活力的路径很多，如建设中央商务区、发展数字经

---

① 该报告认为，创新城区是对50年来以郊区选址、空间隔离、汽车通勤、忽略综合服务功能为特征的“硅谷”创新空间模式的颠覆，也称“硅巷”模式，目前特别是在美国实现迅速发展，涌现了坎布里奇市的肯戴尔广场、波士顿的南岸区等典型实践。

② 李健．创新时代的新经济空间：从全球创新地理到地方创新城区[M]. 上海：上海社会科学院出版社，2016.

济、打造网红文旅“爆品”等，但创新驱动也是当前这个时代中心城市振兴必不可少的一种路径。

三是建设创新城区手段很成熟，有路径可循。建设创新城区核心是在中心城区实践“发展高科技、实现产业化”的创新驱动发展之路，实际上就是把原来在高新区探索的道路，搬到中心城区，再结合中心城区的实际进行适当改造，如业态注重以高科技服务业为主，载体形态注重以楼宇形态为主。

四是中心城区转型“创新城区”已有成功案例。从20世纪90年代开始，在全球范围内就兴起了“创新回归中心城区”的现象，以纽约、旧金山、波士顿、伦敦等国际大都市为代表，在城市中心区吸引大量精英人才回归，高科技企业出现扎堆。国内上海杨浦区，以及南京鼓楼、秦淮、玄武等3个老城区也进行了较为成功的探索。

五是从理论上分析，当前建设创新城区也有可行性。创新城区建设的逻辑是要在中心城区布局创新空间，集聚研究机构和创新型企业，尤其是要集聚以青年人才为主的创新人才，开展各类创新活动。可见，中心城区能否汇聚创新人才，是建设创新城区能否成功的关键。中心城区有吸引创新人才的新消费、优质教育和医疗、便捷交通等配套，只要能够就近、低租金提供办公和住房，就能实现大量汇才。

专栏 4-13　沈阳市皇姑区“创新城区”实践探索

- 主要做法：2019年，皇姑区基于沈飞搬迁有望腾出10多平方千米产业空间、高校院所较为集聚、产业基础不强导致经济及税收增长乏力、经济密度不如周边的沈河区等考虑，提出建设“创新城区”战略部署，把“科创产业”作为全区重点培育的两个主导产业之一，在综合性产业政策“皇钻十六条”中也有近一半条款支持“发展高科技、实现产业化”。
- 取得成效：皇姑区这些年重点对标北京海淀区、深圳南山区等，3年实践取得丰硕成果。例如，低效楼宇转型孵化载体成全市标杆，新增高企、瞪羚企业数量全市领先。2022年年初更获得市委认可，皇姑区在市委下发的“振兴新突破、我要当先锋”专项行动文件中，被赋予“宜居宜业创新型城区”定位。

六、新经济活力区

这是长城战略咨询提出的一个用于承载新经济业态的产业空间概念，我们认为，“新经济活力区”指采用新经济发展模式，以“新赛道、新研发、新物种、新场景、新开放、新空间、新生活、新治理”等“八新”为重点抓手，年均GDP实现20%以上增长的新经济发展示范区。其中，核心是采用各种新手段，育成一批具有较强产业带动性，并且自身业绩还能以每年50%甚至翻倍增长的新物种企业。这类产业空间可以全新打造，也可以由边缘城区的科技城、产业城，或者中心城区的老旧产业区等升级或更新而来。目前，国内以新经济活力区正式命名的产业空间，只有规划面积79.6平方千米由成都高新区打造的成都新经济活力区。国外具有显著新经济活力区特征的是伦敦中央活力区，伦敦市在金融城的基础上，规划建设了22平方千米的中央活力区，布局建设东伦敦科技城、知识园区，遍布孵化空间和创新空间，吸引全球科技巨头、顶尖科研机构及高知人群入驻，稳定支撑起伦敦作为全球第一商务区、全球第二大金融中心、全球第三大技术企业集群区的领先地位。

第三节　东北各边缘城区都要大抓园区经济，布局专业产业园

我们认为，专业产业园是指聚焦单一产业领域的、占地10万～200万平方米（若条件允许越大越好）、由产业运营商专门运营的、运营商自持的产业载体不少于10万平方米或自持率不低于30%的产业园。各地划定一定空间，布局建设专业产业园，实际是想在集中连片的空间上，布局产业集群、产业生态，并依托集群和生态的集聚、溢出效应及运营商提供的优质服务，吸引高潜力种苗企业落户，此后在产业园优质环境中快速成长为总部型的上市企业、独角兽企业、科技领军企业等，成为推动地方经济增长的重要源泉。例如，2000年北京市委市政府部署启动建设的中关村软件园就是典型代表。目前，东北也建成一些不错的专业产业园，如沈阳国际软件园、深哈产业园等，但总体上和东部沿海地区等比较，还有很大差距。

专栏4-14　东北三省专业产业园典型案例

◆ 沈阳国际软件园：经过10余年的建设发展，从建园之初的一栋楼房，发展成为拥有六大区块、62栋楼宇、近80万平方米的产业办公楼宇，从2000人发展成为拥有3万余人的新型生态社区，现已成为东北地区领军的软件和新一代信息技术产业园区。园区入驻企业1207家，其中世界500强企业44家、中国软件百强企业22家、上市公司及子公司91家。园区内有30余家辽沈本土成长的全国细分市场领军企业，22家拟上市培育企业。被工业和信息化部

认定为“中国骨干软件园区十强”（全国第六名，全国民营软件园区第一名）。

◆ 深哈产业园：深圳（哈尔滨）产业园区由深圳和哈尔滨两市政府于 2019 年合力共建，位于哈尔滨新区，目的是推动深圳经验转化为“哈尔滨实践”。经过 4 年的发展，园区累计注册企业 569 家，注册资本达 214 亿元，并“带土移植”深圳先进经验和成功做法 126 项。园区规划范围 26 平方千米，先行推进 1.53 平方千米核心启动区建设，由深圳市属国企投资、控股，派驻深圳管理团队，确保深圳底色，打造北方的“小深圳湾”。

资料来源：长城战略咨询根据公开资料整理。

一、如何建设运营专业产业园?

刚才提到，专业产业园一定是由专业的产业运营商投资建设运营的，并依托营造的产业环境及提供的一流服务，吸引优质企业落户。其商业模式可分为重资产“投资 + 运营”和轻资产纯运营两种模式。开发运营商收入来源主要包括售房收入、房租收入、专业服务收入、投资收益等多种形式，尤其后两种收入来源如果超过 50%，说明运营商越专业、越成熟。从实践来看，专业产业园开发运营商主要有 4 类：一是从创业起就一直从事专业园投资建设运营，如联东集团、天安数码城等；二是政府园区平台公司，如北科建（旗下有中关村软件园）、中关村发展集团（旗下有中关村信息谷）、中新集团、上海临港、张江高科、济高控股、东湖高新、成都高新等；三是由大型集团、传统房地产商等转型的产业地产商，如招商蛇口、中电光谷、华夏幸福、中业慧谷等；四是高校院所的产业投资集团，如启迪控股、北大科技园集团、哈工大集团等。为此，各地在投资建设运营专业产业园时，可以直接和这 4 类头部企业合作，也可以循着以上路径，内生培育更愿深耕产业生态构建的、更有家乡情怀的开发运营商，如沈阳国际软件园公司，就属于这一类。

专栏 4-15　品牌产业地产商在东北三省布局的代表性专业产业园

◆ 华夏幸福：沈阳苏家屯区智能制造装备产业园（2019 年）、哈尔滨深哈金融科技城（2021 年）。

◆ 联东 U 谷：沈阳浑南高新装备产业园（2019 年）、沈阳浑南智能制造产业园、（2022 年）、沈阳大东国际汽车研创园（2018 年）、沈阳和平未来智造谷（2022

年）、大连金普生态科技谷（2021 年）、长春高新区新兴产业科技园（2022 年）、哈尔滨新区数字智谷（2022 年）。

◆ 金地集团：沈阳首府科创城（2020 年）、中国（沈阳）智能建造产业园（2023 年）、金地·大连（金普）智能建造产业园（2022 年）。

◆ 中关村信息谷：沈阳中关村科技创新基地（2018 年）、长春中关村创新中心（2018 年）、哈尔滨中关村科技成果产业化基地（2014 年）。

◆ 招商蛇口：大连太平湾合作创新区（2019 年）。

资料来源：长城战略咨询根据公开资料整理。

二、各地如何抓好专业产业园建设？

我们认为，各区县都需要有 2 ～ 3 个专业产业园，而对于管辖面积大、产业门类多且基础较好的区县或封闭运行的开发区、先导区可以有多达 10 个以上专业产业园。为此，各区县可以结合产业定位及可利用产业空间情况，规划好专业园布局和建设计划，然后有针对性地洽谈头部产业园投资运营商，或本地的有潜力的产业园投资运营主体，谋划打造一批单体面积 10 万平方米以上的专业产业园。各地也可以把这些专业产业园统称为未来产业园、新经济园区、新动能园区等，并采取系统的培育措施，推动形成一批高质量的专业产业园。

专栏 4-16　对沈阳市在国内率先启动新经济园区系统培育的建议

2021 年 2 月，沈阳市科技创新工作领导小组会议指出“要坚持生产、生活、生态融合，高标准规划建设新经济园区”。这是沈阳市首次提出建设“新经济园区”，为此，当时我们建议沈阳把新经济园区建设抓实，争取“十四五”时期全市培育 50 家高质量的新经济园区，成为沈阳培育新动能培育第一抓手。

什么是新经济园区？我们认为，至少需要满足以下“五新”标准：一是有新业态集聚。园区一定是聚焦某个新经济产业方向，不是泛泛的发展各类新经济产业，并且集聚的新业态企业营业收入最好占比在 80% 以上。二是有新创新体系。有围绕园区聚焦新经济方向的、从前端基础研究、中端应用研究再到后端产业化的完整创新体系，即集聚了特定产业方向各类研发类、科技服务类平台和机构，还有成熟的示范场景建设机制和产学研实质性合作机制。三是有新物种涌现。有特定新经济领域的哪吒企业、瞪羚企业、独角兽企业、生态型科技领军企业等涌现，不仅仅是培育高企、规模以上企业，一定要有高成长性、高带动性的企业涌现。四是有新治理模式。有特定新经济领域政府主管部门设立的专门服务和审批窗口，以及出台专门监管政策和扶持政策，有切实发挥作用的业界共治理事会，有产业运营商参与。五是有新人居环境。在新经济园区周边，尤其是步行、代步车等可达的范围内，有满足年轻化、高知化等新经济人才生活和居住需要的环境。

沈阳有新经济园区吗？按照以上标准，我们认为沈阳已有新经济园区，但这些园区都是自发干出来的，或者偶然机会形成的，多属于“边缘革命”的范畴，他们的经验已经比较成熟，可以在全市大面积推广。例如，聚焦发展新一代信息技术的沈阳国际软件园，但其距离以上标准还是有一定差距的。

对沈阳系统培育新经济园区的五点建议。一是召开全市新经济园区建设大会。发布全市新经济园区培育计划，明确新经济园区建设目标、推进模式，并请示范性新经济园区代表发言，同时发布新经济园区评价办法及市级财政资金扶持办法，以此营造全市大抓特抓新经济园区建设的氛围。二是按照“一园一办法”的模式支持新经济园区发展。市区合力，从政策扶持、行业服务、公共服务平台建设等方面发力，推进新经济园区快速建设、见效。三是备案一批、储备一批并启动建设一批新经济园区。在全市先行备案一批新经济园区，并对新经济园区进行常态化评价，达到一定条件给予一定的奖励；同时筛选出一批园区重点引导发展成为高质量的新经济园区。此外，面向全球发布新经济园区建设招募计划，吸引一流产业运营商到沈阳布局新经济园区。

第四节　东北各中心城区都要大抓楼宇经济，布局主题楼宇

关于楼宇经济的重要性，有个形象的说法，即“制造业经济看厂房，服务业经济看楼宇”。可见，尤其对于以服务业经济为主的中心城区，楼宇是产业发展最核心的载体。此外，楼宇不仅仅是城市的经济地标，还是城市的人文地标，还能带来城市面貌和气质的改善。回顾来看，楼宇经济起源于美国的“中央商务区”，最近10多年也受到国内上海浦东新区、静安区，北京朝阳区，深圳福田区，广州越秀区、天河区，成都武侯区等大量一线城市中心城区的重视，已经形成一套相对成熟

的发展模式。本部分我们将结合这些先进地区的实践，针对东北三省发展的实际需要，介绍一些楼宇经济的发展要点。

一、何谓楼宇经济？

通俗讲，楼宇经济就是在楼宇载体中发展产业从而带动区域经济发展的一种新的经济形态，其诞生背景是中心城区的土地资源越来越紧张，这就要求进一步提高“经济密度”，为此向空中求发展的楼宇形态就开始盛行起来[①]。最适合在楼宇中发展的产业主要是服务业，包括金融、数字经济、地产、财务、法律、人力、咨询、外贸、电商、物流、会展、文创、培训、商业、娱乐、餐饮等各类服务业业态，承载这些服务业的楼宇也常被称为商务楼宇或商业楼宇。近期，有些地方开始探索发展对于场地要求不高的都市工业、现代农业，其楼宇常被称为工业楼宇（详见专栏 4–17）、垂直农场。总之，楼宇经济是一种占地少、容积率高、经济密度大、以发展服务业为主、主要适用于中心城区的经济形态。有时也说，中心城区经济就是楼宇经济，中心城区抓经济核心就是抓楼宇。

专栏 4–17　国内先进地区工业楼宇实践探索

- 东莞松湖智谷：以产品设计前瞻性作为卖点。位于松山湖高新区，由产业地产运营商信鸿集团投资建设，打造成 180 万平方米产城人融合的生态智造新城，建成后将形成 1800 家高新科技企业聚集区。尤其，配备了吊装平台，12 层及以下的低区可以全部预留设备吊装窗口，由可开合的围栏进行封闭。
- 青岛夏庄智造园：山东首家高层工业楼宇项目。位于青岛城阳区，由联东 U 谷开发，规划总建筑面积约 15 万平方米，是山东首家高层工业楼宇项目。该项目是在政府政策鼓励下推出的创新产品，2018 年，城阳区就出台了《加快高层工业楼宇经济发展的实施意见》。
- 全至科技创新园：城市更新背景下推动的国内第一个工业上楼项目。于 2012 年左右启动改造，位于深圳市宝安区，2015 年开业，园区占地面积 2.4 万平方米，包括 1 栋 23 层科创大厦和 3 栋 5 层研发办公楼、1 栋人才公寓等。改造后，其工业空间从原来 5 万平方米拓展至 13 万平方米，园区主导产业转变为机器人和智能装备产业。

资料来源：长城战略咨询根据公开资料整理。

① 夏效鸿 . 楼宇经济发展研究 [M]. 北京：经济日报出版社，2010.

二、楼宇经济八大趋势[①]

最初的楼宇经济形态，多是开发商盖楼，然后产权分割出售，此后提供简单的俗称“看门、扫地、防小偷”的物业服务，表现为重建设、轻运营。在楼宇稀缺的年代，这种模式是行得通的，但近年来各地随着楼宇的饱和、过剩，楼宇经济在竞争中探索出“重运营”的发展之路。一是各楼宇方更关注对楼宇物业的自持，主要通过资产证券化等方式，以实现对楼宇业态的控制。二是各楼宇方更注重打造主题楼宇，构建特定产业微生态，实现楼宇招商从以往比硬件、比地段、比租金到如今比楼宇中邻里环境和面向特定行业的专业服务，这也有利于楼宇方收取高租金、降低空置率。三是楼宇方更注重从以人为本角度，打造兼顾工作和生活需要的多元业态组合，并注重与时俱进植入共享办公、咖啡厅、剧本杀、密室逃脱、托幼等新业态。四是为各楼宇方服务的专业化机构不断涌现，主要协助各楼宇方建设智慧楼宇、主题楼宇及开展楼宇业态规划、楼宇招商等工作。五是政府更注重规划中央活力区、总部基地、科创带、商圈、特色街区等重磅产业功能区，以支持楼宇集群化发展。六是政府对于楼宇经济的期待越来越高，从仅仅关注其税收贡献，到开始关注区域经济拉动、城市品质提升、青年人才吸纳、城市地标塑造等多种功能。七是政府对于楼宇经济的支持更加丰富，从拿地优惠、税收奖补到主题楼宇运营补贴、优质企业引培奖励、政府投资建设楼宇周边环境等。八是政府不再重视开展标准化的楼宇评级，而是更多鼓励楼宇特色化、个性化发展，以满足这个非标时代的需要。

三、东北如何抓好楼宇经济?

东北三省成规模的楼宇经济，主要集中在沈大长哈 4 个城市的中心城区，如沈阳的沈河区、和平区，大连的中山区，长春的南关区，哈尔滨的道里区[②]，其中沈河区是目前东北楼宇经济最繁荣的城区（详见专栏 4–18）。我们认为，下一步东北地区各中心城区楼宇经济的发展可以从以下 4 个方面入手：一是优化楼宇空间布局，推动楼宇集群化发展，谋划建设楼宇集聚区，并加强整合老旧楼宇联合打造专业产业园。二是培育主题特色楼宇，以主导产业入驻面积、入驻企业数、税收贡献等占楼宇总量的比值为衡量标准，评选一批产业特色鲜明的主题楼宇。三是建设“楼宇大脑”，搭建集招商引智、政策发布、宣传推广等功能于一体的区域楼宇信息

① 夏效鸿 . 楼宇经济十年 [M]. 杭州：浙江大学出版社，2020.

② 根据“中国国际服装贸易交易会 · 2023（第三届）中国楼宇经济北京论坛”发布的“2023 中国楼宇经济（总部经济）标杆城区 30 强”，东北地区沈阳的沈河区、和平区，大连的中山区共 3 个城区入选。

平台，强化对楼宇的综合管理和动态跟踪。四是探索楼宇党建、楼宇“业界共治”等新模式，营造开放活跃的楼宇生态。

专栏 4–18　沈河区促进楼宇经济发展的主要做法

沈河区拥有财富中心、恒隆广场、嘉里中心、新地中心等建筑面积5000平方米以上楼宇129栋，总建筑面积近1000万平方米，商务楼宇数量占东北总量的20%，总建筑面积占东北总量的25%。其中，全口径税收超十亿元楼宇有2栋，亿元楼宇有13栋，千万元楼宇有27栋。此外，还储备有华强金廊城市广场、华府二期、恒隆三期、嘉里三期、大家置业金融广场等在建高品质商务楼宇，未来可释放百万平方米产业承载空间。北站—市府板块和金廊—五里河板块已成为沈阳市办公楼集中供应地，占全市办公面积一半以上，平均入住率位居全市之首。

◆ 重磅举行东北楼宇经济发展峰会。2022年，召开东北楼宇经济发展峰会，首次发布楼宇经济（总部经济）标杆城区发展愿景，并联合戴德梁行发布《东北楼宇经济白皮书》，推出楼宇经济高质量发展专项行动。同时，授牌区内首批10栋七星标杆大厦、10栋金牌示范楼宇、10栋新引擎特色楼宇。

◆ 确定“十区十园百楼”空间载体和发展方向。为支撑沈河区千亿元GDP城区建设，沈河区联合专业机构谋划了“十区十园”重点工作，按照“产业引领，规模集聚”原则，以集群化发展模式，打造惠工方圆金融楼宇等十大楼宇集聚区。围绕沈河区总部金融、文化旅游、现代商贸、数字经济四大主导产业，谋划布局数字金融、人力资源等十大专业“空中产业园”。

◆ 制定出台“沈河新经济十五条”产业政策。聚焦楼宇经济和总部经济发展，围绕楼宇共治战略合作、经济贡献突出、专业特色集聚、经济贡献迁移、购买办公用房5个方面，给予楼宇运营方专项奖励和补贴，并在中介招商、企业落户等方面给予间接补贴，进一步加大楼宇招商支持力度、扩大支持范围，打造楼宇经济发展综合成本洼地，推动楼宇产业向专业化和高价值链延伸。

◆ 强化“政府+智库”合作机制。在全市率先形成“政府主导+外脑支撑”工作推进体系。特别是，联合外脑机构编制沈河区楼宇经济高质量发展行动方案和四率两化考核办法；同时，出台沈河区总部企业认定办法。

第五节　片区开发是值得东北各地进一步探索的空间营造手段

在 3 类产业空间中，专业产业园和主题楼宇因为体量小相对容易打造，此外，由于开发区普遍扩区，开发区需要划分成若干重磅产业功能区分别打造，可见，重磅产业功能区是各地产业空间打造的重中之重。回顾来看，“片区开发”（或称“片区综合开发”）向来都是各地打造重磅产业功能区的主要手段，只是投融资模式在不断变化。例如，从 20 世纪 80 年代开始，我国以政府直接投资为主建设布局的经开区、高新区等各类开发区（当时开发区面积很小），实际上就是我国最早采用片区开发模式打造的产业功能区。当前，前之所述的科技城、产业城、产业谷、特色小镇、吃喝玩乐新地标等各类产业功能区，都可以采用片区开发模式打造。

片区采用何种投融资模式①②③④？因为片区开发的投资大，而地方政府多处于“缺钱”状态，国家又在不同程度控制风险、收紧政策，所以片区开发的投融资模式一直在不断变化，曾出现过城投公司贷款模式（1998—2018 年）、土地开发分成模式（1999—2006 年）、BT 施工方垫资模式（1984—2006 年）、土地储备融资模式（2012—2016 年）、F+EPC 模式（EPC 即交钥匙模式，因为各地财政紧张，要求施工企业把融资环节也囊括进来，于是有了 F+EPC，但随着《政府投资条例》的出台，政府投资项目不得由施工企业垫资建设，使得 F+EPC 模式难以持续），至今仍可以使用的模式，主要包括：ABO 和投资人 +EPC 结合的“授权 + 投资人 +EPC”模式（近期最受各地关注的探索，详见专栏 4–19）、PPP 公私合营模式（大多数地区 PPP 项目支出已经达到地方政府财政承受能力 10% 的控制红线）、专项债模式（在监管趋严、额度受限的背景下专项债难以成为主流模式）、中央预算内投资、省级专项资金、城市更新基金、基础设施公募 REITs 等，以及辽宁省和招商局集团创新性探索的“专属综合开发”模式（详见专栏 4–20）。

① 陈淑鹏 . 片区综合开发项目总体策划探讨：以龙港市龙湖片区为例 [J]. 建筑经济，2022，43（S2）：67–70.

② 杨震，邱玉，陈梅，等 . 片区综合开发项目的投融资模式选择探讨 [J]. 建筑经济，2022（4）：53–59.

③ 林霆 . “投资人 +EPC”模式在片区综合开发中的运用 [J]. 财会月刊，2022（7）：101–104.

④ 肖璐 . 区域综合开发模式的前世今生 [R]. 东滩智库，2022.

专栏 4-19　当前最受关注的片区开发投融资模式：授权 + 投资人 +EPC①

由于 PPP 监管趋严、规范政府债等原因，ABO 和投资人 +EPC 结合的“授权 + 投资人 +EPC”模式受到广泛关注。具体操作模式如下：

①地方政府通过竞争性方式，授予属地平台公司特许经营权；

②平台公司通过竞争性方式，寻找社会投资人；

③平台公司与社会投资人成立合资项目公司，社会投资人控股；

④项目公司与平台公司签订投资合作协议，负责片区的开发；

⑤项目公司用应收账款和经营收入向金融机构融资；

⑥项目公司进行施工建设和营商环境营造；

⑦工程建设后进行土地出让，地方财政获得土地、税收等收益；

⑧地方财政根据经营绩效向平台公司支付特许经营服务费和绩效奖补；

⑨平台公司向项目公司支付工程费用和绩效奖补；

⑩项目公司利用工程费用和运营收益偿还金融机构贷款。

资料来源：长城战略咨询根据公开资料整理。

专栏 4-20　大连市与招商局集团合作开发“大连太平湾合作创新区”实践②

大连太平湾合作创新区位于大连北部，规划面积约 260 平方千米，其中港区面积约 13.86 平方千米。2009 年，大连市启动太平湾港区规划，并在 2012 年委托大连港集团实施太平湾的开发，但项目在 2015 年受用海、环评审批等影响而搁置。2019 年 1 月，招商局集团初步完成了对辽宁港口的整合，同时筹备重启太平湾开发。2021 年 9 月，招商局集团与辽宁省、大连市共同签署《开发建设太平湾合作协议》，通过“政企合作、企业主导”的开发模式，致力于将太平湾打造成为“东北亚新蛇口”。

◆ 合作愿景：打造国资国企综合改革特别示范区，推动港产城一体化融合发展。

◆ 开发模式：结合招商局此前在蛇口工业区和漳州开发区进行政企合作片区开发的经验，双方创新性地提出了“专属综合开发”概念。开发主体为招商

① 肖璐 . 一文读懂什么才是合规的片区开发投融资模式 [R]. 东滩智库，2022.

② 钟坚 . 改革开放梦工场：招商局蛇口工业区开发建设 40 年纪实 [M]. 北京：科学出版社，2018.

局太平湾开发投资有限公司，主要负责统筹园区开发、基础设施建设、投融资、招商引资及产业配套服务等；管理主体为中共太平湾合作创新区委员会与太平湾合作创新区管委会，主要负责政策制定、发展规划、行政审批、社会治理及公共服务等事务，享有一级财政及独立金库、大连市级和部分省级经济管理权限等发展自主权。与传统的片区开发模式相比，此次太平湾的合作开发共有六大创举：一是50年专属综合开发模式；二是“只予不取”财政支持政策，地方财政全部保留；三是省市授权“能放皆放”；四是对省市用地、用能、用水等各类资源指标“应保尽保”；五是建立省、市和招商局集团三方联合管理协调机制，党委班子7人中招商局占4人，管委会领导班子5人中招商局推荐人员不少于3人；六是省市对合作模式、政策赋予、管理机制等予以立法保护。

◆ 收益模式：太平湾公司的收益结构主要分为政府职能业务和市场化业务两个方面：其中，政府职能业务指通过对区域进行综合开发并提供综合服务获取“累计综合开发净收益”和服务收入；市场化业务指利用“专属综合开发”模式优势，开展特许经营、物业开发等市场化业务获取收益，以及利用省市给予招商局的政策优势导入自身产业以获得经济收益。

资料来源：长城战略咨询根据公开资料整理。

片区采用何种引爆方式？对于几平方千米片区的开发，尤其需要关注核心引爆点，可以是地铁站点、生态廊道、文化设施等，从而带动土地的增值，进而通过土地的增值反哺片区的发展。根据引爆点的不同，分为EOD（生态环境导向，沈北蒲河生态廊道就是EOD模式）、TOD（公共交通导向）、COD（文化设施导向）、HOD（综合医疗设施导向）、POD（城市公园等生态设施导向）等多种模式，统称“XOD”。其中，目前国家层面仅组织EOD项目入库。EOD模式是通过生态网络建设、环境修复、基础设施配套及产业配套建设促使该区域及周边的土地升值，并为产业引入和人口流入提供良好的生态基底，一方面以产业发展增加居民收入、企业利润和政府税收；另一方面依靠人口流入带来政府税收的增加及区域经济的发展，最终实现生态建设、经济发展、社会生活三者协调发展。2020年9月，生态环境部、国家发展改革委、国开行联合印发《关于推荐生态环境导向的开发模式试点项目的通知》，并于2021年4月启动首批36个EOD试点项目（含沈北新区生态环境综合治理与绿色产业融合发展 EOD 项目，为东北首个），又于 2022 年 4 月启动第二批 58 个 EOD 试点项目，此后又在 EOD 项目试点的基础上启动 EOD 项目库建设（详见专栏 4-21）。

专栏 4-21　“国家级 EOD 项目库”功能介绍

“国家级 EOD 项目库”的说法始于生态环境部在 2022 年 4 月印发的《生态环保金融支持项目储备库入库指南（试行）》，EOD 项目入库要求可以概括为“3555”，即区县级项目投资总额不高于 30 亿元、地市级及以上项目投资总额不高于 50 亿元、项目子项目数量不高于 5 个、各省每年入库 EOD 项目原则上不超过 5 个。同时，与项目库配套，还搭建了生态环保金融支持项目管理系统，以便于将符合 EOD 模式相关要求的项目推送给有关金融机构。截至 2023 年 5 月，生态环境部共向金融机构推送了 166 个 EOD 项目。

资料来源：长城战略咨询根据公开资料整理。

本章延伸阅读推荐：

杨宇 . 开发区：东北新成长空间 [M]. 北京：科学出版社，2019. 本书介绍和总结了东北各类开发区发展的总体情况，并进一步聚焦东北的国家级新区、国家级经开区、国家高新区、省级开发区，分类解析其设置历程、空间布局、产业发展特征及典型案例。

第五章
抓新物种：新物种大量涌现是东北振兴的关键标志

在介绍本章内容之前，我们首先要介绍几个概念，搞清楚这几个概念之间的关系，也就搞清楚了本章将要介绍的主要内容，也能理解为何我们讲新物种企业的大量涌现是东北振兴的关键标志。

第一个概念是市场主体。市场主体是经济活动的主要参与者、就业机会的主要提供者、技术进步的主要推动者，是社会经济发展的根本动力，是稳住经济大盘的“顶梁柱”和“发动机”。市场主体从属性上可分为企业类和个体工商户，从资产结构上可分为国有企业和民营企业。对于东北地区，经过20世纪90年代以来近30年的国企改革，国企活力显著增强，下一步国企改革的思路也比较明确[①]，可见下一步东北市场主体培育充分关注民营经济，最近习近平总书记在2023年9月主持召开的新时代推动东北全面振兴座谈会上也指出，东北地区要“全面构建亲清统一的新型政商关系，党员、干部既要关心支持民营企业发展，主动排忧解难，又要坚守廉洁底线”，这为东北地区继续坚定不移地优化营商环境[②]、支持民营经济发展指明了新方向。

第二个概念是重点企业品类。重点企业品类是市场主体中的优质群体，主要包括支撑经济增长的企业、支撑创新驱动发展的企业、涉及进出口业务的企业、支撑先进制造业的企业、支撑数字经济的企业、支撑现代服务业的企业等类型。我们认为，这些重点企业品类是下一步东北地区市场主体培育需要重点关注的方向，东北地区要从以往的宏观上推进营商环境建设、民营经济发展，继续走深走实，进一步推进重点企业品类培育。

第三个概念是新动能企业。通俗讲，凡是能支撑东北新动能涌现的企业，都属于新动能企业的范畴，可见以上重点品类企业都可以算作新动能企业。结合当前东北最迫切需要，我们认为近期东北要重点关注以下新动能企业：瞪羚企业、独

① 近期东北国企改革两大方向：一是“管资本”改革。对涉及国家经济命脉和经济安全的重要领域，特别是一些自然垄断性行业，可以加强管理，一竿子插到底；其余行业要把经营权还给企业，仅对企业的利润指标、资产指标、技术进步指标进行考核，并根据国家发展战略调整资本配置，支持新兴产业发展。二是混改。国资委已提出，混合所有制企业国有控股的比例不低于34%，员工持股的比例不高于总股本的10%，只有企业的管理层、技术骨干、经营骨干持股，企业才能真正注重技术研发和长远发展。

② 自“投资不过山海关”舆论引起广泛关注以来，东北近年来在营商环境上已采取大量努力，并实现很大的改观。例如，2019年8月，国家发展改革委对黑龙江、吉林、辽宁、内蒙古三省一区21个市（州）营商环境开展了试评价；又如，辽宁省2021年提出全力建设“办事方便、法治良好、成本竞争力强、生态宜居”的营商环境。为此，本书不再专门介绍这部分内容。

角兽企业、专精特新企业、科技领军企业、总部企业、高企百强、上市企业、哪吒企业、“双五”企业、“深科技”企业、“灯塔工厂”、“赛手企业”、“贡嘎培优”企业等。针对这些重点新动能企业品类，东北各地都有必要结合发展阶段实施专项培育计划。此外，我们一直坚信高层次创业是优质新动能企业涌现的前提，为此我们认为东北地区也需要重点关注高层次创业。以上内容将在本章第二节至第八节予以介绍。

第四个概念是新物种企业。这是长城战略咨询原创的一个概念，狭义上讲，新物种企业特指瞪羚企业、独角兽企业、哪吒企业等以物种命名的企业，也是新动能企业中最活跃的群体；广义上讲，我们认为新物种企业可以和新动能企业画等号。针对狭义的新物种企业，并不是所有地区都要抓，我们认为当更广泛存在的高企突破 500 家后，可以重点抓瞪羚企业，当瞪羚企业突破 30 家以后，则可以开始抓独角兽企业、哪吒企业等更为“稀有”的物种。

第一节　认识市场主体及“重点企业品类”

党的十八大以来，习近平总书记曾多次召开民营企业座谈会，强调要千方百计把市场主体保护好，为经济发展积蓄基本力量。全国各地也积极构建“大企业顶天立地、中小企业铺天盖地”的市场主体发展格局。例如，深圳聚力培育 6 类市场主体，企业主体占市场主体比及创业密度稳居全国第一（详见专栏 5-1 和图 5-1）；又如，辽宁省在全国较早开始系统培育雏鹰瞪羚独角兽企业，目前已取得不错培育成效（详见专栏 5-2）。目前，全国各地主要关注的企业品类，从不同功能视角可以分为以下 6 类，如表 5-1 所示。

第一类是支撑经济增长的企业：包括与 GDP 核算直接相关的四上企业[①]、与税收直接相关的重点税源企业、总部企业、世界 500 强、中国 500 强、行业百强 /50 强 /30 强、上市企业等。

第二类是支撑创新驱动发展的企业：包括具有“卡脖子”核心技术攻关实力的科技领军企业、具有爆发式成长潜力的独角兽企业、具有高成长特征的瞪羚企业、“一出生就很能打”的哪吒企业、雏鹰企业、高新技术企业、“双五”企业、“深科技”

① “四上”企业是指规模以上工业企业、资质等级建筑业企业、限额以上批零住餐企业、规模以上服务业法人单位等这 4 类规模以上企业的统称。

企业、“爆品”企业等。

第三类是涉及进出口业务的企业：包括与实际利用外资和进出口指标密切相关的重点外贸外资企业、跨境电商示范企业、国家文化出口重点企业等。

第四类是支撑先进制造业的企业：包括专精特新“小巨人”企业、制造业单项冠军企业、国家服务型制造示范企业、两业融合试点企业、“灯塔工厂”、“赛手企业”、“贡嘎培优”企业等。

第五类是支撑数字经济的企业：包括数字化转型贯标试点企业、中小企业数字化转型试点企业/数字化转型标杆企业、电子商务示范企业、数字经济示范企业等。

第六类是支撑现代服务业的企业：包括大型法人金融机构、全国商贸流通重点联系企业、全国供应链创新与应用示范企业、中华老字号企业等。

专栏 5-1　深圳市培育壮大市场主体的实践①

截至 2023 年 3 月，深圳商事主体达到 400 万户，其中企业与个体工商户之比为 2 ∶ 1，创业密度达每千人 227 户，商事主体总量、企业主体占市场主体比及创业密度稳居全国第一。总结来看，主要有 3 个方面实践值得东北学习：

一是聚力培育 6 类市场主体。2022 年，出台《深圳市人民政府关于加快培育壮大市场主体的实施意见》（深府〔2022〕31 号），由市场局统筹“个转企”工作，由工业和信息化局、中小企业局统筹“小升规”“规做精”“优上市”“独角兽”工作，由市科创委统筹“高新技术企业”工作。

二是高度重视“四上”企业培育。重点从 4 个方面挖掘、筛选潜在规模以上企业，包括接近“四上”企业规模的工业和批发零售业及服务业企业、近 3 年退库但有望重返“四上”企业库的、新建并有望达产升级为“四上”的、规模以下国家高新技术企业。

三是持续深化营商环境改革。深圳把优化营商环境作为“一号改革工程”，营商环境改革从 1.0 版进阶到 5.0 版，围绕创业环境、资金支持、数字化赋能、企业服务、市场经营等重点领域，营造一流的市场化、法治化、国际化营商环境。

① 《深圳市人民政府关于加快培育壮大市场主体的实施意见》（深府〔2022〕31 号）。

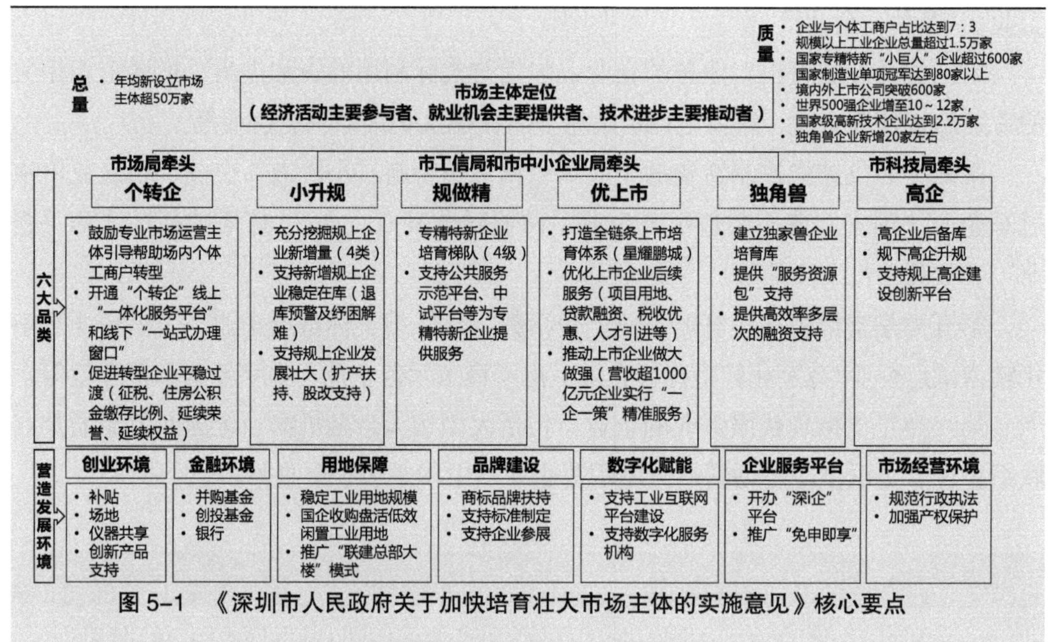

图 5-1 《深圳市人民政府关于加快培育壮大市场主体的实施意见》核心要点

资料来源：长城战略咨询根据公开资料整理。

专栏 5-2　辽宁省雏鹰瞪羚独角兽企业培育实践

◆ 2019 年 5 月，省科技创新工作领导小组印发《辽宁省新型创新主体建设工作指引》，瞪羚独角兽企业评价工作正式启动。

◆ 2019 年 12 月，辽宁省科技厅主办的 2019 辽宁瞪羚独角兽企业创新发展峰会在沈阳高新区举行。辽宁沈大自创区（高新区）研究院在会上发布《2019 辽宁省瞪羚独角兽企业发展报告》。

◆ 2020 年 12 月，辽宁省科技厅印发《辽宁省雏鹰、瞪羚、独角兽企业评价办法》，新提出雏鹰企业，并优化了瞪羚企业和独角兽企业的评价管理标准。

◆ 2021 年 11 月，《辽宁省科技创新条例》出台，提出加强对雏鹰瞪羚独角兽企业等科技型企业的资金支持。

◆ 截至 2022 年年底，辽宁省累计培育出潜在及种子独角兽企业 19 家，瞪羚企业 707 家，雏鹰企业 3569 家。

资料来源：长城战略咨询根据公开资料整理。

表 5–1　重点企业品类盘点

战略导向	重点品类及最新标准
支撑主要经济指标（GDP/ 税收 / 就业）	“四上”企业：国家统计局制定统一标准，是 GDP 核算的重要支撑 重点税源企业：各地标准存在差异，是税收的重要支撑 总部企业：无全国标准，武汉、上海等开展实践 世界 500 强：《财富》杂志《2022 年财富世界 500 强研究报告》 中国 500 强：中国企业联合会《2022 中国企业 500 强榜单及其分析报告》 行业百强 /50 强 /30 强：各行业标准存在差异 上市企业：包括上交所、深交所、北交所等上市企业 个体工商户：对吸纳就业有重要支撑
创新驱动发展	高新技术企业：科技部《高新技术企业认定管理办法》，2016 科技型中小企业：科技部《科技型中小企业评价办法》，2017 技术创新示范企业：工业和信息化部、财政部《技术创新示范企业认定管理办法》，2010 独角兽企业：长城战略咨询等《高成长企业分类导引》，2022 瞪羚企业：长城战略咨询等《高成长企业分类导引》，2022 哪吒企业：长城战略咨询《中国哪吒企业研究报告》，2022 雏鹰企业：无全国标准，天津、辽宁等开展实践 “双五”企业：无全国标准，合肥、天津等开展实践 科技领军企业：无全国标准，浙江、天津等开展实践 深科技企业：无全国标准，为合肥原创探索 “爆品”企业：无全国标准，为合肥原创探索
扩大开放	跨境电商示范企业：无全国标准，浙江等开展实践 国家文化出口重点企业：商务部组织认定 省级重点外贸外资企业：无全国标准，陕西等开展实践
壮大先进制造业	专精特新“小巨人”企业：工业和信息化部《优质中小企业梯度培育管理暂行办法》，2022 制造业单项冠军企业：工业和信息化部《优质中小企业梯度培育管理暂行办法》，2022 国家服务型制造示范企业：工业和信息化部组织认定 信息技术外包和制造业融合发展重点企业：工业和信息化部组织认定 工业产品绿色设计示范企业：工业和信息化部组织认定 “小灯塔”企业：工业和信息化部组织认定 两业融合国家试点企业：国家发展改革委组织认定 农业产业化国家重点龙头企业：农业部组织认定 “灯塔工厂”：WEF 和麦肯锡《全球灯塔网络：续写工业 4.0 新篇章》，2023 “赛手企业”：无全国标准，为四川原创探索 “贡嘎培优”企业：无全国标准，为四川原创探索

续表

战略导向	重点品类及最新标准
壮大 数字经济	数字化转型贯标试点企业：工业和信息化部组织认定 中小企业数字化转型试点企业：工业和信息化部组织认定 电子商务示范企业：商务部组织认定 数字化转型标杆企业：无全国标准，辽宁等开展实践 省级数字化转型服务商：无全国标准，江苏、浙江等开展实践 数字经济示范企业：无全国标准，苏州等开展实践
壮大 现代服务业	大型法人金融机构：由央行及银保监会批复设立 商贸物流重点联系企业：商务部组织认定 供应链创新与应用示范企业：商务部组织认定 中华老字号企业：商务部《中华老字号示范创建管理办法》，2023 省级服务贸易重点企业：无全国标准，江苏等开展实践

第二节　高层次创业是新物种涌现的起点，东北需加大发力

我们始终坚信高层次创业是新经济形成的起点，包括前些年常提及的跨区域创新、系列创业、改变世界的创业，以及近些年常提的大企业内部创业、硬科技创业（或称"技术创业"）、赛道牵引的创业、场景驱动的创业等多种形式，这也是我们长期坚持在各地"劝创业"的原因所在[①②③]。例如，中关村就因创业而崛起，创业精神是中关村精神的核心，创业是中关村发展的主要动力。对于市场经济、民营经济相对不够发达的东北地区，我们认为创业尤其重要，不仅要加强孕育类似于浙商走遍千山万水、想尽千方百计、说尽千言万语、吃尽千辛万苦"四千精神"的东北创业精神，还要积极抓好各类高层次创业，这也正是东北的短板所在。为此，本节我们将从高层次创业来源的角度，介绍跨区域创新、系列创业、改变世界的创业及大企业内部创业等 4 类创业，技术创业[④]、赛道牵引的创业、场景驱动等更关注创新要素供给的创业，将在本书第六章予以介绍。

① 王德禄 . 纵论新经济 [M]. 北京：科学技术文献出版社，2023.

② 王德禄 . 新经济创业概论 [M]. 北京：金城出版社，2023.

③ 王德禄 . 创新是中国的希望 [M]. 北京：金城出版社，2018.

④ 爱德华・罗伯茨 . 创业精英：MIT 如何培养高科技创业家 [M]. 陈劲，姜智勇，译 . 北京：清华大学出版社，2023. 本书分析了 MIT 成功的企业家如何通过学校、实验室和中心培训的能量建立持续发展高科技公司的经验，对于东北推动技术创业有较大的参考借鉴价值。

一、拥有改变世界梦想的创业

越是全球化，就越需要改变世界的创业者来开辟人类的新疆域。以前，改变世界的是政治家，后来是科学家，但是二者越来越受到国际边界、学科边界的限制，不能系统、综合地利用全球资源。究竟谁可能改变世界？我们认为是创业者，他们能够用全人类的知识改变人类的生存、生活方式。硅谷为什么这么热？就在于其有一批怀着改变世界梦想的创业者。对于东北地区，目前这一类创业者是比较欠缺的，如德勤发布的“全国颠覆性创新榜单TOP50”、毕马威发布的“中国生物科技50榜单”、IDC发布的“中国FinTech 50榜单”等均没有东北创业者或东北创业项目的身影，为此下一步东北要多鼓励颠覆性技术创业项目，力争在东北地区诞生一批能够影响世界的原创性创业项目。

二、跨区域创新

跨区域创业者指频繁来往于两个以上地区，从事创业或投资的人。跨区域创业者为什么越来越重要？因为他们能够及时把握最好的技术热点和趋势，拥有多地区的经验，了解最新的商业模式和理念，他们感知世界的能力更强。对于东北地区，始创于大连的“中国海外学子创业周”（简称“海创周”）实际上就是比较典型的招引跨区域创业者的探索，截至2023年7月，“海创周”已成功举办23届，成功引进何伟、王汉光等创办了何氏眼科、科天新材料等上市企业及潜在独角兽企业。此外，拓荆、锦州神工等科创板上市企业，也是从辽宁从海外带土移植引进的项目。

三、系列创业

系列创业者在把企业创办到一定程度之后，或者将企业卖出，或者聘请职业经理人继续经营企业而自己去创办新的企业。系列创业者的创业企业更容易获得天使投资，因为他们有充分的创业经验。中关村也呈现这样的趋势，如在创办小米时，雷军就属于系列创业者。对于东北地区，我们也发现了一些典型的系列创业者，如全国最大的民营软件园——沈阳国际软件园的创始人赵久宏就是其中一位，先于1993年创办了沈阳昂立信息技术有限公司，主要做信息技术解决方案，后来跨界经营产业园区——昂立信息园，再后来二次创业，于2007年成立了沈阳国际软件园有限公司。

四、大企业内部创业

经我们长期跟踪研究发现，大企业内部创业是孵化独角兽企业的重要来源，主要采取两种形式：一是业务拆分，即大企业通过对内部业务团队、部门进行拆分实现对新业务市场的精准切入，创造业务增长极。例如，富士康将其全球供应链单位分拆为独立运营主体，孵化出智慧物流独角兽准时达；歌尔集团拆分微电子业务单元孵化出歌尔微电子。二是技术孵化，即大企业成立独立运营主体，推动相关新兴技术商业化应用。例如，平安集团聚焦金融科技、医疗科技两大技术板块，孵化出陆金所、金融壹账通、平安医保科技、平安好医生等独角兽企业。对于东北地区，沈阳本土企业东软集团在内部创业方面上探索较多，截至 2023 年 7 月，已成功孵化了东软教育、东软医疗、东软熙康、东软睿驰、东软智睿等上市及上市种子企业。此外，奥克集团在该方向也探索较多。

第三节　瞪羚企业虽个头不大但跑得快，对东北经济拉动性强

一、初步认识“瞪羚企业”

“瞪羚企业”一词源自硅谷，是指在高科技产业领域已跨越了“创业死亡谷”进入快速成长阶段的企业。这些企业具有与“瞪羚”相似的特征——个头不大，但跑得快（增长速度快）、跳得高（创新活跃），增长速度可以达到十倍、百倍、千倍。瞪羚企业作为新物种企业的典型代表，对地区科技创新、经济发展具有极强的推动作用，是推动原创新兴产业发展和传统产业转型升级的重要力量，硅谷指数多年来将“瞪羚企业数量”作为反映硅谷经济景气程度的重要指标之一。根据 2019 年数据，全国国家高新区共有 2968 家瞪羚企业，营业收入 3 年复合增长率达 37.1%，平均营业收入 131.9 万元，平均从业人员数量 359 人，年平均科技投入强度为 9.2%[①]。

专栏 5-3　瞪羚（含潜在）企业标准[②]

◆ 瞪羚企业：一是增长率条件应满足以下条件之一：①企业成立时间距基期年不超过 10 年（不含基期年），基期年营业收入达到 1000 万元且 3 年复合增长率达到 20%，且截止年正增长。②企业成立时间距基期年不超过 10 年（不含基期年），基期年雇员总数达到 100 人且 3 年复合增长率达到 30%，且截止年正增长。③企业成立时间距截止年不超过 5 年（含截止年），截止年营业收入达到 5 亿元，且 3 年营业收入无大幅下降。④企业成立时间距截止年不超过 10 年（含截止年），截止年营业收入达到 10 亿元，且 3 年营业收入无大幅下

① 长城战略咨询 . 国家高新区瞪羚企业发展报告 2019[R]. 2020.
② 高成长企业分类导引（GB/T 41464—2022）[S]. 2022.

降。二是创新投入条件：瞪羚企业近 4 年平均研究与试验发展投入强度需达到 2.5%（注册时间不超过 4 年的，根据实际投入年份数据计算）。

◆ 潜在瞪羚企业：一是增长率条件应满足以下条件之一：①企业成立时间距基期年不超过 6 年（不含基期年），基期年营业收入达到 500 万元且 2 年复合增长率达到 20%，且截止年正增长。②企业成立时间距基期年不超过 6 年（不含基期年），基期年雇员总数达到 50 人且 2 年复合增长率达到 30%，且截止年正增长。③企业成立时间距截止年不超过 3 年（含截止年），截止年营业收入达到 1 亿元且无大幅下降。④企业成立时间距截止年不超过 5 年（含截止年），截止年营业收入达到 3 亿元且无大幅下降。二是创新投入条件：潜在瞪羚企业近 3 年平均研究与试验发展投入强度需达到 2.5%（注册时间不超过 3 年的，根据实际投入年份数据计算）。

二、东北三省瞪羚企业培育现状

目前，东北仅有辽宁省启动瞪羚企业专项培育工作，2019 年辽宁省科技创新领导小组办公室印发了《辽宁省新型创新主体建设工作指引》，正式启动瞪羚企业培育工作。2021 年 11 月，《辽宁省科技创新条例》出台，提出加强对瞪羚企业等科技型企业的资金支持。截至 2022 年年底，辽宁省累计培育瞪羚企业 707 家，其中 2022 年新培育 226 家，这 226 家瞪羚企业平均营业收入 3 年复合增长率为 37.8%；有 213 家为高企，占比 94%，累计获得发明专利授权 489 项、实用新型专利 3625 项，累计参与制定了 59 项国家标准及 15 项国际标准。此外，辽宁省目前已有富创精密、中触媒、锦州神工等 9 家瞪羚企业实现科创板或北交所上市。

专栏 5-4　辽宁省瞪羚企业典型案例

◆ 富创精密：成立于 2008 年，是全球为数不多的能够量产应用于先进工艺制程半导体设备的精密零部件制造商，2022 年 10 月科创板上市。发展亮点：一是注重产品研发，专注于金属材料零部件精密制造技术，掌握了可满足严苛标准的精密机械制造、高洁净度表面处理、焊接、组装、检测等一站式制造工艺，建立了制造标准流程和质量管理体系，通过国际半导体设备龙头企业 39 项大类特殊工艺认证。二是专注产学研合作，依托富创承担的两期国家 02 科技重大专项及其他国家、省市科研项目，已与中国科学院金属研究所、中国科学院沈阳自动化研究所、清华大学等国内知名科研院校开展了一系列产学研合作。

◆ 中触媒：成立于2008年，深耕分子筛催化剂、专用工艺包、精细化学品领域，并为客户提供一站式化工全产业链技术整体解决方案，2022年2月科创板上市。发展亮点：一是拳头产品钛硅分子筛打破国际技术壁垒，是全球最大的生产基地。二是销售网络遍布全国乃至全球，2017年取得38.5亿大项目签单，成为世界化工巨头巴斯夫的一级战略合作供应商。

资料来源：长城战略咨询根据公开资料整理。

三、东北三省如何培育瞪羚企业

我们认为，下一步东北三省可以从以下4个方面入手：一是辽宁省要坚持并升级瞪羚企业培育工作，常态化组织全省瞪羚大会，打造“辽宁瞪羚”品牌。二是辽宁省各地市要借鉴武汉光谷等地的实践经验（详见专栏5–5），建立覆盖瞪羚企业成长全链条的服务机制，从资本链接、市场开拓、研发赋能等方面做好服务。三是吉林省和黑龙江省要尽快启动全省瞪羚企业专项培育工作。四是各地要充分认识瞪羚企业“使命感、抓机会、拉长版”三大成长机制，采取针对性培育手段。

专栏5–5 武汉东湖瞪羚企业培育实践

武汉东湖自2011年启动瞪羚企业培育，光谷瞪羚已成为武汉东湖创新发展的区域名片。自2012年以来，武汉东湖已发布瞪羚十条等政策支持瞪羚企业发展，并连续9年组织光谷瞪羚企业年度大会。截至2021年年底，武汉东湖已累计培育瞪羚企业1000家以上，诞生独角兽企业6家。其经验主要有3点：

一是建立瞪羚企业发现渠道。与区内上百家众创空间、投资机构等创新创业载体建立合作关系，由各机构定期推荐具有潜力的企业。

二是联合专业机构打造全国第一个瞪羚企业专业服务平台“光谷瞪羚塬”。通过引入国内外第三方优质创新创业服务资源，为企业提供覆盖成长全链条的服务，构建自进化、自成长的创新创业生态系统。

三是重视打造“光谷瞪羚”品牌。通过榜单发布“光谷青桐汇”“东湖创客汇”“楚才回家”“瞪羚嘉年华”等活动加强光谷瞪羚的宣传。

资料来源：长城战略咨询根据公开资料整理。

第四节　独角兽企业具有爆发式增长的潜力，但东北仅 3 家

一、初步认识独角兽企业

“独角兽企业”概念最初由种子轮基金 Cowboy Ventures 的创始人 Aileen Lee 于 2013 年提出，是指其价值获得投资机构认可、估值仍有提升空间的高成长企业。其具体标准为：成立年限不超过 10 年、获得过私募投资且尚未上市、最新一轮融资估值不低于 10 亿美元的企业。独角兽具备跨界融合、颠覆性创新和自成长机制三大特点，是资本市场经过理性选择，以真金白银投票做出的选择，非常有潜力成为科技领军企业。长城战略咨询作为国内最早研究和发布独角兽企业榜单的第三方专业机构，自 2016 年起已连续发布 6 期中国独角兽企业研究报告，持续跟踪独角兽企业发展动态，并于 2020 年起连续发布 4 期中国潜在独角兽企业研究报告。根据最新报告，2022 年中国独角兽企业共有 357 家，分布于 50 座城市（表 5–2）[①]，东北的长光卫星、十月稻田、通化安睿特 3 家企业入选；2022 年中国潜在独角兽企业共有 653 家，分布于 54 座城市（表 5–3）[②]，东北的微控新能源、中钛装备、惠升生物 3 家企业入选（专栏 5–7）。此外，辽宁省于 2019 年起已经连续 5 年实施独角兽企业专项培育计划，截至 2022 年年底，辽宁省累计备案 10 家潜在独角兽企业、9 家种子独角兽企业（表 5–4）。

专栏 5–6　独角兽（含潜在、种子）企业标准[③]

- “四新三属性”：属于新技术、新产业、新业态和新模式等 4 新领域，具有跨界属性、平台属性及自成长属性；
- 获得过私募投资，且尚未上市；
- 规模效益指标——独角兽：成立时间不超过 10 年，最后一轮融资后，企业估值超过 10 亿美元；潜在独角兽（满足其中之一）：成立 5 年（不含）～ 9 年（含），最后一轮融资后，估值超过 5 亿美元；成立时间不超过 5 年，最后一轮融资后，企业估值超过 1 亿美元；种子独角兽：成立 3 年以内，最后一轮融资后，企业估值超过 1 亿元。

① 长城战略咨询 . 中国独角兽企业研究报告 2023[R]. 2023.

② 长城战略咨询 . 中国潜在独角兽企业研究报告 2023[R]. 2023.

③ 高成长企业分类导引（GB/T 41464—2022）[S]. 2022.

表 5-2　2022 年全国独角兽企业城市分布[①]

单位：家

全国排名	城市	数量	全国排名	城市	数量
1	北京	76	26	镇江	2
2	上海	63	27	郑州	2
3	深圳	36	28	珠海	2
4	杭州	24	29	滁州	1
5	广州	23	30	楚雄	1
6	苏州	16	31	湖州	1
7	南京	14	32	黄石	1
8	合肥	8	33	金华	1
9	青岛	8	34	龙岩	1
10	天津	8	35	厦门	1
11	长沙	8	36	上饶	1
12	成都	7	37	沈阳	1
13	武汉	6	38	宿迁	1
14	重庆	5	39	台州	1
15	嘉兴	4	40	通化	1
16	常州	3	41	威海	1
17	济南	3	42	西宁	1
18	西安	3	43	延安	1
19	东莞	2	44	盐城	1
20	南通	2	45	宜宾	1
21	宁波	2	46	云浮	1
22	石家庄	2	47	枣庄	1
23	无锡	2	48	长春	1
24	芜湖	2	49	株洲	1
25	香港	2	50	淄博	1

① 长城战略咨询 . 中国潜在独角兽企业研究报告 2023[R]. 2023.

表 5-3　2022 年全国潜在独角兽企业城市分布[①]

单位：家

全国排名	城市	数量	全国排名	城市	数量
1	北京	138	25	徐州	3
2	上海	118	26	绍兴	3
3	苏州	75	27	沈阳	2
4	深圳	54	28	烟台	2
5	广州	40	29	湖州	2
6	杭州	34	30	赣州	2
7	南京	27	31	济宁	1
8	成都	18	32	济南	1
9	合肥	18	33	淄博	1
10	无锡	18	34	九江	1
11	武汉	12	35	包头	1
12	珠海	7	36	滁州	1
13	天津	6	37	东营	1
14	重庆	6	38	广安	1
15	长沙	6	39	海口	1
16	宁波	6	40	绵阳	1
17	厦门	6	41	黔南	1
18	常州	5	42	通化	1
19	西安	4	43	铜陵	1
20	嘉兴	4	44	宣城	1
21	南通	4	45	宜春	1
22	青岛	3	46	镇江	1
23	南昌	3	47	泰州	1
24	郑州	3	48	湘潭	1

① 长城战略咨询．中国潜在独角兽企业研究报告 2023[R]. 2023.

续表

全国排名	城市	数量	全国排名	城市	数量
49	邢台	1	52	保定	1
50	扬州	1	53	福州	1
51	张家口	1	54	香港	1

专栏 5-7 东北独角兽企业典型案例

◆ 长光卫星：2014 年成立，是我国第一家商业遥感卫星企业，也是吉林第一家独角兽企业。依托其“星载一体化”核心关键技术，建立了从卫星研发生产到遥感信息服务的完整产业链，2021 年营业收入达到 3.12 亿元。发展亮点：一是坚持自主创新，公司董事长、总经理宣明潜心科研攻坚，先后攻克基于先进光学载荷的卫星设计技术、大口径轻量化空间载荷制造及装调技术等系列关键技术，具备了整星及先进光学载荷的研制能力。二是布局吉林省航天信息产业园，园区集卫星研发、生产、检测、试验于一体，具备年产 100 颗卫星的生产能力，有望带动 300 余家上游企业和数百家下游企业协同发展。

◆ 十月稻田：2018 年成立，是辽宁省第一家独角兽企业，估值为 16.6 亿美元。公司一直致力于为客户提供预包装的优质大米、杂粮、豆类及干货产品，2022 年营业收入达到 45.33 亿元，3 年收入年复合增长率达到 79.5%。发展亮点：一是凭借覆盖全国的全渠道销售网络，整合线上线下销售运营，从大量客户反馈中洞察客户需求，在抢占用户心智和深度分销上构建了自己的竞争壁垒。二是注重跨界营销，十月稻田携手《乡村爱情》IP，打造跨界联名款大米，将农业与文艺相结合，推出“抢收新米大作战”H5 小游戏，让用户沉浸式体验水稻从播种到收割的全过程。三是完善的供应链支撑，十月稻田在其规模不大时就前置性布局了产业链，从原产地、种植、存储到加工层层把控。

◆ 通化安睿特：2014 年成立，致力于国家一类新药“重组人白蛋白注射液（rhsa）”的产业化开发及规模化生产，拥有 10 万升不锈钢发酵罐和配套纯化与灌装线。发展亮点：一是开展“卡脖子”核心技术攻关，已掌握全球最先进的无甲醇毕赤酵母蛋白质绿色生产酵母底盘技术，从发酵、纯化设备、纯化介质、膜分离和制剂灌装等各个流程全面扶持并带头采用国产化核心装备，国产化率达到 90%。二是进军海外市场，已与“一带一路”的多个国家达成了合作，预计在未来的 2 ～ 3 年间将与俄罗斯、埃及、巴基斯坦、伊朗等 10 多个国家实现战略合作及产品出口。

资料来源：长城战略咨询根据公开资料整理。

表 5-4　辽宁省 10 家潜在独角兽企业和 9 家种子独角兽企业名单①

企业类型	序号	企业名称
潜在独角兽企业	1	沈阳无距科技有限公司
	2	心医国际数字医疗系统（大连）有限公司
	3	大连优迅科技股份有限公司
	4	沈阳中钛装备制造有限公司
	5	荣信汇科电气股份有限公司
	6	东软睿驰汽车技术（沈阳）有限公司
	7	十月稻田农业科技有限公司
	8	沈阳微控新能源技术有限公司
	9	润新微电子（大连）有限公司
	10	微神马科技（大连）有限公司
种子独角兽企业	11	沈阳上博智像科技有限公司
	12	辽宁壮龙无人机科技有限公司
	13	中农置粮科技股份有限公司
	14	大连厚仁教育科技有限公司
	15	沈阳恩柽研究院有限公司
	16	大连科天新材料有限公司
	17	大连瑞迪声光科技有限公司
	18	遨海科技有限公司
	19	东软汉枫医疗科技有限公司

① 辽宁沈大自创区（高新区）研究院 . 辽宁省瞪羚独角兽企业发展报告 2022[R]. 2023.

二、东北三省如何培育出更多独角兽企业?

这几年，我们在很多不同场合，听到不同层次的东北领导，提出想要培育独角兽企业。那么，如何才能实现呢？我们认为，具体可以采取以下 4 条路径：一是和本地大企业谈，拆分新业务板块独立发展。东北三省大企业比较多，很多新业务板块有独立融资、独立发展的可能性，要充分去挖掘。例如，东软集团等培育出的很多新业务板块都属于“新赛道”领域，有些上市了，有些仍处于孵化期，处在孵化期的很多都是独角兽企业的重要苗子，是东北培育独角兽企业的重要来源。最近，南京、青岛等很多城市，培育出大量的独角兽企业，基本都采用这种模式，其中，青岛“日日顺”以超过 100 亿元的估值入选独角兽榜单，成为大件物流行业的首个独角兽，也是海尔集团孵化的首个独角兽企业。我们特别推荐这种模式，因为这是“老树发新芽”的典型代表，有利于充分激活本地的大企业资源。二是和全球大企业谈，落户垂直领域新业务总部。拆分业务培育独角兽企业，不仅要关注本土大企业，更要放眼国际，积极推动全国大企业在东北布局新业务。例如，天津涌现出的很多独角兽企业，都由北京大企业在天津设立的垂直领域新业务总部发展而来。最近，东北营商环境不断改善，再加之东北创新资源丰富、产业门类齐全，引进优势产业领域大企业垂直新业务总部可能性越来越大。三是挖掘具有爆发式成长基因的初创企业。对于专业机构来说，发掘具有爆发式成长基因的初创企业容易，但要政府自己发掘就有难度。那些独角兽企业集聚的地方，一定有很多基金公司、创业服务机构、战略咨询机构等专业机构，协助政府挖掘高潜力企业，同时也需要政府的决心和投入加持。这几年我们在东北也发现一些具有数据驱动、平台化、连锁经营等爆发式成长基因的初创企业。例如，沈阳的微控新能源，通过技术引进在国内实现了高速磁悬浮飞轮的批量化生产，近期各级政府可以支持其在新能源调频电站等场景示范应用，进一步打开市场及构建竞争壁垒，尽快成为独角兽企业。四是寻找东北籍企业家人才回乡创办新赛道企业。最近了解到，爱尔眼科第一家眼科医院实际上开在沈阳，因为沈阳有何氏眼科等眼产业发展环境，让其在沈阳诞生，但是后来爱尔眼科总部设在了长沙，是因为爱尔眼科创始人陈邦是长沙人，并且长沙也重视他并支持他做大做强。这个故事告诉我们，要致力于寻找各地热门赛道中的东北籍企业家，提供全方位支持，把他们的总部引过来，说不定就会成为东北的下一家独角兽企业。例如，陕西首家独角兽企业杨凌美畅的创始人吴英，选择把自己的企业落户在家乡杨凌，仅仅用了不到 3 年时间，公司生产的金刚线就占到了市场份额的 50%，稳居全球第一。

专栏 5–8 苏州培育独角兽企业实践

截至 2022 年年底，苏州市独角兽企业数量为 17 家，位列全国第五，且 90% 的独角兽企业集中在硬科技领域，与苏州的电子信息、装备制造、新材料、生物医药等产业高度契合。主要做法：一是建立后备军。2018 年开始实施独角兽企业培育计划，并在全国率先出台研发后补助的奖励模式，对入库的独角兽企业进行一定比例的研发费用补助和支持，调动企业研发投入积极性。二是强化基金建设。依托苏州工业园区产业基金，设立了“独角兽企业专项投资基金”。三是开放场景。每年遴选一批场景开放示范项目，让企业产品能够快速首用首试。例如，九识科技的智能物流车就在园区的特定区域实现了自动驾驶送货。四是承办全国独角兽大会。苏州市连续 2 年承担中国潜在独角兽大会，2023 年还承办了中国独角兽大会。

资料来源：长城战略咨询根据公开资料整理。

第五节 专精特新企业是东北制造业升级关键依托

一、初步认识“专精特新”与专精特新“小巨人”企业

2011 年 7 月，时任工业和信息化部总工程师朱宏任在《中国产业发展和产业政策报告（2011）》新闻发布会上首次提出“专精特新”企业概念。他提出，“十二五”时期将大力推动中小企业向“专精特新”方向发展，即专业、精细管理、特色和创新。同年 9 月，工业和信息化部发布的《“十二五”中小企业成长规划》中把坚持“专精特新”作为“十二五”时期促进中小企业成长的基本原则之一。2013 年 7 月，工业和信息化部发布《关于促进中小企业“专精特新”发展的指导意见》，进一步丰满和规范了“专精特新”的内涵，即“专业化、精细化、特色化、新颖化”。目前，全国暂不组织“专精特新”企业统一备案，由各地自行组织。但是，从 2019 年开始，工业和信息化部以“专精特新”企业为基础，在核心基础零部件（元器件）、关键基础材料、先进基础工艺和产业基础技术等“四基”领域，启动培育主营业务突出、竞争力强、成长性好的专精特新“小巨人”，这些“小巨人”企业拥有各自的“独门绝技”，在产业链上具备一定的话语权，是专注于细分市场、创新能力强、市场占有率高、掌握关键核心技术、质量效益优的排头兵企业。截至 2022 年年底，全

国共计备案4批4357家专精特新"小巨人"企业（表5-5），其中，东北三省2022年新培育专精特新"小巨人"企业120家，累计拥有专精特新"小巨人"企业468家。

专栏5-9　专精特新"小巨人"企业标准[①]

需要同时满足专、精、特、新、链、品6个方面指标：

①专业化指标。坚持专业化发展道路，长期专注并深耕于产业链某一环节或某一产品。截至上年末，企业从事特定细分市场时间达到3年以上，主营业务收入总额占营业收入总额比重不低于70%，近2年主营业务收入平均增长率不低于5%。

②精细化指标。重视并实施长期发展战略，公司治理规范、信誉良好、社会责任感强，生产技术、工艺及产品质量性能国内领先，注重数字化、绿色化发展，在研发设计、生产制造、供应链管理等环节，至少1项核心业务采用信息系统支撑。取得相关管理体系认证，或产品通过发达国家和地区产品认证（国际标准协会行业认证）。截至上年末，企业资产负债率不高于70%。

③特色化指标。技术和产品有自身独特优势，主导产品在全国细分市场占有率达到10%以上，且享有较高知名度和影响力。拥有直接面向市场并具有竞争优势的自主品牌。

④创新能力指标。满足一般性条件或创新直通条件。一般性条件。需同时满足以下3项：a.上年度营业收入总额在1亿元以上的企业，近2年研发费用总额占营业收入总额比重均不低于3%；上年度营业收入总额在5000万～1亿元的企业，近2年研发费用总额占营业收入总额比重均不低于6%；上年度营业收入总额在5000万元以下的企业，同时满足近2年新增股权融资总额（合格机构投资者的实缴额）8000万元以上，且研发费用总额3000万元以上、研发人员占企业职工总数比重50%以上。b.自建或与高等院校、科研机构联合建立研发机构，设立技术研究院、企业技术中心、企业工程中心、院士专家工作站、博士后工作站等。c.拥有2项以上与主导产品相关的Ⅰ类知识产权，且实际应用并已产生经济效益。创新直通条件。满足以下一项即可：a.近3年获得国家级科技奖励，并在获奖单位中排名前三。b.近3年进入"创客中国"中小企业创

① 《工业和信息化部关于印发〈优质中小企业梯度培育管理暂行办法〉的通知》（工信部企业〔2022〕63号）。

新创业大赛全国50强企业组名单。

⑤产业链配套指标。位于产业链关键环节，围绕重点产业链实现关键基础技术和产品的产业化应用，发挥“补短板”“锻长板”“填空白”等重要作用。

⑥主导产品所属领域指标。主导产品原则上属于以下重点领域：从事细分产品市场属于制造业核心基础零部件、元器件、关键软件、先进基础工艺、关键基础材料和产业技术基础；或符合制造强国战略十大重点产业领域；或属于网络强国建设的信息基础设施、关键核心技术、网络安全、数据安全领域等产品。

表5-5　2022年全国第四批和累计专精特新“小巨人”企业省份分布

单位：家

全国排名	省份	当年备案	累计备案	全国排名	省份	当年备案	累计备案
1	湖北	306	2450	17	天津	64	253
2	浙江	603	1456	18	陕西	52	204
3	广东	448	1533	19	山西	40	331
4	江苏	425	2142	20	吉林	25	73
5	山东	402	1062	21	广西	22	113
6	北京	333	832	22	云南	20	88
7	安徽	259	614	23	黑龙江	19	66
8	上海	245	711	24	贵州	17	153
9	湖南	174	1389	25	新疆	14	70
10	河南	167	425	26	甘肃	7	53
11	重庆	139	312	27	内蒙古	5	32
12	四川	138	452	28	海南	4	13
13	河北	137	402	29	青海	4	15
14	福建	133	399	30	宁夏	3	47
15	辽宁	76	329	31	西藏	2	4
16	江西	73	273	总计		4357	16 296

资料来源：长城战略咨询根据公开资料整理。

专栏 5-10　东北三省专精特新"小巨人"企业培育举措

◆ 辽宁：2022 年 3 月，辽宁省人民政府办公厅印发《进一步优化营商环境加大对中小微企业和个体工商户纾困帮扶力度的政策措施》，提出统筹省优质企业培育专项资金，对新认定的国家级和省级专精特新中小企业、专精特新"小巨人"企业、制造业单项冠军，给予最高不超过 100 万元奖励。2022 年 11 月，辽宁省工业和信息化厅印发《辽宁省优质中小企业梯度培育管理实施细则（暂行）》明确优质中小企业由创新型中小企业、"专精特新"中小企业和专精特新"小巨人"企业 3 个层次组成，系统培育专精特新企业。

◆ 吉林：2021 年 7 月，中共吉林省委、吉林省人民政府印发《关于进一步支持民营经济（中小企业）发展若干政策措施的通知》，提出支持"专精特新"企业加快发展，实施"专精特新"中小企业培育计划，"十四五"期间，累计安排 1 亿元省级中小企业和民营经济发展专项资金，对认定为省级以上的"专精特新"中小企业，给予贷款贴息和奖补等方面的扶持。

◆ 黑龙江：2022 年 2 月，黑龙江省工业和信息化厅印发《黑龙江省培育"专精特新"中小企业专项规划（2022—2025）》，提出建立"专精特新"中小企业名单推送共享机制，鼓励银行业金融机构围绕"专精特新"中小企业需求，量身定制金融服务方案，打造专属信贷产品。2022 年 12 月，黑龙江省工业和信息化厅、黑龙江省知识产权局印发《黑龙江省知识产权助力专精特新中小企业创新发展的实施方案》，提出提高"专精特新"中小企业知识产权创造、运用、保护和管理能力，将"专精特新"等中小企业纳入重点领域知识产权保护范围，强化海外知识产权纠纷应对指导服务，助力企业"走出去"。

资料来源：长城战略咨询根据公开资料整理。

二、初步认识制造业单项冠军企业

为了贯彻落实《中国制造 2025》，解决我国制造业"大而不强"的问题，工业和信息化部于 2016 年年初印发了《制造业单项冠军企业培育提升专项行动实施方案》（简称《实施方案》），以引导制造企业专注创新和产品质量提升，推动产业迈向中高端，带动中国制造走向世界。《实施方案》明确制造业单项冠军企业是指长期专注于制造业某些特定细分产品市场，生产技术或工艺国际领先，单项产品市场占有率位居全球前列的企业。截至 2023 年年初，工业和信息化部发布第一至第七批“全国制造业单项冠军示范企业和产品名单”，共计 1200 家企业上榜，其中单项冠军示范企业 604 家、单项冠军产品 596 个。根据中国工业经济联合会数据，前五批制造业单项冠军企业利润率达 7% ～ 21%，高于制造业 3% ～ 5% 平均水平；平均拥有有效专利 609 项，平均发明专利 254 件，远超一般制造业企业。目前东北三省单项冠军示范企业 25 家（辽宁 16 家、吉林 5 家、黑龙江 4 家），单项冠军产品 21 个（辽宁 17 个、黑龙江 4 个）。

专栏 5-11　制造业单项冠军企业标准[①]

制造业单项冠军包括单项冠军示范企业和单项冠军产品两类，企业的产品比较单一，任何一类产品的销售收入已占企业主营业务收入的 70% 以上的，可以申报单项冠军示范企业；企业的产品种类较多，任何一类产品的销售收入占比达不到企业主营业务收入的 70% 以上的，应择优选择申报一项单项冠军产品。需满足以下条件：

①坚持专业化发展。企业长期专注并深耕于产业链某一环节或某一产品领域。从事相关领域达 10 年及以上，属于新产品的应达到 3 年及以上。

②市场份额全国领先。企业申请产品的市场占有率排名位居全球前三。产品类别原则上按照《统计用产品分类目录》8 位或 10 位代码，难以准确归入的应符合行业普遍认可的惯例。

③创新能力强。企业生产技术、工艺国际领先，重视研发投入，拥有核心自主知识产权，主导或参与制定相关领域技术标准。

④质量效益高。企业申请产品质量精良，关键性能指标处于国际同类产品领先水平。经营业绩优秀，盈利能力超过行业企业总体水平。重视并实施国际化经营和品牌战略，全球市场前景好，建立完善的品牌培育管理体系并取得良好成效。

三、初步认识隐形冠军企业

在国外，专精特新企业被称为隐形冠军企业。1986 年，时任欧洲市场营销研究院院长的西蒙被美国哈佛大学商学院的西多尔・利维特教授问了一个问题：“为什么联邦德国的经济总量不过美国的 1/4，但是出口额却雄踞世界第一？哪些企业对

① 《工业和信息化部关于印发〈优质中小企业梯度培育管理暂行办法〉的通知》（工信部企业〔2022〕63 号）。

此所做的贡献最大?"西蒙直觉答案不会是众所周知的大公司，因为它们和国际竞争对手相比并没有特别的优势。他通过深入调查和研究，证明答案正是在各自所在的细分市场默默耕耘并且成为全球行业领袖的中小企业，这些中小企业的作用在全球化进程和国际竞争中甚至变得更为重要[①]。1990 年，西蒙创造性地提出了隐形冠军概念，因此他也被誉为"隐形冠军之父"。此后，他通过研究德国大量的卓越中小企业案例，认为隐形冠军企业是指在某个细分市场占据绝对领先地位但鲜为人知的中小企业。其定义的隐形冠军需要满足 3 个标准条件：一是世界同业市场的前三强或者至少是某个大洲的第一名公司；二是年营业额低于 50 亿欧元；三是不为外界周知的，公众知名度比较低。

专栏 5-12　隐形冠军企业全球分布

根据西蒙团队数据，全球共有 2734 家隐形冠军企业。其中，德国以 1307 家的数量居于榜首，占总数的 47.8%，拥有 366 家隐形冠军企业的美国紧随其后，日本以 220 家位列第三。中国仅有 68 家，排名居世界第八。

◆ 德国：隐形冠军企业的数量最多，虽然世界 500 强名单中德国企业数量寥寥，但多年来德国的 GDP 总量稳居世界前列，关键是他们的隐形冠军企业撑起了德国经济的大半江山。一般来说，隐形冠军企业生产的产品种类不会太多，一家企业可能只生产一种产品，以德国的旺众公司为例，这家公司生产超市使用的购物推车和行李推车，也是该产品全球最大的供应商，他们生产的购物车极为昂贵，2007 年中国某超市采购这种购物车的单价高达 3600 元一辆。虽然贵，但旺众在全球市场占有率为 50%。

◆ 美国：拥有世界上数量最多的世界 500 强企业，企业规模化、集团化特征显著，中小企业多处于产业中上游，与大企业联系密切，隐形冠军企业数量排在世界第二。例如，美国托罗公司，专门生产维护高尔夫球和各种园林、运动场的设备，是世界高尔夫球场、园林、运动场草坪维护及灌溉设备制造业的先锋。美国排名前 100 位的高尔夫球场中有 75% 是这家公司的客户。

◆ 奥地利：企业在高手如云的国际市场中声名不显，但却拥有 116 家隐形冠军企业，每百万人拥有的隐形冠军数量排在世界第三。多贝玛亚索道是世界索

① 林惠春，谢丹丹，朱新月 . 专精特新：向德国日本隐形冠军学什么？ [M]. 北京：企业管理出版社，2022.

道业的行业翘楚，截至2018年年底，该公司在全世界累计建设安装了1.48万条索道，全球市场份额达到56%。

四、东北三省如何培育专精特新企业？

我们认为，下一步东北三省应当充分借鉴宁波的实践经验（详见专栏5-13），从以下3个方面入手：一是开展专精特新企业专项培育计划，通过政策、场景等支持专精特新企业培育。二是完善梯度培育机制，一方面要壮大专精特新企业后备队伍；另一方面要鼓励社会各界围绕专精特新企业组织各类论坛、培训、资源链接、咨询诊断等活动，为专精特新企业提供专业化服务。三是拓展标杆宣传渠道，通过举办论坛、发布发展报告、出版专著等方式营造专精特新企业培育氛围，引导更多企业走专精特新发展道路。

专栏5-13　宁波“制造业单项冠军之城”实践与启示①

宁波自2017年启动制造业单项冠军企业培育工作以来，不断探索优化单项冠军企业培育路径，目前已有国家级单项冠军83家，数量位居全国第一。

- 开展两轮顶层设计，在全国率先提出打造“单项冠军之城”。2017年，宁波启动制造业单项冠军培育工程，并将其作为全力建设全国首个“中国制造2025”试点示范城市的八大重点工程之一。2020年，宁波再次以关键核心技术为重点开展单项冠军全链条培育，并在全国率先提出打造“制造业单项冠军之城”。同时，宁波通过政策支持不断强化单项冠军企业培育，如对国家级单项冠军认定给予最高300万元奖励、对国家级单项冠军挂牌上市给予最高200万元支持。
- 完善梯队培育机制，壮大单项冠军后备企业力量。宁波已构建形成“市级潜力培育企业—市级重点培育企业—国家级单项冠军企业”的分级培育梯队，目前有市级潜力培育企业和市级重点培育企业超440家。同时，2021年工业和信息化部等六部门出台的《关于加快培育发展制造业优质企业的指导意见》明确了专精特新“小巨人”企业、制造业单项冠军企业、产业链领航企业间的梯队培育接续关系。基于此，宁波将国家级专精特新“小巨人”企业全部

① 长城战略咨询．宁波“制造业单项冠军之城”经验与启示[R]. GEI新经济内参，2023.

纳入国家级单项冠军后备企业培育梯队。目前宁波拥有国家级专精特新"小巨人"企业 283 家，数量位居全国第四。

◆ 持续推动链式发展，增强单项冠军产业引领作用。宁波聚焦"246"万千亿级产业集群和标志性产业链，在"关键核心技术—材料—零件—部件—整机—系统集成"和"关键核心技术—产品—企业—产业链—产业集群"等方面全链条培育单项冠军。目前，在化工新材料、节能与新能源汽车等 10 条标志性产业链中已成功培育一批单项冠军，其中，国家级单项冠军在十大标志性产业链牵头单位中占比超 30%。

◆ 拓展标杆宣传渠道，营造单项冠军企业培育氛围。宁波通过举办论坛、发布发展报告、出版专业书籍等方式营造单项冠军企业培育氛围，引导更多企业走"专精特新"发展道路。2018 年举办中国（宁波）单项冠军发展国际论坛，邀请"隐形冠军之父"赫尔曼·西蒙教授等专家指导，并在全国率先发布城市级单项冠军发展报告。之后，连续 5 年持续发布单项冠军发展报告，先后出版《寻找中国制造隐形冠军》丛书宁波卷、《宁波制造业单项冠军企业炼"城"记》等。2022 年再次举办宁波制造业单项冠军之城论坛，进一步深化"冠军城"城市标识。同时，社会各界围绕单项冠军积极开展各类论坛、培训、资源链接、咨询诊断等活动，不断增强单项冠军专业化服务。

第六节　科技领军企业是东北壮大新质生产力的关键依托

一、科技领军企业来源与内涵

习近平总书记在 2021 年两院院士大会的讲话中指出，"国家实验室、国家科研机构、高水平研究型大学和科技领军企业都是国家战略科技力量的重要组成部分""强化科技领军企业在重大科技任务中的'出题者'与'阅卷人'作用"。党的二十大报告中进一步明确，"强化国家战略科技力量，优化配置创新资源，优化国家科研机构、高水平研究型大学、科技领军企业的定位和布局，形成国家实验室体系"。新时期，科技领军企业对于我国实现高水平科技自立自强和建立现代化产业体系具有重大现实意义和战略价值，这类企业往往在技术水平、人才储备、创新资源等方面与小企业比具有先天优势，更容易在一些关键技术领域形成突破。例如，深圳依托华为、中兴、腾讯、比亚迪等科技领军企业吸引汇集全球创新人才，打造全球创新高地；合肥市通过引入京东方、科大讯飞、蔚来等科技领军企业实现了产业结构的华丽转身和城市能级的大幅攀升。长城战略咨询认为科技领军企业是指以国家重大需求为导向，立足于战略性领域，具有卓越自主创新能力、显著创新资源整合能力和强劲辐射带动能力，其在科技创新、市场规模、品牌价值等方面在本行业范围内居于领先地位，能够创造经济价值、塑造产业竞争力并持续引领行业和区域创新发展的创新型企业①。当前，科技领军企业的培育工作由各省科技厅负责，各地区对科技领军企业的认定标准不尽相同，但都包含企业营业收入增长性好、拥有核心自主知识产权、研发投入占营业收入比重高、符合地区未来产业发展方向等主要指标②。其中，浙江省"科技领军企业"标准相对清晰且可执行，值得东北学习借鉴。

专栏 5-14　浙江省科技领军企业标准③

- 通过自主研发等获得 20 件以上对其主要产品（服务）在技术上发挥核心支持作用的发明专利（含国防专利）等核心知识产权的所有权。
- 近 3 个年度的研究开发费用总额占同期营业收入总额的比例符合以下要求：上一年度营业收入在 20 亿～ 50 亿元（含）的企业，比例不低于 4%；上一年度营业收入在 50 亿元以上的企业，比例不低于 3%。
- 上一年度从事研发和相关技术创新活动的科技人员占企业职工总数的比例不低于 10% 且达 100 人（含）以上。
- 上一年度主导高新技术产品（服务）收入占企业同期总收入的比例不低于 60%，市场占有率位于全国前 3 位或全球前 5 位。
- 上一年度营业收入原则上 20 亿元（含）以上，其中，属于人工智能、区块链、柔性电子、空天一体化、前沿新材料、元宇宙等未来产业领域的，营业收入可放宽至 10 亿元（含）。
- 近 3 个会计年度研究开发费用、营业收入、实缴税金、净利润和高新技术产业投资等 5 项主要经济指标中至少有 2 项指标的平均增速高于全省同期 GDP 平均增速。

---

① 长城战略咨询 . 科技领军企业的界定及发展模式研究 [R]. GEI 企业研究报告，2023.

② 综合参考了浙江、天津、江苏、河北、湖北等地的科技领军企业认定标准。

③ 《浙江省科学技术厅关于印发〈浙江省科技小巨人企业管理办法（试行）〉〈浙江省科技领军企业认定管理办法〉的通知》（浙科发高〔2022〕34 号）。

专栏 5-15　我国科技领军企业国际竞争力及差距[①]

中国科技领军企业发展较快，但与美日德等发达国家相比，我们无论在数量上还是竞争能力上都还存在较大差距。如果以 JRC 的全球研发投资千强榜前 100 名企业为例进行分析，我国差距主要体现在以下几个方面：

一是科技领军企业数量少。截至 2020 年，中国入榜前 100 名企业数量为 10 家，而德国有 12 家、日本有 15 家、美国有 35 家。

二是企业 R&D 经费支出额相对较低。按各国企业平均研发投资额排序，这 10 家中国企业平均为 40.9 亿欧元，在入榜前 100 名企业所在的 15 个国家中排在第 6 位，与前 5 位国家企业的平均研发投资额（56.6 亿欧元）相比还存在较大差距。中国企业中，华为 1 家企业占据很大份额，若不考虑华为，其余 9 家企业平均支出额则下降至 26.9 亿欧元，不足前 5 位国家平均水平的一半。

三是企业 R&D 经费投入强度低。2019 年前 100 名企业研发经费占净销售额的比例平均为 11.1%，而我国企业研发经费投入强度平均为 7.1%，排在第 14 位。

四是行业分布失衡。重点产业科技领军企业缺失，在未来市场前景广阔的制药、软件等重点产业，以及电气设备、航空、工业机械、化工等主导产业中缺少科技领军企业；前 100 名企业中，汽车企业有 20 家，平均研发经费投入强度为 5.8%，中国企业只有 1 家，研发经费投入强度为 1.9%。

五是企业国际化程度低。在上述千强企业中，美国企业拥有的国际下属公司占比达到 50.5%，欧盟的达到 60.0%，日本的更是高达 76.2%，而我国企业拥有国际下属公司的占比仅为 18.2%。

二、东北三省如何培育科技领军企业？

东北地区在科技领军企业培育方面与发达地区相比稍有落后，尚未形成系统的"发掘—认定—培育"体系，我们认为东北三省主要从以下 4 个方面着力，培育更多科技领军企业，并推动更多的科技领军企业向具有全球竞争力的世界一流创新企业迈进[②]：一是建立科技领军企业后备培育库。面向数字经济、新材料、新能源、

① 中国科学院科技战略咨询研究院 . 系统性培育科技领军企业 [R]. 2021.
② 陈劲，刘海兵 . 打造世界一流创新企业 [M]. 北京：企业管理出版社，2022.

生命健康、粮食安全等领域的高新技术企业，采用常年申报、定期备案的方式，筛选一批行业影响力大、创新能力强、发展潜力好的高成长性企业，纳入全省科技领军企业后备培育库。二是支持科技领军企业建设创新联合体。探索制定创新联合体组建工作指引，明确由科技领军基于自身需求牵头组建，以共同利益为纽带联结政产学研用和产业链上下游多主体参与，聚焦产业链关键环节和技术断点开展技术攻关。例如，小米集团牵头组建3C智能制造创新联合体，联合产业链上下游企业及高校院所，围绕国家战略需求开展核心技术攻关，解决制约产业发展的关键共性技术问题。三是通过资本运作培育科技领军企业。资本运作是指企业利用资本市场，实现资本最大化增值的各种活动，具体来说，包括并购、资产剥离、分拆上市、股份回购、引入战略投资者等五大方式。没有和资本市场对接的企业与深谙资本运作之道的企业相比，相当于“砖头瓦块”与“核武器”的博弈。可见，资本运作也是东北培育科技领军企业的重要一环，目前东北三省已有一些探索，如辽宁方大就是通过并购的方式做大做强并走向全国的（详见专栏5–16）。四是通过“走出去”培育科技领军企业。第二次世界大战后，日本延续明治维新时期创造的工业基础，迅速实现工业化，成为亚洲经济腾飞的“领头雁”。随着经济的飞速发展，日本资源匮乏和劳动力成本较高的劣势逐渐显现出来，一批日本企业开始进军海外。针对这一趋势，日本政府积极推动企业“走出去”，在融资、保险、资金协调和信息咨询方面建立了一系列具有针对性的海外投资保护制度，为日本企业境外投资充当坚实后盾①。近代以来，东北地区涌入了大量具有冒险精神的“关内移民”②，主要是清朝开禁放垦后至民国时期涌入的开垦者，新中国成立后涌入的转业官兵、支边青年、知识青年，这些移民形成了以“闯”为特征的移民创业文化，为东北地区首次在全球经济版图中崛起发展做出了重要贡献。改革开放以来，“闯”入东北的移民越来越少，但“闯”出关东的外流人口越来越多。例如，最近这些年在全国的娱乐界、创业界等也有大量“闯”出关东的东北人身影，他们都实现了很好的发展，但回流的并不多。我们认为，未来东北的振兴，东北科技领军企业的培育，需要延续“闯”的文化，继续鼓励东北籍的企业及人才“闯”出关东，干出一番天地，并有序组织这些事业有成、创业有成的东北籍人才及企业回流，支持家乡的振兴取得新突破。

① 程永明．日本企业“走出去”战略中的协同支持体系研究[M]．北京：人民出版社，2022.

② 王丽丽．东北移民创业文化中的“闯”与“创”[M]．哈尔滨：黑龙江大学出版社，2018.

专栏 5-16　中国 500 强企业辽宁方大通过并购走向全国

辽宁方大 2000 年成立（原名“抚顺鑫仁实业”），2002 年收购抚顺一家出现经营困难的国有碳素厂，开始进入碳素行业，并于当年实现扭亏为盈。此后几年间，辽宁方大又相继收购重组了抚顺莱河矿业、沈阳焦化煤气、成都蓉光碳素、合肥碳素等企业，截至 2005 年年底，辽宁方大总资产达到 13.95 亿元，当年实现净利润 2769 万元。2006 年，辽宁方大拿下连亏两年濒临退市的上市碳素公司海龙科技，将旗下 3 家碳素企业注入其中，实现借壳上市，并更名为方大碳素；2009 年和 2010 年，辽宁方大先后收购长力股份（后更名“方大特钢”）和 ST 锦化（后改名“方大化工”）。2018 年以后，在国企混改背景下，辽宁方大再次加大了收购力度，包括东北制药、吉林化纤、中兴商业、北方重工等多家东北国企在内。2021 年，辽宁方大还完成了对海航的收购。在并购之后，方大集团极为重视企业经营质量，每进入一家新的企业，均能精准把脉问诊、对症下药、因企施策，从生产、技改、研发，再到采购、销售、物流等各环节的“赛马”全面铺开，不仅迅速让企业步入正常的经营轨道，而且企业竞争力得到显著增强。此外，方大集团并购重组、混改企业后保留原班管理团队、不派人，方大集团充分信任和依靠原企业干部和员工团队，通过灵活的体制机制输入，雄厚的资金注入，管理标准的导入，发挥自身的管理优势，让旗下各板块企业都交出了优异的业绩答卷。

资料来源：长城战略咨询根据公开资料整理。

第七节　总部企业占地少但经济贡献大，值得沈大长哈关注

一、初步认识总部企业

国内总部经济的起源，要追溯到 21 世纪初期，一些大企业集团出现“迁都”浪潮。例如，雅戈尔、杉杉等将公司总部迁往上海，海尔、长虹将技术总部也迁往上海，乐百氏、健力宝将总部迁到广州，与此同时，一批位居中心城区的企业将生产基地向郊区县甚至外地迁移，但却把总部留在城区，这种企业总部在中心城市或者中心城区的集聚，也就是我们现在说的总部经济[①]。从最直观的经济产出或就业

① 赵弘 . 总部经济第二版：我国第一部总部经济理论专著 [M]. 北京：中国经济出版社，2005.

贡献来看，总部经济一般意味着以极少的土地创造极大的经济价值，包括高地均GDP增加值和税收，带来相应的高端就业机会、高端消费等。目前，国家对于总部企业暂无明确标准，在总部企业培育上，上海、武汉等走在全国前列，尤其武汉打造“第二总部第一城”的经验值得全国各地学习（详见专栏5–17）。目前，东北地区仅沈河等少量城区开始关注总部企业培育，下一步整个东北还需全面提升，尤其是沈大长哈等中心城市更值得关注。

二、东北三省如何培育总部企业？

我们认为，下一步东北三省培育总部企业可从以下3个方面入手：一是启动总部企业培育计划，研究出台支持总部企业发展实施办法及总部企业认定标准，形成总部企业认定程序，每年对经认定的总部企业进行综合评价。例如，2022年沈阳市沈河区启动了总部企业培育工作，并首批认定171家总部企业。二是瞄准央企和世界500强、国内500强企业开展靶向招商和推介活动，鼓励在东北设立地区总部、研发总部等。三是加强500强企业专项培育。从本土大型企业中筛选一批世界500强、中国500强种子企业，支持种子企业通过配套园区建设、“整零共同体”合作、资本运作、“走出去”布局全球业务等方式进一步做大做强，并加强总部企业“一事一议”服务。

专栏5–17　武汉打造“第二总部第一城”的实践探索

武汉从2017年开始系统培育总部经济，在全国率先提出“第二总部战略”，并以“湖北人雷军创办的小米在武汉落户第二总部”为标志性事件在全国叫响了“第二总部首选地”品牌，目前总部经济大约贡献武汉1/5的税收，已有200多家互联网头部企业、科技领军企业、央企等在武汉设立了第二总部，尤其最近三峡集团总部还从北京迁址武汉。具体经验如下：

一是出台专项支持办法。2019年1月，武汉出台《武汉市支持总部企业发展实施办法》，总部企业落户奖励最高2000万元。2021年11月，深化出台《武汉市加快推进总部经济高质量发展的政策措施》，对总部型企业的认定、市区推进分工、政策体系等进行了系统部署。

二是严控总部企业项目质量。武汉在第二总部培育实践中总结出3个质量控制原则，即“性质上必须是独立法人，子公司可以，分公司不行；要承担总部职能，如研发中心、运营中心；公司在武汉的员工规模，仅次于甚至高于总部"。

三是持续推进总部企业培育。武汉自2017年以来，不间断开展总部型企业内培外引，并非常重视总部型企业的"一事一议"服务，还经常举办各类主题活动巩固"第二总部第一城"品牌。

资料来源：长城战略咨询根据公开资料整理。

专栏5-18　2022年东北三省入选中国500强企业情况

根据中国企业联合会、中国企业家协会发布的"2022年中国企业500强"数据，2022年，东北三省共有6家企业进入中国500强。

◆ 中国第一汽车集团有限公司（27名，7056亿元）

◆ 鞍钢集团有限公司（69名，3834亿元）

◆ 北大荒农垦集团有限公司（156名，1703亿元）

◆ 辽宁方大集团实业有限公司（191名，1337亿元）

◆ 辽宁嘉晨控股集团有限公司（387名，569亿元）

◆ 盛京银行股份有限公司（500名，446亿元）

第八节　其他值得东北地区关注的新动能企业品类

一、高企百强

高企概念的首次提出可以追溯到1988年国家科委颁布的《国家高新技术产业开发区外高新企业认定条件和办法》，1991年国务院授权国家科委在高新区内开展高企认定工作，并配套了优惠政策，其后根据发展形势需要，1996年将高企认定范围扩展到国家高新区之外。为了推动我国在高科技领域不断突破技术瓶颈，国家还陆续出台了一系列财政、税收政策扶持高企发展。与其他新物种企业相比，高企是一个更广泛的存在，主要体现在企业数量更多、入选条件更低，是一个地区科技创新的"基石"，截至2022年年底，全国高企达到41万家，其中，广东、江苏和浙江突破 3 万家（表 5-6）。高企百强是为了打造高企标杆，发挥高企在科技创新、经济贡献等方面的引领示范作用而提出的概念，旨在通过评选发布百强高企名单，激励高企提升创新投入与产出，扩大企业规模，提升企业效益。例如，广西壮族自治区连续 9 年发布高企百强名单，2022 年百强高企群体数量仅占高企总数的 3.1%，但研发费用总量占高企的 45.9%，研发人员数量占高企的 28.4%，高新技术产品销售收入占高企的58.7%，高企百强已成为引领广西高新技术产业发展的中坚力量[①]。

表 5-6　2022 年全国当年新备案和累计备案高新技术企业省份分布

全国排名	省份	当年备案 / 家	累计备案 / 万家	全国排名	省份	当年备案 / 家	累计备案 / 万家
1	江苏	18 200	4.4	6	山东	8162	2.3
2	广东	17 772	6.9	7	四川	6989	1.2
3	浙江	11 899	3.5	8	安徽	6360	1.5
4	上海	9917	2.2	9	陕西	5680	1.2
5	湖北	8621	2	10	北京	5285	2.7
11	河北	4824	1.5	22	黑龙江	1169	0.4
12	河南	4726	1.2	23	云南	1051	0.4
13	天津	4130	1	24	贵州	791	0.3
14	福建	3636	1.4	25	内蒙古	677	0.2
15	湖南	3430	1.6	26	海南	672	0.2
16	重庆	2686	0.8	27	甘肃	658	0.2
17	辽宁	2643	1.2	28	新疆	646	0.2
18	江西	1911	0.9	29	宁夏	213	0.05
19	山西	1453	0.5	30	青海	101	0.04
20	广西	1370	0.5	31	西藏	27	0.01
21	吉林	1193	0.4	总计		136 892	40.9

资料来源：长城战略咨询根据公开资料整理。截至 2022 年 12 月底。

二、科创板和北交所上市企业

2019 年 6 月，上交所科创板开板，作为我国股票发行注册制改革的第一块“试

① 广西高新技术企业协会，长城战略咨询 . 2022 年广西高新技术企业百强榜单 [R]. 2023.

验田”，4年来汇聚了一批市场认可程度高、研发实力雄厚的创新型企业。截至2022年年底，500家企业实现科创板上市（表5-7），东北共有12家，包括辽宁的富创精密、成大生物、芯源微、锦州神工、中触媒、大连豪森、科德数控、拓荆科技，吉林的奥莱德、百克生物，黑龙江的哈铁科技、新光光电。2021年11月，北交所开市，主要定位新三板精选层上市和优质“专精特新”企业上市。截至2022年年底，162家企业实现北交所上市（表5-8），东北共有5家，包括辽宁的东和新材、盖世食品、连城数控，吉林的朱老六食品、碳谷碳纤维。

表5-7　2022年全国科创板上市企业省份分布

单位：家

全国排名	省份	数量	全国排名	省份	数量
1	江苏	95	13	辽宁	8
2	上海	76	14	福建	8
3	广东	76	15	境外	6
4	北京	65	16	江西	5
5	浙江	43	17	河南	5
6	安徽	21	18	贵州	3
7	山东	19	19	吉林	2
8	四川	17	20	黑龙江	2
9	湖南	14	21	重庆	1
10	陕西	12	22	新疆	1
11	湖北	12	23	海南	1
12	天津	8	总计		500

资料来源：长城战略咨询根据公开资料整理。

表5-8　2022年全国北交所上市企业省份分布

单位：家

全国排名	省份	数量	全国排名	省份	数量
1	江苏	27	4	山东	14
2	广东	23	5	浙江	14
3	北京	15	6	河南	9

续表

全国排名	省份	数量	全国排名	省份	数量
7	四川	8	16	吉林	2
8	安徽	7	17	山西	2
9	上海	7	18	福建	2
10	河北	5	19	云南	2
11	湖北	5	20	天津	2
12	湖南	4	21	内蒙古	1
13	重庆	4	22	江西	1
14	辽宁	3	23	广西	1
15	陕西	3	24	宁夏	1
总计	162				

资料来源：长城战略咨询根据公开资料整理。

三、哪吒企业

最初由长城战略咨询创始人王德禄于2019年提出，即成立3年内，A轮融资（含）获得1亿元以上融资的创新型企业。这类企业具有成立时间短、成长起点高、赛道领域新、场景创新强等特征，是“一出生就很能打”，且在成立初期就具有强大的发展活力的、被市场所看好的新物种企业，一般由科学家、连续创业者、跨区域创业者等高端精英人才创办，或由大企业孵化而成[①]。如果独角兽企业是以西方神兽形象为一类新物种企业赋予了一个物种身份，哪吒企业则是以东方天神形象为一类新物种企业赋予的另一个物种身份，也是第一个中国原创的新物种企业IP。目前，东北仅有沈阳的十月稻田一家企业入选2022年中国哪吒企业榜单（表5-9）。

表5-9　2022年全国哪吒企业城市分布[②]

单位：家

全国排名	城市	数量	全国排名	城市	数量
1	上海	73	5	杭州	25
2	北京	66	6	南京	13

① 长城战略咨询．哪吒企业：新经济中的高能级创业 [R]. GEI 企业研究报告，2022.
② 长城战略咨询．中国哪吒企业研究报告 2022[R]. 2022.

续表

全国排名	城市	数量	全国排名	城市	数量
3	深圳	26	7	广州	12
4	苏州	26	8	成都	9
9	天津	8	23	淄博	2
10	合肥	7	24	厦门	2
11	武汉	5	25	宁波	1
12	常州	5	26	安庆	1
13	珠海	5	27	包头	1
14	无锡	3	28	嘉兴	1
15	重庆	3	29	临沂	1
16	南通	3	30	宁德	1
17	长沙	3	31	青岛	1
18	郑州	3	32	日照	1
19	济南	2	33	上饶	1
20	滁州	2	34	绍兴	1
21	太原	2	35	沈阳	1
22	烟台	2	36	西安	1

四、“双五”企业

企业要在竞争中求生存，首先要靠有竞争力的产品，而有竞争力的产品则是以优势技术为条件的，也就离不开研发的大量投入。欧盟委员会发布的《2022 年欧盟工业研发投资记分牌》分析了 2021 会计年度全球研发投资额最多的 2500 家公司，在过去的 10 年里，中国企业的数量增加了 2 倍多，从 2011 年的 176 家至 2021 年的 678 家，但从研发排名来看，只有华为进入了全球前十，阿里巴巴和腾讯分别居全球第 17、第 18 位。在此背景下，“双五”企业被天津、合肥等地率先提出，具体来说，是指满足营业收入 5 亿元以上且研发投入强度 5% 以上的企业，这类企业具有“创新能力强、引领作用大、研发水平高、发展潜力好”等特征，在“卡脖子”关键核心技术和颠覆性技术攻关方面具有明显优势，能够引领和带动产业链上下游企业及产学研力量实现融通发展。

专栏 5-19　天津市“双五”企业标准[①]

“双五”是指企业同时满足营业收入5亿元(含)以上、研发投入强度5%(含)以上两个条件。具体核定依据为：

①营业收入以企业报送给税务部门的年度《中华人民共和国企业所得税年度纳税申报表（A类）》的主表（A100000）作为佐证材料（表中第1行次数据）；

②研发投入以企业报送给税务部门的年度《研发费用加计扣除优惠明细表》（A107012）作为佐证材料，研发投入额计算方法为：表中的第51行次数据/第50行次数据。

五、“深科技”企业

“深科技”这一概念在中西方文化中并没有统一的定义，一般认为，“深科技”等同高科技，是一种对人类社会的发展和进步具有重大影响的前沿科学技术。1995年，大卫·罗森博格撰文并刊登在10月号《连线》杂志的一篇名为《深科技》的文章中做出了一个比较权威的定义，“最直观的深科技，是基于科学的发现或创造而产生的科技，是能够解决人类重大问题的科技”。2016年，美国波士顿咨询公司对“深科技”概念进行拓展并做出较为详细的解读，认为深科技创新是指“建立在独特的、受保护的或难以复制的科学或技术进步基础上的破坏性解决方案”，同时提出高新材料、人工智能、生物科技、区块链、无人机与机器人、光子与电子、量子计算等7个目前最为活跃和具有发展前景的深科技领域，并认为深科技将是下一轮工业与信息革命的中心，也是下一轮全球科技竞争的战略焦点。2020年合肥高新区实施“深科技”企业培育计划。近3年来，合肥共挖掘“深科技”企业496家，其中，国盾量子、皖仪科技、欧普康视等企业已成功上市。

专栏 5-20　合肥高新区“深科技”企业标准[②]

◆ 处在前沿、关键的核心技术领域。企业技术为科技部“国家技术预测”、Gartner《2019年十大战略性技术趋势》等前沿技术预测领域，或为科技日报社发布的35项关键技术清单、美国拟实施的14类出口管制技术清单等关键

① 天津高新区.《天津滨海高新区科技型企业梯度支持政策（“科企六条”）》. 2022.

② 合肥高新区.《合肥市高新区关于征集2020年合肥高新区“深科技”企业的通知》. 2020.

核心技术领域。

◆ 技术水平全国领先。拥有自主研发的核心技术，技术水平先进，在国际国内均具有一定的核心竞争力。

◆ 具有核心研发团队。拥有核心研发团队，研发人员占比不低于30%。

◆ 具有较强的自主创新能力。近3年平均研发投入占比不低于20%。

六、“灯塔工厂”

“灯塔工厂”是由世界经济论坛（WEF）和麦肯锡公司共同遴选的“数字化制造”和“全球化4.0”示范企业，被视为第四次工业革命的领路者，它的评判标准包括是否拥有自动化、工业物联网（IIOT）、数字化、大数据分析、第五代移动通信技术（5G）等技术能力，是“世界上最先进的工厂”。2018年，WEF“灯塔工厂”正式启动，从全球制造企业中挑选出最有科技含量和创新性的工厂。截至2023年1月，全球共有132家“灯塔工厂”，宁德时代、富士康、海尔、联想、美的等企业的50家工厂入选。东北地区仅海尔沈阳冰箱互联工厂1家入选，也是冰箱行业首家入选的工厂，该工厂已实现由“人找人”变为“物找物”，且匹配成功率达100%。此外，2022年8月，我国工业和信息化部、财政部联合印发通知，明确提出围绕100个细分行业，打造4000～6000家“小灯塔”企业作为数字化转型样本，带动广大中小企业“看样学样”，加快数字化转型步伐。

七、“赛手企业”

2022年四川省在国内率先启动新赛道领先型“赛手企业”培育计划，以“培育新赛手、抢抓新赛道”为总体逻辑，旨在挑选一批主营业务属于新赛道领域，具有较强引领带动能力的工业和信息化企业，尽快培育成为独角兽企业、行业领军企业或细分领域隐形冠军。“赛手企业”的遴选，主要面向智能网联汽车、无人机、服务机器人、智能检测装备等35个新赛道领域（表5-10），要求企业具有较强创新能力，尤其核心产品具有较强竞争力和增长潜力。四川省级财政对每个新赛道的领先型“赛手企业”给予最高200万元奖补资金，同时，鼓励地方财政依据实际情况配套相应资金。2022年共有24家企业入选省级“赛手企业”。

专栏 5-21　四川省“赛手企业”标准[①]

◆ 主营业务属于新赛道领域，在本赛道具有较强引领带动能力的工业和信息化企业。

◆ 具有较强的创新能力，核心产品具有较强竞争力和增长潜力，在所属产业领域内能够起到引领带动作用。

◆ 企业近 3 年新赛道核心产品年销售收入不低于 1000 万元，保持了较快增长态势。

◆ 以集团名义申报的，不再接受集团分公司独立申报。

表 5-10　2022 年四川省“赛手企业”培育计划新赛道重点方向及代表企业

序号	新赛道重点方向	代表企业
1	无人机	成都纵横自动化技术股份有限公司
2	服务机器人	—
3	智能检测装备	—
4	丘区山区智能农机	—
5	氢燃料电池汽车	东方电气（成都）氢燃料电池科技有限公司
6	固态动力电池	—
7	智能网联汽车	绵阳富临精工股份有限公司
8	中低轨卫星热点应用	中国电子科技集团公司第二十九研究所 成都盟升电子技术股份有限公司
9	新型智能传感器	成都凯天电子股份有限公司
10	6G 关键先导性技术	—
11	超级智能终端	—
12	未来智慧家庭产品	—
13	高性能连接器	四川华丰科技股份有限公司
14	先进算力	四川华鲲振宇智能科技有限责任公司
15	工业互联网	工业云制造（四川）创新中心有限公司
16	工业软件	四川虹信软件股份有限公司
17	云游戏	

① 《关于组织开展 2022 年新赛道领先型“赛手企业”推荐工作的通知》（川经信办函〔2022〕353 号）。

续表

序号	新赛道重点方向	代表企业
18	XR（AR/VR/MR）	成都索贝数码科技股份有限公司
19	工业元宇宙	—
20	钒电池及镍氢电池储能	—
21	稀土功能材料	眉山博雅新材料股份有限公司
22	同位素与辐照	成都中核高通同位素股份有限公司
23	功效化妆品	—
24	高原健康氧	—
25	高端天然气化工新材料	中昊晨光化工研究院有限公司
26	绿能制氢产业	—
27	高端电子化学品	四川东材科技集团股份有限公司 四川和晟达电子科技有限公司
28	健康智能家居	四川亚度家具有限公司
29	新型竹产业	—
30	高原户外装备	—
31	果露酒	泸州老窖股份有限公司
32	预制菜	四川铁骑力实业有限公司 四川高金食品股份有限公司 四川美宁食品有限公司
33	智能服务型制造	四川长虹智能制造技术有限公司
34	超高清显示	成都斯菲特科技有限公司 成都极米科技股份有限公司
35	地热	—

资料来源：长城战略咨询根据公开资料整理。

八、"贡嘎培优"企业

2021年10月，四川省制造业企业"贡嘎培优"行动计划正式启动，以四川省最高峰为行动命名，蕴含培育一批在省内"顶天立地"的骨干企业之意，并努力推动企业成为细分领域"单项冠军"，全力迈向"一流企业"行列。截至2022年年底，四川省已经培育100家制造业"贡嘎培优"企业，成为支撑本地工业发展的"生力军""特种部队"，2022年工业总产值增长40.4%，利润总额增长54.9%，所得税增长55.7%。

专栏 5-22　四川省“贡嘎培优企业”标准[①]

- ◆ 申报企业上一年度营业收入须达 10 亿元及以上。上一年度研发经费支出占比超过全省规模以上工业企业平均水平。
- ◆ 申报企业须已经获批或者预计能够获批国家级、省级绿色工厂、绿色供应链、零碳工厂等绿色称号（信息传输、软件和信息技术服务业除外）。
- ◆ 申报企业原则上要有明晰的市场拓展、投融资或兼并重组计划。
- ◆ 积极支持有资本市场融资计划，已获得直接融资（含获得天使投资、风险投资、私募投资，实现债券融资、资产证券化融资等）的企业。

本章延伸阅读推荐：

1. 陈劲，刘海兵 . 打造世界一流创新企业 [M]. 北京：企业管理出版社，2022. 本书介绍了国内外近 20 家世界一流创新企业典型案例，对于科技领军企业培育有较大借鉴价值。

2. 赫尔曼 · 西蒙 . 隐形冠军 [M]. 张帆，吴军，等译 . 北京：机械工业出版社，2002. 本书系统介绍了德国“隐形冠军”企业培育实践经验，对于东北地区培育壮大“专精特新”企业有较大借鉴价值。

3. 刘福龙 . 辽商 [M]. 沈阳：辽宁人民出版社，2012. 本书在介绍中国商帮文化的基础上，对如何组建现代“辽商”的具体问题和举措进行了探讨。

① 《关于印发〈四川省制造业“贡嘎培优”企业认定及服务办法〉的通知》（川经信企业〔2021〕262 号）。

第六章
抓新研发：创新是东北振兴的第一动力

从国际形势看，当前新一轮科技革命和产业变革蓬勃发展，国际竞争呈现新的发展格局，处于科技创新中心的发达国家进一步制造技术转移壁垒，曾经被视为具有普遍性、公有性、无疆界的科技创新体系已难以发挥作用。在这种背景下，国家和区域之间在技术创新领域的竞争不断加剧，特别是产业发展的关键领域是否掌握核心技术创新能力，在一定程度上决定着一个国家或区域经济社会发展的稳定性和可持续性。从国内形势看，在革命、建设、改革各个历史时期，我们党都高度重视科技事业。从革命时期高度重视知识分子工作，到新中国成立后吹响“向科学进军”的号角，再到改革开放提出“科学技术是第一生产力”的论断。此后，从进入新世纪深入实施知识创新工程、科教兴国战略、人才强国战略，不断完善国家创新体系、建设创新型国家，到党的十八大后提出创新是第一动力、全面实施创新驱动发展战略、建设世界科技强国。2022 年，党的二十大报告中又明确提出“教育、科技、人才是全面建设社会主义现代化国家的基础性、战略性支撑，必须坚持科技是第一生产力、人才是第一资源、创新是第一动力，深入实施科教兴国战略、人才强国战略、创新驱动发展战略，开辟发展新领域新赛道，不断塑造发展新动能新优势”。

在如此国际和国内新形势下，地方如何抓好科技创新工作，需要重新系统谋划。正如习近平总书记于 2013 年在中共十八届中央政治局第九次集体学习时讲的，“实施创新驱动发展战略，不能脚踩西瓜皮，滑到哪儿算哪儿，要抓好顶层设计和任务落实”。最近，习近平总书记在 2023 年 9 月主持召开新时代推动东北全面振兴座谈会上的讲话为东北地区谋划科技创新工作指明了新方向，他指出“推动东北全面振兴，关键在科技创新，方向是产业升级”，“要牢牢扭住自主创新这个‘牛鼻子’，在巩固存量、拓展增量、延伸产业链、提高附加值上下功夫”，要“主动对接国家战略需求，整合和优化科教创新资源，加大研发投入，掌握更多关键核心技术”，要“积极培育产业园区，加快科研成果落地转化”。可见，东北科技创新需要紧紧围绕产业升级需要而展开，具体来说，我们认为下一步东北可以从两个方面入手围绕产业链部署创新链[①②③]，一是抓创新的关键力量，包括科技“双中心”、战略科技力量、战略人才力量及依托两类力量开展的关键核心技术攻关；二是抓创新的关键环境，从全球创新尖峰硅谷经验来看，“资本容易流动，能够聚集创新力量

① 习近平 . 论科技自立自强 [M]. 北京：中央文献出版社，2023.
② 陈劲 . 新时代的中国创新 [M]. 北京：中国大百科全书出版社，2021.
③ 饶毅 . 破局与变革：中国科技的升级之路 [M]. 北京：科学出版社，2018.

的是生态，不可轻易复制的核心竞争力也是生态[①]"，为此东北还需要抓好与空间环境相关的新一代专业孵化载体，与技术示范环境相关的应用场景，与制度环境相关的科技体制改革，与融资环境相关的科技金融，与人才成长环境相关的科教产教融合，尽快构建一流创新生态。此外，比孵化载体尺度更大的产业园区及高层次创业、科技领军企业等对于承接科研成果落地转化也至关重要。值得东北地区关注的代表性国家级创新平台如表 6–1 所示。

表 6–1　值得东北地区关注的代表性国家级创新平台

国家主管部门	代表性国家级创新平台
科技部基础研究司	国家实验室 全国重点实验室
科技部成果与区域司	国家科技创新中心 国家技术创新中心 国家大学科技园 未来产业科技园 国家级科技企业孵化器 专业化众创空间
国家发展改革委高技术司	综合性国家科学中心 重大科技基础设施（含大科学装置） 企业技术创新中心 国家工程研究中心 产教融合试点城市
国家发展改革委产业司	国家产业技术创新中心
工业和信息化部规划司	国家高新区 国家自创区
工业和信息化部科技司	国家制造业创新中心 工业和信息化部重点实验室 产业技术基础公共服务平台
商务部外资司	外资研发中心

① 维克多・黄，格雷格・霍洛维茨 . 硅谷生态圈：创新的雨林法则 [M]. 诸葛越，许斌，林翔，等译 . 北京：机械工业出版社，2015.

第一节　东北要尽快实现科技“双中心”的“双破零”

科技“双中心”的建设最早始于1993年俄罗斯设立国家科学中心，此后，澳大利亚、法国、马来西亚、英国等地也建立了属性相近的国家科学中心。这些中心的设立，均对所在国家的科技快速发展起到了关键的作用。在此背景下，建设具有中国特色的“综合性科学中心”和“科技创新中心”被提上日程。2016年5月，国务院印发的《国家创新驱动发展战略纲要》中明确提出“推动北京、上海等优势地区建设具有全球影响力的科技创新中心”。同年12月，国家发展改革委联合多部委印发的《国家重大科技基础设施建设“十三五”规划》明确提出要建设“服务国家战略需求、设施水平先进、多学科交叉融合”的综合性国家科学中心。截至2023年6月，全国共有4个城市（或地区）获批建设科技“双中心”，分别是北京、上海、粤港澳大湾区和西安。本部分将介绍的科技“双中心”，与第四章介绍的科学城/科技城，以及本章第二节将介绍的国家实验室等概念之间也存在一定的联系，表现为：三者都具有科学研究的基本功能，都是知识和技术创新的空间载体，其中综合性国家科学中心是建设科技创新中心的重要支撑；科学城作为建设科技创新中心或综合性国家科学中心的重要空间载体，如上海张江科学城既是科技创新中心也是综合性国家科学中心；国家实验室是科技创新中心、综合性国家科学中心、科学城的关键组成部分[①]。

专栏 6-1　西安获批建设科技“双中心”原因分析

2023年1月，西安成为第4个获批建设科技“双中心”的城市，西安何以与北京、上海、粤港澳大湾区三大“巨头”并列？分析来看：主要还是科技创新实力。例如，2021年西安的技术合同交易量达到6.5万项，仅次于北京（9.3万项），高于上海（3.6万项）；R&D经费投入强度，西安达到5.05%，仅次于北京和深圳。又如，西安拥有高等院校63所，211高校7所，拥有各类科研机构460多个、国家重点实验室27个，并集聚了我国航天1/3、航空1/4的科研单位和生产力量，是我国航天航空动力之乡、中国兵器工业重镇，国防科技实力仅次于北京，位列全国第二。

资料来源：长城战略咨询根据公开资料整理。

① 吕拉昌，赵彩云，冉舟，等.中国综合性国家科学中心研究进展与展望[J].科学管理研究，2023，41（1）：9–16.

一、综合性国家科学中心

该中心主要依托国家实验室、国家科研机构和高水平研究型大学等战略科技力量及重大科技基础设施（详见专栏 6–2）建设，集中开展多学科前沿基础研究，是体现国家意志的科技战略平台。我国之所以要批建综合性国家科学中心，就是要整合技术发达、资源集中地区的优势力量，汇聚相关学科的带头人，突破前沿科技瓶颈和重大科学难题。尤其，科技发展越来越依靠跨学科综合探究，这就越来越依靠重大科技战略平台的保障支撑。例如，德国亥姆霍兹联合会部署了 18 个大科学研究中心，每个中心都有重大科技基础设施。截至 2023 年 6 月，全国批建了 5 个综合性国家科学中心（表 6–2）。尽管不同学者、不同实践者对于综合性国家科学中心构成要素认识不同，但基本都认为重大科技基础设施和国家实验室是综合性国家科学中心的基础支撑，这也是综合性国家科学中心最为核心的构成要素①②。以合肥为例，合肥综合性国家科学中心以滨湖科学城为主要载体，重点聚焦能源、健康、信息、环境等四大前沿领域，将建成量子信息科学国家实验室、合肥微尺度物质科学国家实验室、磁约束核聚变国家实验室等 4 个世界领先的国家实验室，以及中国聚变工程实验堆、人工智能中心等重大科技基础设施。对于东北来说，核心是适度超前布局，尽快实现综合性国家科学中心零的突破。

专栏 6–2　重大科技基础设施（含大科学装置）概览

重大科技基础设施（达到一定标准要求也称大科学装置），是指为了提升“探索未知世界、发现自然规律、实现科技变革”的能力，由国家统筹布局，依托高水平创新主体建设，面向社会开放共享的大型复杂科学研究装置或系统。

1988 年，我国首个重大科技基础设施——北京正负电子对撞机建成，成为继“两弹一星”之后在高科技领域取得的又一重大突破性成就。目前，我国重大科技基础设施主要集中于北京（以 3 个科学城为主要承载区）、上海（以张江科学城为主要承载区）、合肥（以滨湖科学城为主要承载区）。在东北三省，目前只有黑龙江省哈尔滨市的“空间环境地面模拟装置”和吉林省长春市的“综合极端条件实验装置工程（吉林部分）”2 家获得了国家发展改革委批复，辽宁

① 李晓妍，钟永恒，刘佳，等 . 英国综合性国家科学中心的建设实践与启示 [J]. 科学管理研究，2021，39（6）：139–145.

② 叶茂，江洪，郭文娟，等 . 综合性国家科学中心建设的经验与启示：以上海张江、合肥为例 [J]. 科学管理研究，2018，36（4）：9–12.

沈大正在积极推进大连先进光源大科学装置、超大型深部工程灾害物理模拟试验装置等7个重大科技基础设施建设。

资料来源：长城战略咨询根据公开资料整理。

表6-2　全国5个综合性国家科学中心名单

序号	名称	批复时间
1	上海张江综合性国家科学中心	2016年
2	合肥综合性国家科学中心	2017年
3	北京怀柔综合性国家科学中心	2017年
4	粤港澳大湾区综合性国家科学中心	2020年
5	西安综合性国家科学中心	2023年

资料来源：长城战略咨询根据公开资料整理。

二、国家科技创新中心

2000年7月，美国《在线》杂志首次提出“全球技术创新中心”的概念，认为其构成要素至少包括：高校科研院所科研能力、提供专业技术和带来经济、收益的跨国公司、人们创办风险企业的积极性和完善的风险投资市场。2014年5月，习近平总书记视察上海，明确要求“上海要努力在推进科技创新、实施创新驱动发展战略方面走在全国前头、走在世界前列，加快向具有全球影响力的科技创新中心进军”。截至2023年6月，我国共批建了6个国家科技创新中心（表6-3）。从伦敦、纽约、首尔等国外，以及上海、北京、粤港澳等国内科技创新中心建设的实践来看，强大的科学研究体系、完备的技术创新体系、极具竞争力的高端产业体系和开放一流的创新环境体系是支撑和影响科技创新中心发展的重要因素，也是我国科技创新中心建设的关键着力点（图6-1）①②③④⑤。我们认为，下一步东北三省要积

① 陈强，王浩，敦帅．全球科技创新中心：演化路径、典型模式与经验启示[J].经济体制改革，2020（3）：154-157.

② 陈诗波，陈亚平．我国建设世界科技创新中心的国际比较研究[J].科学管理研究，2022，40（5）：33-38.

③ 李兰芳，唐璐，陈云伟，等．全球主要城市群科技创新中心建设经验对成渝地区的启示[J].科技管理研究，2022，42（6）：163-165.

④ 眭纪刚．全球科技创新中心建设经验对我国的启示[J].二十四个重大问题研究，2020（6）：18-22.

⑤ 王子丹，袁永，胡海鹏，等．粤港澳大湾区国际科技创新中心四大核心体系建设研究[J].科技管理研究，2021（1）：72-73.

极争取，尽快实现国家科技创新中心零的突破，同时，要适度超前从“强大的科学研究体系、完备的技术创新体系、极具竞争力的高端产业体系和开放一流的创新环境体系”4个方面着力，抓好综合性科学中心及本章后续将要介绍的战略科技力量、战略人才力量、关键核心技术攻关、场景创新、科技金融等关键手段。

表 6–3　全国 6 个国家科技创新中心

序号	名称	批复时间
1	上海：具有全球影响力的国际科技创新中心	2016 年
2	北京：具有全球影响力的国际科技创新中心	2016 年
3	粤港澳大湾区：具有全球影响力的国际科技创新中心	2019 年
4	成渝：具有全国影响力的科技创新中心	2022 年
5	武汉：具有全国影响力的科技创新中心	2022 年
6	西安：具有全国影响力的科技创新中心	2023 年

资料来源：长城战略咨询根据公开资料整理。

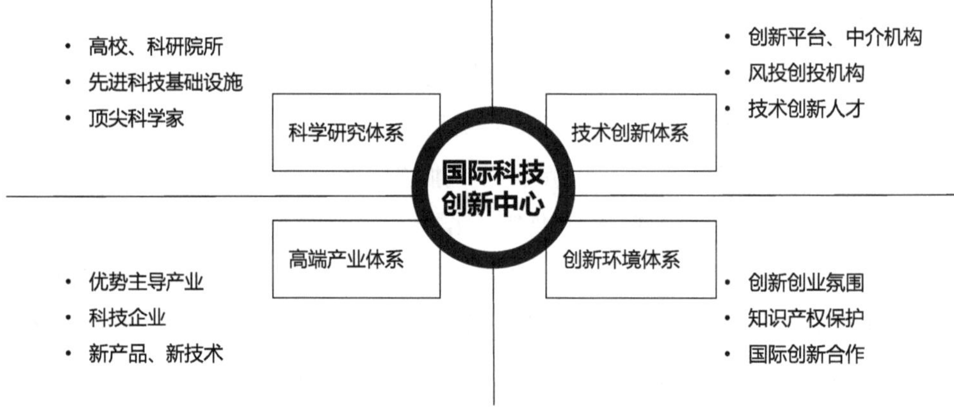

图 6–1　国际科技创新中心四大核心体系示意

第二节　战略科技力量是支撑东北创新崛起最为关键的力量

对国家战略科技力量的早期研究，始于一些美苏学者着眼“冷战”的新格局，从维护国家安全的视角出发分析国家战略科技力量[①]。习近平总书记在 2021 年两院

① 陈劲. 新时代的中国创新 [M]. 北京：中国大百科全书出版社，2021.

院士大会上指出“世界科技强国竞争，比拼的是国家战略科技力量。国家实验室、国家科研机构、高水平研究型大学、科技领军企业都是国家战略科技力量的重要组成部分，要自觉履行高水平科技自立自强的使命担当”。陈劲的《国家战略科技力量》一书中，还将区域科技创新中心、战略人才力量、创新联合体等纳入战略科技力量，中国科学院深圳先研院院长樊建平的《国家战略科技力量：新型科研机构》一书中，认为新型研发机构也是战略科技力量的组成部分。本部分我们将介绍国家实验室、国家科研机构、高水平研究型大学、新型研发机构等战略科技力量。科技领军企业、区域科技创新中心、战略人才力量、创新联合体将在本书其他部分介绍。我们认为，这些战略科技力量，也是支撑东北创新崛起最为关键的力量。

一、国家实验室

国家实验室是体现国家意志、实现国家使命、代表国家水平的战略科技力量，是面向国际科技竞争的创新基础平台，是保障国家安全的核心支撑，是我国级别最高的实验室。我国国家实验室发展经历了 3 个阶段（表 6–4），第一阶段是 1984—1999 年，根据国家科技发展需求，在高能物理、核物理等领域建设 4 个国家实验室。第二阶段是 2000—2006 年，科技部开展了国家实验室的建设试点，分三批启动 16 个国家实验室的建设。2000 年，沈阳材料科学国家（联合）实验室获批组建；2003 年，北京凝聚态物理国家实验室等 5 个试点国家实验室筹建；2006 年，海洋、航空航天等领域 10 个重要方向的国家实验室启动筹建。此外，2017 年，科技部会同财政部、国家发展改革委制定了《国家科技创新基地优化整合方案》，明确将沈阳材料科学国家（联合）实验室等批准筹建的 6 个试点国家实验室转为国家研究中心，纳入国家重点实验室管理序列。第三阶段是 2021 年至今，2021 年国家“十四五”规划纲要提出“聚焦量子信息、光子与微纳电子、网络通信、人工智能、生物医药、现代能源系统等重大创新领域组建一批国家实验室”，目前已揭牌一批。另外，最近我国各地为了创建国家实验室，还积极超前布局地方实验室，如辽宁省已经布局 4 家辽宁实验室和 2 家大连实验室（表 6–5）。

表 6-4　我国第一阶段和第二阶段国家实验室建设探索情况

序号	名称	年份	状态	依托单位	城市
第一阶段：1984—1991 年					
1	国家同步辐射国家实验室	1984	建成	中国科学技术大学	合肥
2	正负电子对撞机国家实验室	1984	建成	中国科学院高能物理研究所	北京
3	北京串列加速器核物理国家实验室	1988	建成	中核集团中国原子能科学研究院	北京
4	兰州重离子加速器国家实验室	1991	建成	中国科学院近代物理研究所	兰州
第二阶段：2000—2006 年					
5	沈阳材料科学国家（联合）实验室	2000	转为研究中心	中国科学院金属研究所	沈阳
6	北京凝聚态物理国家实验室	2003	转为研究中心	中国科学院物理研究所	北京
7	合肥微尺度物质科学国家实验室	2003	转为研究中心	中国科学技术大学	合肥
8	清华信息科学与技术国家实验室	2003	转为研究中心	清华大学	北京
9	北京分子科学国家实验室	2003	转为研究中心	北京大学、中国科学院化学研究所	北京
10	武汉光电国家实验室	2003	转为研究中心	华中科技大学、中国科学院武汉物理与数学研究所、中船重工集团第七一七研究所	武汉
11	青岛海洋科学与技术试点国家实验室	2006	建成	中国海洋大学、中国科学院海洋研究所等	青岛
12	磁约束核聚变国家实验室	2006	筹建	中国科学院合肥物质科学研究院、核工业西南物理研究院	合肥
13	洁净能源国家实验室	2006	筹建	中国科学院大连化学物理研究所	大连
14	船舶与海洋工程国家实验室	2006	筹建	上海交通大学	上海
15	微结构国家实验室	2006	筹建	南京大学	南京
16	重大疾病研究国家实验室	2006	筹建	中国医学科学院	北京

续表

序号	名称	年份	状态	依托单位	城市
17	蛋白质科学国家实验室	2006	筹建	中国科学院生物物理研究所	北京
18	航空科学与技术国家实验室	2006	筹建	北京航空航天大学	北京
19	现代轨道交通国家实验室	2006	筹建	西南交通大学	成都
20	现代农业国家实验室	2006	筹建	中国农业大学	北京

资料来源：长城战略咨询根据公开资料整理。

表 6-5　辽宁省 6 家地方实验室名单

序号	名称	依托单位
1	辽宁材料实验室	中国科学院金属研究所
2	辽宁辽河实验室	中国科学院沈阳自动化研究所
3	辽宁滨海实验室	中国科学院大连化学物理研究所
4	辽宁黄海实验室	依托大连理工大学
5	大连凌水湾实验室	中国科学院大连化学物理研究所
6	大连金石湾实验室	大连工业大学

资料来源：长城战略咨询根据公开资料整理。

此外，2022 年，党的二十大报告还提出“优化配置创新资源，优化国家科研机构、高水平研究型大学、科技领军企业定位和布局，形成国家实验室体系”。这里的国家实验室体系是指以新建的国家实验室为牵引，以优化、重组后的全国重点实验室为核心支撑，形成中国特色国家实验室体系，为高水平自立自强贡献力量。比较来看，国家实验室和全国重点实验室，在功能定位、承担职责等方面有所差异（详见专栏 6-3），在新型国家创新体系中，国家实验室成为落实国家重要科技战略的“集团军”，多出战略性、关键性重大科技成果，而重组优化后的全国重点实验室[①]，则以嵌入式优势与高水平研究院所、高校和科技领军企业融合发展，成为实施关键核心技术攻坚和交叉学科创新的“尖刀连”，两者共同构成中国特色国家实验室体系。

① 我国自 1984 年开始建设全国重点实验室，截至 2022 年年底，已经建成 522 个，但总体实力较弱，真正具有全球影响力和知名度的更少。

专栏 6-3　国家实验室和全国重点实验室的区别[①]

◆ 定位不同。国家实验室在本学科领域代表国家最高水平，实验仪器设备先进，科研方向广，基本包括本学科领域所有研究方向。全国重点实验室是国家组织高水平基础研究和应用基础研究的重要基地。

◆ 任务不同。国家实验室要紧跟世界科技发展大势，适应我国发展对科技发展提出的使命任务，多出战略性、关键性重大科技成果。全国重点实验室主要任务是针对某学科发展前沿，或者国民经济与社会发展及国家安全的重要科技领域和方向，开展创新性研究。

◆ 管理不同。国家实验室依托一级法人单位建设，是具有相对独立的人事权、财务权的科研实体，运行与研究经费以国家投入为主。全国重点实验室实行分级分类管理制度，是依托大学和科研院所建设的科研实体，实行人财物相对独立的管理和运行机制。

资料来源：长城战略咨询根据公开资料整理。

二、国家科研机构

习近平总书记在 2021 年两院院士大会上讲话时强调，“国家科研机构要以国家战略需求为导向，着力解决影响制约国家发展全局和长远利益的重大科技问题，加快建设原始创新策源地，加快突破关键核心技术”。从全国来看，以中国科学院及中央部委直属的科研机构（现多为央企下属研究院所）为代表的国家科研机构在科技领域一直发挥着骨干和主力军作用，他们与高校研究力量大致各占半壁江山。目前，在东北布局的国家科研机构，一方面包括中国科学院下属的金属研究所、沈阳自动化研究所、沈阳应用生态研究所、大连化学物理研究所、长春光学精密机械与物理研究所、长春应用化学研究所、东北地理所等研究所；另一方面还有航空工业 601 所、626 所，中航空发 606 所，中国电科 47 所，国机集团沈阳仪表院，中化集团沈阳化工研究院、沈阳橡胶院等央企下属研究院所。未来，要推动这些驻东北的国家科研机构形成高质量的研究成果，并通过科技成果转化和知识溢出、人才培养等途径，促进新兴技术在东北落地生根，催生更多新的经济增长点。

① 陈劲 . 国家战略科技力量 [M]. 北京：经济日报出版社，2023.

三、高水平研究型大学

研究型大学是我国基础研究的主力军和重大科技突破的生力军，能够发挥基础研究深厚和学科交叉融合的优势，为科技自立自强提供前沿科技创新成果。东北地区高校数量较多、质量较高，三省普通高校分别为 114 所、62 所、81 所，合计 257 所[①]，其中，世界一流大学建设高校 4 所[②]，世界一流学科建设高校 11 所[③]。未来，对于高水平研究型大学一方面要建立现代大学制度，依据学术发展、人才培养和成长的规律自主办学，在招生、培养、管理评价、国际合作、服务支持等方面全面向世界一流标准看齐；另一方面要将自身的科学研究和人才培养放在整个产业链和创新链上，去锚定自身的生态位，充分利用所处生态中的各种资源，主动做好科教融合和产教融合。此外，东北地区还有必要积极布局新型研究型大学。2020 年 9 月，习近平总书记在科学家座谈会上提出“要加强高校基础研究，布局建设前沿科学中心，发展新型研究型大学”。目前，全国已布局南方科技大学、上海科技大学、西湖大学、宁波东方理工大学、福耀科技大学等新型研究型大学，东北暂无（详见专栏 6-4）。

专栏 6-4　我国新型研究型大学实践

◆ 南方科技大学：位于深圳市，2010 年 12 月获教育部批准设立，由深圳市政府创办。学校设有 8 个学院。目前签约教师 1429 人，包括院士 60 人。截至 2023 年 1 月，在校生超 1 万人。

◆ 上海科技大学：位于上海市，2013 年 9 月获教育部批准设立，由上海市政府与中国科学院共同创办。学校设有 6 个学院，4 个研究院所，1 个光子大科学中心，1 个硬 X 射线自由电子激光装置。目前签约教师超 1400 人，包括诺贝尔奖获得者 4 位、两院院士 40 位。截至 2023 年 3 月，在校生近 5500 人。

◆ 西湖大学：位于杭州市，2018 年 2 月获教育部批准设立，由杨振宁担任校董会名誉主席，施一公担任校长。学校设有生命科学、理学、工学 3 个二级学院。目前签约教师 68 人，包括独立实验室负责人 30 余人。截至 2023 年 3 月，

① 边恕，刘译阳 . 东北地区高等教育一体化机制设计研究 [J]. 东北大学学报（社会科学版），2022（5）：132–137.

② 包括大连理工大学、东北大学、吉林大学、哈尔滨工业大学 .

③ 包括辽宁大学、大连理工大学、东北大学、大连海事大学、吉林大学、延边大学、东北师范大学、哈尔滨工业大学、哈尔滨工程大学、东北农业大学、东北林业大学。

在校生近3000人。

◆ 宁波东方理工大学：位于宁波市，正在筹建中，预计2025年前正式获批建校，由虞仁荣教育基金会创办。学校计划设立微电子学、人工智能、信息与通信工程等专业。已签约33名高层次人才，其中院士4人、国家级人才13人。规划10年内在校生规模达到1万人。

资料来源：长城战略咨询根据公开资料整理。

四、新型研发机构

近年来，新型研发机构发展逐渐受到国家重视，旨在解决区域创新资源分布严重失衡、高校和科研院所的科技供给能力不足、我国企业群体的研发能力较弱等问题。国际上代表性新型研发机构是德国弗劳恩霍夫协会，国内江苏、浙江、湖北、辽宁、北京等早期探索也较早。例如，成立于2013年的江苏产业技术研究院，截至2022年年底已在先进材料、能源环保、信息技术、装备制造、生物医药等五大领域布局建设了59家研发载体，包括55家专业研究所、2家领域类重大集成创新平台和2家综合类创新平台，拥有各类研发人员超1000人，累计孵化企业超1000家，转移转化技术成果5700多项。2016年5月，我国印发《国家创新驱动发展战略纲要》，提出“发展面向市场的新型研发机构”；2019年，科技部还专门印发了《关于促进新型研发机构发展的指导意见》。据统计，截至2021年年底，我国共有新型研发机构2412家①，可分为两类：一类侧重于科技成果转化及产业升级服务，如武汉光电工业技术研究院；另一类侧重于基础研究，如北京生命科学研究所等。从东北来看，2018年以来，随着沈阳市新型研发机构管理办法及辽宁省、吉林省、黑龙江省建设指引的陆续出台，新型研发机构建设也在东北逐步铺开（详见专栏6–5），并且还涌现出沈阳产业技术研究院、中国科学院大化所盘锦产业技术研究院等一些有所成效的新型研发机构（详见专栏6–6）。

专栏6–5 东北地区新型研发机构建设大事记

◆ 2016年5月：长春光电精密机械与物理研究所专业从事经营性资产运营管理的全资子公司长光集团成立，负责管理长春光电精密机械与物理研究所80多

① 科技部火炬中心 . 2022年新型研发机构发展报告 [R]. 2023.

家参控股企业及国家级孵化器、产业发展基金等支撑平台，标志着长春光电精密机械与物理研究所转型新型研发机构。

- 2017 年 6 月：沈阳市《关于贯彻落实创新驱动发展战略建设东北亚科技创新中心的实施意见》（含 30 条政策）提出每年安排不少于 1 亿元科技资金资助新型研发机构建设。
- 2018 年 12 月：沈阳市公布首批新型研发机构名单，含 8 家产业技术研究院。
- 2019 年 6 月：《辽宁省新型创新主体建设工作指引》经省科技创新工作领导小组同意印发实施，提出到 2025 年新型研发机构达 100 家。
- 2019 年 6 月：沈阳市科技局印发新版《沈阳市新型研发机构管理办法》。
- 2019 年 7 月：辽宁省高规格组建了辽宁省海洋产业技术创新研究院、辽宁省区块链专业技术创新中心、辽宁省人工智能产业技术创新研究院、辽宁省中医药产业技术创新研究院等。
- 2020 年 1 月：吉林省印发《吉林省新型研发机构认定管理办法》。
- 2021 年 3 月：黑龙江省印发《关于促进新型研发机构发展的措施》。
- 2021 年 11 月：沈阳产业技术研究院与江苏省产业技术研究院合作签约。

资料来源：长城战略咨询根据公开资料整理。

专栏 6–6　东北地区新型研发机构典型案例

- 沈阳产业技术研究院：成立于 2020 年，由沈阳市政府高规格打造，委托江苏省产业技术研究院负责运营。截至 2022 年年底，已与沈阳市细分领域龙头企业共建联合创新中心 30 家、专业研究所 21 家，引进项目团队 40 个，落地高质量项目 16 个，总投入约 2 亿元，集聚项目核心骨干人员 400 余人。
- 中国科学院大连化物所盘锦产业技术研究院：成立于 2019 年，由盘锦市双台子区政府和中国科学院大连化物所出资共建。研究院以“轻资产服务平台 + 基金”的新型科技成果转化模式进行市场化运营，现已完成中试项目 3 项、示范推广项目 2 项。“甲基丙烯酸甲酯（MMA）产业化项目”作为首例国际先进产业化项目落地盘锦，项目总投资 21 亿元，建成投产后，每年预计可为地方贡献利税 3 亿元。同时参与共建实质性产学研联盟 3 家，发起并成立了盘锦市化工协会。

资料来源：长城战略咨询根据公开资料整理。

新型研发机构有哪些收入来源？我们全面复盘了全国这些年存活较好、业绩不断增长的几十家新型研发机构，发现其收入主要分为基本无收入、稳定收入、收入指数增长 3 个阶段，包括技术服务、股权、营销服务、培训和咨询服务、办公场地租赁、自营业务等 6 类稳定收入来源（详见专栏 6-7）。

专栏 6-7　新型研发机构发展的 3 个阶段及收入来源

◆ 第一阶段：基本无收入（0 ～ 1 年）。该阶段依靠新型研发机构自筹资金、政府扶持资金、低息贷款、风投资金等生存，累计需要 200 万元左右启动经费。组建 10 人左右核心团队，积极探索商业模式，努力突破 3 个"首单业务"，即为 1 家大企业提供技术服务并收取服务费、内部孵化 1 家初创企业并知识产权作价入股、为 1 家外部生态圈初创企业提供技术服务并服务入股，为此，形成约 50 万元收入（含股权）。

◆ 第二阶段：逐步形成稳定的收入（1 ～ 3 年）。该阶段新型研发机构在 10 人左右、团队不断成熟、服务能力显著提升，形成相对稳定的客户群和相对广泛的收入来源。如果在两年时间累计达成 1000 万元以上收入，且股权收入不超过 40%，则说明该新型研发机构"现金流"基本实现平衡且未来大有可期。具体来说，包括 6 个方面：一是技术服务收入。主要向有付费能力的大企业提供技术研发外包、技术咨询、检验检测等技术服务形成收入，以及低价购进技术进行二次开发再转让形成增值收入。二是股权收入。通过技术成果作价入股、技术服务入股、办公场地入股、投资入股等方式，成为新型研发机构内部孵化企业及外部生态圈企业的股东，并加强入股企业投后管理，通过日后股权分红、股权出让等方式实现收入。三是营销服务收入。新型研发机构借助对市场的理解，以及和大企业的亲密关系，为内部孵化企业及外部生态圈的中小企业提供产品定位、产品设计、品牌策划、媒体链接、客户对接等服务，收取服务费用或产品销售提成。四是培训和咨询服务收入。新型研发机构借助对行业格局、技术趋势及本行业特定商业模式的理解，为内部孵化企业及外部生态圈中小企业提供技术培训、业务战略、组织与人才发展、融资咨询等服务，收取培训费或咨询费。五是办公场地租赁收入。新型研发机构依托母公司投资、政府无偿提供、租赁或购置的楼宇，为内孵化企业及外部生态圈的中小企业提供办公场地服务，收取租金。六是自营业务收入。成立专门的部门，内部转化新型研发机构技术成果，形成经营收入。此外，为促进新型研发机构专业化发展，独立注册公司比成立事业部转化成果更合适。

◆ 第三阶段：收入指数增长（3 年以上）。跑通第二阶段说明该新型研发机构的模式是可行的、能力是不错的，到这个时候新型研发机构可以选择“三个扩张战略”；一是继续深耕本地产业链提供更深入、更全面的服务；二是选择多地点经营战略，在全国甚至全球寻找该新型研发机构聚焦的产业链布局若干分支机构；三是利用新型研发机构积累的经营管理经验，延伸到周边产业链或新兴产业链领域，布局分支机构。总之，通过单体分支做大，分支做多，实现收入指数增长，力争 5 ～ 10 年，单体分支机构的年营业收入达到 1000 万元，分支机构数量达到 20 家，实现总营业收入 2 亿元并成为持有 300 ～ 500 家左右初创企业股权的平台型机构。

东北如何引导新型研发机构“活长做大”？从全球看，确实存在那么一批“做得风生水起”的新型研发机构，如德国弗劳恩霍夫协会，以及中国台湾工业研究院、江苏省产业技术研究院、武汉光电工业技术研究院、武汉生物技术研究院等。基于对这些新型研发机构的持续观察，我们发现，它们“活长做大”主要是采取了以下 5 个经营管理诀窍：

一是定位“产业链升级服务者”。我们认为，新型研发机构本质上属于“专业服务机构”，其依靠技术研发、市场营销、经营管理等方面的专业知识和技能，为大企业、初创中小企业提供专业服务。只有当新型研发机构比客户更专业时，客户才会找你，才能够形成源源不断的收入。根据我们长期研究，要成为专业服务机构，关键是选择有限领域持续深耕。因此，我们建议，每个新型研发机构或其单个分支机构最好选择 1 条产业链持续深耕，定位产业链升级服务者，集中精力为该产业链大企业、初创中小企业提供有价值的服务，力争成为全国乃至全球该产业链创新发展、转型升级的重要推动者。例如，武汉光电工业技术研究院主要深耕光电产业链，而江苏省产研院作为总部，其统筹管理的几十个专业所基本都各自聚焦于某一条产业链。

二是注重精挑细选投资创办主体。如果新型研发机构投资主体拥有前沿技术、资本和投后管理经验、市场网络、经营诀窍、办公场地等资源，就能为新型研发机构创收赋能，可大大提高其存活率。根据我们的经验，以下 5 类主体值得重点关注：一是高校院所。高校院所拥有产业链技术知识、科研人才、实验仪器，旗下大学科技园、产业集团等还拥有办公空间、资本和投后管理经验，是创办新型研发机构的理想主体，但要注意国资低效、对外布局受限、研发过度追求前沿性而忽视落地性、教授出身的管理团队不擅经营等风险。二是政府园区平台公司。园区平台公司是政府采用市场化手段推进园区产业链转型升级的主平台，这与新型研发机构定位“产业链升级服务者”不谋而合，并且园区平台公司拥有资本、经营诀窍、办公场地等资源，适合创办新型研发机构，但要注意国资低效、走纯孵化路线等风险。三是大企业。大企业已是商业领域的成功者，在商业运营、市场网络、品牌影响、资本等方面具有一定优势，能为创办的新型研发机构有效赋能，但要注意财务不独立、研发过度服务于大企业内部业务、封闭不开放等风险。四是产业园运营商。产业园运营商和园区平台公司类似，不仅有产业链升级诉求，也有资本、经营诀窍、办公场地等资源，适合创办新型研发机构，但要避免走纯孵化路线、搞噱头以吸引政府关注、产业链不聚焦等风险。五是投资机构。投资机构拥有资本和投后管理经验、特定行业经营诀窍等资源，能为创办的新型研发机构提供一定的赋能，但要规避投资机构纯财务投资无产业资源等风险。

三是通过链接技术源头强化原始创新能力。原始创新能力是新型研发机构的核心竞争力所在，但开展各类前沿技术研究是一个“烧钱”的过程，除非高规格建设的、有大量财政资金支持的新型研发机构，否则千万不要刚成立就大搞研发，尤其对于东北地区更是如此。因此，东北新型研发机构在成立初期应该学武汉模式，以链接高校院所技术源头、转化其现有成果或对其成果进行二次开发为主，等新型研发机构活下来后再全面布局“烧钱”的研发。武汉光电工业技术研究院就是这种模式，成立初期的 4 ～ 5 年，主要链接转化华中科技大学武汉光电国家研究中心的科研成果，最近其才组建研发部门开展自主的技术研发。

四是按照“专业服务机构”逻辑经营。我们发现，经营较好的新型研发机构，基本采用与咨询公司、券商、律所等专业服务机构类似的经营逻辑，包括项目制、注重大客户营销和管理、注重吸引和留住高技能专业人才、因深度服务客户需要而采用多地点经营战略等。为此，可以采取以下措施：一是在经济条件允许的情况下，可探索“委托专业机构代运营”模式，在委托合作过程中，学习掌握专业服务能力。例如，最近沈阳产业技术研究院就委托江苏省产业技术研究院代运营。二是各机构有必要采取传帮带（导师制）、资深人士授课、共创工作坊、刻意练习、场景实践（干中学）等方式，不断壮大资深专业人士队伍，包括产业链应用技术研发人才、技术经纪人、懂行的经营管理人才、市场营销和品牌传播人才、资本运作人才 + 孵化和育成体系运营人才、产业链提升战略研究人才等类型。三是各机构也可阅读一些关于新型研发机构及专业服务机构管理的书籍，如《专业服务机构的管理》《国家战略科技力量：新型科研机构》《科创新方略：中国新型研发机构的实践探索与发展评价》《我国新型研发机构的兴起与探索》《专业服务公司的管理》等[①②③④]。

五是彻底忘掉将会有“政府补助”。对于该不该争取“政府补助”这个问题，我们的观点是，彻底忘掉它，不要分心去迎合政府，而是潜心钻研经营之事，努力做出一批标志性成绩，包括重大科技成果交易、孵化重点企业或大量科技企业等。尤其在创办初期，新型研发机构更是不能过度指望政府补助，而要加强“练内功”，提升机构从市场化渠道实现创收的能力。

第三节　东北创新崛起的必要前提是留住战略人才力量

在新一轮科技革命和产业变革孕育背景下，科技竞争成为世界各国综合国力竞争的焦点，而科技竞争的本质是科技人才的竞争。党的二十大报告在“深入实施人才强国战略”部分强调“加快建设国家战略人才力量，努力培养造就更多大师、战略科学家、一流科技领军人才和创新团队、青年科技人才、卓越工程师、大国工匠、高技能人才”（详见专栏 6–8）。战略人才力量是科技人才的“塔尖”，根据中国人事科学研究院的定义，科技人才是指从事科学发现、技术发明、研发设计等创新性工作，并提供科技创新产品和服务的人才，包括科学家、工程师等，以脑力劳动为主，对教育背景要求高，侧重“硬技术”[⑤]。中央对东北的人才引进也十分关注。2016 年，中共中央、国务院曾发布《关于全面振兴东北地区等老工业基地的若干意见》就特别提到，“加大人才培养和智力引进力度。把引进人才、培养人才、留住人才、用好人才放在优先位置，研究支持东北地区吸引和用好人才的政策措施等”。2018 年 9 月，在主持召开深入推进东北振兴座谈会时，习近平总书记指出“要多

---

① 樊建平 . 国家战略科技力量：新型科研机构 [M]. 北京：中国经济出版社，2022.

② 朱世强，孙韶阳，金铭 . 科创新方略：中国新型研发机构的实践探索与发展评价 [M]. 北京：中国科学技术出版社，2022.

③ 王来军 . 我国新型研发机构的兴起与探索 [M]. 北京：科学技术文献出版社，2022.

④ 大卫・梅斯特 . 专业服务公司的管理 [M]. 吴卫军，郭蓉，译 . 北京：机械工业出版社，2018.

⑤ 孙彦玲，孙锐 . 新时代人才强国战略背景下人才分类问题研究 [J]. 科学学研究，2023，41（7）：1186–1196.

方面采取措施，创造拴心留人的条件，让各类人才安心、安身、安业”。2023年，习近平总书记在新时代推动东北全面振兴座谈会上，提到“优化创新产业环境，加强人力资源开发利用，加大人才振兴的政策支持力度，打造更多创业创新平台，支持东北留住人才、引进人才”。可见，对于东北地区来说，除了关注科技人才本身外，更要关注打造“拴心留人”的人才环境。

专栏6–8　国家战略人才力量分类情况①

◆ 战略科学家：重大科技进步推动者。战略科学家是具有深厚科学素养，视野开阔，前瞻性判断力、跨学科理解能力、大兵团作战组织领导能力强的科学家；是集统筹布局能力、研究能力、管理领导能力于一身的高层次复合型人才，是把得住方向、做得了科研、带得了队伍的“帅才”。例如，钱学森、黄大年是名副其实的战略科学家，在科学研究过程中展现出不凡的领导能力，钱学森在导弹研制中组织全国大规模科研与生产力量进行协同攻关；黄大年在负责“深部探测关键仪器装备研制与实验”重大科研任务中，组织和协调了来自高校和科研院所的约500位科研人员。

◆ 一流科技领军人才和创新团队：“卡脖子”攻关中坚力量。一流科技领军人才是能够保持优秀的职业道德操守和不懈的奋斗意志，能够带领科技团队创新攻关、推动引领相关专业领域发展，不断获得科技成果、取得卓越成绩，被业内广泛认可的人才。包括两院院士②、长江学者等③。此外，由一流科技领军人才领衔的团队就是高水平创新团队。近期，国内对于一流科技领军人才的支持政策，可以分为生活保障政策、事业支持政策、资金支持政策3类，包括社会保障、住房保障、家属安置、投融资支持、身份认可、持续培养、税收补助、团队支持、联络沟通和奖励补助等具体10项政策④。

◆ 卓越工程师、大国工匠、高技能人才：“制造强国”的关键力量。卓越工程师是爱党报国、敬业奉献、具有突出技术创新能力、善于解决复杂工程问题

① 习近平．论科技自立自强[M]. 北京：中央文献出版社，2023.

② 截至2023年6月，东北拥有全国两院院士共156人，其中辽宁87人、吉林42人、黑龙江27人。

③ 科技领军人才的选拔培养状况调查课题组．科技领军人才的选拔培养状况调查报告[M]. 北京：中国科学技术出版社，2013.

④ 郝玉明，张雅臻．完善科技领军人才分类支持政策建议：基于7个发达省市22项政策的文本分析[J]. 行政管理改革，2021（9）：79–81.

的工程师，也是一线科技人才，活跃在我国制造业中。产教融合协同育人是卓越工程师培养的重要途径。2022 年 9 月 27 日，首批 18 所国家卓越工程师学院正式挂牌，建设单位包括清华大学等 10 所“双一流”建设高校和中国航天科工集团等 8 家大型央企，标志着我国“卓越工程师教育培养计划”在继 2010 年启动和 2017 年升级之后进入 3.0 时代。工匠是古代社会手工行业发展的产物，“大国工匠”属于高技能人才中的顶尖者，是弘扬工匠精神的楷模。高技能人才也被称为优秀技术工人，是指熟练掌握专门知识和技术，具备精湛的操作技能和较强的创新能力，在一线岗位实践中能够解决关键技术和工艺的操作性难题的技术工人，主要包括取得高级工、技师、高级技师、特级技师、首席技师职业资格及相应技能水平以上的技术工人。

◆ 青年科技人才：后备队伍。拥有一大批青年科技人才，是国家创新活力之所在，也是科技发展希望之所在。青年人才是国家战略人才力量的源头活水，有研究表明，自然科学家发明创造的最佳年龄是 25 ～ 45 岁。例如，2021 年走红网络的中国载人航天“中枢神经”北京航天飞行控制中心，其 274 个重点岗位中，30 岁以下的年轻人占 85% 以上。

资料来源：长城战略咨询根据公开资料整理。

一、东北人才困境

东北是我国人口迁移最为活跃的地区之一。新中国成立初期国家将东北三省作为重点建设地区，生产建设兵团和知青大批入驻，大量山东、河北人口移民东北。改革开放后随着区域经济格局的变化，东北三省丧失原有经济发展优势，与东部沿海地区经济社会发展的差距逐步拉开，人口迁移方向逐渐发生了逆转，大量人口开始外迁[①]。与 2010 年相比，2020 年东北地区人口增长率为 –10.04%，其中黑龙江省人口增长率为 –16.87%，成为全国人口负增长最严重的省份，在东北地区 38 个地市级行政单位中有 33 个人口负增长，11 个边境地级市总人口 10 年间下降接近 1/5，黑龙江省两个地级市人口增长率低于 –30%[②]。2021 年 12 月，国务院研究中心官网发布了《从东北高校毕业生就业去向看东北人才流失问题》一文，文中提到基于东

① 段成荣，盛丹阳 . 1953 年以来东北三省人口跨省迁移研究：基于普查存活比法 [J]. 人口学刊，2022，254（44）：14.

② 张丽萍，王广州 . 东北地区人口负增长特征及突出问题研究 [J]. 社会科学报刊，2023，14（2）：129.

北地区 20 所高校 2019 届毕业生就业质量报告分析发现，按毕业生总数和东北生源口径统计，毕业生流失率分别高达 63.46% 和 26.45%，流失毕业生多前往华南、华东和华北地区就业，东北经济发展活力不足、工资收入待遇和社会保障水平不高、工业企业创新能力不足、创业带动就业能力不强、人才政策缺乏吸引力等是人才流失的主要原因。可见，东北人才流失不仅仅是科技人才的问题，还涉及各个领域，尤其是各层次青年人才。

二、我们的建议

虽然这些年东北在留住人才方面采取了一些举措（详见专栏 6–9），并取得一定成效，但下一步还有必要加强以下 3 个方面的工作：一是除了人才认定及政策保障外，还需要在人才发展环境上努力。正如《从东北高校毕业生就业去向看东北人才流失问题》所建议的，"建议东北地区加快转换经济增长动力，增强城市和产业就业吸纳能力，进一步推进人才体制机制改革，完善留人用人配套支持政策，提升就业公共服务质量，稳步提高工作待遇水平，为高校毕业生人才创造良好的就业环境，切实缓解本地区人才流失问题"。生活环境上努力，最近沈阳市认真落实"兴沈英才计划"，持续优环境、优政策、优服务，深入实施人才强市战略，尤其在毕业季，沈阳市委市政府紧抓高校毕业生这一最富创造力和发展活力的群体，在越来越多的城市盯上本地高校毕业生的同时，以风景、人文、时尚为元素打造青年友好型街区，以平台、环境、新经济为重点建设人才成长型城市，以青年经济和校友经济撬动城市发展。我们认为，沈阳下一步要重点推进这些举措扎实落地。二是加强人才分类管理。制定人才分类目录，重点将战略科学家、一流科技领军人才和创新团队、青年科技人才等科技人才纳入人才目录（成都实践，如表 6–6 所示）。三是成立人才集团。人才发展集团其实早就不是新鲜事物，早在 2017 年深圳市就成立了人才集团，成为国内颇具影响力的人才管理机构（详见专栏 6–10）。

专栏 6–9　近 3 年东北三省人才政策盘点

①辽宁省：2022 年 4 月，辽宁省人力资源社会保障厅发布《关于支持和鼓励高层次人才服务企业若干措施》。2022 年 6 月，辽宁省委印发《辽宁省"十四五"人才发展规划》。2022 年 7 月，辽宁省委发布《深入实施"兴辽英才计划"加快推进新时代人才强省建设若干政策措施》；2022 年 8 月，辽宁省委发布《辽宁省新时代法治人才培养实施方案》。2023 年 5 月，辽宁省政府办公厅出台《关于

加强新时代辽宁高技能人才队伍建设的实施意见》。

②吉林省：2021 年 2 月，吉林省委、省政府印发《关于激发人才活力支持人才创新创业的若干政策措施（2.0 版）》。2021 年 8 月，吉林省委发布《吉林市人才回归行动实施办法》。2021 年 9 月，吉林省政府发布《吉林市引进万名学子"助企兴业"行动实施办法》。2021 年 9 月，吉林省政府发布《吉林市乡村人才振兴行动实施办法》。2022 年 10 月，吉林省政府印发《关于激发人才活力支持人才创新创业的若干政策措施（3.0 版）》。

③黑龙江省：2021 年 7 月，黑龙江省人力资源社会保障厅关于印发《黑龙江省职业技能等级认定实施办法(试行)》。2022 年 5 月，黑龙江省委制定出台《新时代龙江人才振兴 60 条》。2022 年 12 月，黑龙江省委办公厅、省政府办公厅印发《关于加强新时代高技能人才队伍建设的实施意见》。2023 年黑龙江制定人才引进政策及租房购房补贴新规定。

资料来源：长城战略咨询根据公开资料整理。

表 6-6　成都市人才分类实践 4.0 版①

分类	主要人才类型
A 类	诺贝尔奖获得者；国家最高科学技术奖获得者；图灵奖、菲尔兹奖、普利兹克奖获得者；中国科学院院士，中国工程院院士；中国社会科学院学部委员、荣誉学部委员；美国、俄罗斯、英国、德国、法国、日本、加拿大、澳大利亚国家最高学术权威机构院士；国家高层次人才特殊支持计划杰出人才人选，国家海外高层次人才引进计划顶尖人才人选；国家自然科学奖、国家技术发明奖、国家科学技术进步奖一等奖及以上获得者（第一完成人）；国家实验室主任；相当于上述层次的人才
B 类	主要包括科技创新类、重点产业类、技术技能类、教育卫生类、社会科学及文化体育类、乡村振兴类、金融类等类型人才
C 类	
D 类	
E 类	主要包括硕士及以上、副高、高级技师等类型人才
F 类	主要包括本科及以上、技师等类型人才

资料来源：长城战略咨询根据公开资料整理。

① 《成都市人才分类目录》。

专栏 6-10 深圳人才集团建设经验

人才发展集团是指一地人才引进、培养、服务及人才项目孵化经营管理的主体（企业）。这个主体经营管理该地区党委、政府及组织部门授权范围内与人才相关的业务，因此，也被称为覆盖人力资源服务全产业链的“城市 HR”和整体人才解决方案供应商。成立于 2017 年的深圳市人才集团，其定位是：以猎头高端业务为引领、以公共服务业务为基础、以人力资源外包业务为主体，覆盖人力资源服务全产业链的深圳“城市 HR”和整体人才解决方案供应商。深圳人才集团立足深圳、辐射全国、走向世界，为深圳特区和大湾区的建设搭建了面向全球的招才引智和人才服务平台，为近 4000 万人次提供了优质的服务。

◆ 搭建“三个一百”综合性人才服务平台。深圳人才集团对照深圳市产业发展需求，为企业提供从高端猎聘服务到人才引进、人才测评、人才培训等全产业链的人才服务，重点打造“三个一百”战略：“选取一百家知名企业”，开展深层次战略合作，开辟人才服务的快车道；“聘请一百名人才大使”，发挥行业领军人物优势，形成尖端人脉网；“联系一百所重点高校”，为招才引智储备人才，架起校企沟通桥梁。

◆ 搭建粤港澳大湾区人才创新园平台。深圳人才集团与深圳市罗湖区政府率先创建了粤港澳大湾区人才创新园。园区将面向国内外引进顶尖人才机构和新兴人才机构，建立专业化、信息化、产业化、国际化的人力资源服务体系，营造具有特色的人力资源生态圈。

◆ 搭建人才大数据智能化服务平台。深圳人才集团与交易集团达成战略合作，共建人才大数据平台，将实现人才地图、人才导航、人才评估和人才交易功能，形成精细化的整体人才服务解决方案。

◆ 创建国际一流千里马猎头公司。深圳人才集团出资 1 亿元设立了深圳千里马国际猎头有限公司，完善高端人才引进和服务市场机制，创建高层次人才服务团队，为高层次人才提供全方位、多维度的品质优才服务，匹配深圳国际化高端人才发展战略，打造深圳城市猎手。

资料来源：长城战略咨询根据公开资料整理。

第四节　东北要以大国重器为核心加强技术攻关，抢占制高点

2018 年习近平总书记在中央财经委员会第二次会议上指出“关键核心技术是国之重器，对推动我国经济高质量发展、保障国家安全都具有十分重要的意义”，这是总书记对关键核心技术相对明确的指示。更早在 2016 年全国网络安全和信息化工作座谈会上，习近平总书记还讲到过对“核心技术”的理解，“我看，可以从三个方面把握。一是基础技术、通用技术。二是非对称技术、‘撒手锏’技术。三是前沿技术、颠覆性技术。在这些领域，我们同国外处在同一条起跑线上，如果能够超前部署、集中攻关，很有可能实现从跟跑并跑到并跑领跑的转变”。这场座谈会上习近平总书记的重要论述，为我们理解和把握关键核心技术提供了科学指引。

习近平总书记提到的这“六类技术”，比较来看，基础技术和通用技术对产业链升级来说相对重要，但从紧迫性来说却没有那么紧迫，我国为了攻关这两类技术，已布局了工业“四基”计划[①]；非对称技术和“撒手锏”技术类似于现在我们提的“卡脖子”技术，只不过当时还没有这个提法，也指受制于人、被卡住的技术类型；前沿技术和颠覆性技术是指面向未来的技术类型[②]。可见，我们近期需要重点关注的关键核心技术主要是两类：一类是受制于人的“卡脖子”关键核心技术；另一类是面向未来的、各地需要超前布局的颠覆性技术，我们将在本部分予以介绍。此外，我们也关注支持关键核心技术攻关的国家重大专项（详见专栏 6–11）及鼓励关键核心技术攻关的国家科学技术奖，包括国家最高科学技术奖、国家自然科学奖、国家技术发明奖、国家科学技术进步奖和国家专利金奖（其中，中国科学院大连化物所获得的各类国家级重大科技奖项详见专栏 6–12）。

专栏 6–11　国家重大专项及分布领域

第二次世界大战期间，美国通过实施曼哈顿计划，集中以核科学为主的当时最顶尖的科学家，动员 10 万多人，历时 3 年，成功研制了原子弹，开创了集中优秀人才占领科技、军事制高点的先河。新中国成立后，我国也实施了“两弹一星”、载人航天计划等重大科技计划，取得了巨大成就。2006 年，《国家中

① 工业“四基”包括核心的基础零部件、先进的基础工艺、关键的技术材料、关键的产业基础技术。

② 钟贞山，王希金 . 新时代科技自立自强与全面建设社会主义现代化国家：习近平总书记关于关键核心技术攻关重要论述研析 [J]. 湖北大学学报（哲学社会科学版），2023，50（1）：11–19.

长期科学和技术发展规划纲要（2006—2020年）》发布，明确提出要组织实施国家科技重大专项，此后，2016年在已有国家科技重大专项（16项）的基础上，新部署“科技创新2030重大项目”，共计16项。

（一）首批重大专项：2006—2020年，共16项

◆ 核高基技术：核心元件、高端芯片、基础软件
◆ 光刻机技术：超大规模集成电路制造装备与成套工艺技术
◆ 5G通信技术：新一代宽带无线移动通信技术
◆ 工业母机技术：高端数控机床与基础制造装备技术
◆ 页岩油气开发技术：大型油气田及煤层气开发技术
◆ 大型先进压水堆及高温气冷堆技术：大型核电站技术
◆ 水环境处理技术：水体污染控制与治理技术
◆ 转基因育种技术：转基因生物新品中国培育技术
◆ 新型医药技术：重大新药创制技术
◆ 新型疫苗技术：艾滋病和病毒性肝炎等重大传染病防治技术
◆ C919工程：大型飞机技术
◆ 高精监测技术：高分辨率对地观测系统
◆ 航天探月技术：航天载人工程
◆ 北斗工程：新一代卫星导航系统
◆ 神光工程：惯性约束聚变点火工程
◆ 新型火箭技术：高超音速飞行器技术

（二）第二批重大专项：2016—2030年，共16项

◆ 航空发动机及燃气轮机
◆ 智能制造和机器人
◆ 重点新材料研发及应用
◆ 深海空间站
◆ 深空探测及空间飞行器在轨服务与维护系统
◆ 脑科学与类脑研究
◆ 健康保障
◆ 量子通信与量子计算机
◆ 国家网络空间安全

- ◆ 天地一体化信息网络
- ◆ 大数据
- ◆ 新一代人工智能
- ◆ 煤炭清洁高效利用
- ◆ 智能电网
- ◆ 京津冀环境综合治理
- ◆ 种业自主创新

资料来源：长城战略咨询根据公开资料整理。

专栏 6-12 中国科学院大连化物所获得的各类国家级重大科技奖项

- ◆ 国家最高科学技术奖：张存浩院士，2013 年
- ◆ 国家技术发明奖：一等奖（刘中民院士团队，2014 年）、二等奖（1 项）
- ◆ 国家自然科学奖：一等奖（包信和院士院队，2020 年）、二等奖（3 项）
- ◆ 国家科学技术进步奖：一等奖（1 项，第五完成单位）、二等奖（1 项，第二完成单位）
- ◆ 国家专利金奖：1 项

资料来源：长城战略咨询根据公开资料整理。

一、"卡脖子"关键核心技术 [①②]

虽然"卡脖子"包含自然资源、地理空间、数据资源等多个方面，但涵盖发明专利与制造工艺的科技领域才是目前限制我国多个领域发展的最大难题。"卡脖子"技术属于关键核心技术的范畴，不仅在技术价值链上占有极高地位，且在国际上技术来源少，易形成技术垄断，一旦被技术供给方制裁，技术需求方将难以在短期内实现技术突破，直接威胁到企业生存和国家经济安全。可见，"卡脖子"技术因国家间的竞争而出现，是各国进行博弈的一种手段，解决"卡脖子"技术难题，就成为国家产业链供应链安全稳定、自主可控的关键。2022 年 8 月习近平总书记在考察

① 金海年．大国的坎：如何破解"卡脖子"难题 [M]. 北京：中译出版社，2022.

② 陈劲．破局："卡脖子"技术突破的战略与路径 [M]. 北京：科学出版社，2022.

沈阳新松公司时还强调，“要时不我待推进科技自立自强、只争朝夕突破‘卡脖子’问题”。当前，我国面临的外国“卡脖子”问题，主要源于美国主导的《瓦森纳协定》，瓦森纳前身是巴统组织，1949 年“冷战”初期由美国及北约等国，为对苏联等社会主义国家进行贸易封锁和出口管制而成立，后来由于成员国内部出现分歧，被 1995 年成立的瓦森纳替代，自 1996 年 11 月 1 日起逐年更新发布管制清单，至今共计发布 27 个版本，管制清单分为两用清单、军品清单两大类，两用清单涉及特殊材料和相关设备、材料加工、电子产品、计算机、电信和信息安全、传感器和激光器、导航和航空电子设备、船舶、航空和航天推进设备等 9 个领域；军品清单涵盖所有类型的常规武器（主战坦克、装甲车、大口径火炮、军用飞机 / 军用无人机、武装直升机、战舰、导弹及导弹系统、小型武器和轻武器）及弹药、零部件、相关生产设备、技术和软件①。对于如何解决“卡脖子”问题，我国已有布局国家战略科技力量和国家战略人才力量、开展有组织科研、组建创新联合体、实施国产替代计划等诸多重大部署，全国各地也在积极探索解决“卡脖子”问题的重点抓手。例如，沈阳采取设立“卡脖子”关键核心技术攻关重大科技专项、组织产业链头部企业绘制产业图谱等举措，推进“卡脖子”核心技术攻关（详见专栏 6–13）。35 项中国被“卡脖子”的关键技术（2018 年版）如表 6–7 所示。日本限制出口的 23 种半导体设备如表 6–8 所示。

专栏 6–13　沈阳市“卡脖子”关键核心技术攻关实践

- 实施产业“卡脖子”关键核心技术攻关重大科技专项。在国家重大科技专项引领下，沈阳市聚焦解决外国“卡脖子”问题，瞄准高端装备（含机器人）、航空（军工）、集成电路和医疗装备等重点产业链，筛选出 15 家牵头领军企业，找准“卡脖子”的整机、部件及附件产品，梳理出 80 多项外国“卡脖子”关键核心技术问题清单，并分批安排重大科技专项组织攻关。
- 实施企业关键核心技术攻关“揭榜挂帅”。首先是找准企业创新“真需求”，组织专门力量深入全市重点产业龙头骨干企业，“一对一”摸排亟须解决的技术难题，将企业愿意买单的“真需求”挖掘出来。其次是引导企业研发“真投入”，开展科研项目经费管理改革，由以往企业自行安排和使用项目补助及配套研发经费，向真正支付协同攻关单位研发经费转变。最终要实现技术攻

① 冯洁，王健，郭明 . 瓦森纳安排管制清单分析及启示 [J]. 科技管理研究，2022（19）：40–41.

关“真联合”，面向全社会发布“揭榜挂帅”项目榜单，让企业自主选择最优技术合作方，让真正具备研发攻关能力的机构和团队挂帅出征。

◆ 组织产业链头部企业绘制产业链“卡脖子”图谱。全市复制推广沈阳机床绘制产业链“卡脖子”图谱经验，组织重点产业链14家头部企业绘制产业图谱，调查、摸清沈阳重点产业链技术发展现状，分析优势技术和“卡脖子”领域，搞清楚产业发展中关键卡点，找准有望突破形成优势的关键环节、影响发展需要壮大的薄弱环节、制约发展亟须引进的缺失环节，精准定位“卡脖子”技术问题，并绘制图谱作为未来5～10年全市技术攻关路线图。

◆ 支持头部企业牵头组建创新联合体。围绕沈阳市8条重点产业链，以“卡脖子”技术攻关及抢先布局颠覆性技术为使命，由行业龙头企业牵头组建创新联合体，从而引导创新资源围绕头部企业的“卡脖子”问题配置。每年对已备案的创新联合体进行绩效评价，重点评估创新联合体年度项目合作、人才交流、合作成果、资源共享、产业链升级促进等情况，并根据年度绩效评价，给予评价优秀的创新联合体一定资金或项目支持。

表6-7　35项中国被“卡脖子”的关键技术（2018年版）①

序号	技术名称	序号	技术名称	序号	技术名称
1	光刻机	13	核心工业软件	25	微球
2	芯片	14	ITO靶材	26	水下连接器
3	操作系统	15	核心算法	27	高端焊接电源
4	触觉传感器	16	航空钢材	28	锂电池隔膜
5	真空蒸镀机	17	铣刀	29	燃料电池关键材料
6	手机射频器件	18	高端轴承钢	30	医学影像设备元器件
7	航空发动机短舱	19	高压柱塞泵	31	数据库管理系统
8	iCLIP技术	20	航空设计软件	32	环氧树脂
9	重型燃气轮机	21	光刻胶	33	超精密抛光工艺
10	激光雷达	22	高压共轨系统	34	高强度不锈钢
11	适航标准	23	透射式电镜	35	扫描电镜
12	高端电容电阻	24	掘进机主轴承		

① 2018年《科技日报》公布了中国亟须突破的被“卡脖子”的35项关键技术。

表 6-8　日本限制出口的 23 种半导体设备[①]

设备类型	主要设备
热处理相关（1 类）	在 0.01 Pa 以下的真空状态下，对铜、钴、钨进行回流的"退火设备"
检测设备（1 类）	EUV 曝光方向的光掩膜版的检测设备或者"带有线路的掩膜"的检测设备
曝光相关（4 类）	用于 EUV 曝光的护膜；用于 EUV 曝光的护膜的生产设备；用于 EUV 曝光的光刻胶涂覆、显影设备；用于处理晶圆的步进重复式、步进扫描式光刻机设备
清洗设备（3 类）	在 0.01 Pa 以下的真空状态下，除去高分子残渣、氧化铜膜，形成铜膜的设备；在除去晶圆表面氧化膜的前道处理工序中所使用的、用于干法蚀刻的多反应腔设备；单片式湿法清洗设备
蚀刻（3 类）	向性蚀刻设备，且硅锗和硅的选择比为 100 以上的设备、异向性刻蚀设备，且含高频脉冲输出电源的设备；湿法蚀刻设备，且硅锗和硅的蚀刻选择比为 100 以上；异向性蚀刻设备，且蚀刻深度与蚀刻宽度的比率大于 30 倍、蚀刻幅宽度低于 100 纳米
成膜设备（11 类）	利用电镀形成钴膜的设备；在压力为 0.01 Pa 以下的真空状态下，不采用阻障层，有选择性地生长钨或者钼的成膜设备；在保持晶圆温度为 20 ～ 500℃的同时，利用有机金属化合物，形成钴膜的设备；空间原子层沉积设备；可在 400 ～ 650℃温度下成膜的设备；利用离子束蒸镀或者物理气相生长法（PVD）工艺，形成多层反射膜的设备；用于或者硅锗外延生长的所有设备；可利用等离子技术，形成厚度超过 100 纳米而且应力低于 450 MPa 的碳硬掩膜的设备；可利用原子层沉积法或者化学气相法，形成钨膜的设备；为了不在金属线路之间产生间隙，利用等离子形成相对介电常数低于 3.3 的低介电层膜的等离子体成膜设备；在 0.01 Pa 以下真空状态下工作的退火设备，通过再回流铜、钴、钨，使铜线路的空隙、接缝最小化的设备

二、颠覆性技术

颠覆性技术最早于 1995 年由美国哈佛大学 Christensen 教授提出。颠覆性技术是一种另辟蹊径、对已有传统或主流技术能够产生颠覆性效果的技术。习近平总书记多次强调要高度重视颠覆性技术，并指出"我国在前沿技术、颠覆性技术等领域，同国外处在同一条起跑线上，如果能够超前部署、集中攻关，很有可能实现从跟跑并跑到并跑领跑的转变"。美国国防部、新美国安全中心、美国国家科学基金会、麦肯锡全球研究院、德国弗劳恩霍夫协会等军政界、学术界、工业界典型机构

① 日本共同社 . 日本经济产业省修订部令 2023 年 7 月 23 日起对尖端半导体实施出口限制 [N]. 日本经济新闻，2023-07-23.

均对颠覆性技术进行过研究，均强调通过新的轨道产生新的技术，对原有技术体系产生破坏，对相关领域产生根本性变革，为重塑国际竞争格局和全球经济结构创造了可能。可见，颠覆性技术对打破平衡，建立国家绝对竞争优势具有重要的战略意义。例如，美国成立国防高级研究计划局（DARPA），DARPA 每年投入约 30 亿美元开展军事领域的颠覆性技术研发，以不到 0.5% 的美国国防预算，促成了人类历史上多个意义重大的创新成果，如 GPS、互联网、隐形飞机等新兴技术。2013 年，日本政府开始实施颠覆性技术创新计划（ImPACT），自实施以来也取得了良好成效。

专栏 6–14　杭州支持“颠覆性技术”创新的实践探索

◆ 承办全国颠覆性技术创新大赛。杭州市承办了由科技部主办的 2022 年全国颠覆性技术创新大赛总决赛，以赛为媒，以赛促产，营造颠覆性技术创新及转化的良好氛围。

◆ 发布《杭州市支持颠覆性技术创新若干政策措施》。一是支持基础研究，启动设立市自然科学基金，2023 年安排市级 2000 万元资金。二是对重大科技基础设施、全国重点实验室、省实验室等重大创新平台给予不低于 3000 万元的专项资金支持。三是支持有条件的创新主体建设概念验证中心，为颠覆性技术提供概念验证和技术孵化服务，对经认定的概念验证中心给予最高 500 万元资助。四是对采用“揭榜挂帅”择优委托方式实施的颠覆性技术重大研发项目给予最高 1000 万元资助。五是对采用竞争性方式实施的颠覆性技术重点研发项目给予最高 300 万元资助。六是发挥市科创基金作用，引导社会资本投向具有市场前景的颠覆性技术成果和项目。

资料来源：长城战略咨询根据公开资料整理。

第五节　推进场景创新，让东北丰富应用场景为科技进步加速

在当前我国高科技产品进口受阻，部分核心环节和关键技术受制于人的形势下，如何引领科技原始创新、探索新的科技成果转化模式已成为各级政府亟须解决的现实问题。

一、什么是场景创新？

场景驱动的创新模式源于硅谷、兴于中国，是一种数字经济时代兴起的新的

创新模式，它面向真实的市场需求，运用商业化机制，以企业为主体，组织各类创新资源，在商业爆发的同时实现科技突破，是当前受到广泛关注的一种促进原始创新成果转化的手段。在人工智能等技术驱动型产业中正发挥着关键作用。场景创新不是过去对新技术的应用示范，也不是简单的需求挖掘，而是真正通过洞见创造未来。不同于未来学的完全想象，场景创新对未来的洞见一定是可以通过某种技术突破而实现的。长城战略咨询在场景创新领域探索较早，其创始人王德禄认为“场景的主力是独角兽企业、场景的核心是创意、高价值场景就是爆发”，这是我们在各地协助开展场景创新工作的方法论[①]。

二、场景创新的全国探索

根据《中国场景创新研究报告 2023》，截至 2022 年年底，全国 GDP 排名前 100 的城市中已有 43 个城市启动了场景创新工作，可分为四大梯队（表 6–9）。第一梯队在场景工作方面采取“全市统筹、系统推进”模式，以北京、合肥、成都[②③]等城市为代表，已经建立了全流程场景创新工作体系。第二梯队采取“特定领域系统推进”模式，以青岛、南京、济南等城市为代表，在特定领域推进全流程场景工作体系。第三梯队实现了“不定期发布场景清单”，以杭州、广州、沈阳、苏州等城市为代表，实现了城市的场景资源挖掘与发布。第四梯队以“点状启动场景探索”为特点，尚未形成工作体系和工作思路。对于东北地区，辽宁省场景创新示范工作实际起步比较早，省工业和信息化厅牵头的智能制造场景开放，以及沈阳市商务局牵头的场景招商成效都不错，但在统筹推进力度、精细化程度等方面，与第一、第二梯队城市还有较大差距。

表 6–9　我国重点城市场景创新工作发展情况[④]

梯队分布	梯队特征	代表城市
第一梯队	全市统筹、系统推进	北京、合肥、上海、成都
第二梯队	特定领域系统推进	青岛、南京、济南、武汉
第三梯队	不定期发布场景清单	杭州、广州、沈阳、苏州、长沙、贵阳、淄博、芜湖、九江、赣州、宜春、上饶、常州、南昌

① 长城战略咨询 . 场景驱动的创新：科技与经济融合的加速器 [R]. GEI 新经济内参，2021.

② 吴军，营立成 . 场景营城：新发展理念的成都表达 [M]. 北京：人民出版社，2023.

③ 周成 . 场景之城：营城模式创新探索者 [M]. 北京：中国社会科学出版社，2022.

④ 长城战略咨询 . 中国场景创新研究报告 2023[R]. 2023.

续表

梯队分布	梯队特征	代表城市
第四梯队	点状启动场景探索	无锡、宁波、天津、绵阳、宜宾、株洲、郑州、大连、温州、宜昌、福州、泉州、潍坊、重庆、南通、石家庄、厦门、惠州、西安、烟台、榆林

三、东北三省如何开展场景创新工作?

一是争创国家级示范场景。依托场景创新培育新赛道、新物种已经得到了国家、地方的广泛关注，国家“十四五”规划纲要部署了数字化场景专栏，工业和信息化部、科技部等相关部委连续发布智能制造示范工厂及优秀场景、机器人应用优秀场景、人工智能创新应用先导区典型应用场景等（表6–10）。二是发布城市场景清单。场景清单是对城市各类场景资源的系统挖掘与梳理，也是各地启动场景工作的起点。目前，在东北地区，沈阳市起步较早，已发布过多次场景清单。三是开展超级场景谋划。超级场景的建设能最大限度地挖掘和放大场景价值，推动新材料、新工艺、新科技应用尽用、能用先用。例如，北京的科技冬奥场景，支持新科技全面渗透，212项技术在北京冬奥会上落地应用，4项技术是在全球首次推出，33项技术是在冬奥会首次使用，吸引全国范围内500多家科技企业及超过万名科研人员参与场景建设（表6–11）。四是建设场景创新促进中心。“双找”可以作为政府促进场景创新的发力点，即为场景找技术、为技术找场景。为此，有必要搭建一个平台，一方面帮助策划场景，打磨场景，向企业开放，征集新技术运用；另一方面帮助企业的新技术落地寻找场景应用，提升效率。例如，合肥市与长城战略咨询合作成立的“合肥场景创新与促进中心”就是这么一类平台（详见专栏6–15）。

表6–10　东北三省国家级示范场景名单

认定单位	场景示范名单	东北三省名单
工业和信息化部	智能制造示范工厂揭榜单位和优秀场景名单	三一重装：重型装备智能制造示范工厂 三菱发动机：汽车用高端发动机智能制造示范工厂 一汽大众：大型乘用车智能制造示范工厂 一汽解放：高端中重卡智能制造示范工厂

续表

认定单位	场景示范名单	东北三省名单
工业和信息化部	工业互联网试点示范名单	联联加（营口）：联联加二级节点及创新应用 红山化工：红山化工工业互联网平台 一汽物流：基于互联网汽车供应链平台 咏峰科技：抚顺石化石油二厂信息管控平台 德迈仕科技：基于工业互联网的数字化智能制造管理平台 鑫海智桥：工业互联网数字化管理平台 中国联通（吉林）：面向柔性生产的一汽繁荣 5G 全连接工厂 本溪工具：本溪工具 5G 全连接工厂 哈尔滨电气：发电装备行业数字化转型促进中心 安天科技：面向工业互联网多场景的恶意代码检测技术
工业和信息化部	国家人工智能创新应用先导区“智赋百景”	暂无
	机器人应用优秀场景名单	新松机器人：脑卒中、脊髓损伤患者的上下肢功能康复训练，上下肢功能康复训练，常规药品、器械、医疗物资等配送，检验标本配送 沐森农业：林果旋耕、播种、植保等作业 天安科技：煤矿掘进作业 三一重型：煤矿掘进作业 中信重工装备：变电所巡查，水泵房巡查，井下消防侦查灭火 东方测控：露天矿无人驾驶 科迪科技：智能选矸
国务院国资委	国企数字场景创新专业赛获奖名单	大连华锐：制造业焦炉车辆数字场景无人协同整体解决方案及应用 鞍钢：智慧能源管控平台，5G 智能采矿创新实践，制造领域炼铁高炉集控中心 国网辽宁电力：电力电网研发设计输电无人机智能巡检全过程掌控，以数“智”技术、擘画电网新蓝图 中广核辽宁红沿河核电：核电站二回路孪生运作和操作导航
科技部	新一代人工智能示范应用场景名单	暂无

资料来源：长城战略咨询根据公开资料整理。

表 6-11　科技冬奥十大应用场景

十大场景	具体内容	技术支持方
冬奥开幕沉浸式体验空间	逼真的“冰立方” 世界最大 8K 高清地面显示 超高清激光“雪如意”	京东方、利亚德
冬奥智慧场馆	数字鸟巢 智慧调度“冰立方”工程 网络安全“零事故”	北京智能建筑、广联达
冬奥裁判评分	动作技术量化分析 运动轨迹实时追踪 三维运动员追踪分析	百度智能云、第四范式
冬奥赛事高质量转播	子弹时间看赛事 8K 超高清直播 360° 全景赛事直播 冰壶运动轨迹捕捉	阿里云、创维
数字人解说	冬奥手语播报系统 3D 手语数智人 AI 手语主播	智谱华章、凌云光、腾讯
冬奥医疗救治	AI 医疗数字管控平台 科技移动救援小车 穿戴式医疗级体温计	浪潮信息、羽衣甘蓝
运动员智能生活服务	释放压力的智能床 区块链冬奥食品安全保障平台 智能模拟仿真的战袍	麒盛科技
冬奥服务机器人	冬奥智慧餐厅 智能双臂协作的咖啡机器人 无接触智能物流机器人 善于交流的防疫机器人	猎户星空、京东物流
冬奥 AR 导览	3D 高精度识别的 AR 导航 随叫随到的 AR 引导	旷视、商汤
冬奥交通智能化	冬奥重点区域交通运输“一张图” 复杂山地交通仿真数据	百度地图

资料来源：长城战略咨询根据公开资料整理。

专栏 6-15　合肥依托场景创新中心打造“全域场景创新之城”实践

◆ 深入挖掘场景需求策划两张清单。合肥市联合专业机构组织各部门、区县、科研院所座谈近百场，挖掘近500余条场景需求线索，谋划发布三批场景机会清单及场景能力清单，包括开放市级场景机会100个、推介场景能力106项。2023年第一季度谋划发布首批场景机会20个、场景能力40项。

◆ 构建常态化场景发布机制。建立起常态化的场景清单发布机制，原则上每季度发布一批场景清单。例如，2022年5月，举办合肥市重点产业链首批场景清单发布暨“科技抗疫”场景主题活动，发布30个重点产业链场景机会、20个重点产业链场景能力和16个“科技抗疫”场景；9月，又围绕城市发展全领域，发布2022年第二批50个场景机会和50个场景能力。

◆ 开展常态化场景对接。2022年，联合专业机构举办场景路演对接活动50多场，帮助70多家场景业主单位对接了100多家优秀企业，帮助32家场景能力企业实现市场拓展，22家企业拿到了实质性订单。还常态化开展场景专题对接会和“双需”对接会，广泛链接国内优质新物种企业解决场景需求，全年累计邀请100余家外地企业参与对接，促成数十个场景合作落地。

◆ 开展常态化场景打磨。常态化邀请来自科研院所及投资、企业战略、产业等领域的场景专家，组织场景路演打磨会，例如，2022年7月举办了场景创新企业路演遴选会，邀请多家智库、投资、科研等机构，共10余位专家参与，帮助一批潜力企业打磨技术应用“切口”，寻找场景方向。

◆ 策划和举办中国场景创新峰会。2022年9月，合肥举办了2022中国（合肥）首届场景创新峰会，发布全国首个《中国场景创新体系报告2022》，颁发了年度最佳场景创意奖，释放了合肥市第二批场景机会清单和场景能力清单，吸引了全国50多家独角兽、潜在独角兽等新物种企业到肥共建共享场景。

资料来源：长城战略咨询根据公开资料整理。

第六节　探索新一代专业孵化，让更多东北科技成果就地转化

孵化器是伴随着新技术产业革命的兴起而发展起来的。全球第一家企业孵化器是贝特维亚工业中心，由美国的乔·曼库索于1959年在美国纽约创办，并逐渐发展为贝特维亚工业园。20世纪80年代，在我国改革开放初期，科技体制改革的深

化促进了孵化器的产生。1987 年 6 月，我国第 1 家科技企业孵化器——武汉东湖新技术创业者中心在武汉诞生；同年，在深圳科技工业园也建立了创业中心。此后，在全国范围内还启动了大学科技园、专业化众创空间、未来产业科技园等孵化载体的培育及认定。近年来，各类孵化载体在蓬勃发展过程中也出现了大量问题，例如，在服务供给上，大量创业孵化机构仅作为“二房东”，对入驻企业提供的服务基本局限在物业租赁、工商注册、代理记账等基础服务上，围绕产业赛道的专业深度服务供给不足，如缺乏应用场景、专业投资等服务；在能力水平上，现有大部分创业孵化机构不具备建设创新链、产业链、资金链、人才链深度融合的高能级创业生态的能力，与前端创新资源割裂、与后端产业化脱节，难以全面整合科学家、高校院所、大企业、资本等多元主体资源，不能为创业生态建设打造出产学研融通的高端赋能平台①。当然这个过程中，也涌现出中科创星等优秀代表，他们聚焦新赛道、孵育新物种，成为孵化界的一股清流（详见专栏 6–16）。

为此，最近几年，长城战略咨询开始呼吁建设新一代专业孵化载体。我们认为，新一代专业孵化载体应聚焦特定赛道配置要素资源，形成垂直赛道重度赋能的创业新范式。下一步，孵化载体的专业化升级可以重点抓好以下 3 方面工作：一是确定聚焦的细分产业领域。专业化孵化载体建设必须要确定所聚焦的产业领域，高效配置和集成各类资源要素。例如，生物医药领域创新创业需要药理药效研究中心、生物制药中试车间等技术支撑平台。二是抓好专业化条件平台建设。技术创新需要经过基础研究、技术开发、工程化到产业化的一系列过程，中小企业特别是创业企业缺乏资金，很难建立全链条的专业平台。因此，专业化孵化载体的核心就是要能够帮助企业低成本获得研发设计、检验检测、模型加工、中试生产、厂房等研发生产设备设施，加快技术研发、成果转化及产业化进程。三是抓好专业化服务体系建设。随着新经济的快速发展，创业企业成长规律正逐步从线性成长向爆发式成长变化，其更加需要技术、资本、人才、市场等全方位赋能。因此，相比普通的创业服务平台，专业化孵化载体需要技术经纪人、技术专家、天使投资人、组织管理专家、营销专家等专业人员共同打造专业化服务体系。

目前，孵化载体围绕企业不同成长阶段和不同功能定位分为多种类型，包括科技企业孵化器、专业化众创空间、国家大学科技园、未来产业科技园、科技成果转化中试基地、概念验证中心等。对于东北来说，以上各类载体都有必要按新一代专业孵化载体建设方向，有针对性地推进存量升级，并高规格新布局一批。具体介绍如下。

① 长城战略咨询．新一代创业孵化与赛道牵引 [R]. GEI 企业研究报告，2022.

专栏 6-16　全国新一代专业孵化典型实践

◆ 中科创星：先行布局光电芯片赛道。中科创星由中国科学院西安光学精密机械研究所联合社会资本在 2013 年发起创办，是我国首个专注于硬科技创业投资与孵化的专业平台，探索出了集人才、技术、资本、服务于一体的“四位一体”科研成果转化孵化模式。成立之初，中科创星便锚定光电芯片赛道，目前已投资 150 余家光电芯片企业，其中航天民芯、天科合达、立德红外 3 家光电芯片企业入选国家级专精特新“小巨人”企业。具体做法：一是基于中国科学院西安光学精密机械研究所研究成果优势及米磊等关键人物的引领，锁定光电芯片赛道。二是成立总规模达 70 亿元的数支基金，坚持做耐心资本，接力助推硬科技企业加速跑。三是打造光电子集成孵化平台，提供从创新研发到中试全流程服务，加速光电子器件从研发到产业化的过程。四是专注投后管理，为不同阶段的创业企业提供认知升维培训、产业生态资源链接等服务。

◆ 李泽湘：消费机器人赛道的探索者。学院派创业者代表人李泽湘，在机器人领域已投资孵化了大疆、云鲸智能、海柔创新等 3 家独角兽及多家潜在独角兽企业。具体做法：一是李泽湘教授具有早期赴美留学者、工程师创业者、实战教育家等多重身份，拥有引领机器人赛道发展的强大能力。二是提出和践行“新工科教育”，遵从项目制学习，培育出大疆汪涛等新工科人才。三是以消费级机器人为主赛道，打造场景打磨深度赋能的孵化平台。

资料来源：长城战略咨询根据公开资料整理。

一、科技企业孵化器

2006 年，科技部印发《科技企业孵化器（高新技术创业服务中心）认定和管理办法》，启动了国家级科技企业孵化器的认定工作。2018 年，《科技部关于印发〈科技企业孵化器管理办法〉的通知》（国科发区〔2018〕300 号）中，进一步明确科技企业孵化器是以促进科技成果转化、培育科技企业和企业家精神为宗旨，是提供物理空间、共享设施和专业化服务的科技创业服务机构。30 多年来，我国科技企业孵化器种类和数量不断增加，从 1987 年的 2 家到 2021 年已经突破 5000 家，是全球孵化器数量最多的国家。2022 年，科技部新备案 673 家国家级科技企业孵化器，其中，东北三省新备案 19 家，包括黑龙江 9 家、吉林 4 家、辽宁 6 家（表 6-12）。

专栏 6-17 国家级科技企业孵化器认定条件[①]

◆ 基本要求。孵化器具有独立法人资格，发展方向明确，具备完善的运营管理体系和孵化服务机制。机构实际注册并运营满 3 年，且至少连续 2 年报送真实完整的统计数据。

◆ 场地、资金要求。孵化场地集中，可自主支配的孵化场地面积不低于 10 000 平方米。其中，在孵企业使用面积（含公共服务面积）占 75% 以上。孵化器配备自有种子资金或合作的孵化资金规模不低于 500 万元，获得投融资的在孵企业占比不低于 10%，并有不少于 3 个的资金使用案例。

◆ 服务队伍要求。孵化器拥有职业化的服务队伍，专业孵化服务人员占机构总人数的 80% 以上，每 10 家在孵企业至少配备 1 名创业导师。

◆ 在孵企业要求。孵化器在孵企业中已申请专利的企业占在孵企业总数比例不低于 50% 或拥有有效知识产权的企业占比不低于 30%。孵化器在孵企业不少于 50 家且每千平方米平均在孵企业不少于 3 家；孵化器累计毕业企业应达到 20 家以上。

表 6-12 2022 年东北三省新备案的 19 家国家级科技企业孵化器名单

序号	省份	名称	运营单位
1	辽宁	盘锦科技孵化器	盘锦科技孵化器管理有限公司
2		船舶海工技术产业平台	大连英蕴科技有限公司
3		特地高校院所科技产业园	特地世界（大连）科技股份有限公司
4		百汇科技型中小企业孵化基地	大连一路同行企业孵化园有限公司
5		大连理工大学校友创业园 · 甘井子区科技创新中心	大连市甘井子区峰岚产学研结合研究院
6		大连艺术学院文化科技创意园	大连大艺俊源企业管理有限公司
7	吉林	吉林省摆渡中医药健康产业园	吉林省摆渡中医药健康产业园有限公司
8		浙江校友（长春）产业科技创新中心	吉林省友驿企业咨询管理有限公司
9		三峰科技企业孵化器	吉林三峰创业孵化服务有限公司
10		科大讯飞（长春）人工智能专业孵化器	吉林科讯信息科技有限公司

① 《科技部关于印发〈科技企业孵化器管理办法〉的通知》（国科发区〔2018〕300 号）。

续表

序号	省份	名称	运营单位
11	黑龙江	哈尔滨中关村基地孵化器	哈尔滨创新谷投资管理有限责任公司
12		佳木斯高新技术创业服务中心	佳木斯高新技术创业服务中心
13		齐齐哈尔高新区创业中心	齐齐哈尔高新区创业中心
14		东北石油大学科技园	黑龙江省东北石油大学科技园发展有限公司
15		黑龙江工程学院大学科技园	黑龙江黑工程科技园发展有限公司
16		黑龙江省工研龙创孵化器	黑龙江省工业技术研究院
17	黑龙江	云容科技企业孵化器	哈尔滨云容科技企业孵化器有限公司
18		黑龙江省电子商务科技企业孵化器	哈尔滨智能电力光学设备有限公司
19		黑龙江科技大学科技园	黑龙江科技大学科技园发展有限公司

资料来源：长城战略咨询根据公开资料整理。

二、专业化众创空间

2016年8月，《科技部关于印发〈专业化众创空间建设工作指引〉及公布首批国家专业化众创空间示范名单的通知》（国科发高〔2016〕231号）中明确，专业化众创空间是指聚焦细分产业领域，以推动科技型创新创业为宗旨的重要创新创业服务平台。与众创空间相比，专业化众创空间由龙头骨干企业、科研院所、高校等牵头建设，更强调服务对象、孵化条件和服务内容的高度专业化，需满足“七个有”建设标准（详见专栏6–18）。截至2022年年底，全国共遴选三批国家专业化众创空间，共计73家，其中东北三省有2家（详见专栏6–19）。

专栏6–18　专业化众创空间的“七个有”标准①

◆ 有聚焦领域。围绕某一产业领域提供专业化的创新创业服务，产业可以是机器人、传感器、大数据等细分领域，也可是生物医药、智能装备、文化创意等相对综合的领域。

◆ 有科研条件。具有行业内专业的科研设备、检测设施、小试中试平台等，能够促进技术验证和实现。

◆ 有活跃创客。既包括高校院所科研人员、企业内部高管及普通员工，也包括

① “七个有”即《科技部关于印发〈专业化众创空间建设工作指引〉及公布首批国家专业化众创空间示范名单的通知》（国科发高〔2016〕231号）中提出的基本条件。

外部的创客人群，如大学生、海外创新团队和各类兴趣爱好者。

◆ 有 O2O 平台。通过开放式的 O2O 资源服务平台，将科研院所和企业的创新链资源、产业链资源及外部创业服务资源集成到平台上，形成创业企业与资源要素的交流互动。

◆ 有创业导师。需要有专业的人士为创业企业提供辅导和培训，判断创业企业的技术路线、技术可行性，为企业提供组织构架构建、股权结构设计、商业模式策划及人脉和市场对接等引导。

◆ 有创投基金。专业化众创空间通过自身设立或者与政府、投资机构合作，为企业提供从种子期到初创期，甚至到上市期的资金服务。

◆ 有合理机制。作为市场主体，专业化众创空间应具有明确的组织架构、人力资源及运行管理等机制，构建清晰的商业模式，与建设主体实现协同发展。

专栏 6-19　东北三省 2 家国家专业化众创空间实践

◆ 精细化工国家专业化众创空间。于 2020 年入选科技部第三批示范名单，依托中国科学院大连化学物理研究所设立。目前聚集了包括院士领衔的多个初创期团队和企业。其中，焰燃烧技术、铝—空气电池、新型碱性水电解电极、聚酰亚胺膜材料等多个项目达到国际领先水平。

◆ 光电精密仪器国家专业化众创空间。于 2018 年入选科技部第二批示范名单，依托中国科学院长春光学精密机械研究所设立，由中科创星负责运营。

资料来源：长城战略咨询根据公开资料整理。

三、大学科技园

1951 年，斯坦福大学建立了世界上第一个现代意义上的大学科技园——斯坦福研究园。依靠斯坦福大学雄厚的知识、技术、人才资源和出租的校园土地，吸引了具有开创性的初创公司及老牌公司研发机构加入该创新者社区，成功孵化出了一大批在全球具有深远影响的企业和产业，并由此催生了全球知名的高科技产业高地——美国硅谷。受美国影响，西方国家及亚洲地区掀起大学科技园建设热潮。20 世纪 60 年代末，英国剑桥大学成立了剑桥科学公园；20 世纪 70 年代，韩国在首尔附近建立大德科技园，同时新加坡、泰国和印度等也相继建立了大学科技园。1984 年，德国建立了慕尼黑高科技工业园，同一时期法国、意大利、爱尔兰等国家也根据自身发展特色和优势建立相应的大学科技园。20世纪80年代末，中国也开始建立自己的大学科技园。东北大学于1990年正式建立了我国第一个大学科技园，也开启了国内大学科技园探索的序幕。随后北京大学、清华大学、哈尔滨工业大学等高校相继开始大学科技园建设。2019年，科技部会同教育部发布了《关于促进国家大学科技园创新发展的指导意见》，由此启动新一轮国家大学科技园认定和评估工作。目前，科技部累计备案的国家大学科技园数量达到140家，东北三省共有16所大学获批国家大学科技园（表6–13）。此外，上海、武汉、成都等地区，还在大学科技园的基础上，进一步升级打造了“环高校创新生态圈”。

表6–13　东北三省16家国家大学科技园名单

序号	城市	大学科技园名称	批复时间
1	沈阳	东北大学国家大学科技园	2001年
2		沈阳工业大学国家大学科技园	2006年
3		沈阳工程学院国家大学科技园	2021年
4	大连	大连理工大学国家大学科技园	2004年
5		大连交通大学国家大学科技园	2013年
6	鞍山	辽宁科技大学国家大学科技园	2010年
7	阜新	辽宁工程技术大学国家大学科技园	2010年
8	长春	吉林大学国家大学科技园	2003年
9		长春理工大学国家大学科技园	2013年
10	吉林	东北电力大学国家大学科技园	2013年
11	哈尔滨	哈尔滨工业大学国家大学科技园	2001年
12		哈尔滨工程大学国家大学科技园	2003年
13		哈尔滨理工大学国家大学科技园	2008年
14		东北农业大学国家大学科技园	2014年
15	大庆	东北石油学院国家大学科技园	2009年
16	佳木斯	佳木斯大学国家大学科技园	2021年

资料来源：长城战略咨询根据公开资料整理。

四、未来产业科技园（大学科技园的升级版）

2021年，科技部会同教育部印发《关于依托国家大学科技园开展未来产业科技园建设试点工作的通知》，并明确支持若干高校和地方政府（或国家高新区）、科技领军企业联合打造大学科技园升级版，开展未来产业科技园建设试点，建设未来产业科技创新和孵化高地。目前国家大学科技园基本都标榜自己是“依托学科优势”“产业技术优势”，但在实际中由于大学内负责科技成果转化和双创教育管理的部门众多，各条线割裂严重，基本处于各自为战的状态，所谓的依托大学优势也就成了园区方的一厢情愿。而未来产业科技园在原有高校运营的基础上，把产业定位、载体建设运营、项目引进等事项交给区县或者高新区管委会，而高校则专注于科技成果转移转化和创新创业人才培养，两者形成协同联动。截至2022年年底，科技部共批复10家未来产业科技园建设试点，黑龙江的航天高端装备未来产业科技园是东北三省唯一一家入选的科技园（表6–14）。

表6–14　全国10个未来产业科技园试点名单

序号	名称	共建单位
1	空天科技未来产业科技园	北京航空航天大学、中关村科学城管理委员会、沙河高教园区管理委员会
2	国防与信息安全未来产业科技园	北京理工大学、北京市房山区良乡大学城管理委员会、中关村科学城管理委员会
3	未来能源与智能机器人未来产业科技园	上海交通大学、上海市闵行区人民政府、宁德时代未来能源（上海）研究院有限公司
4	自主智能未来产业科技园	同济大学、上海市杨浦区人民政府、上海市嘉定区人民政府
5	未来网络未来产业科技园	东南大学、南京江宁经济技术开发区管理委员会
6	光电与医疗装备未来产业科技园	华中科技大学、武汉东湖新技术开发区
7	生物医药与新型移动出行未来产业科技园	中山大学、广州市人民政府、广州汽车集团股份有限公司、广州医药集团有限公司
8	未来轨道交通未来产业科技园	西南交通大学、成都市人民政府
9	空天动力未来产业科技园	西北工业大学、西安市人民政府、陕西空天动力研究院有限公司
10	航天高端装备未来产业科技园	哈尔滨工业大学、哈尔滨市人民政府、哈尔滨高新区、哈尔滨电气集团

资料来源：长城战略咨询根据公开资料整理。

五、科技成果转化中试基地

中试基地是依托行业优势科教资源和企业科研平台建设的产业技术创新研发与中试熟化服务平台，在支撑产业链创新、引领产业振兴发展上发挥着至关重要的作用。目前国家层面尚未开展中试基地的认定工作，以各地自主认定为主。从东北来看，2021年辽宁省科技厅印发了《辽宁省科技成果转化中试基地建设指引》，明确中试基地的内涵、任务、体制机制和建设方向，截至2023年6月，已累计认定36家。

专栏 6-20　北京亦庄经开区建设中试基地集聚区实践

截至2022年年底，已集聚包括病毒载体基因药物中试基地、第三代半导体功率器件制造与验证中试基地、集成电路设计与测试中试基地等15家中试基地。主要做法：一是制定出台管理办法。2019年，亦庄经开区制定《中试基地认定管理办法》，按照该办法引导各企业、单位建设中试基地，首批组织认定了6家中试基地。此后，陆续开放为企业提供中试服务，让科研成果加速引进、加速转化、加速产业化，为开发区发展提供原动力。二是深化“三城一区”联动。亦庄作为北京科技创新中心建设“三城一区”承载空间的一部分，围绕科技成果和实体经济的双向对接，实施创新成长计划、创新伙伴计划，积极承接中关村科学城、昌平未来科学城、怀柔科学城“三城”的成果转化。

资料来源：长城战略咨询根据公开资料整理。

六、概念验证中心

概念验证中心是一种高校与各类机构合作运营的创新组织，通过提供种子资金、商业顾问、创业教育等支持，对实验室发明等早期科研成果的商业化可行性进行验证。2001年，加州大学圣迭戈分校建立了全球第一个概念验证中心——冯·李比希创业中心。其背景是《拜杜法案》出台后，美国高校纷纷建立了技术许可办公室，将高校师生的发明专利许可给企业，但经过近20年实践，仍有约75%的高校专利未能实现产业化，其中一个主要原因是高校的基础研究成果与技术产品之间存在一条“断裂带”，导致很多企业和投资机构不敢接手转化这些成果。为了打通“断裂带”，加州大学圣迭戈分校在政府、基金会、企业等支持下建立了第一个概念验证中心[①]。2008年，新加坡正式启动概念验证资助计划，鼓励大学和公立科研院所将尖端基础研究成果转化为能够市场化的产品，帮助科研人员创业成立科技型企业，每个项目最高可得到25万新元的资助。可见，概念验证中心可以是实体机构，也可以是资助计划等非实体形式。我国的概念验证中心从实体机构起步，2018年4月，西安交

① 张九庆，张玉华，张涛．美国概念验证中心促进成果转化的实践及其启示 [J]. 全球科技经济瞭望，2019，34（4）：38-45.

通大学依托国家技术转移中心成立我国高校首个“概念验证中心”，并成立了专注于生物及环保、新材料等方向的微种子概念验证基金。此后，上海、北京、浙江等多所高校院所及部分投资机构陆续跟进，围绕概念验证平台建设、概念验证项目支持、概念验证基金设立等方面展开探索（详见专栏 6–21）。

专栏 6–21　全国概念验证中心典型案例

◆ 西安交通大学概念验证中心。西安交通大学概念验证中心还联合碑林区环大学创新产业带发起了第一支概念验证微种子基金，专注于生物及环保、新材料等领域的项目概念验证，主要以小额早期科技投资及专业管理为主，投资额度属于微种子范畴，一般在 10 万～20 万元，项目投资周期一般在一年左右，以原理概念性样品或样机为主目标，成熟一个转让一个，一般由种子或天使基金接盘，收益一般不低于 5 倍。

◆ 清华工研院概念验证中心。由清华工研院牵头，联合清华大学技术转移研究院共同承担，于 2020 年 11 月启动建设，每年由相关部门支持经费 500 万元，清华工研院配套经费 500 万元。对于入选的项目，清华工研院概念验证中心与科研团队签订合同，以横向项目的形式开展验证。项目经费采取阶段支持方式分两次拨付，验证周期为 1 年。

◆ 中国科学院概念验证中心。2019 年以来，中国科学院科创中心搭建中国科学院首个概念验证中心，首创“3I 验证体系”，即一级验证进行创意性验证，二级验证开展可行性验证，三级验证开展商业化验证，累计验证项目 130 余项。

◆ 高瓴资本“Aseed+”种子计划。2022 年 9 月，高瓴宣布正式推出“Aseed+”种子计划，聚焦制造业、新能源、新材料、生物科技、碳中和等重点领域，计划用 3 年时间投资 100 家左右的种子期企业。

资料来源：长城战略咨询根据公开资料整理。

第七节　深化科技体制改革，为东北科技创新进一步“松绑”

1985 年，中共中央出台《关于科技体制改革的决定》，揭开了全面科技体制改革的序幕，核心是采取改革研究机构的拨款制度、奖励制度等手段，使科学技术机构增强自我发展的能力和主动为经济建设服务的活力，鼓励科技人员干事创业热情。自1988年起，我国先后制订了星火计划[①]、863计划[②]、火炬计划[③]、攀登计划[④]、重大项目攻关计划、重点成果推广计划等一系列重要计划，基本形成了新时期中国科技工作的大格局[⑤]。通过改革，长期以来制约我国科技创新发展的关键问题和障碍得到有效破解，阻碍科技人员积极性的科技项目和经费管理问题也得到一定程度的解决，最近一段时期，科技体制改革主要围绕关键核心技术攻关展开。围绕这一主题，本部分选取近期各地比较关注的科创特区、三权改革和三项改革、创新联合体实质性产学研联盟、“揭榜挂帅”制度等科技体制改革新举措予以介绍。

一、科创特区

随着党的二十大报告中进一步强调“深化科技体制改革，形成支持全面创新的基础制度”，各地建设科创特区的热情也空前高涨。从全国来看，明确提出建设科创特区的有北京中关村、上海张江、四川绵阳、无锡等地。实际上，国家自创区也具有科创特区的类似功能。例如，中关村自创区开展了成果转化、知识产权管理、人才发展、科技金融、新经济制度、创新生态治理等领域的大量先行先试制度探索。最近发展比较好的科创特区要数陕西省依托西咸新区打造的秦创原创新驱动平台，秦创原在科技企业孵化、成果转化、科技服务体系建设等方面采取了一系列创新性举措（详见专栏6–22）。最近合肥建设科大硅谷（详见专栏6–23）及组建科技成果转化专班（详见专栏6–24），也是很典型的科创特区建设探索。我们认为，东北地区建设科创特区也具备一定的载体基础。例如，沈阳浑南科技城、大连英歌石科学城、沈抚示范区等近年来都在创新平台集聚、科技成果转化、科技企业培育、科技人才集聚等领域有所探索，但力度还不够大、成效还不够显著。

---

① 星火计划是经中国政府批准实施的第一个依靠科学技术促进农村经济发展的计划。

② 863计划即国家高技术发展研究计划，1986年11月《高技术研究发展计划纲要》正式发布，由于邓小平对本建议的批示都是在1986年3月，因此计划简称863计划。863计划从世界高技术发展趋势和中国实际需要出发，选择生物、航天、信息、先进防御、自动化、能源和新材料等7个领域15个主题项目，作为我国发展高科技的重点，1996年又新增了海洋技术领域。863计划共计实施了30年。

③ 火炬计划是1988年由国家科委制定，经国务院批准后组织实施的促进高技术、新技术研究成果商品化的计划。包括国家高新区的考核评价、科技企业孵化器、大学科技园、技术转移、技术交易、科技型中小企业认定管理、高新技术企业认定管理、高新技术产业等。

④ 攀登计划是为了加强基础研究而制定的一项国家基础性研究重大项目计划，自1991年开始实施，先后有45个项目列入该计划。

⑤ 张彦英 . 改革与创新 [M]. 北京：地质出版社，2002.

专栏 6-22　陕西省秦创原建设实践

2021 年 3 月 30 日，秦创原创新驱动平台正式挂牌成立，目前，在秦创原平台的驱动下，陕西省实现了综合创新水平指数排名全国第九，科技型中小企业、高新技术企业数年均增长超过 40%，秦创原综合服务中心累计服务企业超过 1.6 万家、兑现奖补 6.77 亿元、惠及企业 1600 余家。

◆ 出台支持政策。《秦创原创新驱动平台建设三年行动计划（2021—2023 年）》及其政策包以省委、省政府名义印发，主要涵盖了科技人才、成果转化、企业创新、科研平台、服务体系等五大类共 70 条措施，范围广且力度大。

◆ 地市联动发展。发布《秦创原总窗口地市协同“十大”工作举措》，主要包括重点产业协同、科创飞地合作、设备平台开放等 10 个方面，目的是将总窗口的创新要素和资源惠及全省更多创新主体，最大化发挥示范和牵引作用。

◆ 科技体制改革。在西北工业大学、陕西科技大学、西安理工大学等高校推动科技成果转化“三项改革”[①]，并获得 2022 年国务院真抓实干督查激励。

资料来源：长城战略咨询根据公开资料整理。

专栏 6-23　科大硅谷建设运营实践[②]

科大硅谷由安徽省政府、合肥市政府、中国科学技术大学联合规划建设，由中国科学技术大学、中国科学院下属上市公司和合肥市区两级国资平台共同出资组建科大硅谷服务平台公司负责运营，通过这种形式将政府、高校院所、企业、人才等创新资源深度绑定，实现融合发展、合力发展。科大硅谷先期规划“一核两园一镇”约 12 331 亩功能承载区，按照“链接全球新资源、建立新型研发模式、创新科技成果转化机制、鼓励科技创业、创新投融资模式、汇聚创新创业人才”的思路，构建“团队 + 基金 + 载体”的创新单元运营模式，实现“一栋楼就是一个产业链”。目前已设立一期 15 亿元的科大硅谷引导基金，集聚 17 个院士团队，转化 3000 余项科技成果，孵化企业 260 余家。

◆ 链接全球资源。依托科大硅谷服务平台公司和中国科学技术大学全球校友事

① 指职务科技成果单列管理、技术转移人才评价和职称评定、横向科研项目结余经费出资科技成果转化。

② 《支持“科大硅谷”建设若干政策》和《支持“科大硅谷”建设若干政策实施细则》。

务部，作为平台和窗口链接中国科学技术大学全球创新资源。提出全球招募众创空间、孵化器、新型研发机构、专业园区运营团队。

◆ 支持新型研发。允许人才分别与高校院所和新型研发机构签订聘用协议，实现“双落户”，以“基金 + 奖补”方式为“双聘”科研人员提供增量经费支持。鼓励企业、研究机构建设或与地方政府共建概念验证中心、小试中试平台和公共服务平台，最高按照投资额 50% 给予不超过 2 亿元配套。

◆ 创新成果转化机制。对于职务发明在科大硅谷内转化的情况，支持按照贡献的省市财力给予一次性奖励。允许横向课题经费以现金出资入股转化企业。支持建立拨转股、股转债新模式，允许团队回购股份。鼓励“先使用后付费”模式在科大硅谷内施行。

◆ 鼓励科技创业。对于高层次人才创办企业提供最高 500 万元启动资金和 500 平方米创业空间支持。对“沿途下蛋”企业提供最高 1000 万元支持，具有突破属性的重点项目最高支持不超过 1 亿元。

◆ 汇聚双创人才。对符合条件的企业给予自主人才评价名额，对“高精尖缺”人才按照年收入财力贡献 15% 以上部分给予等额奖励。

◆ 鼓励投融资。允许管理团队以 10% 为上线跟投。给予股权投资奖励，最高可按 20% 比例计征所得税并根据相应省市财力贡献给予等额奖励。

资料来源：长城战略咨询根据公开资料整理。

专栏 6-24　合肥市科技成果转化专班建设实践

2022 年 1 月，合肥市科技局牵头成立科技成果转化专班，分为 4 个小组近 200 人，人员主要从安徽创新馆、市产投集团、市兴泰控股、市滨投公司、市科创集团、市创新投公司及县（市）区、开发区抽调组成，负责对接中国科学技术大学、中国科学院合肥物质科学研究院、合肥工业大学、安徽大学等 10 所合肥主要高校院所，常态化登“门”（校门）入“室”（实验室），把成果挖到市场，在合肥就地交易、就地转化。具体来说，主要在“四个环节”下功夫：

①“成果发现”环节，2022 年累计摸排高校院所科技成果 1100 余项，推动市内外高校院所科技成果转化在肥本地新成立企业 220 家；

②“成果验证”环节，由市科技局牵头建立了 5 家概念验证中心；

③“成果转化”环节，引进首支由省级国资平台设立的注册资本20亿元的科技成果转化引导基金，设立10亿元的滨湖科学城母基金和5亿元种子基金，各类基金已累计投资项目超400个、投资金额超150亿元；

④“成果应用”环节，成立全国首个城市“场景创新促进中心”，累计服务企业超500家，挖掘场景需求超400个，发布市级场景清单170余项。

资料来源：长城战略咨询根据公开资料整理。

二、三权改革和三项改革

2015年以来，我国形成了《中华人民共和国促进科技成果转化法》《实施〈中华人民共和国促进科技成果转化法〉若干规定》《促进科技成果转移转化行动方案》的科技成果转化“三部曲”。针对科技成果转化的关键环节和重点问题，科技部组织实施了系列改革试点，聚焦科技成果转化的使用权、处置权、收益权等核心问题开展“三权改革”。2020年，中央全面深化改革委员会领导小组第十二次会议审议通过了由科技部等九部门共同制定的《赋予科研人员职务科技成果所有权或长期使用权试点实施方案》，提出分领域选择40家高等院校和科研机构开展试点，东北的辽宁科技大学、沈阳化工大学等入选试点。从东北三省的科技成果转化改革新探索来看，吉林省印发《吉林省赋予科研人员职务科技成果所有权或长期使用权试点实施方案》，明确试点单位可以探索建立“先确权、后转化”的职务科技成果转化模式，通过书面约定权属比例，对职务科技成果进行分割确权，赋予职务科技成果完成人（团队），使试点单位与职务科技成果完成人（团队）成为共同所有权人，试点单位可赋予科研人员不低于10年的职务科技成果长期使用权。辽宁省深化科技成果“三权改革”主要以沈阳市为龙头，涌现出沈阳化工大学“三定向”订单式成果转化、东北大学科技成果转化“收益共享激励”、沈阳工业大学“5%黄金股”及中国科学院金属所“技术股+现金股”等先进改革经验。其中，沈阳化工大学在“三权改革”及“赋权改革”上的先行先试，在2020年入选了科技部科技体制改革案例库典型案例（详见专栏6-25）。

专栏6-25　沈阳化工大学科技成果“三权改革”实践

沈阳化工大学创新“三定向”订单式成果转化模式，通过瞄准企业技术需求定向研发、瞄准市场产品需求定向转化、瞄准企业生产实际定向服务。“三定向”新模式入选国务院第二批面向全国推广的支持创新相关改革举措，2020年入选科技部科技体制改革案例库典型案例。沈阳化工大学副校长笪可宁介绍，学校对科技成果转化方式和定价金额不做过多限制，并将转化受益的90%奖励给科研人员。“化工过程强化与静态混合技术”等多项成果在沈阳定向转化。2021年，该校发布可赋权成果清单，完成38项职务科技成果赋权；全年签订各类横向合同130余项，合同金额突破1亿元。目前，“三定向”模式已在全国复制推广，12个省市和多所高校已出台相关实施方案，沈阳化工大学成立全国高校“三定向”科技创新与成果转化联盟的倡议书得到39所高校的积极响应。

资料来源：长城战略咨询根据公开资料整理。

此外，在全国“三权改革”的基础上，陕西省还探索了“三项改革”试点，成效显著，成为全国科技成果转化领域改革创新的样板。2022年，陕西省以西北工业大学为试点，针对“缺钱转”“不想转”“不敢转”三大难题，开展横向科研项目结余经费出资科技成果转化、职务科技成果单列管理、技术转移人才评价和职称评定“三项改革”，后续还在全省75所高校复制推广；2022年年底，陕西又进一步出台《陕西省深化科技成果转化“三项改革”十条措施》，推出“先使用后付费”“权益让渡”“先投后股”等创新举措（表6–15）。

表6–15　陕西省“三项改革”实践

文件名称	具体实践
《陕西省深化全面创新改革试验推广科技成果转化“三项改革”试点经验实施方案》	（1）职务科技成果单列管理。职务科技成果不再纳入国有资产管理体系，以作价入股等方式转化职务科技成果形成国有资产的减值及破产清算，区别于现行国有资产形成的股权，不纳入国有资产保值增值管理考核范围；建立专门管理制度和监管机制，保障高等院校权益。 （2）技术转移人才评价和职称评定。建立符合技术转移转化工作特点的专门人才评价制度，以能力、业绩和贡献评价人才，破除“四唯”倾向。从事科技成果转化的高校教师，可按照分类评审要求纳入“教学科研型”参加职称评审；从事成果转化的专职人员纳入工程序列参加职称评审。 （3）横向科研项目结余经费出资科技成果转化。鼓励高等院校探索科研人员将横向科研项目结余经费以现金出资方式，入股经单位批准同意的、与单位共享成果转化收益、产权清晰的科技型企业，形成“技术入股＋现金入股”的投资组合

续表

文件名称	具体实践
《陕西省深化科技成果转化“三项改革”十条措施》	（1）许可“先使用后付费”。针对中小微企业在承接高校院所科技成果转化时，面临现金流短缺、违约风险较大等问题，陕西支持试点高等学校、科研院所将已实施单列管理的科技成果许可给中小微企业使用，许可双方约定采取“零门槛费＋阶段性支付＋收入提成”或“延期支付许可费”等方式支付许可费。 （2）探索“权益让渡”转化方式。针对职务科技成果赋权改革中高校院所留存的成果所有权处置流程烦琐、收益方式不明确等问题，陕西支持试点高校院所将已实施单列管理的职务科技成果，通过“赋权＋现金”或者“赋权＋约定收益”两种方式，将留存成果所有权让渡给成果完成人，由成果完成人实施转化。 （3）开展“先投后股”试点。针对科技成果从实验室走向生产线进行“二次开发”面临的投资大、风险高等现实困难，陕西支持有条件的市区以科技项目形式，对在本区域内落地转化的“三项改革”科研人员创办领办的科转企业投入财政科技经费，在被投企业实现市场化股权融资时或发展良好后，将投入的财政资金转换为股权，并按照“适当收益”原则逐步退出。 （4）设立“三项改革”计划项目。在省科技计划中设立科技成果转化“三项改革”计划项目，对开展“三项改革”综合试点单位、参与“三项改革”路演的优质项目等予以支持。 （5）加强技术转移人才队伍建设。支持有条件的高等学校开设科技成果转移转化相关课程，探索建立技术转移学院，加强高层次技术转移人才培养，推动科技经纪人参与科研项目转化，建立科学技术转移人才激励机制。 （6）建立作价入股专门持股平台。深化职务科技成果单列管理，依托秦创原发展股份有限公司成立“技术托管”平台，支持有条件的高等学校设立全资技术转移公司，建设科技成果作价入股的专门持股平台

资料来源：长城战略咨询根据公开资料整理。

三、创新联合体及实质性产学研联盟

创新联合体是以解决制约产业发展的关键核心技术问题为目标，由领军（或龙头）企业基于自身需求牵头组建，以共同利益为纽带联结政产学研用和产业链上下游多主体参与，政府力量和市场力量协同发力的体系化、任务型的研发组织。2021年两院院士大会上，习近平总书记指出，“要发挥企业出题者作用，推进重点项目协同和研发活动一体化，加快构建龙头企业牵头、高校院所支撑、各创新主体相互协同的创新联合体，发展高效强大的共性技术供给体系，提高科技成果转移转化成效”。目前，我国多地已围绕创新联合体建设开展了先行先试。例如，山东省在全国率先探索出台《关于打造“政产学研金服用”创新创业共同体的实施意见》；浙江省在省级科技计划中设立专门针对共同体的专项；陕西省提出省重大科技项目可定向委托创新联合体承接；江苏省优先支持创新联合体申报国家重大科技计划项目；安徽省探索利用会员制、股份制、协议制等方式，多渠道吸引企业、金融和社会资本投入共同体建设。

实质性产学研联盟是创新联合体的一种重要形式，具体是指由企业、大学、科研机构或其他组织机构，以企业的发展需求和各方的共同利益为基础，以具有法律约束力的契约为保障，有明确市场目标的技术创新联合体。对此，广东省、上海市称为“产学研战略联盟”，江苏省称为“产学研合作联盟”，虽然叫法不同但都强调企业与高校院所在创新上的有机联动。建立实质性产学研联盟有利于促进科技创新形成市场导向模式，提升科技成果转化应用效率。辽宁省在实质性产学研联盟建设上较早探索。截至 2022 年年底，辽宁省共组建实质性产学研联盟约 200 家。

专栏 6-26　沈阳市 IC 装备产业技术创新战略联盟实践

◆ 组建情况：2019 年，由 19 家集成电路产业相关企业和高校院所发起成立沈阳市 IC 装备产业技术创新战略联盟，其前身是 2010 年建立的辽宁省半导体装备产业技术创新战略联盟[①]。12 家企业、4 家科研院所和 3 家高等院校覆盖 IC 装备产业链条的不同环节、不同技术和产品，不但分工明确，而且在技术和产品上相互配套，产业链综合实力位居全国前三。

◆ 取得成效：2022 年，IC 装备产业实现产值 65 亿元，同比增长 62.5%。产业链企业累计承担国家重大专项 18 项，获国拨资金 8.52 亿元。单片湿法刻蚀、12 寸 PECVD 等关键技术和产品填补国内空白，实现进口替代。芯源微、拓荆科技、富创精密等重点企业实现科创板上市。

◆ 主要做法：IC 装备联盟的成功很大程度上得益于联盟企业以股权为纽带实现合作模式创新，联盟骨干成员通过交互参股，建立了“软件控制系统—整机装备—零部件子系统—材料—工艺处理”的全供应链体系。

资料来源：长城战略咨询根据公开资料整理。

四、“揭榜挂帅”制度

面对国内外严峻复杂的形势，我国要尽快在关键核心技术领域取得新突破，深化科技计划项目组织实施方式的改革势在必行，于是“揭榜挂帅”应势而生[②]。在

① 邢军伟 . 系统透视下辽宁创新能力研究 [M]. 沈阳：东北大学出版社，2018.

② 曾婧婧 . “揭榜挂帅”制度：理论、实务与案例 [M]. 北京：科学出版社，2022.

2016 年 4 月召开的网络安全和信息化工作座谈会上，习近平总书记指出“可以探索搞揭榜挂帅，把需要的关键核心技术项目张出榜来，英雄不论出处，谁有本事谁就揭榜”。2021 年 5 月，习近平总书记在全国科技创新大会上强调“创新不问出身，英雄不论出处”“要改革重大科技项目立项和组织管理方式，实行‘揭榜挂帅’‘赛马’等制度”“要研究真问题，形成真榜、实榜”。目前，全国各地纷纷开展“揭榜挂帅”的实践探索，主要集中在一些关键技术项目和重大应急攻关项目。例如，北京市 2022 年 11 月印发了《北京市关键核心技术攻关项目“揭榜挂帅”实施方案》；湖北省自 2019 年开始，连续 3 年以“揭榜挂帅”形式组织开展产业关键核心技术攻关和推动重大科技成果转化。从东北来看，2021 年，辽宁省和黑龙江省均启动“揭榜挂帅”制度，当年辽宁省公布首批 100 个“揭榜挂帅”榜单，黑龙江省首批共有 24 个项目成功揭榜；2022 年，吉林省启动科技攻关“揭榜挂帅”制度，首批 4 个科技攻关“揭榜挂帅”项目获省政府批准实施。

专栏 6–27 辽宁省实施“揭榜挂帅”实践情况

2021 年 3 月，辽宁省公布 2021 年首批“揭榜挂帅”榜单，同年 11 月出台《辽宁省“揭榜挂帅”制实施管理暂行办法》，明确了发榜与揭榜的条件要求及实施流程，引导企业与高校院所积极参与“揭榜挂帅”，并根据项目类型为企业提供资金支持。截至 2022 年年底，项目已累计达 416 项（2021 年 100 项、2022 年 165 项、2023 年 151 项），面向高端装备、生物医药、循环经济等多个产业方向，涉及高端数控机床、工业机器人等关键领域，聚焦准固态锂离子电池、高效节能高性价比低重稀土永磁电机等多项关键技术，重点突破“卡脖子”技术难题，激发科技人才的创新效能及潜能，提升了科技攻关的效率。

资料来源：长城战略咨询根据公开资料整理。

第八节 发展科技金融，以金融“活水”滋养东北科技创新

科技金融主要是指银行、证券、保险类金融机构及创业投资等各类资本通过创新金融产品、搭建服务平台等方式为各发展阶段的科技型企业提供融资支持，从而实现科技创新链条与金融资本链条的有机结合。如表 6–16 所示，根据融资方式，科技金融可以划分为直接融资和间接融资两类，对于初创期、成长期企业大多以直

接融资方式下的政府引导基金、天使基金、创投基金等支持为主；成熟期企业会更多获得私募股权基金、科技信贷、科技保险等支持，并探索通过资本市场进一步拓宽融资渠道。我们认为，当前东北地区面临的主要问题是超常规举措不实，如无政府引导基金进入全国前 10 强、市场化创投基金不发达等。为此，本部分将依次介绍政府引导基金、市场化风险投资、投贷联动、企业创新积分制等主要金融产品类型。

表 6-16 不同融资形式下科技金融产品 / 举措分类

融资方式	分类	重点产品 / 举措
直接融资	财政投入	政府引导基金、风险补偿资金、贷款贴息
	投资基金	天使基金、创投基金（VC）、私募股权基金（PE）等
	资本市场	主板、创业板、科创板、债券市场等
间接融资	科技信贷	知识产权质押贷款、科技研发贷、科技成果转化贷等
	科技保险	产品研发责任保险、关键研发设备保险等

一、政府引导基金

从设立方式看，政府投资基金可以划分为国有直投基金和政府引导基金，有研究显示，政府引导基金属于以市场化运作的公私合营制风险资本，比公有制直投基金更倾向于企业早期阶段和高科技行业投资，更有利于创新创业投资市场的繁荣和产业结构的调整，为此，我们也将重点关注政府引导基金[①]。政府引导基金又可分为政府产业投资引导基金、政府创业投资引导基金两类。其中，陕西秦创原系列“春种基金”就属于支持创业的政府引导基金（详见专栏 6-28）。此外，从出资层级看，政府引导基金可以划分为国家级政府引导基金及省级、市级、区县级引导基金。其中，国家级政府引导基金大多由央企或央企全资子公司管理，投资领域上以发起部门任务目标为导向，如国资委主要投资国企改革领域、国家发展改革委主要投资战略新兴领域、工业和信息化部主要投资先进制造领域、科技部主要投资成果转化领域等。我们认为，下一步东北地区可以从 3 个方面着手：一是学习深圳政府引导基金发展模式（详见专栏 6-29），对已设立的政府产业引导基金管理模式进行优化。二是成立由政府全资设立的政策性“种子基金”，原则上每个项目投资 50 万或 100 万元，占新公司 10% 的股份，采用广泛播种的方式，为后续天使基金、创投

① 黄福广，张慧雪，彭涛，等 . 国有资本如何有效参与风险投资：基于引导与直投的比较证据 [J]. 研究与发展管理，2021（3）：30-42.

基金提供源源不断优质投资标的，同时采用“投拨结合”模式，将一定规模的拨款资金调整为政策性“种子基金”，扩大“种子基金”规模。三是按照2023年9月起正式施行的《私募投资基金监督管理条例》有关要求，对于具有投早投小、投拟引进高科技产业项目、投上市募投项目、投本土高成长企业等功能的政策性基金实施差异化监管，同时探索科学合理设置反投比例、投资收益让渡、建立投资失败尽职免责等机制，解决社会资本募不来、高风险产业项目不敢投等问题，让东北三省各类政府引导基金充分发挥培育战略性新兴产业作用。2023年中国政府引导基金10强及代表性国家级政府引导基金，如表6–17、表6–18所示。

表6–17　2023年中国政府引导基金10强

排名	政府引导基金名称	管理机构名称
1	深圳市政府投资引导基金	深圳市创新投资集团有限公司
2	山东省新旧动能转换引导基金	山东省新动能基金管理有限公司
3	天津市海河产业基金	天津市海河产业基金管理有限公司
4	杭州科创基金	杭州市科创集团有限公司
5	苏州天使母基金	苏州天使创业投资引导基金管理有限公司
6	西安市创新基金	西安财金投资私募基金管理有限公司
7	深圳天使母基金	深圳市天使投资引导基金管理有限公司
8	国发创投引导基金	苏州国发创业投资控股有限公司
9	浙江省产业基金	浙江金控投资管理有限公司
10	江西省现代产业引导基金	江西国控私募基金管理有限公司

资料来源：清科“2023年中国最佳政府引导基金50强”。

表6–18　代表性国家级政府引导基金

发起单位	基金名称	基金规模/亿元
国务院国资委	中国国有企业结构调整基金	3500
	中国国有资本风险投资基金	2000
财政部	国家集成电路产业投资基金	一期1300、二期2000
	国家制造业转型升级基金	1472
	国家军民融合产业基金	1500
工业和信息化部	国家中小企业发展基金	600

续表

发起单位	基金名称	基金规模 / 亿元
科技部	国家科技成果转化引导基金	247
国家发展改革委	国家战略性新兴产业发展基金	3000
	国家新兴产业创业投资引导基金	400
中央网信办	中国互联网投资基金	1000
国合会	长江经济带生态基金	3000

资料来源：长城战略咨询根据公开资料整理。

专栏 6-28 陕西“种春基金”和合肥“创新院基金”实践探索

◆ 陕西“春种基金”：针对种子期项目社会资本参与度低的问题，由陕西省、西安市和西咸新区全资设立，全部投资于省内高校师生的技术创新链前端环节科技成果转化项目，推动项目完成从创意阶段向具体产品或服务阶段的转化，每个项目给予 50 万元或 100 万元资金支持，占新公司 10% 的股份。自 2021 年 2 月基金设立至 2023 年年初，已累计完成 467 家公司设立、实施 212 家公司出资，出资金额近 2 亿元①。目前，已涌现出钛超润新（钛合金高效加工绿色润滑介质）、镐京触媒（纳米合金催化剂）、束能碳基（离子束非晶碳基薄膜制备装置）等优质种子企业。

◆ 合肥“创新院基金”：由合肥创新院［中国科学院（合肥）技术创新工程院有限公司］联合合肥高新建设投资集团等分别设立了两期“创新院基金”，重点支持科技成果转化及硬科技项目。一期基金成立于 2017 年 4 月，规模 3300 万元，重点投资中国科学院系统及校友项目，促进中国科学院系统的科技项目成果转化，截至 2022 年年底，已支持近 60 个中国科学院孵化的科技成果转化项目；二期基金于 2022 年 11 月成立，规模 3200 万元，重点投资科研院所及高校技术团队创办企业、有核心技术和发展前景的硬科技初创期和成长期项目，行业包括人工智能、电子信息和生命健康等战略性新兴产业领域。

资料来源：长城战略咨询根据公开资料整理。

① 秦创原春种基金成功入选创新案例 [EB/OL].（2023-04-13） [2022-09-12].http://www.xixianjinkong.com/templt/article/content_xwapp.html?cat_id=1599592790411501569&infoId=1658374284327817217.

专栏 6-29　深圳市政府引导基金建设实践

◆ 委托管理 + 市场化运作。2016 年，深圳市创新投资集团有限公司（简称“深创投集团”）受托管理千亿级深圳市政府引导基金，政府主管部门主要负责制度体系和重大事项的研究与制定，深创投集团通过健全架构及分级决策，强化组织领导，按照市场化原则承担市引导基金日常运营管理职责，包括对市场化子基金的遴选、投资、投后管理等。

◆ 聚集资金组建子基金群。深圳市引导基金一方面以千亿级出资，持续为本土创投机构提供稳定的募资渠道；另一方面通过子基金遴选吸引大量国内外知名创投机构，形成了覆盖天使期、初创期、成长期和成熟期等全生命周期接续投资体系，助力深圳形成创投风投生态集聚区。

◆ 扶持提升本地创投竞争力。目前，深圳市引导基金已与 90 多家国内知名投资机构合作投资，合作机构中 30 多家入选或入选过清科或投中前 50 名单。在与深圳本土机构中，深圳市引导基金一方面注重与本地头部创投机构密切合作，长期且多轮出资其新设基金；另一方面也注重扶持本地中小创投机构，在合作的 50 多家本地机构中，有 30 多家机构是专业型的新生代中小创投机构，深圳市引导基金通过自身品牌效应和规范性管理要求带动本地中小创投机构逐步发展壮大且更具市场竞争力。

◆ 汇聚资源打造赋能平台。深圳市引导基金持续在融资服务、人才招聘、研究报告、场地空间、政府资源、招商引资、专业培训、产业资源和对接上市服务共 9 个方面为子基金参投项目企业开展深度赋能。

◆ 持续深耕战略性新兴产业。深圳市引导基金的子基金已直接投资深圳市“20+8”战略性新兴产业和未来产业集群项目约 2700 个，投资金额超 2000 亿元，占所有投资项目数量和所有投资项目金额的比例均超 80%。其中，获得后续融资企业超 1500 家，已上市企业近 300 家，成为国家级专精特新“小巨人”企业 380 家、成为独角兽企业超 220 家。

资料来源：长城战略咨询根据公开资料整理。

专栏 6-30　哈尔滨市创业投资引导基金基本情况

由哈尔滨创业投资集团负责管理。2013年哈尔滨市政府决定设立哈尔滨市创业投资引导基金，总规模10亿元，目前，已引进富德资本、元禾原点、华映资本等10多家业内知名基金进驻哈尔滨市，已形成23.5亿元的创投基金总规模。

资料来源：长城战略咨询根据公开资料整理。

二、市场化风险投资

除政府引导基金等带有政策性质的投资基金外，市场化风险投资在产业发展中也发挥着重要作用。例如，硅谷是全球最大的风险投资机构集聚区，集聚了红杉、贝希默、天马、a16z等一系列顶尖风投机构，硅谷的成功很大程度上得益于这些创业投资基金与风险投资机构对当地创业企业的扶持。从属性来看，风险投资（VC）属于私募投资基金，我们常提到的私募股权投资基金（PE）也属于私募投资基金，但通常VC多投资于初创期企业和成长期企业，PE多投资偏中后期较为成熟的企业。国内风险投资起步于20世纪80年代，当时国家科委和财政部联合几家股东于1986年共同投资设立了中国创业风险投资公司，成为我国大陆第一家专营风险投资的股份制公司。近年来我国各地都比较注重风险投资的发展。例如，2022年10月，山东省发布《山东省推动创业投资高质量发展的若干措施》，着力畅通创业投资“募投管退”环节；2022年4月，广东省深圳市发布《关于促进深圳风投创投持续高质量发展的若干措施》，撬动更多社会资本持续加大对深圳市七大战略性新兴产业、20大产业集群及八大未来产业关键领域的投资力度。我们认为，下一步东北地区主要从两个方面入手：一是加强与央企合作设立产业投资基金，可以结合东北三省产业布局特点，重点与通用技术集团、航空工业等央企合作，联合设立产业投资基金。二是打造基金小镇、创投街区等基金业集聚区，加强集聚各类风投创投机构。

三、投贷联动

投贷联动主要是指商业银行和基金投资机构（VC/PE）达成战略合作，在基金投资机构对企业已进行评估和投资的基础上，商业银行以“股权 + 债权”的模式对企业进行投资，形成股权投资和银行信贷之间的联动融资模式。2016年4月，中国人民银行等多部门联合印发《关于支持银行业金融机构加大创新力度开展科创企业投贷联动试点的指导意见》（简称《意见》），明确首批5个地区和10家试点银行开展投贷联动业务，包括北京中关村、武汉东湖自创区等国家自创区和国家开发银行、中国银行等10家试点银行。按照《意见》中所提，试点机构需设立投资功能子公司且以自有资金向科创企业进行股权投资，不得使用负债资金、代理资金、受托资金及其他任何形式的非自有资金。从实际操作来看，由于投资子公司功能难以获批、资本金过度消耗等多方面问题，此轮投贷联动探索未有效落地。近年来，以中关村银行为代表的商业银行在实践中探索出“认股权贷款”投贷联动模式，具有复制推广价值（详见专栏6-31）。具体操作路径是：商业银行通过与私募股权投资机构合作，在投资机构对科创企业进行尽调和股权投资的基础上，商业银行给予企业适当额度的信贷支持，并要求企业给予信贷资金一定比例的认股权或者后续股权融资时一定额度的跟投权。其中，认股权的有效期通常为3～5年，认购金额一般为贷款金额的10%～20%，通常认股权仅占企业总股权1%～2%的比例，不会过度稀释企业股权。若标的企业在有效期内公开上市或被并购，银行则可指定其代持的投资机构以直接行权、转让或大股东回购等方式，获得股权溢价并实现股权的退出，并通过财务顾问费等方式获取相应的投资收益[①]。我们认为，这种模式也比较适合东北，下一步东北三省可以推动盛京银行、辽沈银行、大连银行、锦州银行、哈尔滨银行等本土法人金融机构开展“认股权贷款”模式的投贷联动试点。

专栏6-31　中关村银行“贷款+认股权”投贷联动业务实践

北京中关村银行成立于2017年6月，是全国首家专注服务于科技创新的银行。认股权贷款是中关村银行成立后首批推出的3款产品之一，主要面向新一代信息技术、新消费、数字经济、生命健康、智能制造、军工等硬科技领域A-C轮企业，其准入标准是上一年销售收入原则上不低于1000万元，近两年主营业务收入增长率不低于20%，并且授信前12个月已有或授信后9个月预计至少有1～2家知名的VC或者PE有投资意向。根据2021年9月数据，中关村银行成立4年多累计投放认股权贷款210余笔，支持科技创新型企业近90户，投放贷款金额近25亿元，认股权贷款成功行权18笔[②]。其中，很多企业已成长为独角兽企业，包括36氪、微步在线、元年科技、极智嘉、慧算账、中商惠民等。中关村银行投资联动业务操作路径是：由中关村银行向企业提供债权融资，企业以融资金额的一定比例向中关村银行指定的“中关村创投”授予认股

① 迈小步、慎创新　投贷联动或迎科创金融新机遇[N]. 21世纪经济报道，2023-05-19.

② 一图看懂北京中关村银行投贷联动核心业务认股权贷款[EB/OL].(2021-09-01)[2022-09-12].

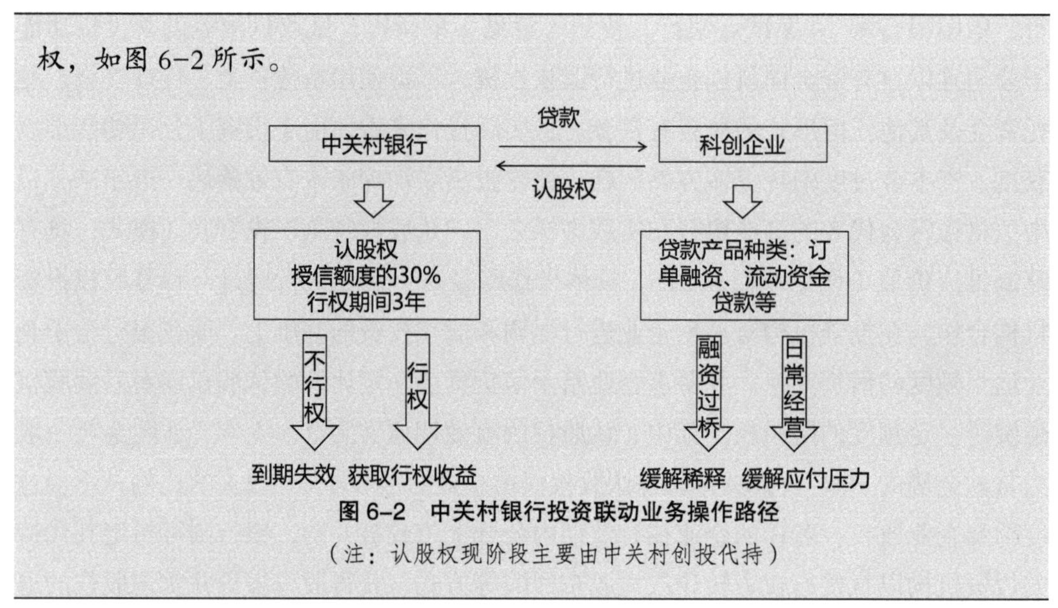
权，如图 6-2 所示。

图 6-2 中关村银行投资联动业务操作路径
（注：认股权现阶段主要由中关村创投代持）

资料来源：长城战略咨询根据公开资料整理。

四、企业创新积分制

企业创新积分制是一种通过一系列指标将企业的创新能力进行量化，并根据量化结果给予企业对应的政策及金融支持的新型政策工具。最早源于江苏省张家港市在创建国家创新型县（市）过程中探索出的成功实践，后由科技部火炬中心在全国高新区试点推广。2020 年，火炬中心在杭州高新区等 13 家国家高新区率先启动首批企业创新积分制试点，后续共开展了 3 批试点。截至 2022 年年底，已实施企业创新积分制的国家及省级高新区数量达到 133 家，其中辽宁 10 家，数量在全国各省份中排名第三[①]，大连高新区是首批入选的 13 家国家高新区之一，黑龙江 2 家，吉林暂无。对于东北地区来说，除了要继续申报更多试点及扩大试点范围外，尤其开展试点的地区，有必要做好以下工作：一是完善积分评价指标和评价办法，更精准、更早期地识别和发现创新能力突出的科技型中小企业和初创企业。二是主动与金融机构、投资机构、资本市场等对接合作，高效集成并优化配置全域资源。三是整合、优化高新区内的各类涉企政策，引导各类创新要素和公共政策向高积分企业精准集聚。四是进一步汇通共享高新区内的企业数据信息，实现对园区企业的精准画像。

① 第一名江苏省 33 家，第二名山东省 15 家。

专栏 6-32 全国企业创新积分制试点典型实践

◆ 杭州高新区：2020 年 8 月，杭州高新区率先启动企业创新积分工作试点，并于同年 12 月成为首批试点单位。截至 2022 年 5 月，创新积分参评企业已达 7310 家，上线银行 10 家，申请贷款企业 210 家，发放贷款 4.8 亿元。主要做法：一是构建企业创新积分模型，通过深度链接"企业码"落地，实现"一图清""一线通""一键配"三大功能，从政策、金融、企业培育等多角度助力企业发展。二是结合科技企业积分体系与银行风控体系模型，对处于不同阶段企业的指标、权重差异赋权，自动生成贷款额度。

◆ 成都高新区：首批企业创新积分制试点高新区之一，获批在全国率先开展"金熊猫创新积分"工作。2021 年 9 月，成都高新区选取 4551 家科技企业，完成了首批创新积分评价工作。主要做法：一是根据企业成立时间单一标准，将企业划分为不同成长阶段。二是在积分指标体系中，加入高新区三大主导产业特色指标。三是创新推出"积分贷"，具有一键授信、积分省利率、积分抵贷款三大特色，为企业提供优质实在的贷款服务。四是从主导产业、企业成长阶段等多维度，评选出创新积分特色榜单。

资料来源：长城战略咨询根据公开资料整理。

第九节 推动科教产教融合，把东北教育优势转化为创新胜势

科教兴国，顾名思义是指以"科技"和"教育"促进国家发展和民族振兴①。1995 年在全国科技大会上首次提出科教兴国战略，党的科教兴国战略随着中国改革开放与经济发展的变化不断发展、不断丰富。党的二十大再一次把科教兴国战略提到前所未有的高度，还提出教育、科技、人才"三位一体"，以及推动科教、产教融合等要求。本部分我们将结合党的二十大报告最新指示，首先面向研究型院校，重点介绍有组织科研、基础学科建设、未来技术学院、学科性公司等与科教融合相关的内容，再面向应用型院校和高职院校，重点介绍职业教育产教融合、双元制教育、现代产业学院等与产教融合相关的内容②③。

① 陈劲，王璐瑶．新时代中国科教兴国战略论纲 [J]. 改革，2019（6）：32-40.

② 林彦红．科教融合理念的创新与实践：以中国科学院大学为例 [J]. 研究生教育研究，2015（8）：29-32.

③ 杨燕江，黄海涛．西南联大的科教融合与杰出创新人才培养 [J]. 中国高校科技，2020（1）：77-80.

一、高校“有组织科研”

党的二十大报告提出“加强高校有组织科研 加快教育数字化发展 以教育现代化推动实现中国式现代化”。有组织科研本质上是一种以服务国家需求为导向、更加强调力量整合和集成攻关的科研范式，其有利于发挥新型举国体制优势、服务国家战略需求更加聚焦，更有利于各种创新要素的有机整合，促进科技力量和创新资源配置更加合理。同时，有组织科研通过不同学科专业人才的高度汇聚，可以实现多元知识、不同思维的交流碰撞，促进新观点、新方法、新理论、新思想的产生。在高校科研管理领域，“有组织科研”已经不是一个新鲜词汇，但正式进入政策文件还是首次。这个词汇最早开始流行，是因为部分高校突破传统以自由探索为基础的科研模式，整合校内外各种要素和力量，有组织地争取重大科研项目，开展联合攻关科研，取得了较为显著的成效，带动学校科研能级不断提高，学校发展蒸蒸日上。2022 年教育部《关于加强高校有组织科研推动高水平自立自强的若干意见》的提出，也推动高校充分发挥新型举国体制优势，加强有组织科研，全面加强创新体系建设，着力提升自主创新能力，更高质量、更大贡献服务国家战略需求做出部署，目的是引导和推动高校在有关国家战略急需的关键核心技术攻关取得重大突破。

对于东北各高校来说，可以学习四川大学实践经验[①]，从以下 4 个方面入手：一是整合多学科力量组建跨学科研究团队，不仅关键核心技术需要跨学科的集成攻关，重要科学理论的突破、新科学理论的产生大多也离不开多学科的交叉、融合和集成创新。二是有组织研究重在组织层面，自由探索重在个体层面，两者分属不同的逻辑，积极引导和鼓励教师在围绕重大科学问题开展高水平自由探索的同时服务集成攻关，实现自由探索与集成攻关同频共振、相得益彰。三是构建有利于团队协同攻关的系统性考核评价体系，过去在职称评审、项目申报、评奖评优等过程中多重视成果第一完成人，这不仅降低团队合作攻关的积极性，更不利于开展以团队协作和跨学科合作为主的关键核心技术攻关。四是与世界一流大学和研究机构组建国际化、跨国别的研究团队，高校开展有组织科研要敞开大门、打开视野，与世界一流大学和研究机构开展交流合作，最大限度地用好全球创新资源。

二、基础学科建设

基础学科是指研究自然界和人类社会基本运行规律，提供人类生存与发展基本知识的学科，主要包括数学、物理、化学、生物、哲学、历史等。这些学科通常看起来对生产力的提升没有直接影响，但却是科技、文化和社会进步的基

① 高校有组织科研如何“落地生花”[N]. 学习时报，2023-06-08.

石[①]，世界著名的诺贝尔奖主要就是颁发给取得重大基础学科研究突破的人才。20世纪90年代末我国提出原始创新的概念，主要包括新理论新概念新方法等的发现及新技术的突破或重大发明，很大程度上也是强调了基础学科的研究和应用。2020年教育部印发《关于在部分高校开展基础学科招生改革试点工作的意见》，选择东北大学、湖南大学、西北农林科技大学3所高校开展强基计划试点，突出基础学科在科技与产业发展过程中的支撑引领作用。

三、未来技术学院

未来技术学院建设酝酿已久，早在2018年，教育部、工业和信息化部、中国工程院共同印发的《未来技术学院建设指南（试行）》中就提出，“在科研实力强、学科综合优势明显的高校，面向未来发展趋势建立未来技术学院”。2020年，教育部印发《未来技术学院建设指南（试行）》明确，未来技术学院属于新工科未来学院，旨在培养未来科技创新的领军人物，抢占未来科技发展先机。2021年，教育部公布了首批12家未来技术学院名单。

专栏6-33　全国12家“未来技术学院”名单

◆ 北京大学（未来生命健康及疾病防治技术）
◆ 北京航空航天大学（未来新概念飞行器、未来空间开发利用等空天科技）
◆ 上海交通大学（能源环境、健康医疗）
◆ 中国科学技术大学（量子科技）
◆ 西安交通大学（储能科学与工程、人工智能+X、医工交叉）
◆ 哈尔滨工业大学（人工智能、智能制造、生命健康）
◆ 华中科技大学（先进智能制造、生物医学成像、光电子芯片与系统等）
◆ 东南大学（芯片设计、信息材料、未来通信、智能感知）
◆ 天津大学（未来智能机器与系统、储能科学与工程、智慧城市）
◆ 华南理工大学（智能感知、大数据、AI+融合技术）
◆ 东北大学（工业智能领域，包括控制科学与工程、计算机科学与技术、软件工程、机器人科学与工程等）

资料来源：长城战略咨询根据公开资料整理。

① 例如，东软医疗在超高速大孔径能谱CT、光子计数CT设备等CT整机的核磁技术突破上，就需要物理等方面的基础研究毫无支持。

四、学科性公司

高校是科研重镇，但是大量的科研成果在得奖之后就束之高阁，存在“科技成果完成人没有转化动力，高校也很难拿出较多的人力和财力用于科技成果的转化”。即使有教授尝试创业转化科技成果，成功的案例也并不多。在这样的背景下，学科性公司应运而生。国内以中南大学、北京理工大学、浙江大学、哈尔滨工业大学等高校为代表的部分高校率先探索建设学科性公司。2000 年，中南大学首创学科性公司，中南大学创造的“学科性公司制”具有两个特征：股本由学校的技术成果无形资产和少量科研课题结余经费加社会资本组合而成，前者占总资本的 24%左右，其中 90%以上为以学校科技成果作价入股的无形资本；在管理方式上，学校教授一般担任公司董事、董事长、技术总监等职务，负责技术指导、组织研发等工作，由社会投资方指派或双方共同聘请专人担任总经理，负责公司的生产组织、市场营销及日常事务等工作。

五、职业教育产教融合

习近平总书记指出“职业教育与经济社会发展紧密相连，对促进就业创业、助力经济社会发展、增进人民福祉具有重要意义”。2021 年国家发展改革委遴选了第一批 21 个产教融合试点城市[①]。在产教融合的发展道路上，我国已经有了丰富的实践探索，例如，20 世纪八九十年代甚至之前兴起的校中厂、厂中校，20 世纪末或 21 世纪初开始兴起的大师工作室、现代学徒制、产业学院，以及近几年提出的产教融合型城市、产教融合型行业协会、产教融合型企业、产教融合园区等。又如，重庆永川区政府主导打造的西部职教基地，聚集了长城汽车、东鹏陶瓷、雅迪电动车等百亿级龙头企业，汇聚了大中专职业院校 17 所、在校生规模 16.3 万名，真正实现了产教城融合一体化发展[②]。国家发展改革委发布《职业教育产教融合赋能提升行动实施方案（2023—2025 年）》提出“抓城市、抓企业、抓专业、抓项目、抓经验”等工作举措（详见专栏 6–34）。目前，东北沈阳入选产教融合试点城市，在职业教育产教融合方面有较好的成功探索，尤其是接下来介绍的双元制探索（详见专栏 6–35）。

---

① 包括天津市津南区、河北省唐山市、辽宁省沈阳市、上海自贸区（临港新片区）、江苏省常州市、浙江省杭州市、浙江省宁波市、安徽省合肥市、福建省泉州市、江西省景德镇市、山东省济南市、山东省青岛市、河南省郑州市、湖北省襄阳市、湖北省长株潭城市群、广东省广州市、广东省深圳市、广西柳州市、四川省宜宾市、陕西省咸阳市、新疆巴音郭楞蒙古自治州。

② 聂强 . 园区模式：职业教育产教融合的新路径 [J]. 中国高教研究，2023（7）：104.

专栏 6-34　职业教育产教融合重点工作举措[①]

一是抓城市，将城市职业教育与产业发展同步规划、同步建设，让“一座城、一两个主导产业、全链条职业教育体系”形成闭环，推动职业教育的总量、结构、质量与当地产业需求相匹配。

二是抓企业，支持各地培育建设一批产教融合型企业，研究制定支持产教融合型企业发展的政策性文件，让产教融合型企业真正尝到甜头、得到实惠。

三是抓专业，各地要按照“优先、加快、改造、撤并”的思路，不断优化职业教育专业体系，真正做到“以产定教、以产改教、以产促教”。

四是抓项目，统筹运用好中央预算内投资、地方政府专项债券、中长期贷款等资金渠道，形成支持合力，支持建设一批高水平、专业化、开放型产教融合实训基地。

五是抓经验，宣传推广 50 个职业教育产教融合典型案例，结合本地实际，进行创造性转化、创新性发展，为下一步工作提供有益借鉴。

资料来源：长城战略咨询根据公开资料整理。

专栏 6-35　沈阳在职业教育产教融合的探索

◆ 沈阳职业技术学院。沈阳职业技术学院其二级学院沈阳中德学院，积极推进德国“双元制”人才培养模式，校企互相进驻，学生在学校和企业接受教育。辽宁机电职业技术学院与曙光汽车集团股份制共建黄海汽车工程学院，打造“校中厂”“厂中校”，探索出从“学工交替”到“订单 + 学徒”的新型人才培养模式。

◆ 沈阳格微软件公司。投资近 4 亿元创建了沈阳北软信息职业技术学院（其前身北方软件学院）。主要针对软件开发设计、数控加工、知识管理和协同翻译方向进行了复合型、实用化人才培养。北软计算机专业群进入全省高职教育“双高”建设序列，构建了“开放式”教学管理体系、“示范性预科教学”，自行开发“酷课网”等，将园区产研优势资源转化为七大教学平台资源，定制化培养技能型人才。

资料来源：长城战略咨询根据公开资料整理。

---

① 《职业教育产教融合赋能提升行动实施方案（2023—2025 年）》。

六、双元制职业教育

双元制职业教育是职业教育产教融合重要形式之一。双元制职业教育是源于德国的一种实践与理论相结合的职业培训模式，其整个过程在工厂、企业和国家的职业学校的合作中进行。一元是指职业学校，其主要职能是传授与职业有关的专业知识；另一元是企业或公共事业单位等校外实训场所，其主要职能是让学生在企业里接受职业技能方面的专业培训。从全国来看，苏州因大量德企集聚，双元制人才培养模式也顺应落地，并有着良好实践。如今，太仓已构建多层次技术人才培养体系，拥有超过 20 个双元制培训中心，累计培育了 1 万多名管理人才和专技人才。从东北三省来看，沈阳中德园积极探索德国双元制教育理念本土化的实践，已为园区企业输送了各类技能人才 1 万余名，还积极探索“市场化选聘、专业化引进、双元制培育”人才引育工作和国际化人才发展生态圈建设的“3+1”人才引进培育制度，在全省率先实行园区社会化选聘人才管理模式，在东北率先构建“双元”产业人才培育模式，在全国率先探索中德国际人才合作常态长效机制。希望下一步沈阳双元制职业教育探索走得更远更好。

专栏 6-36　沈阳职业技术学院推进德国“双元制”经验①

着力培养国家化技术技能型人才，不断完善“双元制”育人标准体系，在《中国特色“双元制”职业教育改革创新与实践》获辽宁省教学成果奖一等奖，打造“6 共 4 化 3 贯通”人才培养模式，具体来说：一是“6 共”即校企双方共建混编师资团队，共同制定人才培养方案，共同选录订单班学员，共享实训设备和实训基地，共同实施人才培养，共同考核评价学生。二是“4 化”即基础课程通用化、实训设备生产化、专业课程项目化、师资团队认证化。三是“3 贯通”即校企共同制定“三全育人”方案，将职业技能培养、职业素质养成、思想品德教育贯通于人才培养全过程。

七、现代产业学院

产业学院最早可追溯到英国教育与就业部策划倡导的产业大学，其作为学习个体与学习产品之间的中介机构，以搭建网络学习平台的方式，向社会个体和企业提

① 推进德国“双元制”本土化着力培养国际化技术技能型人才 [N]. 沈阳日报，2023-06-29.

供具备现代化网络和通信技术的高质量开放式远程学习方式，旨在提高个体就业力与企业竞争力。相较而言，我国产业学院不同于英国的网络“产业学院”，它是以等同于职业技术学院的实体组织形式面向大众。区别于传统意义上的产业学院，现代产业学院具备高效的校企融合性，其建设深入“企业＋学校”内部，强调现代化系统间的相互吸引与补充，要求校企协同共生，实现供需对接。2021 年 1 月，首批现代产业学院申报与建设工作正式启动，“新工科、新医科、新农科、新文科”成为首批计划建设现代产业学院的“四新”领域，共计 49 所高校的 50 个现代产业学院入选，东北三省有 6 家入选（表 6–19）。

表 6–19　东北三省首批现代产业学院名单

省份	序号	学院名称	所属高校
辽宁	1	菱镁产业学院	沈阳化工大学
	2	中车产业学院	大连交通大学
	3	大数据产业学院	渤海大学
吉林	4	亚泰数字建造产业学院	吉林建筑大学
	5	参茸道地药材现代产业学院	吉林农业大学
黑龙江	6	北大荒农产品加工现代产业学院	黑龙江八一农垦大学

资料来源：长城战略咨询根据公开资料整理。

关于本章的延伸阅读推荐：

1. 习近平 . 论科技自立自强 [M]. 北京：中央文献出版社，2023. 本书收录了习近平总书记在党的十八大以来关于科技自立自强的重要论述。

2. 陈劲 . 新时代的中国创新 [M]. 北京：中国大百科全书出版社，2021. 本书围绕习近平总书记对科技创新的重要论述，介绍了新时代中国创新的基本任务和关键举措。

3. 王德禄 . 新经济创业概论 [M]. 北京：金城出版社，2023. 本书介绍了新经济创业的方方面面。

4. 蔡睿，刘海波，杜伟 . 国家科技成果转移转化示范区建设研究 [M]. 北京：知识产权出版社，2022. 本书介绍了辽宁省创建国家科技成果转移转化示范区的背景和举措及大连市着力点。

第七章
抓新招商：东北实现“赶超发展”的必要手段

招商引资自古以来都是后发地区实现“赶超发展”的第一抓手，也是那些先进地区进一步提升经济首位度的主要手段。古代历史上，齐国是最早记载通过招商引资走向强大的国家，其所在山东沿海一带不宜农业，姜子牙便剑走偏锋，因地制宜定下“通商工之业，便鱼盐之利”的国策，管仲为了鼓励民间投资，对投资者提供住宿、餐饮、马的饲料、仆人等无微不至的服务，并制定税收和关税政策，此后大量民间投资涌入，齐国财政收入大幅增长①。

改革开放以来，各地区都较为注重招引“外资”②，2013 年东北三省实际利用外资达到 355 亿美元的峰值，占全国 30%，为东北利用外资最为辉煌时刻，此后就一路下滑。目前，不仅东北，几乎全国各地都将招商引资作为区域经济发展的主要手段，也不仅是外资，还包括内资，甚至相对发达的深圳从 2019 年开始，也连续举办 4 届高规格全球招商大会，充分利用全球的资源壮大深圳经济。对于东北地区，我们认为每一个城市都有必要把招商引资作为前三号工程之一。此外，我们还发现，位于东北地区的朝阳市在 2018 年就率先提出将招商引资作为“一号工程”，在该“一号工程”支撑下，近年来朝阳市 GDP 从全省第 11 位快速上升至第 7 位。

既然招商引资如此重要，那关键领导干部如何才能抓好招商引资工作呢？我们认为，对于当前的东北，关键领导干部们需要两手抓，一手抓重大项目的洽谈、服务；另一手抓大招商体系建设，这方面主要对标合肥、深圳、成都、武汉等城市，其招商体系已非常成熟。当然，东北也有招商体系相对成熟的，如 2022 年获得辽宁省政府招商引资“真抓实干”表彰的金普新区、沈北新区就相对不错。

本章我们将首先介绍构建“百战百胜”大招商体系的综合性改革措施，让东北各地领导干部认知、把握招商体系建设的总体逻辑及主要手段，然后再具体介绍产业链招商、总部招商、场景招商、资本招商、招商项目评估、营商环境等值得东北各地重点关注的招商手段和招商辅助工具。

第一节　构建“百战百胜”大招商体系是东北招商改革大方向

可能大家会有疑问，为何当前东北需要构建“百战百胜”的大招商体系呢？

---

① 吴晓波 . 历代经济变革得失 [M]. 杭州：浙江大学出版社，2020.

② 孙雅静，张庆君 . 中国招商引资 30 年回顾与探索 [M]. 沈阳：东北大学出版社，2009.

2021 年，我们参与了沈阳市为期 4 天的封闭式新经济招商培训，其中第一讲就是“沈阳市如何构建‘百战百胜’的大招商体系”，这也是我们在东北第一次正式提出这个观点，此外，2023 年年初我们继续参与了沈阳市为期 4 天的封闭式招商培训，其中第一讲是“再论沈阳市如何构建‘百战百胜’的大招商体系”。实际上，这个观点酝酿了很长一段时间，主要受启于我们和一线招商人员及各级关键领导干部的交流，他们都在或多或少抱怨东北的招商太难了。例如，很多项目方一听是东北招商人员，谈都不愿谈；又如，有些不错的高科技项目，东北招商人员一听项目方也在和合肥谈合作，就主动放弃了，他们清楚知道能提供的条件一定比不过合肥。此外，最近的土拍市场热度也能看出东北招商的困难，例如，2022 年沈阳出让居住、工业、商办等各类用地不到 100 宗，其中居住用地不到 20 宗，基本没有品牌房企拿地，都是地方国企接盘。而同期，成都出让 100 多宗，合肥也接近 100 宗，且有华润、招商局、越秀、中海等头部品牌地产企业参与竞拍拿地。这些鲜活案例都提醒我们，东北招商整体上缺乏竞争力，不是具体招商人员“技不如人”，而是大的招商体系不健全。近年来，合肥市依靠“资本招商”成功引进京东方、兆易创新、蔚来汽车等项目，让“合肥招商”火遍大江南北，“赌城”表象的背后，实际上合肥在大招商体系建设及招商组织再造上做了大量的工作，才有了今天的成绩。

那“百战百胜”的大招商体系，应该是什么样的？我们认为是前中后台联动的①。首先要组建一批具有亿元项目招引能力由 2 ～ 3 人组成的招商小分队，作为招商前台，承担招商项目谋划、对接、洽谈、签约、落地跟进等工作。其次要组建以“赋能招商小分队”为核心的招商中台，从“前—中—后台”协同机制建立、考核与培训、产业指引、项目库与企业库构建、招商大会与推荐会组织、招商手册制作、招商政策制定、场景与要素清单编制、招商项目管理数字化等方面着力并提供给前台，让前台的招商小队头脑更清晰、手段更丰富，尤其是速度更快，兵贵神速，招商引资取胜多数也胜在神速。最后要组建招商后台，为招商项目的洽谈—签约—落地等提供领导支持及资本、载体、场景、政策、专业服务等保障。最终在“前—中—后台”联动大招商体系的支撑下，实现每一次招商洽谈，都有“更大的概率”被投资商列为“备选名单”并落户。东北各地可参考以下要点推进招商改革（图 7–1）。

① 前中后台联动“百战百胜”大招商体系由长城战略咨询吴勇提出。

顶层设计
（招商方案）

	招商后台—专业化	招商中台—综合化	招商前台—专业化
参与部门	① 省市区主要领导 ② 市区相关部门 ③ 市级平台公司 ④ 先导区/开发区平台公司	① 市区商务局/招商局 ② 先导区/开发区招商综合办 ③ 招商促进智库机构	① 先导区/开发区产业办 ② 先导区/开发区招商公司 ③ 市区商务局/招商局 ④ 市场化招商合伙人
参与方式	**为招商项目洽谈—签约—落地等提供领导支持及载体、场景、资本、政策、服务等保障** • 领导支持体系：会见、调度 • 园区和楼宇体系：重磅产业功能区、重点专业园、主题楼宇 • 场景体系：产业数字化、数字政务、数字社会 • 政策体系：1+N持续迭代更新 • 国资平台公司体系：专业园建设运营、重点项目战投、厂房代建、创新平台建设运营 • 项目落地服务体系：拿地即开工、容缺受理、首席服务官 • 企业成长服务体系：创新生态、人才供给、物流成本 • 城市魅力塑造体系：文商旅、生态、公共服务、城市品牌	**以“赋能招商小分队”为核心，让招商小队头脑更清晰、手段更丰富、成效更显著** • 前中后台协同机制建立 • 招商赛马/招商考核/招商培训 • 招商视角的产业规划 • 招商视角的项目库 • 动态更新的目标企业库 • 招商大会/推荐会 • 招商手册 • 招商视角的产业政策 • 场景清单 • 土地等要素清单及成本 • 招商和项目管理线上平台	**对标合肥（3400多个2～3人招商小分队）组建一批具有亿元以上项目招引能力的招商小分队** 招商小队 A 招商小队 B 招商小队 C 招商小队…… • 主动谋划 • 锁定招商目标 • 初步沟通 • 招商项目评估 • 一对一考察对接 • 招商洽谈和跟进 • 招商签约 • 招商项目落地跟进 • 招商项目成长跟进 • 招商政策兑现

图 7–1　构建“前中后台联动”的“百战百胜”大招商体系思路

一、加强“百战百胜”的大招商体系顶层设计

各地招商引资的顶层战略，通常以招商引资总体工作方案的形式固化，各地还通常组织招商动员会，以富有仪式感的方式宣贯招商工作方案。在顶层战略中，主要是明确招商的重点产业方向、重点承载空间及招商组织架构等核心内容。例如，浙江省 2022 年出台的《关于进一步加强招商引资工作的指导意见》中就明确了招商目标、重点招商方向、精准招商方法、全球招商网络、专业招商队伍等战略性内容。顶层设计重点如下：

编制招商引资“一号工程”实施方案。各地可以委托专业机构，编制推进招商引资这个“一号工程”的总体方案，在工作方案中明确“前中后台联动”的机制及强前台、强中台、强后台的具体举措，尤其需要经过分析研究，阐述清楚招商与 GDP、税收、固投等关系，以及招商产业方向、落位空间等，作为指导今后一段时期招商引资工作的纲领性文件。例如，2016 年，武汉市完成工业投资 2117 亿元，同比下降 16%，并且重大产业项目储备不足，为此 2017 年武汉市提出把招商引资作为武汉赶超发展的“一号工程”，并采取系统举措，尤其 2021 年出台《武汉市大力推进招商引资工作实施方案》。这个招商引资实施方案，实际上就是武汉市招商的顶层设计方案。

举办富有仪式感的招商引资大会或动员会。主要面向全体招商人员及外部招商合伙人，发布说明招商引资重点措施，凝聚共识及激发斗志。在这个方面，深圳做得非常不错，从2019年开始，已经连续举办4届全球招商大会。此外，辽宁省举办的"3+N"国内招商促进活动，即重点在珠三角、长三角、京津冀等3个重点地区，举办集中"走出去"招商活动，也有不错的动员效果。最近，东北的一些区县也组织了不错的招商动员活动。例如，2019—2022年金普新区连续3年开展"项目浪潮年""项目服务年""营商环境提升年"活动，形成了人人参与招商、人人服务招商的浓厚氛围。

专栏7-1　2022深圳全球招商大会典型案例

深圳全球招商大会由深圳市政府主办，深圳市商务局、市政府新闻办、市政府外办承办，面向全球投资者展现深圳经济活力、创新动力、城市魅力与投资潜力。2022深圳全球招商大会将全面展示深圳市战略性新兴产业和未来产业、现代服务业等重点产业发展方向，突出各区重点产业布局和全年招商引资成果；采取1场主活动、12场区域招商大会、N场境外分会场及产业招商活动的形式组织筹办。大会主要内容包括招商走廊巡展、领导致辞、企业分享、招商成果展示、重大项目签约及草坪茶会等环节。市四套班子主要领导出席，重点邀请全球顶尖企业、驻华领事代表、国际友城官员、知名投资机构齐聚深圳，并通过"线上+线下"融合的方式，以云展厅、云直播等方式，搭建全方位、宽领域、深层次、高水平的投资合作平台。具体情况如下：

- 机构推介：中国发展研究基金会等第三方权威机构向全球推荐"机遇之城"——深圳，发出"投资深圳　共赢未来"的召集令。
- 嘉宾演讲：邀请曾毅（中国电子董事长）、胡建华（招商局集团总经理）、吴冰清（马士基大中华区总裁）、王传福（比亚迪董事长兼总裁）等多位优秀落户企业家深度分享深圳故事。
- 全球联动：分会场覆盖日本东京、法国巴黎、美国纽约、澳大利亚悉尼等16个城市。
- 大会成果：大会共洽谈签约项目315个，设计投资总额8790亿元。集中签约48个项目，并现场为百胜中国、碧辟小桔等部分"2022深圳市跨国公司总部企业”授牌，为京东方高级副总裁陆宽、迈胜医疗董事长田源等部分深圳招商顾问颁发委任书。

资料来源：长城战略咨询根据公开资料整理。

二、采取系列“强前台”措施

“前台”主要承担招商项目的谋划、对接、洽谈、签约、落地跟进等工作。能够承担前台职责的招商人员，通常也称为“一线招商人员”，最主要是各地专业招商部门的招商人员，其次还包括地方一把手领导、地方全员招商主要参与人员、外部招商合伙人、招商中介等。东北各地区可以结合自身实际，提出招商队伍构成。例如，武汉提出组建“四支招商大军”，即专业队伍、企业家队伍、投资人队伍、校友队伍，依托其分别开展专业招商、以商招商、资本招商、校友招商。强前台的重点举措如下：

加强专业招商局 2 ～ 3 人“招商小分队”建设。通常来说，专业招商部门的“招商小分队”数量越多、质量越高，招商业绩实现重大突破的可能性也越大。为此，各地都比较重视商务局、招商局、投促局、开发区等的专业招商队伍建设，从全市、全区各部门抽调精兵强将，并依托平台公司市场化招聘有丰富经验的、能力出众的招商专员，按照行业、地域等划分成一个个的“招商小分队”，负责开展大中型项目的招引，这是各地招商队伍中最为核心的力量。从全国来看，这方面合肥做得最好，2005 年合肥市就已经拥有了 400 多支招商小分队，目前达到顶峰的有 3400 多支，这些小分队是合肥招商，以及合肥资本招商成功的重要前提。同时合肥高度重视这些小分队建设，向全球招聘专业人才，给予每个小分队每年 10 万元的工作经费，常年都有近 300 支招商小分队在外招商。对于东北地区，最近金普新区、浑南区、沈北新区、沈河区等个别区县，在开始系统学习合肥模式，组建百人左右规模的专业招商铁军，不仅从现有公务和事业编人员中遴选，还可以依托国资平台公司市场化招聘。

建立重大项目“一把手”招商机制。各地市、各区县都有必要建立“一把手”招商机制，都言“多大的领导，招多大的商”，如果不是党政主要领导出面，可能一线的招商人员都无法敲开头部企业的大门。从全国来看，很多地方“一把手”招商都做得不错。例如，武汉市成立了招商引资工作领导小组，由市委书记、市长担任组长，负责决定招商引资的工作原则、产业目录、政策措施等重大事项，统筹、协调、推进重大招商引资项目，确定重点项目“一事一议”支持政策，制定招商引资目标并进行考核，并要求各区县（开发区）党政“一把手”做到重大招商方案亲自审定，重要招商活动亲自参加，重点引资项目亲自过问，重要客商亲自会见，重大问题亲自协调解决。对于东北地区，我们曾统计过2020—2021年辽宁省14个地市党政“一把手”正式会见重点招商项目的数量（以专题报道为准），朝阳市以近80次排名第一，主要集中在清洁能源、先进材料、现代物流、现代农业、数字经济等5个领域，包括国家能源投资集团、西部超导、海亮集团、亚琦集团、红太阳集团、正邦集团等头部企业。2021—2022年，东北第一个国家级新区——金普新区的“一把手”招商也做得不错，金普新区管委会主要领导平均每月会见30家左右的重点企业，原则上每月“走出去”招商1～2次，点对点考察、洽谈重点项目。

建立全员招商机制。全员招商也是针对政府内部而言的，核心是要充分发挥政府内部各位副区级及以上领导，人大、政协及行业部门、街道、社团等非专业招商人员和部门的作用，利用其资源积累及行业专长或熟悉属地情况，开展“补充式”招商。尤其可以从经济发展部门中抽调一批具有潜力的青年骨干，成立行业招商处室，依靠其垂直行业的企业、协会资源及对行业的理解开展招商工作，这是全员招商中仅次于各级领导以外最重要的招商力量。从全国来看，在苏州、深圳等先进地区，“全员招商”机制已经非常成熟，人大、政协等领导接见洽谈招商项目非常普遍。对于东北地区，最近沈阳市及浑南、沈北新区、沈河等多个区县也已经动起来（图7–2）。

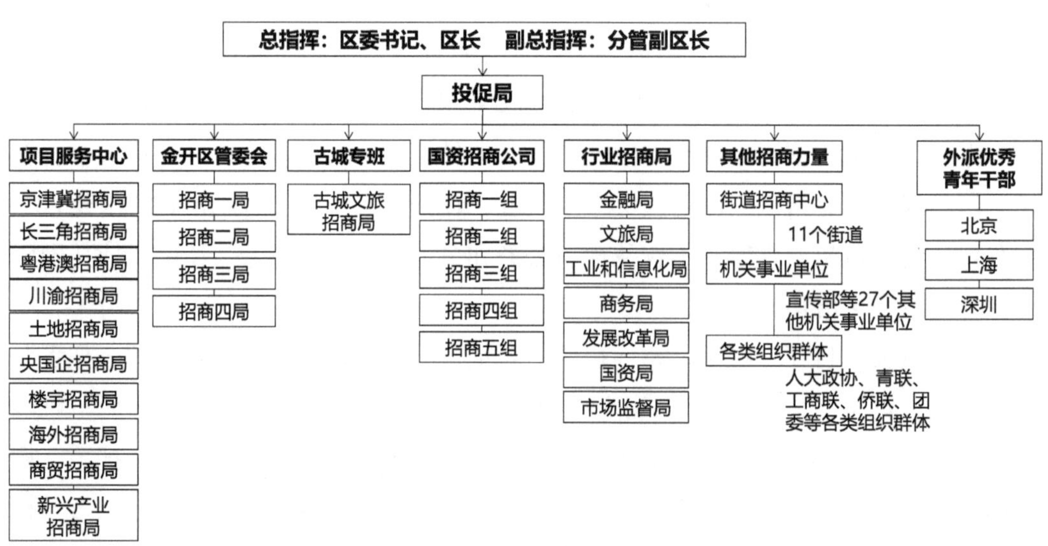

图7–2　沈河区百人专业招商铁军及全员招商组织架构示意（2022版）

构建外部招商合伙人网络。招商合伙人网络作为专业招商力量之外的重要“招商前台”，合肥、武汉、上海、深圳、成都、苏州等大量城市都非常重视这类招商队伍的建设。例如，合肥市组建了“五大招商合伙人网络”，即商会和校友会招商网络、专业机构委托招商网络、境外机构国际招商网络、重点区域驻点招商网络、龙头企业以商招商网络。又如，武汉市通过组织“楚才回家”、“百万校友资智回汉”等专场活动，充分调动外部招商合伙人。对于东北地区，少数区县已经行动起来，但“形式大于内容”者居多。

有所侧重地和招商中介合作。影响招商项目落地的因素太多，尤其亿元以上项目，并不是仅凭中介一己之力可以完成的，并且中介储备的项目资源也有所差异，为此，与中介合作切忌找一家大包大揽，可以有所侧重和多家中介合作。从全国来看，广州开发区做得不错，其找了多家中介进行合作，还培育出了广州建智等一流招商中介①。广州建智集团成立于 1998 年，现有员工 5000 人，它以招商服务业务起家，目前还延伸了企业选址及建设服务、知识产权和项目申报服务、工业地产运营、股权投资、团餐服务、人力资源服务、物业服务等业务，截至 2021 年年底，已累计促成外资在华投资企业 1000 多家，累计引进外资 70 多亿美元，同时还促成引进内资 160 多亿元。目前，我们在东北暂未发现实力比较强的本土“招商中介”。在我们看来，商协会其实是比较靠谱的中介，各地可以加强合作。

三、采取系列“强中台”措施

“中台”通常由商务局、招商总局来承担，其不直接参与每个招商项目的对接、洽谈、服务，核心是为“招商前台”赋能，具体手段包括：持续完善前—中—后台的协同机制，让前台与中台、后台的对接更顺畅；持续完善考核与培训机制，激励前台成长并提供绩效改进指导；持续迭代招商手册，对重点招商产业方向及项目库、目标企业库、场景供给清单、要素供给清单、招商政策清单等进行动态更新，为前台招商人员输送充足的“炮弹”；持续组织或者参加兼具招商功能的高规格产业峰会、投资峰会，为前台招商人员接触、洽谈头部企业创造条件。强中台重点举措如下：

持续完善“前中后台联动”机制。各地区的核心是建立规则，如重大招商项目入库标准及主要领导会见机制、招商引资领导小组例会制度、重大招商项目多后台部门联合服务机制等。例如，武汉市在 2021 年出台的《武汉市大力推进招商引资

① 广州开发区投资促进局 . 招商 4.0：新时代区域招商的战略思维 [M]. 广州：广州高等教育出版社，2019.

工作实施方案》中就明确提出：全市要建立重点产业招商项目推进工作机制，按照“一链一专班”、市区联动、部门协作的模式，组建若干个重点产业招商工作专班，负责落实“一链一表”招商任务，主导重大产业项目引进洽谈、布局选址、政策支持等工作；各区要“一把手”挂帅，围绕“一区一表”“一链一表”，聚焦主导产业招商，细化工作推进方案，确保完成各项目标任务。

组织“招商赛马”活动。“招商赛马”旨在以“游戏化方式”激活招商组织，是招商考核的最时髦手段。杭州在 2019 年就启动“招商赛马”活动，发布了制造业招大引强、全市新设企业、全市招大引强项目、全市实际利用外资进度、全市 152 项目开工率等 5 个赛马榜。对于东北地区，目前沈阳做得比较不错，其针对区县、开发区甚至招商小分队组织“赛马”活动，以招商赛马榜的发布为激励和鞭策，全面激活各层级招商组织。沈阳 2021 年启动的“招商赛马”活动，目前形成完成内资、签约项目、落地项目、走出去和请进来活动、盘活开发区存量资产、完成外资、引进高质量项目、引进新经济头部企业等多条赛道。

组织专题招商培训。各地尤其要面向专业招商部门的招商人员，设计实施系列定制化培训。例如，2021 年沈阳市为期 4 天的新经济招商培训，主要面向全市招商骨干，对全国招商新趋势及产业链招商、科技招商、总部招商、项目谋划和评估、产业功能区打造、重磅招商大会策划、楼宇招商、招商政策、招商宣传等核心招商知识进行集中讲解，并组织了重点招商项目现场观摩会。

持续更新《招商引资手册》。各地市、各区县可联合专业机构编制并定期更新招商手册，在招商手册中要详细梳理招商重点方向、重点招商项目类型、重点目标企业、可承载的空间载体、可开放的场景资源、可提供的政策支持、可享受的人才保障等，方便招商小分队快速了解行业、锁定招商对象、确定洽谈策略。对于这个方面，合肥、武汉等城市做得比较好。例如，《合肥重点产业招商指南》针对全市重点发展的产业，从产业趋势、市场布局、产业政策、产业链全景到目标企业、对接平台，都以文字、数据、图表方式一一呈现；又如，最近武汉还发布了数字化的产业地图，涵盖 2392 家重点企业和 367 家创新资源，协助政府优化项目布局，提高招商效率。

组织或参加兼具招商功能的高规格峰会。各地区可以依托市直主要部门、各个区县及开发区，围绕特定主题分别策划 1 ～ 2 场全国性或面向特定行业的高规格峰会，并依托峰会的影响力，邀请头部企业参加，以此创造与头部企业对接、洽谈机会，也要积极组织参与进博会、广交会、服贸会、消博会、投洽会等商务部五大展会[①]。从全国来看，武汉在这方面遥遥领先，非常重视通过城市大会借势招商，每年举办近百场兼具招商功能的城市大会，如2021年举办的第三届世界大健康博览会、2021中国—东盟数字经济发展合作论坛、中国5G +工业互联网大会、高校招商引智武汉理工大学专场活动等。最近，东北地区也比较重视通过城市大会借势招商，如辽宁连续举办三届辽洽会、连续举办四届全球工业互联网大会；吉林连续举办十四届中国东北亚博览会、八届全球吉商大会；哈尔滨连续举办三十二届哈洽会、二十三届亚布力中国企业家论坛。此外，上海、武汉、广州等部分城市，还非常注重展会经济，将展会和招商结合，依托展会活动的影响力，邀请头部企业参会并洽谈合作。

加强与专业智库机构长期合作。智库和招商中介不一样，招商中介核心是推荐项目，智库的核心是赋能，全面支撑“强中台”建设。为此，智库可以参与重点产业链招商赛道选择、招商策略研究、招商项目谋划、招商手册编制、招商项目评估、招商培训、招商政策研究、城市大会策划、招商组织改革研究等“智力支撑”工作。

四、采取系列“强后台”措施

“后台”核心是为招商项目的洽谈—签约—落地提供领导支持及载体、场景、资本、政策、国资投资公司、项目落地服务、企业成长服务等要素保障。通常，这些要素保障应该是在招商领导小组的统筹下，由招商部门提出需要，再由两办、财政金融局、发展改革局、科技局、工业和信息化局、文体局、城建局、城市更新局、营商环境局、街道等相关部门来负责推进。此外，各级宣传部门也要组织媒体加强报道招商会见、签约及落地成效。强后台重点举措如下：

打造一批重磅产业承载平台。为了承载优质产业，各地区都要注重打造一批几平方千米到几十平方千米的重磅产业功能区，其首要工作是聘请全球一流规划设计团队编制“概念设计方案”，并公开发布、广泛宣传。此后，依靠“概念”的生产力，快速招引一批战略性头部项目，并依托头部项目的示范带动效应招引配套类项目，实现2～3年重磅功能区的起步区或启动区快速“满园”、快速“见效”。从全国来

① 进博会，即中国国际进口博览会，在上海举办，由中国国际进口博览局负责。广交会，即中国进出口商品交易会，在广州举办，由中国对外贸易中心负责。服贸会，即中国国际服务贸易交易会，在北京举办，由中国国际经济技术交流中心负责。消博会，即中国国际消费品博览会，在海南举办，由商务部外贸发展事务局负责。投洽会，即中国国际投资贸易洽谈会，在厦门举办，由商务部投资促进事务局负责。

看，先进案例非常多，如北京建设的中关村软件园，武汉打造的光谷、生物城，本书已在第四章介绍了相关内容。对于东北地区，最近沈阳非常重视重磅产业承载平台建设，全市统筹，高标准规划建设了浑南科技城、沈北科教融合园、沈阳汽车城、沈阳航空航天城、沈阳临空经济区、沈阳古城等大量重磅产业承载平台。

整合提升一批国资投资公司。市级、区级层面可分别整合国资平台公司，打造聚焦特定产业的国有资本投资公司或产业投资集团，参与重大招商项目的洽谈、领投跟投、厂房代建等事项。例如，合肥市整合打造了合肥产投、合肥兴泰、合肥建投三大“以投带引”国资平台。对于东北地区，2023 年 2 月，沈阳市召开了市属国有企业经营业绩考核责任书签字仪式暨国资国企改革月例会，会上明确提出沈阳要聚焦航空等八大重点产业链推动专业投资平台建立，如重点支持盛京金控布局数字、汽车智能和农业食品产业，支持产投集团做优集成电路产业，支持航空集团做强航空产业链。

构建持续迭代更新的产业政策体系。我们非常赞同林毅夫先生的观点：“尚未见不用产业政策而成功追赶发达国家的发展中国家和保持持续发展的发达国家”。我们也是产业政策的坚定支持者。为此，这些年，我们也为全国各地及东北的大量合作伙伴编制了产业政策，从事后评估来看，这些政策在促进区域经济发展中，确实也取得非常不错的效果。各地编制的产业政策，主要有 3 类：第一类是综合性产业政策，作为特定区域的基础性政策或唯一政策，如皇姑区的“皇钻十六条”、沈阳高新区的“产业政策 20 条”等；第二类是针对特定产业的政策，如大连市集成电路促进政策、沈阳市数字经济促进政策等；第三类是针对特定发展功能的政策，如辽宁省的上市企业支持政策、金普新区的 6 个“金十条”、沈北新区的“新招商十条”等。多数情况下，各地出台的第一类、第二类政策都包括了招商引资奖补条款，也有像沈北新区等少数地区专门出台招商引资专项政策的。实际上，各种政策形式没有优劣之分，只要符合区域需要、能够及时足额兑付，就是好政策。此外，对于招商引资奖补的条款，可以考虑实缴注册资金奖励、固定资产投资奖励、经济贡献奖励、用房补贴、国有资本领投、人才贡献奖励、人才子女入学指标奖励、载体运营商奖励、招商中介奖励等多种支持方式。对于具备条件的地区，还可以学习苏州、广州等先进城市做法，整合产业政策并搭建“非申即享”政策兑现平台，通过大数据精准监测、精准挖掘可享受政策的主体，直接将政策资金拨付企业。

专栏 7-2　金普新区招商引资“金十条”

◆ 重点项目落地奖励。对重点项目新建厂房及设施进行固定资产投资的，按照其固定资产投资的一定比例给予建设扶持，扶持额度不高于项目实际固定资产投入的 10%；对租用闲置厂房和办公用房的重点项目，按租赁价格的 100% 给予连续 3 年补贴，3 年内累计补贴金额不超过 500 万元。

◆ 总部经济项目奖励。对新引进的外资总部型企业，最高奖励 2 亿元；对新引进的内资总部型企业，给予最高 1 亿元奖励。

◆ 科技创新项目奖励。对国家级科研院所、国家“985 工程”“211 工程”“双一流”大学，中央直属企业、国内行业龙头企业、世界 500 强企业设立的研发机构和研发总部，给予最高 4000 万元奖励。对新引进具有自主知识产权的下一代通信网络、人工智能等新一代信息技术优质研制项目，给予最高 3000 万元补助。

◆ 各类投资基金奖励。鼓励引进天使基金、风投基金和股权投资基金，比照基金实缴规模、募集资金和对本区企业投放金额的一定比例给予奖励，最高奖励 2000 万元。政府引导基金优先给予保障，政府引导基金投资比例不再受“出资比例不超过子基金注册资本或承诺出资额的 20%”的限制。

◆ 重点项目经营贡献奖励。对于新区鼓励和支持发展的重点项目，自项目公司设立或投产年度起，比照企业对新区地方经济贡献情况给予运营扶持，最高扶持额度为前 3 年 100%、第 4 ～ 6 年 50%。

◆ 功能性总部项目奖励。对新设立的采购中心、财务管理中心、结算中心、服务平台等功能性总部项目，比照其对新区地方经济贡献给予运营扶持，扶持额度最高不超过 90%。

◆ 鼓励一地多用。新引进的工业、仓储、科研、文旅、商业、居住等项目，土地可以混合利用，建筑可以复合使用，主导功能比例不低于 60%。

◆ 产业配套用房。对新引进的重点产业项目，可以在自有产权的待建土地上建设研发中心、人才和职工公寓（单位租赁住房）等，非生产用房用地面积占总用地面积的比例不超过 7%、建筑面积占总建筑面积的比例不超过 15%。

◆ 降低用地成本。对属于优先发展产业且用地集约的战略性新兴工业项目，土地出让底价可按出让地块所在地级别基准地价标准的 70% 执行，拟定的出让底价不得低于该用地实际取得各项综合成本。对重点产业领域的工业项目，其厂房和产业配套用房免除城市基础设施配套费。

◆ 闲置工业厂房利用。允许利用闲置工业厂房兴办符合上级政策的新兴产业项目，闲置厂房和土地在政策过渡期内可以不办理规划、土地、不动产变更手续，征收（动迁）和收储按原批准、登记用途评估补偿。

资料来源：长城战略咨询根据公开资料整理。

加强项目落地和企业成长服务。随着这些年大抓特抓营商环境建设，东北各地都相对重视招商项目的后续服务。例如，2022 年年初辽宁省提出，对 2021 年度全省集中签约的重点项目，列入项目落地工作推进计划，逐个项目制定时间表、路线图，配备工作专班，责任到人，定期调度，重点推进；对 2020 年度以前签约、尚未落地的重点项目进行重新梳理，组织评估落地可能性，对尚存落地可能的继续组织工作专班推进，争取实现落地开工。此外，东北有些地区也开始重视企业服务数字化协同平台的建设，“让企业少跑路、让数据多跑路”；也有些地区在探索“拿地即开工”“容缺受理”等审批制度改革。我们认为，下一步针对东北地区的营商环境改革，可以学习苏州工业园“聚焦优化生物医药产业营商环境”经验，聚焦特定产业推进全产业链的要素保障机制建设和制度创新；还可以学习浙江省等经验，对于特别重大项目，优先保障用地、用林、用能、主要污染物排污权等要素，这是我们经常听东北各地招商人员呼吁的内容。

专栏 7-3　东北地区服务龙头企业成长的典型实践

◆ 沈阳：华晨宝马。华晨宝马是宝马集团全球最大规模的生产基地和最重要的新能源汽车中心之一，年产能可达 83 万辆，连续 17 年保持沈阳市最大纳税企业，2022 年税收贡献达 485 亿元。为支持华晨宝马发展壮大，沈阳市从通道建设和配套引进两个方面协助华晨宝马打造供应链优势。在通道建设方面，从 2014 年 7 月起，华晨宝马大东工厂便一直通过铁路发运商品车，由于距离铁路货场较远，装车过程往往在 6 小时以上，为此沈阳积极推进华晨宝马大东厂区专用线建设，并于 2022 年 7 月正式投入使用，目前华晨宝马大东工厂 78% 的整车经由铁路外运。在配套引进方面，沈阳市与华晨宝马联合共建了宝马汽车配套产业园，作为宝马产业链上核心零部件企业落户沈阳的主要载体，降低运输成本，提升供应链安全。2022年，华晨宝马在全国的零部件采购额超730亿元，其中60%来自辽宁。

◆ 大连：恒力石化。恒力石化是大连市石化产业的龙头企业，2022年总营业收入2223亿元，以恒力石化为核心的大连长兴岛（西中岛）石化基地是国家七大石化产业基地之一。2023年，为推动恒力石化新材料公司年产260万吨高性能聚酯项目和年产60万吨BDO及配套项目落地，大连市给予了从资金到审批的全方位支持。在融资支持方面，由中国邮政储蓄银行大连分行牵头，中国银行大连分行、中国民生银行大连分行共同组成了银团，向两个项目合计提供总贷款规模达50亿元，同时充分发挥国有大行的网络与渠道优势，为企业及上下游提供全周期、全场景、全流程综合金融服务。在审批流程方面，由长兴岛住房和城乡建设局在项目开工手续办理中提前介入、积极指导，采取“告知承诺制＋容缺受理＋帮办代办＋模拟审批”模式，极大缩短了项目审批时限。

资料来源：长城战略咨询根据公开资料整理。

第二节　产业链招商虽为老手段，但至今对于东北仍非常适用

通俗讲，产业链招商就是围绕产业链的上下游进行招商，是目前各地招商引资中最常用也最有效的招商手段。国内最典型的产业链招商案例要数昆山，有一个广为流传的例子，有的说是把笔记本电脑，也有的说是把汽车，拆成一个个零部件，以此搞清楚产业链，然后再按照“缺什么补什么”原则，一个环节、一个环节招商，持之以恒，招来的企业越来越多，档次越来越高，产业链也越拉越长。

实际上，东北也非常重视产业链招商工作。例如，2022年辽宁省就提出要加强产业链招商，针对全省头部企业“头在内、身在外”的实际，聚焦全省24条重点工业产业链及122家头部企业开展产业链招商。在单个产业链突破上，这些年朝阳市也做得不错，从2018年开始，全省风电、光伏等指标重点向辽西北倾斜，朝阳市抓住该机遇，深耕清洁能源产业链招商，目前，中国能源集团20强中，一半以上和朝阳市达成合作，如国家电投就在朝阳市投资建设了1300兆瓦风光储一体化项目。此外，朝阳市还围绕清洁能源产业链配套，引进了能源装备、智慧能源管

理、氢能生产等大量优质项目。

虽然产业链招商是老手段，东北也有比较多的探索和实践，但是当前东北产业链招商做得并不好，主要问题是精细程度不够、覆盖面不广。为此，我们将在本部分专门介绍产业链招商的相关内容，以方便东北各地的领导干部进一步认识产业链招商。其中，首先将介绍产业链招商的流程，接着介绍链主、链长制、项目谋划、创新链招商、产业生态招商等相关招商或产业促进举措与产业链招商关系。

一、产业链招商的"六步法"流程

长城战略咨询对于抓好产业链招商有一个"六步法"方法论。第一步是选择重点产业链，第二步是绘制产业链图谱，第三步是选择产业链重点环节，第四步是结合重点环节谋划招商项目，第五步是梳理目标资源清单，第六步是企业对接洽谈。通俗讲，就是各地抓好产业链招商，首先要选出干哪些产业链，然后将一条一条产业链研究透，搞清楚环节、摸清楚家底、看清楚全国大格局，接着选择一个一个的小切口方向，即重点环节，再一家企业一家企业对接、洽谈，日积月累，产业链就可以逐步构建起来。我们该方法论已使用20多年，在指导各地实践中都取得不错效果。

二、"链主"企业是产业链招商的前提

简单说，"链主"企业即在产业链中占据优势地位的领航企业，具备较强生态主导力、产业链整合力和供应链掌控力，如深圳市界定链主企业为系统集成能力强、市场占有率高、产业链拉动作用大、年产值不少于100亿元的制造业企业。常言道，抓住"链主"企业就是抓住了产业链、供应链的"牛鼻子"。此外，"链主"企业往往身处产业链的下游，一旦这些企业获得商业成功时，就会加大对上游产品的需求，对整个产业链形成利好。为此，各地都非常重视"链主"企业，可以毫不夸张地说，没有"链主"企业，就没有产业链招商。那么，如何围绕"链主"企业开展产业链招商呢？一方面可以围绕"链主"企业供应链清单，招引上游企业；另一方面还可以与"链主"企业共建产业园及共同设立产业基金，引进产业链配套企业入驻园区，并投资产业链重点企业，提高产业垂直整合度。例如，深圳将较大面积的连片土地出让给"链主"企业，鼓励其对产业空间进行统一规划管理，在保持用地性质、用途不变的前提下，允许其将一定比例的自有建设用地使用权及建筑物转让给核心配套企业。最近，沈阳市在积极推进的大企业配套园区，实际上就是地方政府与"链主"企业共建的产业园。此外，对于没有"链主"企业的地区，其首要任务是想方设法引进"链主"企业。

专栏 7-4　沈阳市首批 10 个头部企业配套园区（2022 版）

- 沈飞航空配套产业园：以沈飞集团为依托、以沈飞搬迁为契机。
- 铁西宝马汽车配套产业园：以铁西宝马公司为依托。
- 沈鼓压缩机产业园：以沈鼓集团为依托。
- 北方重工重矿机械配套产业园：以北方重工为依托。
- 机床集团机床主机配套产业园：以机床集团为依托。
- 德生生物制药产业园：以北方药谷德生（沈阳）生物科技为依托。
- 仪表院智能传感器产业园：以沈阳仪表院为依托。
- 沈阳非金属新材料产业园：以辽宁省轻工院、沈阳产研院为依托。
- 特变变压器配套产业园：以特变电工沈阳变压器集团为依托。
- 锦达智能模具装备产业园：以沈阳市工装模具协会、沈阳锦达集团为依托。

资料来源：长城战略咨询根据公开资料整理。

三、“链长制”是产业链招商的保障机制

疫情背景下，“链长制”作为推动工业企业复工、复产的有效手段，从 2020 年开始，就受到各地广泛关注。当前，“链长制”还被各地作为抓制造业转型升级的重要手段。浙江是国内最早在全省范围内系统推行“链长制”的省份，2019 年浙江省商务厅发布《关于开展开发区产业链“链长制”试点进一步推进开发区创新提升工作的意见》，提出各开发区要聚焦一条产业链，做好“九个一”抓手，即一个产业链发展规划、一套产业链支持政策、一个产业链发展空间、一批产业链龙头企业、一个产业链共性技术支撑平台、一支产业链专业招商队伍、一名产业链发展指导专员、一个产业链发展分工责任机制及一个产业链年度工作计划。此后，浙江一直坚持探索“链长制”，并在全国实现了广泛推广①②。此外，各地还比较注重建立“双链长”机制，一方面发挥企业“链长”作用，通过市场化手段协调产业链上下游及横向关联机构；另一方面发挥政府“链长”作用，由政府主要领导亲自挂帅，作为产业链的支持者、维护者，按照“一链一策”要求，统筹推进项目建设、招商引资、创新生态建设、政策扶持等工作，差异化推动产业链“建链、补链、强链、延链”。

① 梁志良．“链长制”的理论与实践 [M]. 杭州：浙江科学技术出版社，2021.

② 周华富．浙江省产业链精准招商研究 [M]. 北京：中国市场出版社，2021.

最近，沈阳市也印发了《关于进一步完善实施重点产业链“链长制”的总体方案（试行）》，依托“链长制”有力推动 8 条市级重点产业链发展壮大。综上，“链长制”是一个由“政、企双链长”主导的产业链升级推进机制，产业链招商是其组成部分。

四、项目谋划是产业链招商的必要环节

前文产业链招商“六步法”中已提到，第四步是结合重点环节谋划招商项目，这也是产业链招商研究的重要成果输出形式，即一个个产业链招商项目清单，每年也有非常多的客户委托我们研究产业链并输出招商项目清单。我们在项目谋划时，也比较注重科学分析，尽量不靠“拍脑袋”设计项目。我们通常也会给各地合作伙伴解释：虽然各地政府更加看重项目规模指标，如要求谋划亿元以上、10 亿元以上、百亿元以上项目分别多少个，但在具体谋划项目时，合理的逻辑应是逆向开展，首先明确聚焦哪些产业谋划项目；其次基于产业链的功能需要谋划项目，可以考虑链主型项目、上下游配套项目、产业载体项目、创新平台项目、总部型项目、企业再投资项目、成果转化项目等类型；最后才是测算、汇总项目的规模，该是多大就多大，不能硬凑规模。

五、创新链招商是产业链招商延伸

各地经常都说，要围绕产业链部署创新链。实际上，创新链招商就是其重要手段，各地也经常称其为科技招商。关于科技招商，全国各地做了非常多的探索，如苏州市最近出台的《关于加快推进全市科技招商工作的实施意见》，就对科技招商做了系统部署。在东北地区，最近我们也参与了大连市科技局、沈阳浑南科技城等相关科技招商课题研究，我们在指导各地开展创新链招商时，一般是基于科技创新从基础研究到产业化的全周期链条，立足优势产业链和计划培育的未来产业链，分别谋划和招引重大科技基础设施、科技创新平台、科技服务平台、科技产业化项目 4 类创新项目，具体包括大科学装置、独立运行的新型研发机构、高校主导的产业技术研究院、企业主导的创新中心、科技企业孵化器、科技成果转化中试基地、检验检测认证平台、科技金融专营机构、科技成果转化项目、高成长科技企业项目专业化产业园等 10 余类子项目（图 7–3）。其中，重中之重是大企业创新中心，东北可重点关注 4 类大企业创新中心：一是“五大安全”领域央企的创新中心；二是在东北已布局生产制造基地的世界及中国 500 强企业的创新中心；三是与东北高校院所有深度合作的头部企业的创新中心；四是东北本土企业的创新中心。

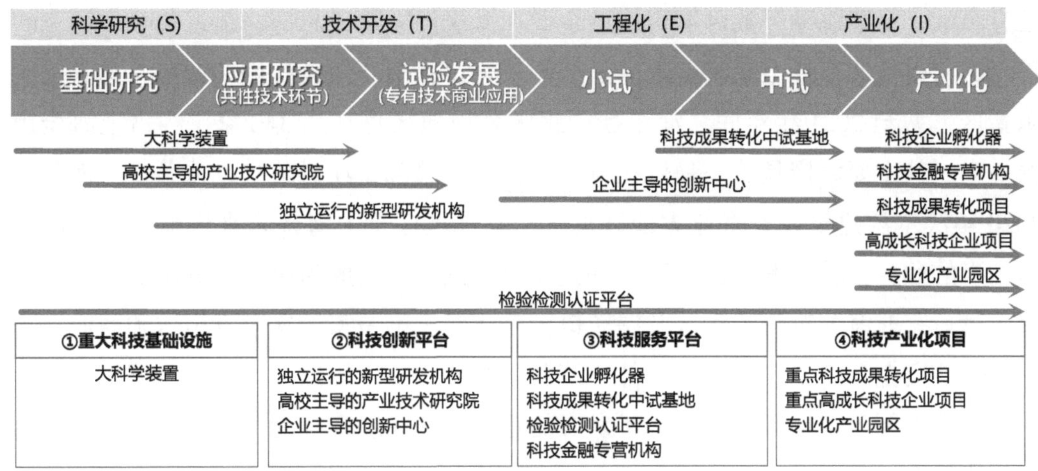

图 7-3　创新链招商可谋划的 11 类重点项目

六、产业生态招商是产业链招商的升级

第三章已经提到，产业链侧重于抓纵向联动及供应链安全，产业集群侧重于抓空间集聚和规模，产业生态圈侧重于抓纵横联动和环境要素。由此可见，产业生态招商比产业链招商对主体的要求更加丰富，不仅是上下游的纵向关联企业，还包括横向关联的企业及创新平台、产业载体、高层次人才团队等。名义上可以说，产业生态招商是产业链招商的升级。但实际上，各地在抓“链长制”时，基本都是名字叫“产业链”，干的却是“产业生态”的事情，如浙江省“链长制”的“九个一”抓手就是很典型的案例。

第三节　总部招商是沈大长哈必不可少的招商手段

总部经济是一种非常不错的经济形态，不仅税收贡献大，而且产业带动好、消费拉动强、就业吸纳多。但是，总部经济对于城市综合环境要求非常高，往往只有区域性中心城市具有招引总部型项目的实力。我们认为，发展总部经济也是东北沈大长哈 4 个中心城市 GDP 快速过万亿元，以及回归全国 GDP 前 20 强的关键。尤其是这 4 个城市的中心城区和新区，要大抓、特抓总部型项目招引。

一、总部招商可以向谁学习？

武汉是全国总部经济招商做得最好的城市，从 2017 年开始就系统抓总部招商，在全国率先提出“第二总部招商战略”，目前，总部企业大约贡献武汉 1/5 的税收，已有小米、字节跳动等数百家科技型企业在武汉设立第二总部，最近央企中国三峡集团总部也从北京迁至武汉。上海是全国外资总部招商做得最好的城市，尤其是浦东新区，截至2021年年底，浦东新区跨国公司地区总部达340家，约占上海全市的一半，其主要举措是：一是依托自贸区为外资总部型项目落户创造条件。例如，2020年沃尔沃建筑设备将亚太地区总部从新加坡搬至上海，未来将承担沃尔沃全球一半的业务，就是看中自贸区允许其先行先试，让其成为第一家离岸贸易跨境结算、第一家非海关特殊监管区开展转口贸易业务、第一家设立融资租赁和商业保理机构的外资企业。二是依托其总部经济共享服务中心，提供“一站式”服务。三是出台推进跨国公司地区总部高质量发展的意见，从发展视角为跨国公司地区总部落户创造条件。

专栏7-5　武汉市总部经济招商的背景及模式

武汉市从2017年开始系统抓总部招商，这也是武汉这几年重回经济Top10城市的关键举措。武汉是老工业基地，拥有武钢、武重、武船等一批“武字头”国字号工业企业。2015年，一篇题为《出了雷军周鸿祎，湖北却消失在中国互联网版图》的文章刷爆网络，深深地刺痛了每个武汉互联网人的心。2017年在全国率先提出“第二总部招商战略”。2017年6月，和小米签署小米武汉总部；7月，小红书宣布在武汉建立第二总部；12月，今日头条宣布在武汉建立研发中心。截至2021年年底，已有100多家科技型企业在武汉设立第二总部，由此直接带来几大效应：一是税收；二是产业乘数效应；三是消费和就业，而且是高端人才和高层次消费。这些年，武汉市还在实践中总结出第二总部招引的3个条件：性质上必须是独立法人，子公司可以，分公司不行；要承担总部职能，如研发中心、运营中心；公司在武汉的员工规模，仅次于甚至高于总部。

（一）武汉市“总部企业”认定条件：纳税达到一定规模是核心条件，门槛是1000万元起，武汉发展总部经济非常看重税收。

①央企及500强企业总部、区域总部认定条件：世界企业500强、中国企业500强、中国民营企业500强、中国制造业企业500强、中国服务业企业500强设立的总部或者区域总部，国家和中央部门确定的大型企业（集团）在汉投资设立的二级以上（含二级）总部或者区域总部，上年度对武汉地方财政贡献不低于1000万元，可直接认定为总部企业。

②普通企业总部、区域总部认定条件：企业对武汉市以外的3家以上（含3家）企业（含分公司、子公司等）履行规划决策、投资管理、资源配置等综合管理职能；或者经母公司授权为集团内3家以上（含3家）企业提供研发、物流、采购、销售、财务等服务职能；或者企业在武汉市以外实现营业收入占企业合并报表年度营业收入的30%以上（含30%）。企业上年度对武汉地方财政贡献达到一定规模，其中农业企业不低于1000万元；制造业企业、批发零售业企业不低于2000万元；建筑业企业不低于3000万元；服务业企业不低于1500万元，可以认定为“总部企业”。

（二）武汉市“总部经济”促进重点举措：市区联合每年招引20家大型总部；区级牵头内生培育总部，尤其从办事、供应链、用地、金融上予以保障，力争2025年全市总部型企业达到400家。2019年1月出台《武汉市支持总部企业发展实施办法》，2021年11月又深化出台《武汉市加快推进总部经济高质量发展的政策措施》。这是指导武汉市总部经济发展的主要文件。

①强化总部企业招商引资：聚焦6个榜单，每年落户大型总部20家。聚焦构建“965”现代产业体系，高水平策划一批总部企业招商项目。推进总部经济招商引资“一把手”工程，深挖名人招商、以商招商、校友招商潜力。定期组织500强企业专场、大型中央企业专场、校友专场、楚商专场等专题招商活动。力争经过5年努力，世界企业500强、中国企业500强、中国民营企业500强、中国制造业企业500强、中国服务业企业500强、大型中央企业在汉设立总部（区域总部、功能型总部）数量突破100家。

②引导总部企业突破性发展：推动总部型企业提升总部能级、分公司升级为区域总部、高成长企业成长为大型总部，力争2025年达到400家。鼓励在汉区域型总部升级为全国及全球总部，提升总部能级。深挖在汉总部企业投资潜力，引导企业进一步加大在汉投资，将总部企业在汉新增投资建设项目纳入市级重点建设项目绿色通道管理。瞄准跨国公司、中央企业、行业龙头企业在汉开设的分公司、办事处，引导其逐步形成具有高端职能的综合型总部或者功能型总部。加大对高成长性企业的跟踪服务力度，遴选储备一批潜力企业，为企业提供研发、投融资、人才引进等精准帮扶。经认定的总部企业建设自用生产基地、办公大楼等总部建筑物，可优先使用年度用地计划指标。以满足总部企业产业链配套需求为导向，支持打造各具特色的总部企业配套产业园。力争经过5年努力，全市总部

企业数量突破400家，总部企业税收占全市企业税收总额的比重达25%。

（三）武汉市“总部经济”招商政策：政策不求多、不求高，涉及资金支持政策共计7项，且都有对赌性质。此外，还为总部企业提供人才落户和住房保障、人才生活服务保障、物流通关便利、人员出入境便利等4项服务。

①落户奖励。按照企业实缴注册资本的2%给予落户奖励，最高不超过4000万元。奖励资金分2年兑现。

②办公用房补贴。在本市无自有办公用房的新引进企业，连续3年每年按照租金的50%给予补贴，每年最高不超过200万元；或者按照每平方米1000元的标准，给予购建自用办公用房一次性补贴，最高不超过1000万元。

③增资扩股奖励。现有企业自认定当年起2年内增资1亿元以上（含1亿元）的，按照实际到资额的1%给予一次性资金奖励，最高不超过500万元。

④投资奖励。现有企业自认定起2年内，在本市新增固定资产投资1亿元以上（含1亿元，不含购买土地费用）的，按照实际投资额的2%给予一次性投资奖励，最高不超过2000万元。

⑤经营贡献奖励。自认定次年起连续3年给予总部企业经营贡献奖励，奖励额度为企业上年度地方财政贡献较前一年增量部分的50%，每年最高不超过500万元；连续3年获得500万奖励的，额外再奖励500万元。

⑥发展壮大奖励。总部企业首次被评定为中国民营企业500强、中国制造业企业500强、中国服务业企业500强的，给予一次性1000万元奖励；首次被评定为中国企业500强的，给予一次性2000万元奖励；首次被评定为世界企业500强的，给予一次性3000万元奖励。

⑦人才贡献奖励。获得经营贡献奖励或者发展壮大奖励的总部企业，对企业高级管理人员和专业人才给予一定人才奖励，单人奖励额度不超过个人税前年收入的5%，单个企业总奖励金额不超过300万元。

资料来源：长城战略咨询根据公开资料整理。

二、总部型项目有哪些类型？

主要包括4类：第1类是集团总部，如武汉引进的中国三峡集团总部，这类总部东北引进难度非常大。第2类是功性能总部，主要为集团内关联企业提供研发、物流、采购、营销、结算、财务、信息处理等支持型共享服务，这类总部东北引进难度较大，可适当关注。第 3 类是区域总部，负责管理周边特定区域业务，如沃尔沃建筑设备亚太地区总部、合肥引进的蔚来汽车全国总部（其全球总部仍在上海），这类总部东北引进可能性较大，非常值得关注，具体可以关注东北亚区域总部、中国北方区域总部、东北区域总部、黑吉辽三省各自区域总部等。第 4 类是头部企业培育中的新兴业务板块的全国垂直总部，一旦该新兴业务板块创业成功，这类总部成长性会非常好，东北也有引进可能性，对东北振兴极为有利，尤其需要重点关注，如近期沈阳市引进的中国航发燃气轮机全国总部、中化集团环境业务板块全国总部，就属于这一类。

三、总部招商的对象是谁?

对于总部型项目招引，一定要面向头部企业才有意义，因为只有头部企业的总部、区域总部才能创造出理想的经济社会效应，中小企业总部、区域总部经济社会贡献小，不值得投入大量人力、物力去招引，但是对于有高成长潜力的中小企业，也可以提前引进其总部或区域总部。这方面可以直接学习武汉的经验，可以瞄准世界企业 500 强、中国企业 500 强、中国民营企业 500 强、中国制造业企业 500 强、中国服务业企业 500 强、大型中央企业 6 类重点企业。此外，东北本土培育的高成长企业及营业收入 10 亿元以上企业的总部，也是总部型项目招引时需要重点关注的对象。

专栏 7–6　东北中心城市承接央企项目机会分析及成效

近期，我们也对东北沈大长哈 4 个中心城市承接北京央企总部及一二级公司总部机会进行了分析。具体如下：

◆ 北京央企外迁突然加速。2014 年北京启动“疏解非首都核心功能”，2017 年新版北京总规提出：北京建设“全国政治中心、文化中心、国际交往中心、科技创新中心”四中心。首次去掉了经济和金融中心的定位。这些年来，北京已有大量制造业外迁，央企总部的外迁近期突然加速，2022 年外迁多家，包括中国中化控股落户雄安、中国电气装备落户上海、长江三峡集团落户武汉等。

◆ 哪些央企可能外迁？迁到哪里？综合多方观点，承担大国重器研发任务的央企如中核工业、航天科技、航天科工、中国船舶、兵器工业、兵器装备等外迁的可能性不大，有外迁可能性的央企主要有 4 类：一是具有明显地域特色的央企总部，转移到相关产业集聚地区的区域中心城市；二是能源类央企研发部门很可能留在昌平的未来科学城，总部外迁；三是科技含量较低的央企可能外迁；四是部分金融类央企可能外迁。这些外迁的央企，承载地首选是雄安，其次是上海，之后是相关产业集聚地区的区域中心城市或者国家战略计划的重点城市。

◆ 沈大长哈可关注哪些央企总部及业务板块外迁机会？我们认为，东北属于刚才提到的第3类承载地，为此可以结合国家对东北地区"国防安全、粮食安全、生态安全、能源安全、产业安全"5个安全定位，寻找承接机会，可以重点关注中航工业、中航发集团、国家电网、大唐集团、华电集团、国家电投、国家能投、中国电建、中国能建、中粮集团、中国农业发展集团、中国林业集团、中国医药集团、中国节能环保集团、中国通用技术集团、国机集团、中车集团、中钢集团、中国钢研集团、中铝集团、中国有色集团、有研集团、北京矿冶集团、五矿集团等央企的总部，以及一二级公司总部、新兴业务板块总部等。

◆ 辽宁省与央企合作成效显著。2022年12月，辽宁省委经济工作会议强调，要主动作为、创造条件，引导支持央企融入全省经济发展。2023年2月，辽宁省委十三届五次全会提出，要开展央地合作提升行动，每年滚动实施100个央地合作重点项目。截至2023年6月，辽宁相继与中国航发、兵器工业等28家央企签订战略合作框架协议。据统计，目前中央企业在辽宁拥有各级企业1758户，资产总额3.3万亿元，年度累计营业收入1.8万亿元。

资料来源：长城战略咨询根据公开资料整理。

专栏7-7 央企在东北"五大安全"领域产业项目布局情况

◆ 国防安全：中航工业（中航沈飞、中航沈飞民用飞机、哈飞集团）、航天科工集团（航天新光、航天新乐）、中国航发集团（黎明发动机、东安发动机）、中国兵器工业集团（华安工业、哈尔滨第一机械、东北工业集团）、中国兵器装备集团（北方工具）等。

◆ 粮食安全：中粮集团（中粮生化、中粮米业）等。

◆ 生态安全：中国林业集团（中林实业）等。

◆ 能源安全：中国石油（大连石化、抚顺石化、辽河油田、大庆油田、吉林油田等)、哈电集团、国家电投(吉电股份等)、中国能建(中水东北勘察设计)等。

◆ 产业安全：航天科技集团(长征大道、遨海科技、感光化工研究院等)、鞍钢集团、中国中车(大连中车、齐齐哈尔车辆)、一重集团、一汽集团、华录集团、中国船舶集团(大连船舶)、中国机械工业集团(中机试验装备)、中国有色集团(沈阳矿业、抚顺红透山矿业)等。

资料来源：长城战略咨询根据公开资料整理。

专栏 7-8　重点外资企业在东北的项目布局情况

◆ 宝马集团：2003 年宝马集团合资公司华晨宝马在沈阳成立，如今已发展成为宝马集团在全球最大的生产基地，全球 1/3 的宝马车产自沈阳。同时，宝马集团还带动奥钢联、采埃孚、格拉默等配套企业在东北布局。

◆ 沙特阿美：2023 年 3 月，中国、沙特两国合作共建的精细化工及原料工程项目在盘锦开工。总投资 837 亿元，主要建设 1500 万吨 / 年炼油和乙烯等 32 套工艺装置。预计于 2025 年竣工，投产后可实现年销售收入超千亿元。

◆ 英特尔：英特尔大连 NAND 闪存工厂是英特尔全球第一个存储技术研发生产基地，主要生产英特尔 3D NAND 芯片。2020 年 10 月，SK 海力士以 90 亿美元收购了包括英特尔大连 NAND 闪存工厂在内的英特尔 NAND 闪存业务。

◆ 米其林：1995 年在沈阳设立第一家中国工厂，是米其林集团在中国最大的生产基地，也在全球投资最多、规模最大、自动化程度最高的工厂之一，主要生产轿车轮胎和卡客车轮胎，25 年间总投资额超 20 亿美元。

◆ 采埃孚：2023 年 6 月，总投资 13 亿元的采埃孚新能源汽车零部件项目在沈阳浑南科技城开工，占地面积 125 亩，将建设电驱动系统总成装配和检验生产线，重点为奥迪高端新能源车平台生产配套产品。计划于 2025 年 3 月投产，投产后预计年销售收入可达 50 亿元。

◆ 斯凯孚：2005 年落户大连金普新区，至今已经陆续完成 3 期建设，并正在金普新区投资建设 4 期新工厂及研发中心项目。建成达产后，预计累计 4 期项目总产值将达到 50 亿元。

资料来源：长城战略咨询根据公开资料整理。

四、沈大长哈如何提升总部型项目招引能力?

可以系统采取以下 8 项措施：一是瞄准全市的“前三号”产业招引总部型项目，总部型项目落户都非常看重本地的产业环境，为此，瞄准“前三号”产业，尤其“一号产业”招引成功概率更大。例如，大连可以聚焦精细化工、海洋经济、集成电路等产业领域，沈阳可以聚焦高端装备、航空航天、数字经济等领域。二是打造可以承载总部型项目的重磅产业功能区。三是党政一把手要亲自参与总部型项目的谋划、对接、洽谈及服务。四是要充分重视存量企业的摸底及顺藤摸瓜招引上级总部，因为这类项目几乎不用破冰，谈判会相对顺利。五是谋划开放一批重磅场景，利用高价值场景换取一批区域总部。六是推动国资平台公司参与总部招商，这个可以重点学习借鉴合肥的成功模式。七是要出台支持总部经济发展的专项政策，这个可以充分学习借鉴武汉的经验。八是各城市都要积极塑造“东北亚区域总部首选地”形象，把城市放入更大经济版图，塑造更好口碑，让更多头部企业选址时想到自己，纳入备选地名单，其实当年浦东新区也这么做的，其第一代开发者赵启正曾言，他是站在地球仪旁边思考浦东的开发，30 多年前中国宣布浦东开发，是在一片农田上搞开发，当时主要依靠讲述香港和上海将是亚洲经济走廊上两盏明灯的故事，来吸引全球巨头布局重大项目，从事后来看非常管用，可见概念、故事都是“生产力”①。

第四节　全面推广沈阳“场景招商”经验，用场景换总部

2021 年 4 月，沈阳在东北率先发布场景清单，并提出打造“东北场景第一城”，这个事情在东北乃至全国新经济界都引起很大轰动。此后，场景招商也引发东北招商界广泛关注，各地都希望策划一批高价值场景（我们也称其为“真场景”）来引进头部企业、新物种企业的区域总部，从而推动区域经济爆发式增长。

一、什么是“高价值场景”?

高价值场景是投资商愿意拿区域总部甚至总部来换的场景。我们认为，高价值场景的核心是高价值，这意味着投资商都抢着拿其公司未来在整个区域的主要经济效益来和你交换，所以，“投资商是否愿意落区域总部甚至总部”是检验场景价值的首要标准。大家会有疑问，这仅仅是一个论述，有真实案例吗？近期东北确实

① 赵启正，邵煜栋 . 浦东奇迹 [M]. 北京：五洲传播出版社，2017.

有不少通过“高价值场景”引进头部企业、新物种企业区域总部的案例。例如，专栏7–9介绍的华为区域总部落户沈阳的案例。在这个过程中，政府不用给予扶持资金，土地优惠、税收奖励也基本不给，实现由过去的“买总部”到现在的拿场景“换总部”。这么“换总部”不仅代价低，换来的总部还有很强的生命力。

二、如何实现高价值场景“换总部”：两摸清、一碰撞

既然高价值场景具有换头部企业、新物种企业区域总部的独特魅力，那如何才能发掘、设计更多的高价值场景呢？首先，要摸清头部企业尤其是新物种的需要。这个核心是研究全国独角兽榜单、全国潜在独角兽榜单、全国哪吒企业榜单等入榜企业，各地可瞄准重点发展行业、赛道，一家一家地研究其场景需求。其次，要摸清自己的家底。对于不同赛道的企业，他们需要的场景有别，如对于人工智能新物种企业，其感兴趣的可能是产业数字化、城市数字化的市场机会；对于网红爆品新物种企业，其感兴趣的可能是网红商业街区的一个店面。最后，要创造碰撞的机会。这个可以争取承办全国性独角兽企业、潜在独角兽企业等峰会，借助峰会邀请全国新物种企业到当地系统对接，也可以组织细分赛道专场新物种企业对接会，还可以“一对一”深度对接。总之，就是要多对接，从交流的碰撞中产生火花，形成一个个高价值场景，以换取一批批总部型项目落地。

专栏7–9 沈阳市开放“智慧城市”场景引进华为的实践探索

沈阳通过开放全市及浑南区“智慧城市”等多领域用数场景，促成华为公司与在浑南区落户辽宁区域总部、辽宁鲲鹏生态创新中心等重大项目，并引进一批华为生态圈企业。

◆ 开放市区“智慧城市”场景成功引进华为区域总部。针对华为公司的鲲鹏产品、计算产品等“试验”及市场拓展需求，沈阳市政府全力推进交通、教育、医疗、政务等领域数据开放，组织编制《沈阳市新型智慧城市建设试点方案》，与华为公司在智慧出行、智慧校园、智慧医院、智慧政府等应用场景开展合作。浑南区政府积极开放一网通管、一网通办、一网协同、智慧党建等多个用数场景，与华为公司合作共建“浑南智慧体”。以上场景开放促成华为区域总部落户。

◆ 争取华为公司开放内部场景联合引进生态圈企业。在华为公司的区域总部落户沈阳后，市、区政府还积极联合华为公司引进其生态圈企业。一是支持华为公司建设开放型辽宁鲲鹏生态创新中心，目前中心已与数百家的高校院所达成培训、产学研等合作，并成功吸引几十家产业链上下游软硬件开发企业入驻浑南。二是支持华为公司建设开放型的沈阳人工智能计算中心，由浑南区属国资高发投参与计算中心建设投资及日常运营，计算中心将建设总规模300P人工智能算力，支撑AI重大应用模型训练及推理，吸引自动驾驶、智慧医疗、网络安全、数字设计、自然语言处理等领域AI企业集聚。三是争取华为公司开放半导体供应链需求，积极与芯源微、拓荆科技等沈阳重点半导体装备企业对接、合作。

资料来源：长城战略咨询根据公开资料整理。

专栏7-10 近3年数字经济头部企业在东北布局情况

- 华为：2022年5月，华为黑龙江区域总部和昇腾人工智能计算中心（100P算力）项目落地深圳（哈尔滨）产业园区；2022年8月，采用华为技术的东北首座人工智能计算中心——沈阳人工智能计算中心正式上线并网投入运行；2022年年底，黑龙江鲲鹏生态创新中心项目投入运营。
- 腾讯：2021年5月，腾讯集团工业云核心基地落户大庆经开区；2022年8月，腾讯安心平台（东北区）暨腾讯云互联网营销直播产业学院落户哈尔滨新经济产业园。
- 阿里巴巴：2021年6月，长春阿里中心正式揭牌；2023年9月，阿里巴巴集团与黑龙江省政府达成战略合作，共建"数字龙江"。
- 百度：2022年5月，黑龙江与百度签署战略合作协议，建设东北区域总部；2023年1月，沈阳市皇姑区与百度签署战略合作框架协议，打造百度（沈阳）元宇宙数字产业基地，8月百度智算中心正式落户。
- 京东：2021年10月，京东（吉林）数字经济产业园举行园区启动；2022年9月，东北首家京东MALL在沈阳开业。

资料来源：长城战略咨询根据公开资料整理。

第五节　积极探索资本招商，助力东北招引更多重大项目

近年来，随着“合肥模式”的成功，“资本招商”已成为各地招商引资的重要方式之一。资本招商不仅是助推项目落地的政策工具，也是资本赋能企业及产业壮大的金融手段，还是一种以市场化方式使用财政资金的创新举措。东北在资本招商上也有一些比较出色的先例，如大庆国资投资引进沃尔沃汽车生产基地项目，就是很典型的代表。最近沈阳的市属国企沈阳航空产业投资集团也在积极探索航空航天产业资本招商，已取得不错成绩。

一、初步认识“资本招商”

资本招商是指地方政府或开发区利用政府投资基金、国资投资平台等金融手段，以投资的方式筛选、引进优质项目落户，通俗讲就是“以投带引”。其中，政府投资基金根据搭建形式和定位不同，可分为政府引导基金和产业直投基金两种模式。政府引导基金因其市场化运作、对财政资金的放大效用，以及政策引导性强等特点，成为各地资本招商的主流选择。根据政府引导基金投资方向不同，又分为创投基金、产业基金、基础设施投资基金等类型。根据投中研究院的《2021 年政府引导基金专题研究报告》，截至 2021 年年底，全国各级政府共成立 1437 支政府引导基金，规模约 2.5 万亿元。此外，我国正在学习借鉴新加坡“淡马锡”模式，推进以“管资本”为主的国有资本投资公司改革，未来它们也将是资本招商的主力军。从全国来看，这些年“资本招商”成效最显著的非合肥莫属，截至 2022 年年底，已投资 300 余家企业，包括域外头部企业及本地成果转化项目、高成长企业等，尤其成功推动京东方、蔚来、大众、兆易创新等 40 余个战略性新兴产业领域的头部项目落地，累计投资额约 26 亿元，贡献税收约 150 亿元。

专栏 7-11　合肥市“资本招商”模式及经验

◆ 抓好基金体系建设。一是出台基金管理办法，通过《合肥市产业投资引导基金管理办法》《合肥市创业投资引导基金管理办法》《合肥市天使投资基金管理办法》3 个覆盖企业全周期管理办法，规范、指导财政资金以基金的形式投入工业、服务业、农业、自主创新和文化 5 个重点产业领域。二是依托合肥产投、合肥建投、合肥兴泰等三大国资投资平台，联合中信、招商等头部投资机构发起设立以合肥市产业投资引导基金、合肥市创投引导基金、合肥

芯屏产业投资基金等为代表的产业基金群。三是形成“引导性股权投资＋社会化投资＋投后管理”多元化投融资体系，成功助力京东方、蔚来、大众、兆易创新等符合产业定位的战新产业项目顺利落户投产，带动形成以“芯屏汽合、集终生智”为标识的战略性新兴产业集群。

◆ 抓好运作机制建设。围绕投资全链条打造“引进团队—国资领投—项目落地—股权退出—循环发展”的闭环。一是组建真正能“用好基金、找准项目”的招商队伍，他们了解地区基金设立及产业布局情况，清楚靶向招商的项目清单，擅于兼顾基金投资与区域产业发展的双重需要。二是审慎尽职调查，统筹发改、经信、科技、投促等多部门和产投、建投等国有投资平台，联合成立领导小组，负责项目审核把关，并聘请100余位招商顾问，对体量大、技术先进、专业性强项目论证把脉。三是由国资认购流动性较强的上市公司股权并引入其募投项目，上市公司拿到股权融资后再自行在合肥落地项目，避免政府投入固化和沉淀。四是不谋求控股权，产业向好发展后及时退出（其判断标准是：以退出资本后该招引项目“走不走”为标准），通过二级市场减持完成退出，为新的投资积累资金。

资料来源：长城战略咨询根据公开资料整理。

二、东北各地如何抓好“资本招商”？

我们认为，东北当前最需要的是全面认识资本招商，并干起来，在干中积累经验。但是，又不能过于盲从，认为任何项目都可用资本招商手段引进，实际上资本招商仅对于战略新兴产业项目、未来产业项目及产业载体平台项目相对适合。例如，虽然合肥资本招商非常成功，但最近10多年通过资本招商引进的头部项目也就40多个。可见，资本招商不在多，在于精，且要注重“一以贯之、久久为功”。对于东北各地区探索“资本招商”，我们认为要注重3个要点：

组建基金群和国资投资公司矩阵。对于基金群组建，首要任务是出台产业投资引导基金管理办法，作为纲领性文件，指引基金明确投资对象和条件、投资决策程序、投资管理职责、投资退出机制、绩效评估、风险控制、尽职免责等内容；其次要“真金白银”投入，并积极争取各方资本参与，做大基金群规模。在国资投资公司方面，首先是结合产业发展的需要，设计国资投资公司体系，明确究竟需要组建几大国资投资公司，其分别侧重哪些产业领域；其次也要“真金白银”投入注册资本并划拨优质资产，支持国资投资公司发展壮大，从而提升对特定产业尤其是特定产业链的经营能力。

练好“募、投、管、退”基本功。一是要大力“募”，多多联合央企、大型国企、产业龙头企业、头部投资机构等，成立面向特定主题或特定产业的投资基金。二是要精准“投”，深入研判目标项目的经营、财务、法律关系等情况，依托专业团队把脉，做好项目尽职调查，并联合外部专家及内部的相关负责同志组建投资决策委员会。三是要科学“管”，通过“招引外部团队＋自培基金人才”的方式，提升基金管理运作效率。四是要适时“退”，把握政府基金“引导”“扶持”本质属性，健全退出机制、拓宽退出渠道、优化利益分配，推动引导基金在产业向好后及时退出，提高投资资金运转效率。

推动资本与招商充分跨界和融合。对于东北很多资本招商先行探索地区要想发展，其存在的最大问题是资本和招商两张皮。这些地区基金群和国资投资公司都不错，招商队伍也比较厉害，但是两者分管领导不同，相互之间也不交流，资本侧重于投资本土高成长项目及科技成果转化项目，对于招商引资不关注；而招商人员也不了解区域基金及国资情况，在招商洽谈时也不擅于运用资本工具。为此，对于探索资本招商的地区，一定要注重推动资本和招商跨界及融合，有个捷径是安排同一分管领导，同时管理金融和招商工作。

第六节　东北迫切需要招商项目评估，以解决项目看不透烦恼

招商项目评估是一种最近比较火的辅助招商工具，其实际上就是针对招商项目开展调研分析，并形成专题报告以支撑招商决策。我们认为，最近各地政府需求比较强烈，主要有两个方面原因：一是技术和产业变革越来越快，一线招商人员及领导干部已无法做到与时俱进了解最新的行业知识，对于前沿科技项目、先进制造项目等普遍存在看不透的问题，需要行业专家给出专业性意见；二是项目方基本都有政策诉求，尤其是优质项目还经常“坐地起价”，政府出于资金安全和划算的需要，对事前、事中、事后评估都有更大需求。对于东北来说，由于前些年经济发展相对落后，以及由此进一步导致的东北地区招商人员见识相对不足，招商项目看不透、不敢赌的问题在东北地区更为严峻，为此，招商项目评估在东北也就变得尤其迫切。

一、哪些类型的项目需要评估？

简单说，需要政府给予政策扶持的项目，原则上都需要项目评估。从我们这些年的实践来看，政府委托我们评估的项目，主要有4类：一是投资额超百亿、十亿元的重大项目，这类评估频次最小，但每个项目评估都比较复杂，需要做大量的工作，给出谈判、协议签订、建设运营等多方面专业意见；二是园区类项目，这类项目一般都要求配套住宅用地，需要评估项目方的产业运营能力及是否有“勾地”嫌疑；三是功能平台类项目，这类项目政策诉求较大，但区域贡献很难体现在税收指标上，因此，需要评估引进必要性、潜在贡献等，并根据这些评估，指导政府选择需要的功能平台，实现花小钱办大事；四是前沿科技业态的项目，这类项目以大企业布局的新业态项目、高校院所科技成果转化项目、海外引进的先进技术项目等为主，主要解决项目听着唬人但看不透的问题。

二、从项目全周期看，哪些环节需要评估？

从实践来看，项目评估次数与项目重要性成正比，越是重要的项目，越需要设计更多的评估环节。例如，我们曾参与的一个市政府重点支持的新型研发机构项目，项目启动时进行了评估，之后每年都组织了一次评估，以指导项目绩效提升及作为政府补助资金拨付的依据。通常来说，主要有3个环节经常需要项目评估：一是招商洽谈前评估，会梳理项目方近几年经营业绩、成功案例及可能出现的风险，并建议政府如何与项目方沟通，以及应重点促进哪些方面合作；二是招商核心对赌条款敲定前评估，包括企业承诺业绩达成可能性、项目方信息的核查、项目潜在风险再次排查、实地调研项目方等内容，并建议政府具体应设置何种考核指标、何种政策支持方式等；三是招商项目政策兑现前评估，主要评估项目发展情况、“对赌”指标达成情况，并对下一步绩效改进、扶持资金拨付节奏等提出专业性建议。

三、由谁来评估？

这是各地区最关心的问题。各地都知道招商项目评估重要，但如何找到合适的评估机构也是难点。从整个市场来看，主要有3类机构在承担这块工作：第1类是咨询机构，长城战略咨询就属于这一类，因为具有战略思维、产业思维，对项目的方向性判断比较准，出报告速度也快，但深度会有所欠缺，适合投资额10亿元以下项目，如长城战略咨询就提供“2页纸研判分析”“30页纸评估报告”两款评估产品；第2类是会计师事务所、券商、专业市场调查机构等，这类主要面向重大项目，常按投资额一定比例进行取费，会有非常详尽的分析，实际上是“尽调报告”；第3类是一些新兴的大数据公司，他们掌握着相对齐全的企业商业资料，基于大数据自动生成项目方基础性分析报告，但仅供政府招商初步参考。综合来看，咨询机构及其组建的专家网络，是各地合作最多的评估机构；同时，咨询机构与大数据公司合作提供评估，将是未来十分有效的评估方式。

第七节　东北“赢商”之道在于营商环境“优”无止境

俗话说：“水深则鱼悦，城强则贾兴。”对一个企业或者项目来说，好的营商环境就像阳光、水分和空气，不可或缺。一流的营商环境早已成为招商引资过程中的“梧桐树”“吸金石”，更是一座城市的核心竞争力。我们也认为，优化营商环境是东北各地实现总部型项目、科技型项目等各类优质项目招引的关键所在。

一、东北各地营商环境现状

前些年，东北在营商环境方面普遍存在吃拿卡要、“新官不理旧账”、公用事业领域涉企服务办理流程和收费标准公开程度较低等现象[①]。但是，自“投资不过山海关”舆论引起广泛关注以来，东北近些年在营商环境上也积极采取大量努力、并实现很大的改观。例如，2019 年 8 月，国家发展改革委对黑龙江、吉林、辽宁、内蒙古三省一区 21 个市（州）营商环境开展了试评价，指导各地优化营商环境；再如，辽宁省人民政府 2021 年提出全力建设“办事方便、法治良好、成本竞争力强、生态宜居”的营商环境（详见专栏 7–12）；此外，沈阳市人民政府连续两年获评东北唯一的全国营商环境标杆城市，“只提交一次材料”改革经验在全国推广（详见专栏 7–13）；哈尔滨市政务服务大厅设置的综合服务岛，是覆盖了“一件事”“伴您走流程”“跨省通办”“省内通办”“政策兑现”“法律援助”“重大项目绿色通道”等特殊职能的服务岛，可承接 36 个部门的 528 个政务服务事项。

二、营商环境可以向谁学习？

从全国先进地区来看，苏州民营经济起步早、发展快，也较早重视营商环境建设。从 2018 年起，苏州每年都会根据市场环境的变化，对优化营商环境工作方案进行升级、优化，到 2023 年已经迭代升级到 6.0 版本，截至 2023 年 6 月，苏州经营主体总量达 291.6 万户，入围中国企业 500 强、中国民营企业 500 强、中国制造业民营企业 500 强的企业数量始终保持全国领先。并于 2022 年通过立法的形式，将每年 7 月 21 日确定为“企业家日”，以一座城市的名义致敬企业家，在营商环境

① 国家发展改革委 . 东北地区营商环境存在的主要问题及优化建议 [R]. 2021.

建设方面“卷”出了新高度。再例如，苏州工业园以服务生物医药等重点产业发展为发力点持续优化营商环境，截至 2023 年 6 月，已集聚生物医药企业超 2000 家，获批生物创新药临床批件数量、生物大分子药物总产能等指标均占全国 20% 以上。其主要做法包括：一是分级管理打通研发设备进口堵点，专门制定进口研发（测试）用未注册医疗器械分级管理办法，在严格做好风险防控的基础上，允许企业进口相关器械供内部研发使用；二是协同查验破解特殊货物通关难题，针对以真空、防光、恒温（低温）存储的研发用试剂、材料等特殊货物，园区海关积极与浦东机场海关对接，开展长三角一体化高新技术货物布控查验协同试点，创新推出事前风险评估备案、事中两段布控处置、事后风险验证的管理模式；三是搭建一流法治平台，牵头组建“产业链 + 法律服务”联盟，主动对接生物医药、纳米技术应用等产业园，针对企业在初创、发展、成熟等不同阶段法律服务需求制定服务清单，推动法律服务向专业化和价值链高端延伸。

三、东北各地如何优化营商环境？

我们认为，下一步东北地区可以从 3 个方面着手优化营商环境：一是要把现有行之有效的举措做法持续做深、复制推广，包括辽宁省人民政府提出的打造“办事方便、法治良好、成本竞争力强、生态宜居”的营商环境、沈阳市人民政府提出的“营商下午茶”、“12345 营商投诉热线（平台）”等内容。二是要学会利用“数字”及“制度”助力营商环境优化，积极探索实施政务热线数字化与智能化、政府办事流程重塑再造、数字政府建设、数字化监管等举措，以提高政务服务的数字化、智能化、精细化水平，并探索优化现有营商环境条例、将优化营商环境纳入干部考核等制度创新举措。三是要以服务装备制造、航空航天、生物医药等东北地区的优势产业发展为发力点优化营商环境，充分学习借鉴苏州工业园经验，围绕产业链企业的生产、研发、销售等环节卡点堵点，提供精准服务。

专栏 7-12　辽宁省优化营商环境的主要做法①

2021 年辽宁省人民政府提出打造“办事方便、法治良好、成本竞争力强、生态宜居”的营商环境，并全面系统推进“办事不找关系”改革，争创“清风辽宁政务窗口”，并制定出台了《辽宁省优化营商环境条例》《辽宁省营商环境

① 根据 2021 年 1 月 22 日时任辽宁省委书记张国清接受《经济日报》采访时发言整理。

建设行动方案（2021—2025年）》《辽宁省营商环境质量提升行动实施方案》等指导文件。具体来说：

◆ 办事方便：是要让群众、企业在辽宁办事感到便捷、高效、痛快，不用求人就能办成事。要强化公务人员服务精神，提升“一网通办”“一网统管”水平，把“麻烦”留给自己、把方便让给企业和群众。

◆ 法治良好：是要让市场主体在辽宁能够感到自身合法权益得到了保护，对自己的未来看得清、可预期，能够安心在辽宁发展。

◆ 成本竞争力强：是要把该降的降下来、该升的升上去，一方面要大幅降低制度性交易成本和生产要素成本，打造成本洼地、投资高地；另一方面要让违法违规的成本提高。

◆ 生态宜居：是要让群众、企业感到辽宁生态环境好、宜居度高，对人才、人才团队能够产生吸引力，能够让各类人才在辽宁安心、安身、安业。

专栏7-13　沈阳市优化营商环境的主要做法

近年来，沈阳坚持把优化营商环境作为“一把手”工程，连续两年获评东北唯一的全国营商环境标杆城市，成功入选2022城市营商环境创新城市，沈阳市“只提交一次材料”改革经验在全国推广。截至2023年5月，沈阳市实有市场主体超118万户，新登记市场主体10.25万户，同比增长47.33%，为3年来历史同期最高水平。主要做法：

◆ 制定出台《沈阳市构建新发展格局打造高质量营商环境行动方案》。2023年明确218条具体任务，通过出政策、搭平台、增加信用应用场景等手段赋能，有力推动各领域系统化、集成化改革。

◆ 持续深化“只提交一次材料”改革。以数据共享为核心、简政便民为切入点，充分运用数字化理念、智能化技术，深入推动权力职能、业务流程、技术支撑优化再造，实现了政府部门审批越来越智能高效。截至2023年5月，全市依申请事项可网办率达到100%、实际网办率达到93.8%。

◆ 采取“营商下午茶”、“12345营商投诉热线（平台）”等多元手段。截至2023年5月，共举办83期“营商下午茶”活动，共有704家企业参加现场活动，5000余家企业进行网络互动，收集办理意见建议及诉求问题832件。12345

政务服务便民热线也持续优化升级，通过建立急难诉求转办机制、强化平台案件办理等举措，不断提高企业群众满意度，并于2019年出台了国内首个企业诉求办理的地方标准《沈阳市涉企营商环境投诉处理办法（试行）》。

◆ 承办2023数字营商环境改革创新发展峰会暨中国政务热线40周年发展大会。大会发布了《中国政务热线发展四十年报告》《辽宁省政务热线发展研究报告——省域建设的“辽宁样本”》，举行了2023政务热线省域发展借鉴样本、中国政务热线40周年特别贡献城市等授牌仪式，提升了沈阳市在数字营商环境的全国影响力。

资料来源：长城战略咨询根据公开资料整理。

本章延伸阅读推荐：

1. 王缉慈 . 探索产业区位 [M]. 北京：人民教育出版社，2022. 本书对于招商人员全面理解企业的空间战略及选址策略将有所帮助。

2. 广州开发区投资促进局 . 招商 4.0：新时期区域招商的战略思维 [M]. 广州：广州高等教育出版社，2019. 本书有利于招商人员系统了解广州开发区的先进招商经验。

3. 刘力臻 . 东北老工业基地振兴中的外部资源利用及市场开拓研究 [M]. 长春：吉林大学出版社，2010. 本书介绍了东北利用域外资本、人力资源、技术的现状、问题及建议。

第八章
抓新开放：链接全球资源加速东北振兴

东北地区与俄罗斯、朝鲜、蒙古接壤，与日本、韩国隔海相望，边境口岸和城市众多，是我国向北开放的重要窗口和东北亚地区合作的中心枢纽。改革开放 40 年的经验告诉我们，对外开放是推动地区繁荣发展的重要途径。开放带来进步，封闭必然落后。从康熙七年（1668 年）清政府开始了对东北长达近 200 年的封禁（1668—1860 年），这是明朝以来东北人口最少的时期，也是最不繁荣时期。

此后，1978 年党的十一届三中全会，吹响我国改革开放的号角[①]。1984 年，我国首批设立大连等 14 个港口城市，并允许有条件的城市"划定一个有明确地域的区域，兴办新的经济技术开发区"，即我国第一个国家级经济技术开发区——大连经济技术开发区奠基[②]。虽然东北改革开放起步较早，但在改革开放以来的 40 多年后，东北无论是货物贸易、服务贸易，还是外资"请进来"、企业"走出去"，同广东、浙江等沿海省份，甚至四川、河南等内陆省份相比都明显滞后。1993 年东北进出口总额占全国比重为 7.3%，2020 年仅为 2.9%，同期长三角地区外贸占全国比重达到 36.9%。目前，东北开放程度低与地理环境也密不可分，俄罗斯不可与当年的苏联同日而语，蒙古国经济不够发达，中日、中韩关系相对复杂。

最近，习近平总书记于 2023 年 9 月在哈尔滨主持召开的新时代推动东北全面振兴座谈会上指出，"东北是我国向北开放的重要门户，在我国加强东北亚区域合作、联通国内国际双循环中的战略地位和作用日益凸显"，要"稳步扩大规则、规制、管理、标准等制度型开放"，要"提高口岸通关能力和便利化程度"；"要系统布局建设东北现代基础设施体系，加快论证和建设油气管道、高铁网和铁路网、新型电网和电力外送通道、新一代移动通信和数据网，促进东北更好融入全国统一大市场"；还要"加快边境地区交通、通信、能源、水利等基础设施的规划布局建设，加强边境村屯公共服务设施建设，全面推进乡村振兴，努力留住现有人口，同时鼓励发展边境贸易、边境旅游和农产品加工等特色产业，支持在边境城市新建职业教育院校，帮助县城和小城镇提升产业承载能力和人口聚集能力"。这为新时期东北地区对外开放提出了新要求、指明了新方向。

立足新时期新要求，东北地区要充分发挥沿海近边的优势，利用国际国内两个市场、两种资源，坚持在参与国际竞争中、在与外资企业互动融合中、在"走出去"的过程中提升本土经济，尤其大连要在对外开放上再下功夫，东北需要一个对外开

① 1979 年，招商局在深圳创办蛇口工业区，这是我国第一个对外开放工业园区。1980 年，五届全国人大常委会第十五次会议审议批准在深圳等设置 4 个经济特区。

② 韩淑芳 . 口述：书记、市长与城市 [M]. 北京：中国文史出版社，2018：95-111.

放标杆城市。可见，东北首先需要抓好海陆空对外开放通道建设，联通国内国际双循环，同时依托海港、空港、陆港等发展临港产业，这也是这些年深圳、宁波、重庆、郑州等城市经济发展的关键手段；其次需要通过都市圈建设、东北一体化发展等提升沈大长哈 4 个中心城市的能级（其中，一体化推进现代基础设施建设是重中之重），进而提升东北链接全国及国际市场和资源的能力；同时，需要立足面向东北亚各国开放的比较优势，积极融合东北亚的经济圈，加强与日、韩、俄等毗邻地区间产业合作，并进一步加强边境地区建设；此外，对于沈大长哈等 4 个中心城市，还要积极推进服务业扩大开放及转型升级。

表 8-1　值得东北地区关注的国家级开放平台

国家主管部门	国家级开放平台
商务部自贸区港司	自由贸易试验区、海南自由贸易港
商务部外资司	国家级经济技术开发区 服务业扩大开放综合试点 跨境电商综合试验区 边（跨）境经济合作区 国家外贸转型升级基地
商务部外贸司	国家进口贸易促进创新示范区
商务部服贸司	国家服务贸易创新发展示范区 国家特色服务出口基地（含国家数字服务出口基地、国家中医药出口基地、国家文化出口基地等） 中国服务外包示范城市
国家发展改革委	中外合作示范区（中日、中韩、中德等） 国家物流枢纽（含港口型、生产服务型、商贸服务型） 国家级临空经济示范区 国家中欧班列集结中心 国家骨干冷链物流基地
海关总署	综合保税区 保税物流中心（A 型和 B 型） 保税仓库、出口监管仓库

资料来源：长城战略咨询根据公开资料整理。

专栏 8-1　对外开放领域最值得关注的指标：外贸、外资

衡量一个地区的对外开放水平，可以从外资、外贸、通关便利、市场准入、人才流动、知识产权保护等多个维度进行评价，其中，外资和外贸最值得关注。

◆ 外贸：指两国之间商品、劳务和技术的交换活动，由进口和出口两个部分组成，主要数据指标为进出口总额。2022 年，东北三省进出口总额为 1.2 万亿元，其中辽宁省 7907.3 亿元、吉林省 1158.5 亿元、黑龙江省 2651.5 亿元。目前东北共有 4 个外贸千亿元城市，其中，大连市 2022 年进出口总额达到 4792 亿元，比上年增长 12.8%，约占辽宁省进出口总额的 60%，是东北地区当之无愧的外贸龙头城市；同期，沈阳市、大庆市、长春市进出口总额分别为 1407 亿元、1413 亿元、1108 亿元。此外，各地要大力发展外贸，还要重点抓外向型通道及相关产业园区的建设，为外向型主体的培育及外向型项目的引进提供渠道和载体，并注重科工贸的结合，以科技引领外贸升级。

◆ 外资：指境外资本通过独资、合资、参股等手段流入我国的资金，主要数据指标为实际利用外资额。辽宁省 2022 年实际利用外资 61.6 亿美元，在东北三省中遥遥领先（吉林省 4.5 亿美元、黑龙江省 5.1 亿美元）。沈阳市 2022 年实际利用外资 39.2 亿美元，比上年增长 375%，这主要得益于宝马里达工厂等重大外资项目的落地；大连市实际利用外资 20.3 亿美元，同比增长 16.7%，增幅位列全国计划单列市首位。可以说，辽宁省作为东北对外开放的窗口与龙头，近年来对外资的吸引力不断提高。未来还要大力发展外资，核心是抓制度性开放，提升对重点外资企业服务能力，打造优良的发展环境，推动外资企业扩大投资。同时还要注重外籍人才、国际结算等相关配套服务的完善，真正实现让外资“来了就不想走”。

资料来源：长城战略咨询根据公开资料整理。

第一节　畅通“海陆空”通道，为东北外向型经济发展奠定基础

深圳、宁波等港口城市借助“港口贸易带动临港产业”发展模式并做到了极致，走在了中国改革开放的前沿。最近，重庆、郑州等内陆城市借助“空港、陆港建设

带动临空、临铁产业”发展模式并做到了极致，成为中西部开放型经济高地。我们发现，虽然东北和深圳、宁波等同属沿海地区，但港口贸易和临港产业发展水平远不如这两个城市，尤其是最近重庆、郑州等内陆城市，通过打通国际全货机、中欧班列等新通道发展国际贸易及临空产业、临铁产业，持续放大“通道带物流、物流带经贸、经贸带产业”的乘数效应，已远远走在了东北的前列。为此，本部分将分别介绍海港、空港、铁路港、公路港等港口及各类临港经济区，为东北通道建设及临港产业发展提供实战指南。这里要强调下，虽然港口、通道建设非常重要，我们常言“要致富先修路”，但不能盲目建设，建设之前要想清楚两个问题：一是建成后有望引来哪些领域的“外向型”头部企业及大项目，这方面宁波有较多的探索；二是建成后有利于本地及周边的哪些拳头产品卖向全球，这方面郑州、重庆等都有相对成熟的经验，如重庆将摩托车卖向全球各地。

一、海上通道及临港经济区

海上运输是实现国际贸易的主要方式，全球80%的货物贸易通过海运完成。清政府和沙俄1858年和1860年先后签订《中俄瑷珲条约》和《中俄北京条约》，将黑龙江以北60多万平方千米和乌苏里江以东40多万平方千米的中国领土割让给俄国，这让东北失去了日本海的海岸线及不冻港海参崴。1991年10月，联合国开发计划署（UNDP）正式将图们江流域的开发列为联合国开发计划，提出用20年时间，筹资300亿美元，在中、朝、俄三国毗邻的1万平方千米的三角洲地区，兴建一个多国经济技术合作开发区，并使其成为世界上第二个鹿特丹或者第二个香港，后来这个计划也因多方面原因搁置，黑吉大地出海变得尤为困难①②③。目前，我国黑吉两省外贸货物主要从大连出海，相较于从海参崴出海成本更高，以哈尔滨为例，从大连出海将多出300千米。2023年年初，海关总署批复同意吉林进一步扩大内贸货物跨境运输业务范围，增加符拉迪沃斯托克港（海参崴港）作为内贸货物中转口岸，但是仅适用于内贸。为此，近期东北三省可利用的出海口，主要还是辽宁沿海六大港口，包括大连港、营口港、丹东港、盘锦港、锦州港及葫芦岛港。此外，大连及辽宁沿海经济带，还有必要加强通道及临港经济区建设，以有效支撑大连建设东北亚航运中心、辽宁沿海经济带建设辽东半岛蓝色经济区。

抓港口。现代港口按货种分类可分为件杂货港口、集装箱港口、散货港口及液

① 李铁.图们江合作二十年[M].北京：社会科学文献出版社，2015.

② 王胜今.东北亚区域合作与长吉图开发开放研究[M].长春：吉林人民出版社，2011.

③ 陈才，袁树人.东北亚区域合作与图们江地区开发[M].长春：东北师范大学出版社，1996.

体货港口，主要提供船舶停靠、货物装卸、货运代理、港口物流、货物保险等一系列服务①。截至 2022 年年底，全国港口生产用码头泊位 2.1 万个，其中，万吨级及以上泊位 2751 个（10 万吨级及以上泊位 478 个），包括沿海港口泊位 2300 个（较 2021 年增加 93 个）、内河港口泊位 451 个（较 2021 年减少 1 个）；再从用途结构来看，专业化泊位 1468 个（较 2021 年增加 41 个），以及通用散货泊位 637 个（较 2021 年增加 41 个）、通用件杂货泊位 434 个（较 2021 年增加 13 个）；2022 年，我国港口吞吐量为 157 亿吨，集装箱吞吐量超过 3 亿标准集装箱②，其中，42 个港口货物吞吐量突破亿吨，宁波舟山港为货物第一大港，达 12.6 亿吨；7 个港口集装箱吞吐量超过千万标准集装箱，上海港为集装箱第一大港，达 4730 万标准集装箱。而对于东北地区，由于哈尔滨港、佳木斯港等内河港吞吐量较小，辽宁沿海六大港口几乎承担起了东北地区的全部希望。根据辽宁省交通运输厅公布数据，截至 2021 年年底，全省港口生产性泊位 440 个，设计通过能力 7.5 亿吨 / 年，其中，万吨级以上泊位 249 个（约占全国 1/10，位列全国沿海省份第五）；拥有集装箱、油化品、矿石、煤炭、粮食等专业化泊位 194 个，70% 以上为万吨级泊位，可靠泊世界最大的 2.4 万标准箱集装箱船（20 万吨级）、45 万吨级原油船、40 万吨级矿石船。除此之外，全省港口还有 184 个通用泊位，合计通过能力为 2 亿吨，可用于煤炭、矿石、钢材、粮食等货种装卸。作为东北地区唯一的出海口，“十三五”以来，每年经辽宁港口进口的外贸原油 6400 万吨、铁矿石 7800 万吨，分别占同期东北地区消费量的 46% 和 48% 左右；每年经辽宁港口出口的成品油 4500 万吨、钢铁 4700 万吨，占同期东北地区总产量的 71% 和 49% 左右；2022 年，全省港口货物吞吐量为 7.4 亿吨，集装箱吞吐量为 1195 万标准箱。此外，2017 年 6 月，辽宁省政府与招商局集团签署《港口合作框架协议》，以市场方式设立辽宁港口集团，开展央地合作，对大连港、营口港、盘锦港率先进行重组，后逐步将丹东港、锦州港、葫芦岛港也纳入集团。我们认为，下一步辽宁港口建设重点是依托辽港集团推动全省港口做强做精做广：一是要抓基础设施及智慧化升级改造，学习上海洋山港在自动化、智慧化方面的建设经验，将各主要港口的货物承载接能力与运营效率提升至世界一流水平，把自身“做强”。二是要根据所在城市产业特色推动各主要港口分工协同、错位发展，可参考广东省出台《广东省港口布局规划（2021—2035 年）》等规划文件，

① 王立坤 . 现代港口理论与务实 [M]. 上海：上海交通大学出版社，2020.

② 数据来源：《2022 年交通运输行业发展统计公报》和《中华人民共和国 2022 年国民经济和社会发展统计公报》。

减少“内耗”，把体系“做精”。三是要学习福州保税港区等积极推动港口开展多式联运、国际中转、保税物流等业务，扩大业务范围与辐射范围，提升港口服务附加值，把业务“做广”。

专栏 8-2 东北沿海六大主要港口基本情况

- 大连港：我国最大的散粮、石油进出口口岸，拥有国内水深条件最好、综合效率最高的矿石专用码头。大连港包括大窑湾、大连湾、大港、长兴岛、旅顺等五大港区，现在用生产性泊位 85 个，其中万吨级以上 70 个，拥有世界领先的 45 万吨原油码头、40 万吨矿石码头、20 万吨级集装箱码头、7 万吨级汽车滚装码头，基本建成面向东北亚地区的油化品、铁矿石、集装箱分拨转运中心，商品车南北水运枢纽港，东北地区唯一国际邮轮始发港和大宗散杂货转运中心。2022 年货物吞吐量为 3.1 亿吨（居全国第 14 位，其中外贸 1.3 亿吨，占辽宁港口外贸总吞吐量的 54%）、集装箱吞吐量 446 万 TEU（居全国第 13 位）。
- 营口港：东北第二货物大港、东北第一集装箱大港。营口港包括鲅鱼圈港区、仙人岛港区等两大港区，截至 2022 年年底，生产性泊位达到 71 个，其中万吨级以上泊位 61 个、集装箱泊位 8 个，总通过能力约达 1.6 亿吨。2022 年货物吞吐量为 2.1 亿吨（居全国第 23 位，其中外贸 0.7 亿吨，占辽宁港口外贸总吞吐量的 31%，现拥有东南亚、日本关东、韩国釜山、韩国仁川等 4 条外贸直航航线）、集装箱吞吐量为 500 万 TEU（居全国第 12 位）。
- 锦州港：连续 22 年蝉联“中国内贸粮中转第一大港”。锦州港作为辽宁、吉林、黑龙江、内蒙古东部粮食南运的主要出海口，对于畅通国家“北粮南运”海上通道起着重要的枢纽作用。截至 2021 年 3 月，锦州港共有生产性泊位 21 个，其中包括 1 个 30 万吨级油泊位、5 个 10 万吨级散杂货泊位和 2 个 10 万吨级集装箱泊位。2022 年货物吞吐量为 1 亿吨（居全国第 42 位，东北三大亿吨大港之一）、集装箱吞吐量为 188 万 TEU。
- 盘锦港：2022 年货物吞吐量 4641 万吨、集装箱吞吐量 44 万 TEU。
- 葫芦岛港：2022 年货物吞吐量 4248 万吨。
- 丹东港：2022 年货物吞吐量 3381 万吨、集装箱吞吐量 19 万 TEU。

资料来源：长城战略咨询根据公开资料整理。

抓通道。目前，受到广泛关注的、有待进一步畅通的东北海运及海陆联运通道，主要有 3 条：第 1 条是以锦州港为核心的东北亚陆海新通道。途径东北西部、内蒙古东部直达内蒙古珠恩嘎达布其口岸，再经蒙古国和俄罗斯直达欧洲，目前锦州港已开通锦州港—满洲里—杜伊斯堡、锦州港—满洲里—莫斯科、锦州港—赫尔辛基等中欧集装箱海铁联运班列，据锦州港业务部门测算，一箱标准为 40 英寸的集装箱（锂电池）从厦门港出发，途经海参崴至莫斯科，采用海运加铁路的模式，最终的成本约 8.70 万元，而同样的货物从厦门港出发，途经锦州港到珠恩嘎达布其口岸，最终运往莫斯科，采用海运 + 铁路 + 境外多式联运的方式，每个集装箱的运输成本是 3.3 万元。第 2 条是以海参崴港为核心的黑吉出海新通道。吉林珲春距离日本海仅有 15 千米，但由于领土原因（图们江下游 15 千米的航道是俄罗斯与朝鲜的分界线，并非我国领土）及图们江大桥的高度限制（图们江大桥距离水面高度不足 10 米，仅能满足 300 吨以下的渔船通过，无法实现商运），使得商船从图们江出海难以实现。2019 年和 2023 年吉林分别开通了俄罗斯扎鲁比诺港、符拉迪沃斯托克港（即海参崴港）作为出海通道，但目前仅限于内贸，并不是真正意义上的“出海”[①]。该“借港出海”模式是东北地区在对外开放领域的一次重要突破，随着中俄关系的不断加深及合作模式的不断成熟，未来应力争将“借港出海”拓展到国际贸易领域，实现真正意义上的“出海”，届时将为吉林和黑龙江打通面向世界的商运新通道，彻底改变东北地区的对外贸易格局。下一步，还要积极争取商务部国际司支持，充分发挥“大图们倡议（GTI）”东北亚地区地方合作委员会作用，积极推动黑吉出海新通道建设取得新突破。第三条是“冰上丝绸之路”[②]。中俄共建“冰上丝绸之路”倡议是 2017 年中俄领导人会晤时提出的，其建设对于黄渤海及东北地区都意义重大。据测算，“冰上丝绸之路”有望使上海以北港口到欧洲西部、北海、波罗的海等港口的航线航程缩短 25% ～ 55%，每年可节省 533 亿～ 1274 亿美元国际贸易海运成本，且航道可在更大程度上避免海盗和国际突发事件侵扰。但同时也应认识到“冰上丝绸之路”可能存在的问题，包括理论上运距更短但破冰费用较高、经过的北冰洋属于常年无人区难以给过往船只提供便捷的航行服务。2018 年 8 月，连云港曾组织货轮历时 30 多天通过“冰上丝绸之路”到达荷兰鹿特丹，这是我国近年来公开报道的一次“冰上丝绸之路”实践，但一直未能常态化运行。

抓临港经济区。以港口码头为中心的临港经济，通常也称海港经济、湾区经

① 据测算，“珲春—扎鲁比诺港—宁波”内贸外运航线比传统航线能够缩短近 800 千米。

② 秦大河 . 冰上丝绸之路 [M]. 北京：外文出版社，2021.

济。尤其，湾区经济常被认为是临港经济的高级形态。从湾区经济的内在逻辑及旧金山湾区、纽约湾区、东京湾区、粤港澳大湾区等全球著名大湾区产业演变规律看，起步于港口贸易、成长于临港工业、强大于现代服务业是湾区经济发展的普遍规律[①]，即依托天然港口优势发展转口贸易，贸易发展随后催生湾区临港工业，在此之后是“退二进三”，发展处于“微笑曲线”两端的服务环节。可见，临港经济区建设的核心，就是围绕港口布局临港产业，包括内外贸易、物流运输、仓储等商贸业，石化、钢铁、粮油、装备制造等对海运依赖性较强的制造业，以及服务于临港工贸业的跨境金融服务、新型国际贸易、高端国际航运等现代服务业。2005 年年初，辽宁省委、省政府提出了“五点一线”发展战略，重点开发建设大连长兴岛、大连花园口岸工业园、营口沿海产业基地、锦州湾产业园区、丹东产业园区等 5 个重点区域，并建设贯穿黄渤海沿岸的滨海公路，形成沿海经济带，实际上，这就是辽宁的 1.0 版本临港经济区[②]。此外，最近锦州通过港口及通道建设带动临港经济的成效也较为显著，2020 年锦州市被国家海关总署评为“全国外贸百强城市”；最近辽宁省人民政府、大连市人民政府还和招商局集团签订三方协议，以打造“东北亚新蛇口”为远景目标，央地合作开发临港经济区即“大连太平湾合作创新区”。针对下一步东北临港经济区的发展，我们认为要重点抓好以下 3 个方面工作：一是全省统筹推动辽宁 2.0 版本的临港经济区建设，围绕大连港等六大港口的主要港区，分别规划临港经济区，差异化发展临港产业。二是要重点学习宁波经验，瞄准境外世界 500 强企业等，招引上游供应链及下游市场面向全世界的“外向型大项目”，如落户大量长兴岛的恒力石化就是类似项目。三是以大连为试点，选择部分港区向湾区升级，发展高级形态的临港经济。

专栏 8-3　宁波市“港口建设带动临港工业”经验[③]

在宁波的经济版图中，港口是“硬核”，工贸是“两翼”。2015 年，宁波市委结合习近平总书记在浙江工作期间对宁波中长期发展提出的重大命题及对宁波对外开放和海洋经济发展的殷切期望，正式提出打造“港口经济圈”[④]，为宁

---

① 冼雪琳 . 世界湾区与深圳湾区经济发展战略 [M]. 北京：北京理工大学出版社，2017.

② 中共辽宁省委政策研究室 . 面向大海的抉择：辽宁“五点一线”沿海经济带开发开放战略 [M]. 沈阳：辽宁人民出版社，2007.

③ 宁波市统计局、国家统计局宁波调查队：《2022 年宁波市国民经济和社会发展统计公报》。

④ 陈飞龙 . “一带一路”视角下的宁波港口经济圈研究 [M]. 北京：经济科学出版社，2015.

波港口及临港经济发展指明新方向。如今，宁波舟山连续两年跻身全球航运中心城市综合实力10强，2022年宁波舟山港货物吞吐量为12.6亿吨，连续14年蝉联世界首位；集装箱吞吐量为3335万标准箱，稳居全球第三大集装箱港。

◆ 宁波围绕港口布局工贸的主要做法。一是全市布局临港产业带，包括镇海、北仑、鄞州东部、奉化东部及象山北部。例如，宁波经开区（北仑区）依托港口优势，经过30多年发展，形成以汽车、装备、石化、钢铁、能源等为主体的临港产业集群。二是招引境外世界500强企业项目，2022年宁波实际利用外资37.3亿美元，同比增长13.8%，累计72家境外世界500强企业在宁波投资156个项目。三是招引各类龙头企业“外向型”大项目，龙头企业的上游供应链及下游市场通常是面向全世界的，为此，宁波在临港工业区招商时重点瞄准龙头企业的“外向型”大项目。

◆ 宁波工贸成绩：外贸万亿之城、单项冠军之城。背靠世界吞吐量第一大港的优势，形成能源、石化、钢铁、汽车及零部件、造船、造纸等六大临港工业，2022年实现工业增加值6681亿元。培育国家级制造业单项冠军企业（产品）83家，稳居全国城市首位；国家级专精特新“小巨人”企业283家，居全国城市第4位。2021年，宁波外贸首次突破万亿元大关，成为中国第6座“外贸万亿之城”，较5年前增长57%。

资料来源：长城战略咨询根据公开资料整理。

二、空中通道及临空经济区

随着经济社会的发展，临空经济越来越重要，有预测说，未来天上飞的很大比例是全货机，不再是客机。在过去10年中，郑州机场毫无疑问是中国货运增长最快的机场，2021年货运吞吐量超70万吨，全球排名第38位，其中，国际货邮吞吐量占77%。这得益于郑州航空港区的产业发展，除富士康外，郑州还成功吸引了众多智能手机企业，以及其他航空偏好型产业，如生物医药、跨境电商、时装、生鲜、信息通信设备零部件等。对于东北来说，我们认为沈大长哈4个区域性中心城市，都有必要大抓特抓航空通道及临空经济区，通过“空中丝绸之路”织密东北与全球主要国家的联系。例如，沈阳桃仙机场2021年货邮吞吐量为17万吨，全国第19位，这个排名与郑州大抓特抓临空经济前的排名基本一致（详见专栏8–4）。2011年郑州机场年货邮吞吐量为10.3万吨，全国第20位，经过10年的努力，到

2021 年，年货邮吞吐量提升至 70.5 万吨，排名提升至第 6 位。对于东北地区来说，发展临空经济主要是对标郑州，若想深入了解，除了现场调研学习外，还可以阅读《起飞：第一航空港成长记》[①] 一书。针对东北的 4 个主要机场及周边地区，可以重点对标郑州以下 3 个方面：

专栏 8–4 东北四大枢纽机场基本情况

- 沈阳桃仙国际机场，东北货物吞吐量最大的机场。2021 年完成货邮吞吐量 17.39 万吨，全国排名第 19 位。目前，已经开通到洛杉矶、旧金山、首尔及格林维尔的国际全货机航线。
- 大连周水子国际机场，东北最适合开展空铁公海多式联运的机场。2021 年完成货邮吞吐量 13.77 万吨，全国排名第 25 位。
- 长春龙嘉国际机场，依托其创建了东北唯一的临空经济示范区。2021 年完成货邮吞吐量 9.45 万吨，全国排名第 32 位，同比增长 12.9%。
- 哈尔滨太平国际机场，全国开通俄罗斯航线最多的机场。2021 年完成货邮吞吐量 10.67 万吨，全国排名第 30 位。

资料来源：长城战略咨询根据公开资料整理。

抓航权、航司及航线。郑州总结出“航权招引航司、航司带动航线”的发展模式，有实质经济意义的主要是第五、第七、第九航权。例如，美国北卡罗来纳州立大学教授兼郑州航空港区首席顾问约翰 · 卡萨达博士提出：如果有可能，可以向国外快运和货运航司提供第七航权，允许国外航司使用郑州机场向第三国运输或从第三国接收货物，无须绕至本国；如果有可能，还可以向被赋予第七航权的国外航司提供第九航权，允许通过郑州机场直飞中国其他机场，若能实现，郑州机场未来将成为联邦快递、UPS、DHL 等主要国际快运航司建设亚洲枢纽优先选择的机场。对于东北地区，当前主要是争取第五、第七航权（详见专栏 8–5）。目前除了哈尔滨、满洲里争取到第五航权外，其他地区，如沈阳、大连、长春都非常有必要尽快争取到第五航权开放。对于航司，目前在郑州运营的货运航空公司达 29 家，其中国际航司 24 家，东北沈大长哈 4 个城市与其比较差距非常大，下一步除了要依托第五、

① 八月天，尚攀 . 起飞：第一航空港成长记 [M]. 郑州：河南科学技术出版社，2018.

第七航权开放引进外国航司外，还要积极引进国内国际化航司，并加强培育本土航司。例如，2014 年，河南航投成功收购卢森堡货航 35% 股权，为河南省引进了第一家国际一流的全货运航空公司，卢森堡货航以郑州为枢纽，先后开通 8 条洲际串飞航线，航线网络覆盖欧美亚三大洲 24 个国家 200 多个城市，已累计为郑州贡献货运量超 93 万吨，有力推动河南由内陆腹地向开放高地转变。对于航线，郑州机场已开通货运航线 51 条，其中与全球排名前二十的货运枢纽中的 17 个实现通航，而东北以沈阳为例，目前仅开通 4 条境外全货机航线。此外，以郑州为亚太物流枢纽、以卢森堡为欧美物流枢纽的郑州—卢森堡“空中丝绸之路”，每周 15 班，货运量超 10 万吨，相当于长春、哈尔滨两个机场各自一年的货运量。对此，沈大长哈也可以学习郑州的经验与国外航空枢纽城市合作共建“空中丝绸之路”，打造中外空中“双城记”。

专栏 8-5　九大航权分类及详解

航空运输只要超出自己的国界就涉及其他国家的主权，因此，国际航空运输需要一个统一的规定。1944 年芝加哥会议做出了规定，称其为“航权”或“空中自由权”，一直沿用至今。“航权”具体分为以下 9 种：

◆ 第一航权（领空飞越权）和第二航权（技术经停权）：第一航权指在不着陆的情况下，本国航机可以在协议国领空上飞过，前往其他国家目的地。第二航权指本国航机可以因技术需要（如添加燃料、飞机故障或气象原因备降）在协议国降落、经停，但不得上下客、货、邮等。1997 年 6 月，我国正式向国际民航组织呈文，接受芝加哥会议上形成的《国际航空过境协定》，承诺给予其他缔约国定期国际航班两种空中自由，即第一、第二航权。

◆ 第三航权（目的地下客权）和第四航权（目的地上客权）：第三航权指本国航机可以在协议国境内卸下乘客、邮件或货物。第四航权指本国航机可以在协议国境内载运乘客、邮件或货物返回。2003 年，民航局批准同意海南进行开放第三、第四、第五航权试点，海南成为国内首个开放航权的试点省份。为此，海南允许国外航空公司从国外某地飞往海南，并从海南飞回出发地。这有效促进了海南国际航线的开通，国际航线数量由 2003 年的 5 条增加到 2020 年的 103 条，并有效推动了海南国际旅游岛建设。

◆ 第五航权（中间点权或延远权）：一种是承运人从本国运输客货到另一国家

时中途经过第三国，并被允许将途经第三国拉的客货卸到目的地国；另一种是承运人将自己国家始发的客货运到目的地国家，同时又被允许从目的地国家上客货，并被允许运到另一国家。第五业务权的开放意味着外国航空公司不仅可以载运始发地与目的地之间的客货，还可以分享目的国与第三国之间的客货资源，被业界誉为“最丰富、最具有经济实质意义”的航权。2015 年，经民航局批准，郑州机场携手卢森堡货航开通卢森堡—郑州—芝加哥航线，这对于卢森堡货航来说，可以分享卢森堡—郑州、郑州—芝加哥的客货资源；而对于郑州来说，这意味着卢森堡货航从卢森堡飞到郑州上下客货后，还可以飞往芝加哥，相当于增加了郑州到芝加哥的直飞国际航线，最终使郑州成为欧美之间重要的航空货运节点城市。目前，上海、郑州、哈尔滨、满洲里、鄂尔多斯等 10 多个城市已获批开放第五航权，境外 20 多家客货运航空公司已在中国运营 100 多条第五航权航线。

◆ 第六航权（桥梁权）和第七航权（完全第三国运输权）：第七航权指某国或地区的航空公司完全在其本国或地区领域以外经营独立的航线，在境外两国或地区间载运客货的权利，如德国航空公司汉莎航空承运伦敦—巴黎航线。第六航权指某国或地区的航空公司在境外两国或地区间载运客货且中经其登记国或地区的权利，可见第六航权经济实质意义不如第七航权。2020 年，民航局印发《海南自由贸易港试点开放第七航权实施方案》，主动对外开放海南客货运第七航权，这意味着海南的部分国际航线开放给了境外航空公司运营，但是截至目前暂无第七航权航线落地。

◆ 第八航权（国内运输权）和第九航权（完全国内运输权或非连续的国内载运权）：第九航权指本国航机可以到协议国做国内航线运营。第九航权是第八航权的延伸，第八航权只能是从自己国家的一条航线在别国的延长。可见，第九航权比第八航权更有经济实质意义。目前，国内暂未开放第九航权。

资料来源：长城战略咨询根据公开资料整理。

抓航空物流及多式联运。航空物流是现代物流体系中速度最快的一种运输方式，可以打破内陆城市不沿边、不沿海的开放困境，是内陆城市建设现代物流枢纽的必要选择，郑州、成都、西安等内陆城市都凭借大力发展航空运输成为开放高地，尤其郑州，2012 年就率先提出“货运为先”发展战略（详见专栏 8–6）。此外，航空物流也需关注多式联运，放眼世界，鹿特丹、纽约、上海等世界著名物流枢纽都是多式联运最为密集的城市，过去多式联运主要关注海运、铁路、公路之间的陆海多式联运，近些年陆海空多式联运也受到广泛关注。针对沈大长哈等城市航空物流及多式联运，我们认为需要注意以下几个方面：一是有必要规划建设货运航站楼，并全面运用自动化与智慧化技术提升货物的处理效率，从而提高机场的货运承接能力。二是有必要在航空与铁路、航空与公路等的多式联运上进行设计，并规划建设多式联运中心。三是要立足沈大长哈作为区域性物流枢纽的定位，不仅仅面向本地集散货物，还要面向周边地区集散货物，打造区域性的对外开放门户。

专栏 8-6　郑州发展航空物流及空铁联运经验

- 率先提出“货运为先”发展战略。2012 年，河南省创新性地提出“货运为先，以货带客；国际为先，以外带内；以干为先，公铁集疏”的“三为先”发展战略，是全国第一个提出“货运为先”发展战略的机场。这十几年来，郑州几届领导班子坚持朝着一个方向走，成为我国主要的国际航空货运枢纽。
- 规划建设货运机场。2022 年 8 月，郑州机场三期北货运区正式运营，再一次提升了郑州机场的货运能力。北货运区建筑面积 16 万平方米，设计年货物处理能力 60 万吨。该项目投用后郑州机场货运站总面积将达到 19.8 万平方米，年货邮保障能力可达 110 万吨，跻身全国航空货运枢纽前五。同时，北货运区还引入 5G、物联网、云服务等信息技术和自动称重扫码系统、立体货库等自动化设施设备，可实现运单电子化、设备自动化、操作无人化。
- 在制度上大胆试、大胆闯。自 2012 年起，中国民航局与河南省多次签署局省共建合作协议，共谋共建郑州航空港区，在航班时刻、航权、民航发展基金返还等方面给予大力支持。2013 年国务院批准设立郑州航空港实验区，是全国唯一国务院批复的临空经济区。2013 年，河南航投收购卢森堡 35% 股权，出资改制组建南航河南公司，并购成立中原龙浩航空公司，在运力引进、航线开辟等方面发挥了重要作用。2017 年，率先提出“同一个机场”理念，与驻场单位建立目标一致的沟通协调机制。目前，郑州航空口岸具备 24 小时通关能力，于 2013 年开始实施的“多货运短驳安保模式”成为行业典范，并成功引入天津津检、上海化工院，具备 9 类危险品认证资质。积极探索航空货运信息化，2020 年获得民航局正式批复，郑州机场成为全国唯一的航空电子货运试点机场。

◆ 积极推动空铁多式联运。在过去 10 年，和航空物流同步发展的还有郑州的铁路运输。从 2013 年开行至 2022 年年底，10 年间“中欧班列（中豫号）·郑州”总累计开行 6300 多班次，从开行之初每月 1 班增长到目前每周去程 16 班、回程 18 班的高频次往返状态，构建了河南连通欧洲、中亚和东盟及亚太（日韩等）的国际物流大通道。多式联运成为将航空物流和铁路运输连接起来的“最后一段桥梁”，共同解决了郑州“既不靠海，又不沿边”的窘境。

资料来源：长城战略咨询根据公开资料整理。

抓临空经济区及临空产业。2013 年，国务院批复《郑州航空港经济综合实验区发展规划（2013—2025 年）》，航空港实验区成为首个国家级航空经济发展先行区，也是全国唯一由国务院批复的临空经济区。2015 年，国家发展改革委、中国民航局联合颁布了《关于临空经济示范区建设发展的指导意见》，此后由其组织批复了一批国家级临空经济示范区，截至 2022 年年底，包括郑州航空港实验区在内共计 17 家。临空经济区的核心使命是发展临空产业，临空产业主要包括两大类：一类是临空核心产业，主要包括航空物流、航空制造、航空维修等；另一类是临空关联产业，主要包括对航空运输依赖度较高的电子信息制造、生物制药、先进装备等临空高科技产业，会展、免税购物、跨境电商等临空现代服务业，以及文化旅游产业（图 8-1）。目前，东北仅长春获批国家级临空经济示范区，但沈阳、大连等最近都开始规划建设临空经济区，针对下一步沈大长哈临空经济区的建设，我们认为要重点抓好以下 3 个方面工作：一是避免“急功近利”，机场基本都远离市区，依托其布局的临空经济区通常是在一张白纸上干起，是一个“从无到有”的漫长过程，为此，要严格按照规划推进招商引资，避免导入大量的非航空关联性产业，使得临空优势“白白浪费”。二是积极引进或者培育一批主要依赖航空物流的外向型头部企业。例如，郑州成功引进富士康科技园，其 2021 年主营业务收入达 4052 亿元，成为全国单体产值最大的项目，也助力郑州新郑综保区进出口值从 2012 年的 1799 亿元增加到 2021 年的 4739 亿元，实现自封关运行以来“十连增”，居全国综合保税区第 2 位、海关特殊监管区第 3 位，目前东北地区的临空经济区就缺少类似于富士康这样的外向型超级大项目。三是除了长春以外，沈阳、大连、哈尔滨都要积极创建国家级临空经济示范区，实现“以升促建”。

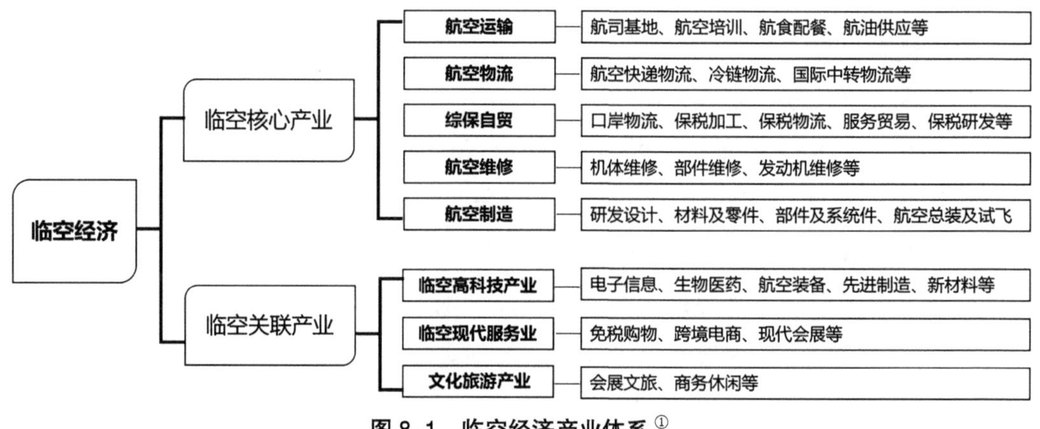

图 8–1　临空经济产业体系①

（资料来源：长城战略咨询根据相关资料整理）

三、铁路通道及临铁经济区

铁路运输具备装载量大、运输效率高、受自然条件影响小、承运商品品类不受限制等优点，是现代物流中最重要的运输方式之一，2022 年我国铁路完成货物发送量高达 39 亿吨。2011 年 3 月，首列中欧班列（重庆—杜伊斯堡）成功开行，铁路正式成为我国对外贸易的又一主要通道。如今，中欧班列已通达欧洲约 25 个国家 200 多个城市，全国中欧班列累计开行突破 6.5 万列。目前，东北开通中欧班列的主要是 3 个铁路集装箱中心站（全国共 18 个），分别是沈阳蒲河物流基地—中欧班列（沈阳）集结中心、大连金港站—大连港集装箱铁路中心站、哈尔滨铁路国际集装箱中心站。

专栏 8–7　东北三省 3 个铁路集装箱中心站基本情况

◆ 沈阳蒲河物流基地—中欧班列（沈阳）集结中心。沈阳蒲河物流基地由中国铁路沈阳局投资建设，占地 3000 亩，位于沈阳于洪区，定位铁路综合货场，于 2018 年投入使用。中欧班列（沈阳）集结中心位于蒲河物流基地集装箱作业区内，占地 138 亩，海关监管区 8 万平方米，首期堆存能力为 3000 个标准集装箱位，拥有每年 1500 列中欧班列作业能力，由沈阳市、中外运、国铁沈阳局共同组建的中欧班列（沈阳）集结中心建设运营有限公司负责运营，

① 张琳琳，郭璟坤 . 效能航空城：面向全球竞争的中国临空经济发展新模式 [M]. 北京：航空工业出版社，2021.

2023 年 3 月正式投入运营，正向国家中欧班列集结中心、商贸服务型国家物流枢纽迈进。此外，于洪区还依托中欧班列（沈阳）集结中心规划了占地 18 平方千米的沈阳国际陆港，用于发展临铁产业、适欧产业。

◆ 大连金港站—大连港集装箱铁路中心站。大连铁路集装箱中心站由中铁联集和大连港共同投资组建，位于大连保税区的金窑线金港站与大连国际集装箱码头之间，占地 1336 亩，年吞吐能力可达 100 万标箱，2010 年投入使用，是东北地区唯一的港口型集装箱铁路中心站，2021 年该中心站完成海铁联运箱量 40.6 万标箱。此外，2015 年以来，大连港集团还依托该中心站开通了中韩俄、辽满欧等过境集装箱班列，由大连港集发物流公司负责运营。

◆ 哈尔滨铁路国际集装箱中心站。由中国铁路哈尔滨局投资建设，位于哈尔滨香坊区，毗邻哈尔滨综保区，占地 1695 亩，2015 年投入使用，拥有集装箱堆场 36 万平方米，最大堆存量 4800 标箱。目前，该中心站已成为中俄铁路东部物流大通道的关键节点，集结开行了中欧班列、快运班列、小汽车特货班列，并带动仓储、加工、包装、分拨、配送等物流产业快速发展。

资料来源：长城战略咨询根据公开资料整理。

抓铁路通道及班列。我国对外开放铁路通道主要依托中欧班列，包括渝新欧、郑新欧、长安号、蓉新欧等，这些班列将我国各个省份与欧洲用铁路网络连接起来。重庆作为我国最先开行中欧班列的城市，2022 年 6 月还成为全国首个重箱折列突破一万列的开行城市，我们认为，重庆取得如此成绩，最根本的还是在通道建设方面实现了重大突破，建立起“3+8+N”集结分拨体系，从而实现了其所言的“通道带物流、物流带经贸、经贸带产业”效应（详见专栏 8–8）。放大到全国，我国已形成“三条通道、五个口岸”开放体系，包括从中西部经阿拉山口、霍尔果斯出境的西部通道，从华北地区经二连浩特出境的中部通道，从东北地区经满洲里、绥芬河出境的东部通道。其中西部通道最热门，霍尔果斯口岸 2022 年中欧班列通行量超过 7000 列，居全国口岸首位，阿拉山口口岸通行量 6000 列，居全国第 2 位；东部通道也相对受欢迎，满洲里口岸 5000 列、绥芬河口岸 800 列；2022 年通行量最少的是中部通道，二连浩特口岸通行量为 2500 列。目前，中欧班列（沈阳）是东北地区开行规模最大、线路辐射最广的中欧班列，已实现中欧班列全国“三通道五口岸”全覆盖，2022 年通行中欧班列 627 班，居全国第 12 位，是东北唯一入选全国前十五的城市，但是同西安（4639列）、郑州（2800列）、重庆（2400列）等相比仍有很大差距，为此，下一步沈阳在通道建设上应在增加中欧班列覆盖广度的同时注重提升服务宽度，学习重庆发展直达班列、企业班列等特色班列，提升中欧班列（沈阳）发运数量。其他有铁路货场或有主要铁路线经过的城市，都有必要抓好中欧班列，立足区位比较优势，把我国中欧班列的东北通道充分用好。

专栏8-8　铁路通道建设"重庆经验"

重庆作为我国最先开行中欧班列的城市，2022年6月成为全国首个且唯一一个重箱折列[①]突破一万列的开行城市，现已建立起"3+8+N"集结分拨体系（即同一城市3个发运站、8个进出境口岸、可通达N个国家及站点），目前稳定运行近40条成熟线路，可通达境内外100余个城市和地区，干支网络基本覆盖亚欧大陆全境，在铁路通道建设方面形成了一系列"重庆经验"。

- 利用现有国际通道：向东依托铁水联运连接"一带一路"与"长江经济带"，向北依托上合组织国家的货物流通，向南与西部陆海新通道衔接。
- 积极拓展新通道：在市委、市政府的积极谋划和大力支持下，2022年成功首发了跨"两海"线路的新通道，即从霍尔果斯口岸出境，途经哈萨克斯坦等国家，再以铁海联运方式跨越里海、黑海，最后抵达目的地。
- 创新定制化班列：2020年4月重庆首次开行"重庆—布达佩斯"定制化专列，不经停其他目的地，直达终点，目前已开行定制路线近40条，并开行多趟华为、长城、长安、庆铃等品牌专列，丰富渝新欧号的服务内容。

资料来源：长城战略咨询根据公开资料整理。

抓铁路物流园区及国际陆港建设[②]。铁路物流园区及国际陆港通常都是围绕铁路中心站建设的，如重庆围绕团结村集装箱中心站建设的国际物流枢纽园区、广州围绕国际港规划建设铁路经济产业园区。如此布局主要有两个方面原因：一是为了承接中心站的溢出发展外向型制造业、跨境商品贸易等临铁产业；二是为了进一步延伸提供集装箱分拨堆存、多式联运、保税物流等空间，提升铁路中心站的枢纽能

① 重箱折列是指排除空箱之后中欧班列实际运输货物的班列数量。其中，每41个重箱（即装载了货物的集装箱）可折算为一趟班列。

② 徐德洪.国际陆港理论与实践[M].北京：中国财富出版社，2021.

级和辐射范围。目前，沈阳市已依托中欧班列（沈阳）集结中心规划了占地 18 平方千米的沈阳国际陆港，用于发展临铁产业、适欧产业。我们认为，下一步还要在以下方面重点着力：一是大力发展城市主导产业外向型环节，国际陆港产业类型通常以所在城市的“外向型”主导产业为主。例如，渝新欧以电子产品、汽车为主，义新欧以跨境电商小商品为主，目前沈阳中欧班列主要运输的货物品类包括汽车零部件、机械设备、电子产品、医疗器械及日用品，与沈阳市现有八大主导产业类型基本吻合，未来沈阳国际陆港要加强布局这些主导产业的“外向型”项目。二是推动适铁适欧产业发展，欧洲市场需要什么，沈阳就重点布局什么，这点可学习成都的经验，从“我们发展什么就出口什么”转变为“出口需要什么我们就发展什么”。例如，成都发现了俄罗斯在沥青运输包装方面的商机，便在青白江区欧洲产业城布局了智能包装加工基地，依托成都国际铁路港开展对俄贸易。三是扩大国际陆港辐射范围，这就需要沈阳一方面“把手伸出去”，通过多式联运把“手”伸向大连、营口、锦州、长春、哈尔滨等东北地区发运需求较多的城市，并通过开展“中欧班列 + 转口贸易”把“手”伸向东南亚，开展 RCEP 国家与欧洲国家转口贸易。四是深化“一次运抵、一次申报、一次装卸、一次验放”的运营模式，并打造园区数字化信息化管理平台及货物信息电子平台，实现单据信息透明化及货物全流程信息实时追溯，以全面提升园区作业效率。

四、公路通道

跨境公路运输，即卡航运输，是除海、铁、空之外的第 4 种国际物流运力。虽然时效性不如空运、承运能力不如海运和铁路，但比铁路更为机动灵活（包括发车时间及配送地点）、比海运时效性更好、比空运成本更低，是各地区构建多元化国际物流体系的重要组成部分。目前，我国可以使用的跨境公路运输协定包括始于 1999 年的《大湄公河次区域（GMS）便利货物及人员跨境运输协定》① 和于 2017 年正式加入的《国际公路运输公约（TIR）》②。其中适合东北地区的主要是 TIR 卡航，

① 根据相关规定，各国可向其国内运输企业颁发最多 500 张多次入境的 GMS 行车许可证和暂准进入单证。GMS 行车许可证类似于运输车辆取得了 GMS 区域的“签证”，暂准进入单证类似于运输车辆的“护照”。在没有获得许可证件之前，国际道路运输部分只能通过关口接驳的方式进行。

② 根据海关总署《关于启动实施 TIR 公约试点有关事项》规定，TIR 运输是指持有由《TIR 公约》缔约国担保、发证机构发放的 TIR 证的运输工具负责人（即 TIR 证持证人），将 TIR 证列明的货物从启运地海关运至目的地海关的行为。我国 TIR 运输车辆批准证明书发证机构为交通运输部公路科学研究院汽车运输研究中心。并规定，我国 TIR 运输试点口岸为霍尔果斯口岸、伊尔克什坦口岸、二连浩特公路口岸、满洲里公路口岸、绥芬河口岸。2019 年 6 月，海关总署宣布正式全面实施《TIR 公约》，所有 1200 个边境口岸全部开放。

TIR 是唯一的全球性跨境公路货运通关系统，在全球拥有 76 个缔约国，目前还有 20 多个国家寻求加入，全球超过 3 万家运输与物流公司在使用 TIR 跨境运输货物，东北地区毗邻蒙古及俄罗斯远东地区，与中亚及欧洲间的陆路条件也较为优良，非常适合发展 TIR 卡航业务作为中欧班列之外的另一陆上对外开放通道。当前，国内在跨境公路运输方面成效最显著的要数重庆，2023 年 1 月重庆跨境公路班车共计发车 488 车次，同比上升 838%，最近时常有货物从东南亚出发运往重庆，再换成中欧班列（渝新欧）去往欧洲，全程仅需 20 天左右时间，比传统海运方式节约 1 个多月（详见专栏 8–9）。2022 年 12 月，沈阳综保区近海园区首发 4 辆中欧卡航，是目前东北唯一的国际卡航。我们认为，下一步东北各个综保区、保税物流中心都可以探索打造跨境公路班车平台，开通中俄卡航、中欧卡航、中亚卡航等比较符合东北地区陆路条件的运输线路。此外，对于已经开通卡航的沈阳综保区近海园区要在车次上多下功夫，要多帮境内外企业找货源、找市场，并撮合双方达成交易，为班车集货。

专栏 8–9　重庆依托保税物流中心（B 型）打造跨境公路班车平台

2016 年重庆依托南彭公路保税物流中心（B 型）打造了东盟班车。2019 年国家发展改革委印发了《西部陆海新通道总体规划》，随后东盟班车也升级为西部陆海新通道跨境公路班车平台，除面向东盟地区外，还面向中亚及南亚地区开通班车。通过跨境公路班车平台，可实现提货、报关、运输、仓储等一站式服务，中途换车不换箱，一箱到底。此外，在两江海关的大力推动下，跨境公路班车同时取得大湄公河次区域（GMS）直通车牌照和国际公路运输系统（TIR）批准证明书。截至2023年4月，重庆跨境公路班车累计发车1.3万车次，发运3.3万标箱，总货值 83 亿元，发车频率平均超 10 班 / 天。

◆ 运营公司：跨境公路班车由重庆公运东盟国际物流有限公司运营，该公司为国有全资企业，重庆交投集团旗下重庆公司集团占股 65%、巴南区级国有独资企业重庆公路物流基地公司占股 35%。跨境公路班车作为一个平台，一开始就不只是发挥通道的作用，始终服务于企业和市场需求，由运营公司牵头，一方面找货源，一方面找市场，撮合双方达成交易，企业订单充足，班车才能货源充足。此外，运营公司还与境外 20 余家物流企业建立合作，在东南亚地区可以供客户选择使用的海外分拨仓已达 30 余个。

◆ 通道体系：跨境公路班车已形成“3向11线19口岸”的出入境通道体系。“3向”即面向东盟、面向中亚、面向南亚。“11线”即重庆—广西／云南—东南亚方向6条线路；重庆—西藏—南亚方向2条线路；重庆—新疆—中亚方向3条线路。出入境口岸包括广西友谊关、东兴，云南磨憨、畹町，新疆阿拉山口、霍尔果斯，西藏樟木、吉隆等19个口岸。

◆ 成渝两地班车联动：2022年7月4日，5辆满载汽车零部件、机电设备、摩托车零件的跨境公路班车从重庆南彭公路保税物流中心（B型）和四川天府新区成都片区保税物流中心（B型）同时出发，这标志着成渝跨境公路运输平台正式首发。成渝跨境运输联盟将有利于整合川渝两地和海外跨境运输上下游货源、线路、服务网络等资源。2022年跨境运输联盟共计发车约4200班次，货值约57亿元，有力带动了成渝地区货物贸易发展。

资料来源：长城战略咨询根据公开资料整理。

五、保税及口岸

一旦涉及跨境的开放合作，就要涉及综合保税区、保税物流中心等保税载体及口岸。其中，保税是一个国家为鼓励出口加工、高端消费、转口贸易等制定的优惠措施，具体由综保区、保税物流中心、保税仓库[①]等开放载体承担（图8–2）。口岸被视为国家对外交往和经贸合作的桥梁，也是国家安全的重要屏障。实际上，具有保税功能的综保区、保税物流中心等开放载体，都具有一定口岸的功能。此外，我国还依托港口、机场、车站等分别设立满足人员、物品、交通工具出入境的水运口岸、航空口岸、铁路口岸、公路口岸。按开放程度，口岸可以分为一类口岸和二类口岸[②]，截至2021年年底，全国共有经国务院批准对外开放口岸313个[③]。在一类口岸的基础上，还衍生出了功能性口岸，它是指依托国家一类口岸，经国家相关部

① 保税仓库是保税存储、流通性简单加工、分拨配送和国际转口贸易的载体，具有保税仓储、转口贸易、流通性简单加工和增值服务、物流配送等功能。在各类特殊监管区域和保税监管场所中，保税仓库以其建设成本、仓储费用和劳动力成本较低的优势，在促进我国外向型经济发展中发挥着重要作用。

② 一类口岸是指由国务院批准开放的口岸，具体包括3类：对外国籍船舶、飞机、车辆等交通工具开放的海、陆、空客货口岸；只允许我国籍船舶、飞机、车辆出入国境的海、陆、空客货口岸；允许外国籍船舶进出我国领海内的海面交货点。二类口岸是指由省级人民政府批准开放并管理的口岸。

③ 数据来源：海关总署《国家“十四五”口岸发展规划》。

委批准设立，具有特殊商品进口或开办特殊业务功能的口岸。此外，多依托综保区或口岸地区设立的自贸区，对于外向型经济、临港产业等发展也至关重要。

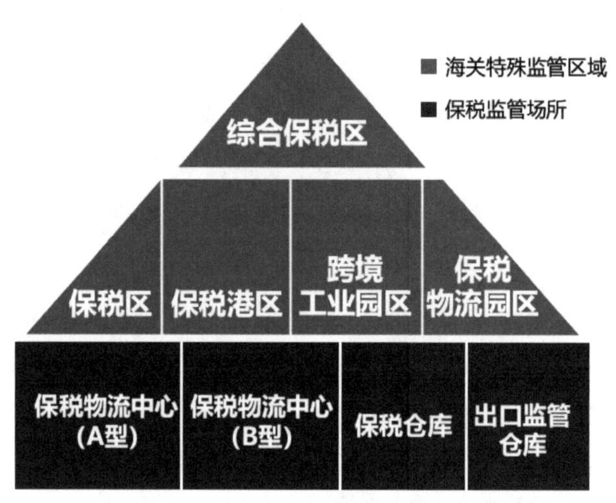

图 8–2　我国目前保税物流的主要载体及形式

抓综保区建设。综保区是我国开放层次最高、优惠政策最多、功能最齐全、手续最简化的特殊开放区域，整合了原保税区、保税物流园区、出口加工区等多种外向型功能区。1990 年，我国第一个保税区在上海浦东的外高桥区域设立，目前我国共批复 156 个综保区，在全国综保区中，成都高新综保区发展成绩较为突出（详见专栏 8–10）。东北三省共 8 家综保区，其中辽宁 4 家（大连大窑湾、大连湾里、营口、沈阳）、吉林 2 家（长春兴隆、珲春）、黑龙江 2 家（哈尔滨、绥芬河）。我们认为，东北三省的 8 家综保区都有很大提升空间。例如，沈阳综保区全国排名倒数，并且目前还未形成规模体量较大的核心支柱产业，下一步重点是产业规模的做大做强。

专栏 8–10　成都高新综保区建设经验

成都高新综保区成立于 2010 年 10 月，2021 年实现进出口总额 5819 亿元，占全省 61%，是名副其实的对外开放前沿阵地，连续 3 年进出口总额全国第一、发展绩效评估全国第一。成都成功的经验主要可以概括为以下两点。

◆ 不断升级综保区核心功能。成都高新综保区在成立之初，就整合了四川成都出口加工区与成都保税物流中心（B 型）两个片区，后又在 2012 年进行扩区，设立双流园区，其业务类型也随着区域的整合与扩展而不断丰富，现已成为以保税加工制造为主，维修、研发、物流等业态多元化发展的格局。此外，成都高新综保区积极落实《国务院关于促进综合保税区高水平开放高质量发展的若干意见》提出的"五个中心"要求，已推动2家企业研发中心、4家企业分拨中心及苹果iPad和MacBook全球维修服务中心落地。

◆ 大力发展"外向型"高技术产业。成都高新综保区叠加高新区的产业优势和综保区的政策优势，重点发展笔记本电脑和平板电脑制造、晶圆制造及芯片封装、电子元器件、精密机械加工、生物制药产业，专注高附加值产品出口，集聚了英特尔、富士康、德州仪器、戴尔等世界级龙头企业，是全球笔记本电脑与平板电脑重要的生产基地和维修服务中心。

资料来源：长城战略咨询根据公开资料整理。

专栏 8-11　东北三省跨境电商综试区名单

截至2023年3月，国家批复的跨境综试区城市合计七批，165个城市（区域），东北三省共有14个城市获得批复，具体如下：

◆ 辽宁（6个）：大连市（第二批）、沈阳市（第三批）、抚顺市（第四批）、营口市（第五批）、盘锦市（第五批）、鞍山市（第七批）。

◆ 吉林（4个）：长春市（第三批）、珲春市（第四批）、吉林市（第五批）、延吉市（第七批）。

◆ 黑龙江（4个）：哈尔滨（第三批）、绥芬河（第四批）、黑河市（第五批）、同江市（第七批）。

资料来源：长城战略咨询根据公开资料整理。

抓保税物流中心建设。保税物流中心与综保区在性质上类似，都具有口岸功能和封闭监管属性，但保税物流中心在业务内容上要比综保区简单很多，主要从事仓储、分拨、中转等与运输相关的业务及简单流通加工。保税物流中心分为A型和B型，A型为依托单独一家企业开展保税物流业务，B型则是由一家企业经营、多家企业进入并从事保税物流业务，类似于一个园区。2004年8月，苏州工业园区保税物流中心（B型）试点获批，是我国第一家保税物流中心。截至2023年第一季度，我国共有 84 家保税物流中心（B 型），其中，东北三省共有 7 家，包括辽宁 4 家（营口港、盘锦港、锦州港、铁岭）、吉林 2 家（吉林市、延吉国际空港开发区）、黑龙江 1 家（牡丹江）。沈阳曾设立了东北首家保税物流中心（B 型），后并入沈阳综保区，目前沈阳没有独立的保税物流中心（B 型），仅有诚通贸易港保税物流中心（A 型）从事 RCEP 国家与欧洲国家转口贸易。我们认为，未来东北三省可以重点从以下两个方面着力：一是积极创建铁路保税物流中心（B 型），服务于中欧班列集结中心；二是学习借鉴重庆公路物流基地经验，积极创建公路保税物流中心（B 型），服务 TIR 卡航。

抓口岸建设。口岸建设郑州走在全国前列，加上 2023 年 3 月成功获批的全国重要国际邮件枢纽口岸，郑州建成集航空、铁路 2 个一类口岸，新郑、经开 2 个综保区，汽车、粮食、邮政等 9 个功能性口岸于一体的“2+2+9”口岸体系。根据郑州、重庆等枢纽城市口岸建设经验来看，口岸的建设要与海陆空通道的建设相匹配，这样才能最大化提升对外开放效率。目前，东北三省共有公海空铁一类口岸 56 个，其中，黑龙江 27 个、吉林 16 个、辽宁 13 个，包括边境口岸 17 个，主要问题是口岸与海陆空通道存在错位（详见专栏 8–12）。我们认为，下一步沈阳的口岸建设应该在空港功能性口岸、铁路进出境口岸及陆路口岸上多发力：一是推动桃仙空港新增邮件等功能性口岸[①]，并积极招引相关商贸企业将口岸功能用起来（详见专栏 8–13）；二是推动中欧班列（沈阳）集结中心打造铁路进出境口岸，提升进出境通关效率，开通与国外主要贸易城市间的直达货运列车；三是建设公路保税物流中心（B 型），打造立足 TIR 卡航业务的陆路口岸。

专栏 8–12　东北三省“一类口岸”概况

◆ 辽宁省（共计 13 个）：包括大连、营口、丹东、庄河、葫芦岛、旅顺新港、锦州、长兴岛、盘锦 9 个水运口岸；沈阳、大连 2 个航空口岸；丹东 1 个铁路口岸；丹东 1 个公路口岸。

◆ 吉林省（共计 16 个）：包括长春、延吉 2 个航空口岸；集安、图们、珲春 3 个铁路口岸；珲春、集安、圈河、临江、开山屯、三合、南坪、长白、古城

① 目前，郑州机场拥有水果、冰鲜水产品、食用水生动物、肉类、活体动物、邮件、药品、汽车、粮食等九大功能性口岸，是国内功能性口岸数量最多、种类最全的内陆机场。尤其 2022 年 3 月，郑州机场获批了全国重要国际邮件枢纽口岸，这是继北京、上海、广州之后，我国第 4 个重要的国际邮件枢纽口岸。

里、沙坨子、双目峰 11 个公路口岸。

◆ 黑龙江省（共计 27 个）：包括哈尔滨、富锦、佳木斯、同江、黑河、漠河、呼玛、逊克、抚远、孙吴、萝北、嘉荫、饶河 13 个水运口岸；哈尔滨、佳木斯、齐齐哈尔、牡丹江 4 个航空口岸；绥芬河、哈尔滨、同江 3 个铁路口岸；绥芬河、东宁、密山、虎林、黑河、黑瞎子岛、黑河（索道）7 个公路口岸。

专栏 8-13 沈阳市桃仙国际机场功能性口岸基本情况

沈阳目前依托桃仙国际机场一类口岸，建设了 5 个功能性口岸，分别是进境水果指定口岸、进境食用水生动物指定口岸、进口冰鲜水产品指定口岸、进口肉类指定口岸、药品进口口岸。代表性口岸具体情况如下：

◆ 进境冰鲜水产品指定口岸：2014 年获批。这意味着国外的冰鲜水产品可直接空运至沈阳。以往，沈阳市场的进口冰鲜水产品均由上海、大连等空港口岸进口，通关后以内贸形式发往沈阳。

◆ 进口肉类指定口岸：2017 年获批。沈阳冷鲜港作为其配套设施获批成为冷链查验和储存一体化设施。沈阳冷鲜港可以对沈阳桃仙机场及大窑湾、鲅鱼圈、天津海运口岸和二连浩特陆运口岸的进口肉类实施查验，实现进口肉类海、陆、空全覆盖，缩短通关时间，降低贸易成本。

◆ 药品进口口岸：2020 年获批。全国第 24 个拥有药品进口口岸的城市。2022 年，国家药监局批复同意沈阳市场监督局增加药材进口备案职能，沈阳空港口岸正式成为进口药品和进口药材双职能的药品进口口岸。这标志着沈阳市可以办理除生物制品及国内首次进口药品之外的全部药品的进口通关事宜，进口药品不再需要“绕道”北京、广州等口岸进入沈阳。

资料来源：长城战略咨询根据公开资料整理。

抓自贸区建设。如前所述，自贸区是外商投资及进出口贸易的前沿阵地，它不仅是经济发展的活力区，同时也是制度创新的先行区。上海自贸区通过 10 年的探索，在制度创新方面大胆先行，形成了一批基础性制度和核心制度创新，通过完善市场准入管理方式、创新生物医药跨境研发监管模式、成立长三角自贸试验区联盟等举措，建立了与国际经贸通行规则相衔接的制度体系、与开放型经济体制相适应的风险压力测试体系、与治理能力现代化要求相适应的政府治理体系、与国家战略要求相适应的改革协同体系。从东北三省来看，大连自贸区是当中的佼佼者，自 2017 年挂牌成立以来，累计实现地区生产总值 3290 亿元，年均增速 7.1%，打造了汽车及零部件、大宗商品国际贸易、新能源、先进装备制造、数字信息、生命健康、港航物流及金融八大核心产业体系。2020 年 11 月，商务部、国家发展改革委、财政部等九部门和单位在全国设立了 10 个国家级进口贸易促进创新示范区，大连金普新区赫然在列，叠加上跨境电子商务综合试验区、平行汽车进口试点等政策优势，大连自贸区未来将成为全省乃至东北对外开放合作的重要桥梁与纽带。下一步，东北各自贸区应该继续着力在制度创新上做文章，发挥自贸区的政策优势，完善外资准入负面清单制度，积极推动具有首创性意义的项目落地，优化营商环境，实现与国际贸易规则全面接轨，与发展开放型经济的要求全面适应。

专栏 8-14　大连自贸区制度创新案例[①]

- 市场监管行政许可标准化
- 建设工程项目审批制度创新
- 大连保税区创新"一门一网一次"政务服务模式，打造优化营商环境新名片
- 审批后置、服务前置—环保禁止性规定纳入工商提前告知
- 大连片区事中事后监管平台创新
- 环境影响评价文件审批告知承诺制
- 冰山集团混合所有制改革模式
- 公共资源交易服务平台破解中小微企业融资难题
- 保税混油、离岸直供
- 政银平台对接
- 仓储货物按状态分类监管
- 国际服务外包研发测试
- 生产加工环节食品安全监管新模式

① 东北财经大学辽宁（大连）自贸区研究院，中国（辽宁）自由贸易试验区大连片区建设工作领导小组办公室 . 中国（辽宁）自由贸易试验区大连片区创新案例研究（第三辑）[M]. 大连：东北财经大学出版社，2019.

- 特种设备第三方监管模式
- 弹性出让方式供应产业用地
- 带产业项目挂牌出让
- “法院—国土”不动产联动查询机制
- “双 D 高科”公司平台双创模式
- 跨部门跨层级“双随机”联合检查
- 建立 6 项制度构建协商共赢的劳动关系
- 国际贸易单一窗口“通关 + 物流服务体系”
- 开设“马上办”服务专线
- 知识产权仲裁创新
- 自贸商事案件集中管辖

资料来源：长城战略咨询根据公开资料整理。

专栏 8-15　RCEP（大连）国际商务区实践探索

2022 年 11 月，RCEP（大连）国际商务区正式启用，是东北地区首个 RCEP 国际商务区，也是全国首个集国别展示、专业服务、交流互动、市场拓展、贸易便利、商事法律等功能的 RCEP 企业“一站式”服务平台。占地面积 3.2 万平方米，融合了 RCEP 企业总部基地、经贸促进中心、企业服务中心等功能，为外贸企业提供通关、物流、金融、法律等“一站式”服务。

- RCEP 公共服务平台：重点帮助企业精准、及时地掌握框架内协定的各项要求、各成员国之间的税率变化，以及新的市场机遇等。
- RCEP 经贸促进中心：建筑面积约 3600 平方米，重点打造集国别展示、专业服务、交流互动、市场拓展、贸易便利、商事法律等面向 RCEP 企业的“一站式”服务平台。一楼规划建设大连自贸片区 RCEP 展厅，二楼建设可容纳 150 人的多功能会议厅、现代化大型会议室、办公室等。

资料来源：长城战略咨询根据公开资料整理。

第二节　加强都市圈建设及东北一体化，尽快形成万亿 GDP 城市

从纽约、伦敦、东京、上海等全球顶级城市的经验来看，大城市及其周边地区，都非常注重都市圈建设及区域一体化发展。一方面大城市需要周边腹地助其一臂之力，建设高能级城市；另一方面，周边地区也需要大城市的辐射。例如，上海就非常注重长三角的一体化发展，杭州、合肥等周边城市也非常积极融入，长三角广阔腹地确实有利于上海建设国际金融中心、国际航运中心、国际科创中心等“五个中心”，拓展新的发展空间，提升城市能级，反之，高能级上海将更有实力提供全球资源配置功能，为长三角广阔腹地提供高能级的金融服务、航运服务及创新服务。总之，各地推进都市圈建设及区域一体化发展的核心，都是依托腹地提升中心城市能级，从而获得提升的中心城市必然增强其对全球资源要素的配置运筹力和对周边区域的辐射影响力。最近，辽宁提出要发挥沈阳、大连两个城市的龙头带动作用，吉林、黑龙江也在积极推进“强省会”战略，位于辽西地区的锦州也提出建设“辽西区域中心”，并提出建设辽西经济增长辐射中心、物流枢纽中心、商贸中心、多元工业中心、金融发展中心、文化卫生融合传承中心等六大中心作为实施路径[①]。

一、东北地区如何推动沈大长哈 4 个都市圈建设？

2018 年 9 月，习近平总书记在深入推进东北振兴座谈会上做出“要培育发展现代化都市圈，加强重点区域和重点领域合作”的重要指示。这是“现代化都市圈”概念被首次提出，同时也将“都市圈”这一定义再度放大。为落实这一重要指示精神，2019 年 2 月，国家发展改革委出台了《关于培育发展现代化都市圈的指导意见》。2023 年年初，《沈阳都市圈发展规划》获国家发展改革委批复，成为全国第九个、东北第一个国家级现代化都市圈。下面我们以沈阳为例，介绍东北现代化都市圈建设的主要抓手。沈阳现代化都市圈若从 2008 年提出的沈阳经济区算起，已经历 15 年发展，但取得的建设效果不尽理想，居全国第 22 位[②]。我们认为，其中关键原因是沈阳龙头地位不强，为此需要进一步提升沈阳龙头地位，从而提升对全球资源的配置能力和对都市圈的辐射带动能力。总结先进地区经验来看，提升中心城市能级核心是推进区域性的功能中心建设。例如，英国伦敦以金融中心、知识中心为核心

① 刘洋 . 锦州建设辽西区域中心城市研究 [M]. 沈阳：东北大学出版社，2021.

② 根据巨量引擎城市研究院与第一财经 · 新一线城市研究所联合发布的《2022 中国都市圈发展力白皮书》。2022 年，都市圈发展力排名位列前十的依次是：上海大都市圈、深圳都市圈、苏锡常都市圈、广州都市圈、北京都市圈、杭州都市圈、南京都市圈、郑州都市圈、成都都市圈和西安都市圈。

辐射带动形成大伦敦都市圈；德国以慕尼黑“整车研发设计中心”为牵引，以周边城市整车制造、零部件加工等为配套，构建德国中部都市圈。为此，沈阳提升城市能级的核心是推进“一枢纽四中心”建设，这也是沈阳建设国家中心城市的核心抓手①，从而提升沈阳对都市圈的辐射带动能力。例如，沈阳与国家先进制造中心密切相关的整车制造业，确实对周边城市如辽阳太子河区等发展汽车零部件形成带动作用。其他的如大连、长春、哈尔滨等城市可类似抓好区域性功能中心建设。

沈阳如何进一步提升“国家现代综合枢纽”能级及辐射能力？可以推动依托桃仙机场建设的国际空港、依托铁路蒲河物流基地建设的国际陆港、依托毅都冷鲜港建设的冷链物流港等辐射都市圈各城市，畅通都市圈城市开放通道。可以共同推动“中欧班列集结中心”建设，2023 年上半年中欧班列开行 449 列，同比增长 32.1%，开行规模保持东北第一、全国前列②。

沈阳如何进一步提升“国家先进制造中心”能级及辐射能力？可以进一步提升沈阳在汽车、航空航天、医疗、能源环保等领域成套装备能力，扩大对都市圈城市的零部件、先进材料等配套需求。可以进一步提升沈阳在食品精深加工、中药材加工等领域的能力，提升对都市圈城市农副产品需求。可以推动沈阳各类生产性服务业延伸服务都市圈城市，实现都市圈范围两业融合发展。

沈阳如何进一步提升“综合性国家科学中心”能级及辐射能力？可以规划都市圈科创大走廊，并沿途布局科技城、科教融合城、科创基地等重点创新空间，集聚高水平的创新平台及科技服务机构。可以推动辽宁材料实验室、辽宁辽河实验室、沈阳产研院、东北科技大市场等驻沈的重点平台机构走向都市圈布局，并推动都市圈大企业在沈阳设立研发中心。可以探索面向都市圈范围的概念验证中心联盟、仪器设备共享机制、创新券跨地市使用机制、都市圈城市在沈阳布局创新飞地、都市圈城市柔性引进星期日工程师等新举措。可以加快推动沈阳人工智能超算中心二期（华为）、沈阳智能计算中心（百度）等项目建设，布局算力枢纽，辐射都市圈各城市。

沈阳如何进一步提升“区域性金融中心”能级及辐射能力？世界著名金融中心都拥有十分庞大的实体经济基础，它们的郊区或周边往往聚积着大量的制造企业，

---

① 根据《沈阳建设国家中心城市行动纲要（2021—2035 年）》，“一枢纽四中心”即国家现代综合枢纽、国家先进制造中心、综合性国家科学中心、区域性金融中心和区域性文化创意中心。

② 加快通道建设 做强开放平台——沈阳倾力打造对外开放“活力之城”[EB/OL].（2023-08-22）[2023-09-10].https://baijiahao.baidu.com/s?id=1774858265027767638&wfr=spider&for=pc.

如纽约市虽然制造业比重不高，但是纽约州是美国的工业中心之一。同样道理，沈阳建设区域性金融中心，一方面要大量集聚、提升各类金融机构，如推动辽沈银行加快对都市圈城商行的整合；另一方面要积极推动各类金融机构在都市圈设立分支机构，并搭建面向都市圈的首贷中心、创投中心、上市服务基地等平台，服务都市圈实体经济发展。

沈阳如何进一步提升"区域性文化创意中心"能级及辐射能力？目前已成立了"沈阳现代化都市圈旅游产业联盟"，由各地文旅主管部门和首批 154 家旅游企业组成，主要围绕品牌形象共建、旅游线路互联、文旅节会互动、营销推广互宣、城市书房共享、文化艺术互演、非遗文化共推、文博馆藏互展、惠民举措共施、市场秩序共管十大方面开展合作。下一步，重点是推动多层次都市圈"文旅"联盟成立，精益推进以上 10 个方面的合作做到极致，让圈内居民多消费，并吸引圈外游客消费。

二、如何推动东北地区一体化发展？

上海是通过提升经济中心、金融中心、贸易中心、航运中心、科创中心 5 个中心的核心功能辐射能级，全面发挥上海的龙头带动作用，来助推长三角一体化发展。该经验对东北不太适用，毕竟东北沈大长哈 4 个城市实力相当，各自均无法对东北全域形成强大的辐射带动力进而推动东北的一体化。我们认为，东北一体化可以从共同使命出发，推进一批实实在在的合作。例如，2023 年 5 月，辽宁省委书记郝鹏、省长李乐成带队，分别赴吉林、黑龙江、内蒙古三省（区）学习考察，主要围绕习近平总书记对东北提出的国防安全、粮食安全、生态安全、能源安全、产业安全"五大安全"推进合作事项。在吉林考察时郝鹏书记提到，希望双方在产业发展上深度融合、在通道建设上通力合作、在科技创新上合力攻坚、在粮食保供增收上协同合作、在生态环境上共保联治。在黑龙江考察时郝鹏书记提到，希望共同推动哈尔滨、长春、沈阳、大连科技创新走廊建设，加强知名高校和科研院所之间的交流合作，合力攻关"卡脖子"关键核心技术；加强在粮食保供增收上的协同合作，畅通"北粮南运"大通道。在内蒙古考察时郝鹏书记提到，希望双方协同推动东北海陆大通道上升为国家战略，深化产业深度融合，进一步深化两地能源领域合作，并加强在生态保护、文旅融合等方面合作。此外，东北"三省一区"还有必要建立高规格、强有力的跨省区协调机制，可以学习粤港澳大湾区的经验，形成由中央领导牵头、各省区主要领导参与的协调与会商机制。我们认为，近期东北"三省一区"可以围绕"五大安全"共同使命，在以下几个方面合作：

通道合作。东北"三省一区"接壤，因此，通道领域合作的重点是共建"陆海大通道”，我们认为，可以从以下几个方面着力：一是疏通“三省一区”内部铁路和公路通道，以 6+1 沿海港口（包括辽宁沿海的六个港口和未来有望“借港出海”的俄港海参崴港）及五大边境口岸（包括位于蒙东地区的二连浩特对蒙公铁双口岸、珠恩嘎达布其对蒙公路口岸、满洲里对俄公铁双口岸，位于黑龙江的绥芬河对俄公铁双口岸，位于吉林的对俄珲春公铁双口岸）为核心，进一步畅通货运铁路、高速公路通道。二是“三省一区”国资可以联合成立东北陆海通道投资运营集团，统筹开展跨省重大交通基础设施、多式联运设施等投资建设，以及中欧班列、中欧班车等运营。三是各地要积极发展外向型经济，合力推动“东北造产品”走向世界。

科技合作。最近在“三省一区”高层互动后，于 2023 年 6 月，东北科技成果转移转化战略联盟由沈阳技术产权交易中心、蒙科聚、吉林省技术产权交易中心、黑龙江省科技成果转化中心等发起成立，联盟以先进成果互换及联合发布为重点，在本次联盟成立大会上“三省一区”集中发布科技成果 2000 项。此外，我们认为，东北还可以重点学习粤港澳大湾区、长三角、成渝等布局“科创走廊”经验[①]，在沈大高速、京哈高速的主要节点城市，布局科技城、科学城、环院校科创组团等科创空间，并错位联合布局辐射东北地区的重大科技基础设施及重点创新平台，推动整个东北地区创新驱动发展。

能源合作。东北在油气能源领域合作较早，1970 年国务院批准中国第一条输油管道即大庆至抚顺、大连和秦皇岛输油管道工程开始建设，此后该管道还作为我国进口俄油的通道[②]。东北地区电网由国网东北分部统一管理，其管理辽宁省、吉林省、黑龙江省电力公司和蒙东电力公司，为电网领域的跨省跨区合作奠定基础。我们认为，东北下一步可以在以下 4 个方面合作：一是联合推进国家“十四五”规划提出的全国九大清洁能源基地之一“松辽风光储一体化清洁能源基地”建设，其中，辽宁要加快辽西北可再生能源基地建设、吉林要加快西部清洁能源基地和白城清洁能源城建设、黑龙江要加快哈大齐新能源产业示范带及哈大齐新型储能示范基地建设，并联合建设特高压电力外送通道，解决清洁能源消纳问题。二是联合规划“三省一区”氢能示范路线，并积极推动省内用氢场景开放，以“氢源—氢站—氢

① 王迎军，曾志敏，胡燕娟 . 从区域协同迈向一体化：粤港澳大湾区创新共同体的路径研究 [M]. 北京：科学出版社，2022.

② 2021 年我国进口原油 5.1 亿吨，9% 陆上进口，主要通过中俄、中哈和中缅 3 条管线；91% 海运进口，主要通过 14 个接卸量超过 1000 万吨的港口，包括大连港 0.32 亿吨（第 4）、营口港 0.10 亿吨（第 12）。

车”的示范应用为核心，带动氢能“制—储—输—用”全产业链发展。三是东北“三省一区”发展改革部门要积极沟通，协同实施风光强制配储政策、峰谷分时电价政策[①]，特别是合理拉大峰谷电价差，为新型储能发展创造更大空间，尤其支持融科储能、微控新能源等东北本土新型储能领军企业发展壮大。四是积极争取国家能源局东北监管局支持，联合开展绿电绿证交易、碳足迹认证等试点。

文旅合作。最近，文化和旅游部、国家发展改革委联合印发《东北地区旅游业发展规划》，为东北“三省一区”文旅合作指明了方向、提供了依据。我们认为，下一步有必要重点推进3项工作：一是成立东北“文旅体”业界共治联盟，并由“三省一区”国资联合成立东北文旅体投资运营公司，联盟秘书处设在运营公司，负责联盟日常运营、组织东北旅游项目一体化营销、搭建东北一体化在线文旅体服务平台等事项。二是由运营公司牵头，重点围绕冰雪、草原、海滨、边境、避暑、自驾等特色主题，在“三省一区”错位投资、打造一批“超级引爆点项目”，吸引全国乃至全球游客到东北“吃喝玩乐”，如哈尔滨的中央大街步行街、索菲亚教堂、亚布力滑雪旅游度假区、冰雪大世界，长春的伪满皇宫、世界雕像公园、净月潭，沈阳的沈阳古城（含沈阳故宫、张学良故居、中街）、西塔、稻梦空间，大连的金石滩旅游度假区、星海广场、老虎滩海洋公园等。三是由运营公司牵头，联合社会资本布局一批商业项目转化引爆点流量，形成资金闭环。

第三节　加强与日韩俄深度合作，全面融入东北亚经济圈

虽然我们目前所说的对外开放，指的是面向全球各个经济体的贸易与市场开放，但由于通商便利、文化背景与价值观相似等原因，在邻近国家与地区间更容易形成开放合作，且相比之下开放程度更深、合作范围更广、多边关系更稳定，如欧盟、中国—东盟自由贸易区、北美自由贸易区等。为此，东北地区也需要重点关注东北亚经济圈的建设。我们认为，东北地区最需要关注的是日韩俄三国[②]。日本是

① 蒙东电网（2021年10月出台）：峰段在平段价格的基础上上浮50%，谷段在平段价格的基础上下浮50%。黑龙江电网（2022年4月）：高峰时段电价以平时段电价为基础上浮50%，尖峰时段电价以高峰时段电价为基础上浮20%，低谷时段电价以平时段电价为基础下浮50%。辽宁、吉林暂未出台。

② 2022年全球各国GDP排名：第一为美国，22.94万亿美元；第二为中国，16.86万亿美元；第四为德国，4.23万亿美元；第五为英国，3.11万亿美元；第六为印度，2.95万亿美元；第七为法国，2.94万亿美元；第八为意大利，2.12万亿美元；第九为加拿大，2.02万亿美元。

世界第三大经济体，2022年GDP为5.1万亿美元，2022年是中日邦交正常化50周年，中日经贸合作还将继续扩大和深化，东北对日合作重点是争取日本的优势产业领域在东北布局。韩国是全球制造业大国，2022年GDP全球第十，为1.82万亿美元，是我国第四大贸易伙伴，至2022年中韩两国已建交30周年，东北对韩合作重点与对日合作类似，也是争取韩国的优势产业领域在东北布局。俄罗斯是全球第十一大经济体，2022年GDP为1.65万亿美元，中俄属于“新时代全面战略协作伙伴关系”，并且中俄作为最大邻国和主要新兴市场国家，合作韧性强、潜力足、空间大，东北对俄合作重点是推动我国东北与俄罗斯远东地区互联互通，并承接更多高能级的中俄合作在东北落地。此外，目前中日、中韩《区域全面经济伙伴关系协定》（RCEP）已生效，我国正在申请加入《全面与进步跨太平洋伙伴关系协定》（CPTPP），尤其RCEP是首个中日韩三国共同参与的自贸协定，未来中日韩贸易和投资壁垒将进一步下降，有利于我国重点优势产品出口[①]，原产地累积规则还有利于推动中日韩三国产业链、供应链、价值链的融合[②]，另外，通过RCEP中日及日韩之间第一次形成了自由贸易关系，将为中日韩自贸协定谈判提供非常重要的现实基础。此外，当前值得注意的是，由于中美关系变化而引发的相关连锁反应必然会引起中日韩俄间经贸变化，对此，我们要认真分析长期因素、短期因素及经济因素、政治因素所带来的差异影响，精准采取应对措施。

对日合作。从20世纪70年代中后期到2010年中国GDP超过日本之前，日本一直是全球第二大经济体。日本经济取得如此成就，离不开彼时日本的两大经济支柱——汽车和电子产业。在20世纪80年代末巅峰时期日本汽车产业占全球份额的35%，电子产业更是占到全球份额的40%。此后，日本在1991年经济泡沫破裂后陷入长期经济停滞，消费低迷、投资信心不足，日本的产业竞争力也有所下降。2022年，日本企业仍有47家上榜世界500强，主要位于东京都心的千代田区、港区和中央区，主要集中在汽车、电子信息、金融、先进装备、金融、零售等领域，这也是过去及未来一段时期中日经贸合作的重点领域。2022年是中日邦交正常化50周年，作为世界第二与第三大经济体，过去半个多世纪中日关系虽然时有起伏，但友好合作仍

① 例如，此次RCEP协定中，零部件关税不同程度的下调，将扩大中国车企出海的竞争优势。目前，相较整车出口模式，RCEP成员国的自主品牌车企出海普遍采用海外建立KD组装厂（将半成品或者零部件出口，在当地组装成品）的方式，以进一步优化整车在海外市场的成本结构。

② 在原产地累积规则下，来自区域内的零部件都能作为原产地原材料累积，使商品更容易获得原产地认证。例如，由于RCEP原产地累积规则，中韩、中日之间制造业领域的产品、原料、零部件采购渠道有望进一步扩大，发挥RCEP各国的比较优势，有助于进一步降低贸易成本，提高贸易规模。

是主流，经贸往来始终是双边关系的重要推进器，截至 2022 年 8 月，日本累计对华投资 5.5 万家，实际投资 1260 亿美元，在中国利用外资国别排名中居第 2 位。着眼于下一个 50 年，中日两国可积极把握 RCEP 生效[①]等利好，更加积极地扩大在贸易投资、科技创新、双碳、服务贸易等领域务实合作。例如，日本在 IT 技术特别是半导体制造设备、电子零部件等硬件方面拥有强大的技术储备和丰富的知识底蕴，中国在平台型经济、人工智能等软件领域优势明显，中日合作潜力巨大；日本在氢能利用、二氧化碳捕集等领域具备先进技术和成熟经验，中日可加强技术交流和产业合作；此外，中日还可在证券金融业、老龄人口服务业、医疗健康服务业、商贸零售业等服务业领域进行合作。目前，东北地区尤其大连在中日合作方面有很好的基础，曾建设首个中日国别园——中日团地，目前又升级建设了中日生态城，还获批中日（大连）地方发展合作示范区，不仅集聚了大量日资汽车、电子领域制造业企业，还集聚了大量对日软件外包企业，是国内最大的对日软件外包基地。未来，东北地区要继续以大连为核心，进一步加深与日本的经贸合作，由汽车和软件外包向半导体装备及材料、精密制造、氢能、养老、医疗健康等更多领域扩展（详见专栏 8–16）。

专栏 8–16　日本优势领域及中日合作情况[②]

- 汽车：自 20 世纪 80 年代末以来，日本汽车一直处于全球领先地位，2022 年全球汽车销量前十强中日本占据四席，包括排名第 1 位的丰田集团 1010 万辆、排名第 4 位的雷诺—日产汽车联盟 639 万辆、排名第 7 位的本田汽车 374 万辆、排名第 9 位的铃木汽车 289 万辆。目前，日本整车在我国主要与东风、广汽等整车厂合资进行生产，零部件在大连、天津、烟台、常州、无锡、广州等多地均有布局，包括车载电子系统、显示屏、变速箱、离合器、制动器、空调设备等。对于下一步中日汽车合作，我们认为，除了日本在我国投资整车及零部件项目外，我国还有必要学习日本汽车产业发展经验，指导我国新能源汽车产业发展，早日实现全球领先。
- 电子信息：第二次世界大战后世界格局的变化，使美国对日本工业由打压变为扶持，对日本电话、电报、收音机等电子产业大开绿灯，在 20 世纪 80 年

① 2022 年生效的 RCEP 协定，是中日之间首次达成关税减让承诺，86% 的日本出口至中国的产品将享受零关税待遇，同时 88% 的中国出口至日本的产品将享受零关税待遇。

② 褚健 . 日本产业概览（2020—2022）[M]. 北京：社会科学文献出版社，2022.

代末巅峰时期日本电子产业占全球份额的40%，但20世纪90年代后急转直下，在2009—2019年，日本电子行业产量锐减47%，部分产品的海外销售更是下降了3/4。例如，目前索尼、日立、松下等企业的主要营业收入来源已经不是终端产品，而是芯片、电池等零部件。日本电子产业急转直下的主要原因是：从20世纪90年代开始，全球电子产业有了诸多颠覆性创新，如终端电子产品由大型机、电视等变成了PC、手机等，日本电子产品在新技术竞争中逐渐败下阵来。目前，日本电子信息产业我国的投资及销售，主要是零部件领域，终端产品已非常少。

◆ 先进装备：日本素有机器人王国美誉，是世界上最大的生产大国和出口大国，在2014年之前也是世界最大的应用国（目前被中国取代），产品不仅应用在工业生产中，还广泛应用于医疗、教育、服务等领域，培育出了发那科、安川电机、川崎重工、那智不二越等机器人巨头。日本在电子医疗设备（如影像诊断设备、内窥镜、监护仪、生化分析仪）、高分子产品（如透析器）、齿科设备和材料等医疗器械领域全球领先，与日本作为机械、光学、电子和材料工业强国密不可分，培育出了奥林巴斯医疗、东芝医疗（佳能医疗）、富士胶片、岛津制作所、泰尔茂、希森美康、日本光电等头部企业。日本的钢铁冶金技术及设备也在全球领先，甚至要超越中美俄30年，拥有新日铁、JFE、住友金属、东京制钢、神户制钢等龙头企业，在特殊高端钢材方面占据了全球33%的市场份额。此外，日本在相机、电子显微镜、天文望远镜、打印机、电梯、中央空间、氢燃料电池系统等领域也遥遥领先，不仅掌握核心技术，还将产品精益求精做到极致。

资料来源：长城战略咨询根据公开资料整理。

对韩合作。韩国是全球制造业大国，根据联合国工业发展组织每两年发布一次的CIP指数（是衡量制造业整体竞争力的权威性指标），1990年韩国排名第17位，2020年首次超过了美国和日本，排名全球第3位。实际上，1961年韩国实施了一系列扶持类、保护类产业政策，这些政策自上而下、集全国之力，以总统和经济企划院为中心、由总统亲自负责，以进口替代、出口导向为行动统领，以“五年计划”为总框架，以财阀为实施主体，以大项目为抓手，为今天韩国制造业繁荣奠定了坚实基础[①]。通俗讲就是“财阀集团打头阵，全产业链覆盖，火力全开，畅销全球”。与此同时，中韩两国经贸往来密切，根据我国海关总署数据，2022 年中韩双边贸易额为 3622 亿美元，韩国成为继东盟、欧盟、美国之后的中国第四大贸易伙伴，中国已连续 19 年位居韩国第一大贸易伙伴，此外，韩国还是我国第二大外资来源国，据韩方统计，两国直接、间接相互投资累计已超过 2500 亿美元。另外，2022 年 2 月 RCEP 已在中韩间生效，这将进一步促进中韩贸易，使得我国对韩国生产的纺织品、不锈钢等逐步削减关税到零，对韩国生产的发电机、汽车零部件等实行部分降税，韩国对我国生产的糊精等立即实施零关税，对我国生产的服装、干贝、瓷砖等实行更低税率[②]；2022 年双方启动中韩自贸协定第二阶段谈判，以负面清单模式开展高水平服务贸易和投资自由化磋商，未来双方还将更加重视服务贸易、投资自由化、供应链安全等问题。目前，中韩在我国沿海及中西部城市都有分布。例如，2017 年西安高新区引进的三星电子存储芯片项目，是三星海外投资历史上投资规模最大的项目。对于东北地区，中韩合作基础相对较好，位于长春的中韩示范区是唯一一个国务院批复的立足中韩两国、面向东北亚的国际合作示范区，位于沈阳的西塔街是仅次于美国韩国街的世界第二大朝鲜族风情街，最近 SK 海力士收购英特尔大连工厂并计划追加投资。未来，东北地区重点是利用与韩国地域关系，重点对接韩国财阀、世界 500 强企业[③]及其子公司，争取新项目投资布局。

专栏 8-17　韩国优势领域及中韩合作情况

◆ 电子信息。韩国在智能手机、电视等终端产品及半导体、液晶显示屏等关键部件领域全球领先。例如，韩国 1975 年开始就一直在大力推进半导体发展，目前拥有全球近 20% 的半导体市场份额，是继美国之后的第二大半导体强国，坐拥三星、SK 海力士等多家全球知名的半导体头部企业，世界上能够实

① 白玫 . 韩国产业链供应链政策变化及其影响研究 [J]. 价格理论与实践，2022（1）：54-60.

② RCEP 和《中韩自由贸易协定》削减的关税目录并不完全重叠，降低关税的目录哪个低，可以选择哪个标准。RCEP 在中韩之间生效之后，中国在钢铁制品、机械类产品、纺织品等领域还会进一步降低关税，而韩国在轻工业、农产品等领域也会进一步降低关税。

③ 韩国世界 500 强（16 家）：三星电子、现代汽车、SK 集团、LG 电子、浦项制铁、起亚公司、韩国电力、韩华集团、LG 化学、SK 海力士、KB 金融集团、现代摩比斯、三星人寿、GS 加德士、CJ 集团、三星 C&T。

现 5 nm 工艺量产的企业除中国台湾的台积电之外，另一家就是韩国著名企业三星。又如，在液晶显示屏领域，虽然我国京东方于 2018 年生产的智能手机液晶屏、平板显示器、笔记本电脑显示器、电视显示器等单品出货量世界第一，首次超过三星，但京东方生产的大多数液晶面板是市场上相对低端的产品，在新产品领域三星具有很大的优势。例如，手机 OLED 显示面板三星的市场供应量达到惊人的 90%，OLED 生产必须使用蒸镀机、蒸镀罩专业设备，世界上最先进的设备制造商是日本 Canon Tokki 和日本 DNP，目前三星都与其签订了独家合作协议，在设备供应上优先考虑三星的需求。

◆ 汽车。2021 年，韩国现代起亚集团的汽车全球销量高达 667 万辆，跃升成为仅次于日本丰田和德国大众的全球第三大汽车集团，其中 80% 以上的销量都在海外，韩国本土销量仅占 20%，取得如此成就的主要原因是其产品性价比高，尤其是面对日系车，其质量并不差，但价格却更便宜。现代汽车集团自 2002 年进入中国市场，20 年来在华投资 185 亿美元，累计销售超过 1800 万辆车。此外，还有 170 多家韩国一、二级汽车零部件供应商在我国设厂。

◆ 船舶。韩国是享誉世界的造船大国，培育了现代重工（现代集团旗下，液化天然气运输船是其长项优势）、三星重工（三星集团旗下，海洋勘探船占据全球市场的 60%）、大宇造船（2022 年加入韩华集团，更名为“韩华海洋”）等世界三大造船厂。2022 年，韩国承接新船订单 2395 万 DWT、1559 万 CGT，分别占世界份额的 29% 和 36%，均位居第二，排在中国之后，我国已经连续 13 年位居世界第一，2022 年承接新船订单 4552 万 DWT、2133 万 CGT。其中，VLCC（超大型油船）、VLGC（大型液化气体运输船）、超大型集装箱船领域，韩国新接订单量市场份额均落后于中国，但韩国在 LNG 船（液化天然气船）领域在全球绝对领先，LNG 船被业内称为造船业“皇冠上的明珠”，2022 年韩国获得了全球 LNG 船 173 艘订单中的 118 艘，占比为 68.2%，另 55 艘由中国船企承接。目前，现代重工在我国暂未布局，大宇造船在山东烟台有布局，三星重工宁波工厂于 2021 年撤走（成立于 1995 年，由于设备老化导致生产效率低下及总公司改善海外工厂运营效率的战略，最终决定撤离）。

◆ 化工。韩国虽然缺乏原料优势及消费市场，但韩国却发展成为当今世界一流的石化强国，韩国的出口导向型战略是一个重要原因。韩国化学工业起步于20世纪70年代，在90年代开始急速发展，很快成为亚洲地区仅次于日本的乙烯生产大国。培育了LG化学（LG集团旗下，营业收入第一，包括基础材料、电池、信息电子材料等业务板块，动力电池是特斯拉最主要的供应商之一）、乐天化学（乐天集团旗下）、韩华化学（是韩国首家成功实现PTA国产化的企业）、SK材料（SK集团旗下，是韩国首家自主研发出三氟化氮的企业）、锦湖石油化学（合成橡胶的生产能力位居世界首位）等知名化工巨头。其中，LG化学于1995年进入中国，是首家进驻中国市场的韩国化学企业，2022年在华业务达到88亿美元，在华累计投资约77亿美元，拥有员工3600余名，尤其2018年在无锡高新区布局建设中国区最大的新能源汽车正极材料生产基地，并设立了LG化学（中国）华东技术中心。

◆ 医美。韩国素有"整形王国"美誉，医美行业目前已经成为韩国的支柱产业。相较于欧美近百年的医美历史，韩国医美崛起于20世纪80年代。目前拥有BK东洋医院、原辰医院、梦想整形外科、ID整形医院等全球闻名的整形医院，以及MedyTox、大熊制药、Hugel、Humedix等多家医美原材料公司，尤其首尔狎鸥亭是韩国最著名的整容医院汇集地，这里被称为"整容一条街"。我国消费者是韩国医美的主力军之一，每年接受韩国医美的中国消费者大概10万人次。受限于本土规模化发展及韩国政府不允许医美机构连锁化经营的限制，近几年韩国医美机构纷纷与中国医院及企业合作，扩张中国市场。

资料来源：长城战略咨询根据公开资料整理。

对俄合作。2023年3月，习近平主席对俄罗斯进行国事访问，期间习近平主席在俄罗斯媒体发表署名文章称"2022年中俄双边贸易额突破1900亿美元，中国连续13年成为俄罗斯第一大贸易伙伴国，能源、航空航天、互联互通等领域大项目合作稳步推进，科技创新、跨境电商等新兴领域合作势头强劲"，并在与俄罗斯总统普京举行会谈时提到"中俄合作潜力和空间很大，双方要扩大能源、资源、机电产品等传统贸易，拓展信息技术、数字经济、农业、服务贸易等领域合作"，这为今后一段时期中俄合作指明了新方向。此前2022年2月，中俄两国还签署了《中俄货物贸易和服务贸易高质量发展的路线图》。此外，受俄乌冲突影响，近期美欧与俄罗斯之间的双边贸易暴跌，中俄经贸合作广度深度还将不断拓展。我国东北地区与俄罗斯远东联邦区山水相连，边境线长 4320 千米，集中了我国全部的 18 个中俄边境口岸[①]，包括满洲里航空铁路公路三栖口岸、绥芬河和珲春铁路公路两栖口岸，以及黑河、抚远等水运口岸。我们认为，东北地区未来有必要进一步用好与俄罗斯接壤的地缘优势，抓住中俄经贸合作深化的机会，推动更多的中俄合作在东北落地，成为东北经济新的增长点。具体可以在以下几个方面着力[②③④⑤⑥⑦]：一是推动东北地区与俄罗斯互联互通，目前中俄原油管道、中俄东线天然气管道已经投入使用，中俄边境口岸现代化改造也在常态化推进，下一步重点是推动海运和铁路运输的互联互通，主要包括东北陆海新通道（以锦州港为核心）、中欧班列、中俄班列（含中俄木材班列）、中蒙俄经济走廊、中俄陆海联运跨境通道（如“滨海 1 号”和“滨海 2 号”国际交通运输走廊）、中俄新陆路粮食走廊、“冰上丝绸之路”、图们江区域开发等，对此除了地方努力外，还需要借助中俄总理定期会晤机制予以积极推进。二是推动中俄东北—远东地区经贸合作持续升级，由中国东北振兴研究院等提出的《努力实现中俄东北—远东地区经贸合作新突破的 8 条建议》较为全面系统，包括中俄中贸合作示范区建设、贸易合作、产业合作、能源合作、金融合作、基础设施互联互通、合作机制完善、人文交流等[⑧]。三是持续放大“通道带物流、物流带经贸”的乘数效应，推动涉俄物流企业、货代公司、贸易公司、跨境电商等在东北集聚。四是推动我国对俄出口重点企业在东北设立生产基地、交付中心及销售公司，主要包括汽车及二手车、智能手机和电脑、家电、工业和专用设备、儿童玩具、服装鞋帽、数字经济、服务贸易等领域。五是推动我国从俄罗斯进口的原材料在东北深加工，包括油气、矿石、木材、农产品、海产品等。目前，中国自俄进口商品中约 70% 为石油、天然气和煤炭，此外，2022 年中国木材进口量为 7017 万立方米，其中 25.6% 来自俄罗斯。六是围绕军工、核能、航天、数学、物理等重

① 我国新疆也与俄罗斯接壤，边境线长 55 千米，但受阿尔泰山脉等地形影响，暂未建设边境口岸。

② 郭晓琼 . 新时代中俄经贸合作：新趋势与新问题 [M]. 北京：中国社会科学出版社，2021.

③ 赵围，张玉侠，宋晓光 . 中俄科技合作研究 [M]. 哈尔滨：黑龙江大学出版社，2020.

④ 马友君 . 俄罗斯远东地区开发与中俄区域合作研究 [M]. 哈尔滨：黑龙江大学出版社，2020.

⑤ 祝洪章 . 黑龙江省对俄跨境产业体系发展对策研究 [M]. 北京：经济科学出版社，2019.

⑥ 张春萍 . “龙江丝路带”框架下黑龙江省对俄投资问题研究 [M]. 北京：经济科学出版社，2019.

⑦ 张金萍，陈德慧，杨慧瀛 . “一带一路”倡议下优化黑龙江省国际货运通道研究 [M]. 北京：经济科学出版社，2018.

⑧ 夏德仁，迟福林，唐立新 . 打造对外开放新前沿：如何推动东北振兴取得新突破 [M]. 北京：中国工人出版社，2022.

点高科技领域，推动更多科技创新合作在东北落地（详见专栏 8-18）。七是推动中俄人文领域合作在东北落地，包括教育、文化、旅游、体育、卫生等领域，类似此前在深圳落地的北理莫斯科大学。八是继续抓好重点城市对俄合作及整体对俄合作环境营造，要继续推进哈尔滨、满洲里、绥芬河、珲春等对俄合作重点城市及中俄地方合作园建设，并继续推进中俄博览会、中俄文化大集、俄式风情街等平台载体升级。

专栏 8-18　俄罗斯优势高科技领域及中俄合作情况[①]

◆ 军工。俄罗斯拥有全球规模最大的国防工业体系，涵盖了航空、造船、空天防御及导弹、核武器、装甲车、电子系统等众多领域，尤其弹道导弹（包括高超音速导弹、洲际导弹等）、现代化空天防御体、核潜艇、核动力破冰船、远程战略轰炸机、航空发动机、新一代激光武器等全球领先。

◆ 核能。截至 2020 年年底，俄罗斯拥有 38 台运行机组和 4 台在建机组，核能发电量占总发电量的 19.7%，仅次于天然气发电量。尤其 2007 年俄罗斯国家原子能集团公司（ROSATOM）成立以来，俄罗斯及 ROSATOM 公司在铀矿开采、核燃料制造、乏燃料回收、乏燃料后处理、核电技术革新、商业合作模式等方面持续发力，并且构建了强大的核电出口举国体制，有效推动核电站、核燃料及电力出口。目前 ROSATOM 公司已获得 13 个国家的 38 台核电机组订单，全球市场占有率近 70%，并占据世界铀浓缩服务市场的 40%。我国田湾核电站、徐大堡核电站就是中俄核能合作的代表性项目。

◆ 航天。俄罗斯继承了苏联 90% 的航天实力。苏联在航天领域创造了大量历史纪录，是第一个成功发射卫星、成功进行载人航天飞行、成功发射空间站的国家。在苏联解体后，俄罗斯经济衰退，国家对火箭、卫星订货急剧下降，科研人员开始流失，航天工业整体水平下降。即便如此，俄罗斯在航天发射、运载火箭发动机、导航卫星、空间站建设管理、探测月球和太阳系行星活动等领域还是有深厚的积累。目前，我国已与俄罗斯在卫星导航等领域合作，下一步还有望在空间站、月球科学考察站、火星探测等领域合作。

资料来源：长城战略咨询根据公开资料整理。

① 俄罗斯在高科技领域暂无世界 500 强企业，2022 年入选的 4 家世界 500 强企业为俄罗斯天然气公司、卢克石油公司、俄罗斯石油公司、俄罗斯联邦储蓄银行。

第四节 开展“服开”试点，推动沈大长哈服务业全面升级

现代经济发展的一个公认趋势是“各种服务在经济生活中的占比不断上升”，这些服务既包括满足消费需求、能够提升社会福利水平的生活性服务业，也包括满足生产需求、能够提高生产效率的生产性服务业。从国内外经验来看，越是发达地区、越是中心城市，其服务经济发展水平越高。国际上，纽约、伦敦、东京、巴黎等全球城市，无一例外支柱产业都以服务业为主，包括数字服务、金融服务、文化服务、旅游服务、商贸服务等，并且这些城市的服务经济国际化水平极高，触角可以伸向世界的各个角落，以支撑这些全球城市承担全球科创中心、金融中心、文化中心、贸易中心、总部基地等核心功能[①]。从国内来看，2022 年 GDP 全球第七的北京[②]，其服务业占 GDP 比重达到 84%，与其他全球城市一样，除了有大量的服务本地生产、生活的服务业企业之外，还有大量服务全国乃至全球的服务业集团。可见，东北的振兴，不仅是制造业的振兴，还需要服务业的振兴，尤其是沈大长哈 4 个区域性中心城市[③]要加强培育面向全国乃至全球的新兴服务业，并尽快培育一批有竞争力的服务业集团[④]。恰巧，2022 年年底，沈阳与广州等省会城市入选第三批服务业扩大开放综合试点（简称“服开试点”），这是第一批省会城市试点，也是东北唯一的试点。为此，本部分我们将结合协助沈阳市推进服开试点的相关经验，介绍服务业扩大开放的具体手段。

一、初步认识“服务业扩大开放综合试点”

服开试点由商务部的外资司主管，与国家级经开区的主管部门一致。从本质上讲，服务业扩大开放即允许外资投资我国特定行业、鼓励本地企业到海外去投资经营，并在服务业“请进来、走出去”过程中，持续提升我国服务业及服务贸易国际竞争力[⑤]。目前，我国自 2009 年起持续保持全球最大货物贸易出口国和第二大货物

① 李清娟，兰斓 . 全球城市：服务经济与国际化：伦敦、纽约、上海比较研究 [M]. 上海：同济大学出版社，2017.

② 2022 年全球 GDP 排名前十的城市（单位：万亿美元）：纽约（7.6）、东京（6.0）、洛杉矶（5.6）、巴黎（4.9）、伦敦（4.8）、上海（4.5）、北京（4.2）、旧金山（3.8）、莫斯科（3.8）、深圳（3.2）。

③ 2022 年沈阳、大连、长春、哈尔滨 4 个区域性中心城市服务业增加值分别为：4475 亿元、4155 亿元、3498 亿元、3533 亿元，分别占 GDP 比重的 58%、49%、52%、64%。

④ 整个东北缺少服务业龙头企业，2022 年进入中国 500 强企业的东北服务业企业仅盛京银行 1 家，营业收入 446 亿元，排名第 500 位。

⑤ 李钢，聂平香 . 新时期中国服务业开放战略及路径 [M]. 北京：经济科学出版社，2016.

贸易进口国地位，而在服务贸易方面，虽然我国服务贸易进出口连续 7 年位居全球第二，但仅是全球第四大服务贸易出口国，位于美国、英国和德国之后，可见我国的服务业及服务贸易还有很大的提升空间①。例如，根据《美国律师》发布的"2021 全球百强律所"，美国 8 家律所入选 TOP10，我国仅大成律师事务所 1 家入选。为了推动我国服务业及服务贸易升级，2015 年国务院批准北京率先开展"服开试点"，主要在科技、网络、文教、金融、商旅、健康医疗等 6 个重点服务业领域试点，2019 年由原"京交会"升级而来的中国国际服务贸易交易会（简称"服贸会"）就与服开试点密切相关。2020 年 8 月，北京经过 5 年试点升级成为国家服务业扩大开放综合示范区。2020 年，中国（北京）自由贸易试验区揭牌，虽然是国内第 19 个自贸区，但其区别于前期批建的以货物贸易为主的自贸区，北京自贸区以服务贸易为主。此后，北京开启"两区"联动推动服务业扩大开放新阶段，原北京市服开示范区工作领导小组，也调整为北京市建设国家服务业扩大开放综合示范区和中国（北京）自由贸易试验区工作领导小组。由于北京试点取得了良好成效，2021 年 4 月国务院批复在天津、上海、海南、重庆开展第二批试点，2022 年 12 月国务院又批复在沈阳、南京、杭州、武汉、广州、成都开展第三批试点，至此形成"1（北京示范区）+ 10（10 家试点省市）"全国服开试点示范格局②。

二、东北如何抓好"服务业扩大开放综合试点"？

2022 年年底沈阳获批成为东北唯一的服开试点，主要在科技服务、专业服务、批发和零售服务、商务服务、教育服务、金融服务、医疗服务、能源服务、电信服务、两业融合等行业领域开始试点。此外，大连、长春、哈尔滨等区域性中心城市，虽然不是国家服开试点城市，但是也可以依托自贸区、国家数字服务出口基地（大连高新区是东北唯一的获批园区）、服务贸易创新发展试点城市（东北的试点城市包括哈尔滨、大连、长春）等高能级开放平台开始服务业扩大开放的探索。例如，在上海获批国家服开试点之前，实际一直在依托自贸区、虹桥商务区、陆

① 美国 2021 年的服务贸易总金额为 1.3 万亿美元，其中，出口服务为 0.77 万亿美元，优势领域包括金融服务、知识产权服务（即知识产权使用费）、商业服务（包括会计服务、法律服务、管理咨询服务、语言服务等）、数字服务、运输服务等。同期，我国服务贸易总金额为 5.3 万亿元，约为美国的 63%，其中，出口服务为 2.5 万亿元，约为美国的 50%。

② 商务部外资司，国际贸易经济合作研究院 . 国家服务业扩大开放综合试点示范发展报告 2022[R]. 2022.

家嘴金融城等高能级平台开展服开试点及推动服务贸易发展[①②③]，以实质性推动金融、商贸、航运等上海市优质服务业转型升级。尤其，服开试点和服务贸易试点非常相近，其试点都是通过“请进来、走出去”推动重点行业发展[④]；差异主要是服务贸易试点及文化、中医药、数字服务、人力资源、地理信息、知识产权、语言服务等7个领域的国家特色服务出口基地更关注服务通过跨境提供、境外消费、商业存在、自然人移动等模式实现出口[⑤]，服开试点除了关注出口，还关注服务转型升级、服务业经济指标稳步增长（包括增加值、纳税、实际利用外资等关键指标），以及服务促进科技创新、服务促进制造业转型、服务促进城市魅力提升等功能效应。接下来，我们将选取数字服务、科技服务、金融服务、医疗服务等重点服务领域，概要介绍先进经验及其对东北的启示。各地在搞服开试点时切忌为了“制度创新案例”而搞试点，试点的根本目的是为了促进服务业转型升级。

专栏 8-19　全国服务业扩大开放综合试点各领域的典型案例

- 科技服务：北京积水潭医院开展医院科技成果完成人赋权；重庆理工大学开展多种形式赋权改革试点；上海探索“市场主导型”知识产权质押融资模式；重庆开展科技型企业知识价值信用贷款改革试点。
- 人才服务：上海在“一网通办”平台上设立“涉外服务专窗”；重庆延伸人才终端服务网络；重庆创新实施“青年人才驿站”境外人才服务模式；北京搭建国内首个省级境外职业资格查验服务平台。
- 商务服务：天津推进多式联运“一单制”；重庆组织中欧班列（渝新欧）参与构建国际铁路运邮新规则；重庆创新实施服务贸易“单一窗口”国际结算

① 上海市商务委员会 . 2020上海服务贸易发展报告 [M]. 上海：上海大学出版社，2021.

② 江若尘，牛志勇，王春燕 . 上海自贸试验区促进服务贸易高质量发展研究 [M]. 上海：上海人民出版社，2021.

③ 石良平，沈桂龙 . 中国服务业扩大开放与服务贸易发展（2016年上海国际贸易中心建设蓝皮书）[M]. 上海交通大学出版社，2016.

④ 根据《杭州市服务贸易示范企业、成长型企业认定管理办法》，杭州服贸重点聚焦数字服务、文化服务、旅游服务、金融保险服务、会展服务、教育服务、医疗服务、物流运输服务、知识产权服务等9个领域。

⑤ 根据世界贸易组织对全球200个经济体统计和测算，商业存在（如中国的某品牌在境外开店）占全球服务贸易总额的58.9%，独占世界服务贸易半壁江山。可见，跨国直接投资已成为全球服务贸易发展的最大推动力；此外，跨境提供（如中国律师为境外客户提供法律咨询服务）占27.7%，境外消费（如境外消费者到中国留学、就医等）占10.4%，自然人移动（例如我国专家去境外讲学）占2.9%。

服务；北京在全市域开展旅行社设立许可告知承诺办理。

- 教育服务：北京在外资企业和外籍人才密集区新布局23所国际学校；天津推动天津茉莉亚学院和天津音乐学院茉莉亚研究院打造中美人文交流的重要平台；重庆获批与莫斯科国立工艺大学合作开办的重庆工程职业技术学院智能制造国际学院；上海推动外商投资经营性职业技能培训机构在浦东集聚发展。
- 金融服务：重庆以“科技跨境贷”优化高新技术企业外债管理试点；重庆设立全国首家金融科技标准化认证机构——重庆国家金融科技认证中心；北京推动股权投资和创业投资份额转让模式创新；北京构建金融纠纷“一站式、一体化、全链条”多元化解机制。
- 健康医疗：北京完善生物医药产业全链条创新服务体系；海南博鳌乐城国际医疗旅游先行区在全国率先开展真实世界数据应用试点；北京探索中医药健康养生国际综合服务新模式；海南博鳌乐城探索跨境医疗保险合作新模式。
- 信息服务：北京开展数据资产托管和监管应用服务；北京市推动区块链软硬件技术体系在“北京冷链”中应用；北京创新实施“区块链＋电子证照”的政务服务模式；北京推出区块链数据资产保管箱助力外贸企业数字化运营。

资料来源：长城战略咨询根据公开资料整理。

数字服务。数字经济是我国优势产业领域，与金融服务、医疗服务、教育服务、科技服务等领域更多关注的是“请进来”不同，其核心使命是“走出去”，为此，数字服务重点是关注数字贸易。狭义数字贸易包括数字服务贸易、数字产品贸易、数字技术贸易、数据贸易等以对象数字化为核心的贸易业态①，广义数字贸易还包括跨境电商这种以贸易方式数字化为核心的贸易业态。其中，数字服务贸易主要来自服务贸易的数字化，包括网络游戏、远程医疗、在线教育、视频会议、卫星导航、跨境支付等业态，根据联合国贸易和发展会议（UNCTAD）数据，2021年全球可数字化交付服务占全球服务出口的比重已经达到62.8%。数字产品贸易包括数字游戏、数字出版、数字影视、数字动漫、数字广告、数字音乐等数字内容产品的跨境贸易。数字技术贸易包括软件、大数据、云计算、物联网、人工智能、区块链、工业互联网等数字技术的跨境贸易。数据贸易主要是电商、物联网、工业互联

① 中华人民共和国商务部服务贸易和商贸服务业司. 中国数字贸易发展报告2021[R]. 2022.

网、车联网、城市大脑等平台生成数据的跨境流动。对于东北地区来说，无论是服务贸易，还是数字经济，都不属于优势产业，但却是当前全球经济发展的主要增长点之一，为此有必要予以高度重视。我们认为，下一步可以从以下几个方面着力：一是推动大连以软件外包为主的数字技术贸易转型升级，发展高端软件、大数据与云计算、物联网、人工智能、区块链等先进技术出口业务；二是学习海口复兴城互联网信息产业园及国际数字港经验，依托沈阳数字经济产业园、大连数谷等重点产业园，聚焦数字游戏、数字影视、卫星服务等热门或东北优势领域内培外引一批数字服务、数字产品企业，并推动企业“走出去”；三是加强超算中心、工业互联网平台、跨境数字交易平台等数字贸易基础设施建设。

金融服务。我国金融领域服务业扩大开放试点力度最大、成效最显著的要数上海。上海依托陆家嘴金融城，在引进外资金融机构落户、培育新业态金融机构、推动产融结合方面开展了大量探索，根据 2023 年年初上海市金融局公开的数据，上海持牌金融机构总数达 1736 家，其中外资金融机构 539 家，占比近 1/3，尤其总部设在上海的外资法人银行、合资基金管理公司、外资保险公司均占内地总数的一半左右。对于东北来说，适合开展金融业扩大开放的主要是沈大长哈 4 个区域性中心城市，要直接引进外资金融机构国内法人机构非常困难，目前东北仅 1 家，为大连市的中荷人寿保险有限公司，下一步东北 4 个区域性中心城市重点是引进各类外资金融机构区域性分支机构，以及学习国际先进经验推动产融结合。

医疗服务。海南博鳌乐城国际医疗旅游先行区（简称“乐城先行区”）是全国唯一的“医疗特区”。2013 年，国务院批复同意设立乐城先行区，并赋予九项独一无二的支持政策，可概括为“四个特许”：特许医疗、特许研究、特许经营和特许国际交流。例如，享有全国独一无二特许药械进口使用政策，即在美国、欧盟、日本等国家或地区已批准上市的创新药械在获得中国批准注册前，可作为临床急需药械由先行区内医疗机构进口使用。此外，2020 年乐城先行区获批成为国内唯一真实世界证据（RWE）试点区域，可以将经批准在先行区使用的特许药械临床数据转化为 RWE，用于国际药械厂家在中国注册审批。并且，乐城先行区率先成立国内第一个医疗药品监督管理局，试点“医疗 + 药品”二合一监管改革；创建国内唯一未上市特许药械全流程追溯平台，实现对特许药械全流程的实时跟踪管理；创立国内唯一的特许药械保税仓，大幅提高特许药械进口效率；建设全国唯一一个汇集全球创新药械的长期展示馆；打造国内唯一的“全球特药险”。由于以上的这些扩大开放举措，乐城先行区取得了 3 个方面的成效：一是吸引国际医疗机构集聚。北上广等一线城市因市场规模大、配套设施齐全等优势一直是外资在中国内地投资新设或并购医疗机构的首选地点，如今乐城凭借其开放政策优势，吸引众多此类外商落户，包括新加坡头部私立综合医疗集团莱佛士、哈佛医学院旗下美国布莱根和妇女医院（BWH）、拥有700多年历史的日本大北医疗世家等。二是吸引赴境外医疗旅游人群回流。我国目前每年海外就医者达数十万人次，其中多数是重症，可以吸引这些患者回流，解决"看病难"的问题。三是"到2030年成为世界一流的国际医疗旅游目的地"，吸引全球医患到乐城看病。目前美国是肿瘤、试管婴儿的首选地，韩国是整形美容①、体检、干细胞治疗的首选地，日本是肿瘤早筛、温泉疗养的首选地，印度新德里的埃斯科特医院是心脏手术的首选地，其每年完成4200例心脏手术，许多欧美人不远万里去印度。对于东北地区来说，要争取类似乐城先行区的特许政策几乎不太可行，但可以从3个方面扩大开放：一是找到干细胞治疗、试管婴儿、医美、养老等一些特色领域，吸引一流医疗机构集聚，并打造成为全球重要的医疗旅游目的地；二是推动优秀的医疗机构国际化发展，开设国际医疗部，进一步提升医疗机构实力；三是发展互联网医院，并推动成熟的互联网医院"走出去"。

科技服务。根据《国务院关于加快科技服务业发展的若干意见（国发〔2014〕49号）》，科技服务业包括研究开发、技术转移、检验检测认证、创业孵化、知识产权、科技咨询、科技金融、科学技术普及等专业科技服务和综合科技服务"8+1"领域。对于科技服务扩大开放，一方面是吸引"8+1"领域的国际头部机构落户。例如，北京、上海、粤港澳大湾区等都积极引进外资企业研发中心，其中，根据上海市商务委统计，2022年上海新认定外资研发中心25家，截至2022年年底，累计设立外资研发中心531家。另一方面是推动国内机构学习国际先进模式，发展成为一流的科技服务机构。例如，江苏产研院重点学习德国弗劳恩霍夫协会、中国台湾工研院等模式，自2013年成立以来，到2022年年底已建设专业研究所72家，累计向市场转移转化技术成果6200多项，衍生孵化科技型企业1200家，服务企业

① 韩国医美全球领先，主要有几方面原因：一是国内需求驱动，韩国社会氛围对整形十分宽容，在韩国人心目中，整形只是一种让人变美的手段，韩国的父母家长也都希望自己的子女能通过外表在就业、婚姻、交际等方面比别的孩子更有优势；二是技术精益求精，韩国众多的医疗美容机构使得国内竞争非常激烈，医生和医院只有不断研究新技术、不断提高服务质量，才能提高市场竞争力，目前，韩国整形外科、抗衰老、肌肤管理等领域医美技术处于全球领先地位；三是2009年韩国政府正式将医疗旅游合法化，医疗旅游不仅推动了韩国医美行业的发展，也带动了餐饮业、住宿业、化妆品业等相关领域的发展；四是为了保护消费者的健康和安全，韩国政府对医美行业实行了严格的监管措施。

超过 2 万家，成为我国科技成果转移转化服务的领跑者[①]。对于东北地区来说，在引进日资、德资等科技服务机构方面已有一些探索，如日本电产大连研发中心等。但我们认为，东北地区更有必要的是推动本土科技服务机构学习先进地区及国际的经验模式，成为一流科技服务机构，如沈阳此次服开试点重点推动的辽宁材料实验室、沈阳产业技术研究院、东北科技大市场、沈阳知识产权服务业集聚区等科技服务机构或平台。

本章延伸阅读推荐：

1. 夏德仁，迟福林，唐立新 . 打造对外开放新前沿：如何推动东北振兴取得新突破 [M]. 北京：中国工人出版社，2022. 本书收录了 2020 年以来由中国东北振兴研究院等组织的系列研讨的专家学者演讲文章。

2. “东北地区陆海内外联动开放新格局研究”课题组 . 东北振兴：构建陆海内外联动开放新格局 [M]. 中国发展出版社，2022. 本书介绍了三省一区总体及各自推动陆海内外联动开放发展的思考与建议，并介绍了对满洲里、珲春、大连自贸区、大连口岸等重点开放功能区升级的考虑。

3. 赵晋平 . 东北振兴中的对外开放新前沿建设 [M]. 沈阳：辽宁人民出版社，2020. 本书介绍了东北对外开放的现状、国际国内比较及重点开放功能区、东北亚区域合作等内容。

4. 程海东，葛骁欧 . 东北区域经济一体化研究 [M]. 沈阳：东北大学出版社，2020. 本书介绍了东北区域基础设施一体化建设、生产要素一体化汇集、产业布局优化、资源环境协同治理等建议。

5. 全国政协文史和学习委员会 . 十四个沿海城市开放纪实：大连卷 [M]. 北京：中国文史出版社，2015. 本书收录了回顾大连改革开放 30 年的 80 多篇纪实文章。

① 江苏省产业技术研究院：九年跑出科技体制改革“加速度”[N]. 新华日报，2022-10-20.

附　录
关于东北振兴的丛书和专著

据不完全统计，自2003年东北振兴战略正式上升为国家战略以来，以东北大学、辽宁大学、吉林大学、东北财经大学等单位为主，围绕东北振兴编写了上百本专著，概括来看主要包括五大类（附表）[①]。具体如下：①关于东北振兴的系列丛书，比较有影响力的主要有3套。②关于东北振兴的问题及路径综合性研究图书，近30本。③关于东北振兴的问题及路径专项研究图书，包括政府体制机制创新、产业结构调整、创新驱动发展、对外开放等专项领域，50余本。④关于东北振兴的经济地理与经济史研究图书，近10本。⑤研究东北重点省市振兴之路的图书，90余本。

附表 2003年以来关于东北振兴的代表性丛书和专著

类型	丛书和专著名称
系列丛书	（1）东北振兴研究院2020年出版的《东北振兴研究丛书》，共8册 ◆ 周建平等：《东北振兴战略总论》 ◆ 常修泽：《中国东北转型通论》 ◆ 迟福林等：《东北振兴新动力》 ◆ 张占斌：《新时代与东北振兴》 ◆ 李凯等：《东北振兴中的产业结构调整》 ◆ 赵晋平：《东北振兴中的对外开放新前沿建设》 ◆ 孙德兰等：《东北振兴与“一带一路”》 ◆ 张占斌：《东北振兴与混合所有制改革》 （2）东北振兴研究院2018年以来出版的《东北全面振兴系列研究报告》，10余册 ◆ 曹洪滔2021年：《东北地区都市圈、城市群协同发展研究》 ◆ 张晓杰等2021年：《东北老工业基地政府管理创新研究》 ◆ 程海东等2021年：《东北区域旅游产业一体化发展研究》 ◆ 程海东等2020年：《东北区域经济一体化研究》 ◆ 田鹏颖等2020年：《东北老工业基地振兴战略思想研究》 ◆ 高菲2019年：《东北地区构建市场导向创新体系的路径研究》 ◆ 田鹏颖等2018年：《东北老工业基地全面振兴的文化反思》 ◆ 綦勇2018年：《东北地区推动新旧动力转换机制与重点产业选择研究》 ◆ 陈俊龙等2018年：《东北地区和京津冀产业协同发展对策研究》 （3）辽宁大学2011年出版的《东北老工业基地全面振兴系列丛书》，共10册 ◆ 林木西等：《东北老工业基地新型产业基地建设研究》 ◆ 黄继忠：《东北老工业基地产业结构调整优化研究》

① 2003年之前关于东北振兴的代表性著作主要包括：丁四保2002年出版的《中国东北论坛2001：跨世纪的中国东北经济》、王明馥1999年出版的《东北老工业基地实现“两个转变”途径研究》、孔经纬1999年出版的《中国东北经济变迁》、杨颖等1988年出版的《辽东半岛：东北对外开放的窗口》等。

续表

类型	丛书和专著名称
系列丛书	◆ 武萍：《东北老工业基地技术创新体系研究》 ◆ 崔万田：《东北老工业基地区域一体化研究》 ◆ 崔日明：《东北老工业基地振兴与东北亚区域经济合作互动研究》 ◆ 张桂文等：《东北老工业基地制度创新体系研究》 ◆ 穆怀中等：《东北老工业基地劳动力就业研究》
问题及路径综合性研究图书	◆ 闫修成、梁启东等 2013—2022 年：《东北蓝皮书：中国东北地区发展报告》 ◆ 李凯等 2017—2022 年：《东北老工业基地全面振兴进程评价报告》 ◆ 王成金 2022 年：《东北地区高质量发展的战略路径》 ◆ 王成金 2021 年：《东北地区全面振兴的重大问题研究》 ◆ 林木西等 2021 年：《东北老工业基地全面振兴、全方位振兴》 ◆ 周建平 2019 年：《绸缪东北：新一轮东北振兴》 ◆ 金凤君等 2018 年：《新时期东北地区“创新与发展”研究》 ◆ 王爱新等 2018 年：《新时代东北地区经济高质量发展研究》 ◆ 刘斌 2016 年：《新常态下东北经济振兴研究》 ◆ 王大超等 2014 年：《东北老工业基地振兴热点问题研究》 ◆ 金凤君 2012 年：《东北地区发展的重大问题研究》 ◆ 李靖宇 2012 年：《东北全面振兴方略》 ◆ 国家发展改革委东北振兴司 2010 年：《振兴东北重大课题研究成果汇编》 ◆ 张今声 2009 年：《科学发展与东北振兴》 ◆ 郑晓亮等 2008 年：《振兴东北老工业基地的理论与实践》 ◆ 于振汉 2007 年：《东北的振兴与发展》 ◆ 彭真怀 2006 年：《东北调查研究报告：以科学发展观统揽老工业基地振兴全局》 ◆ 国务院老工业基地领导小组 2006 年：《振兴东北重大课题研究成果汇编》 ◆ 陈清泰等 2005 年：《东北振兴新思路》 ◆ 冬宁等 2004 年：《东北咋整：东北问题报告》 ◆ 刘文成 2004 年：《振兴东北大视野：第四增长极》 ◆ 巩其庄 2004 年：《新的增长极：东北振兴战略》 ◆ 上海财经大学区域经济研究中心 2004 年：《东北老工业基地复兴研究》 ◆ 陈才等 2004 年：《东北老工业基地新型工业化之路》 ◆ 赵新良 2004 年：《拥抱市场春天：东北老工业基地振兴的理性思辨》 ◆ 赵新良 2004 年：《回眸探索历程：国内外老工业基地振兴方略比较》
问题及路径专项研究图书	（1）政府体制机制创新 ◆ 林木西等 2018 年：《东北老工业基地新一轮体制机制创新》 ◆ 孙萍 2017 年：《东北老工业基地振兴与地方政府职能转变研究》 ◆ 林木西 2008 年：《东北老工业基地制度创新》 ◆ 孔金平等 2008 年：《东北振兴与政府转型互动研究》 ◆ 李向平 2008 年：《通向复兴之路：东北老工业基地振兴政策研究》

续表

类型	丛书和专著名称
问题及路径专项研究图书	◆ 王倩等 2007 年:《欧盟区域政策及其对中国东北老工业基地振兴的启示》 ◆ 娄成武等 2006 年:《振兴东北工业基地政策体系建设研究》 (2)产业结构调整及产业空间升级 ◆ 霍红 2022 年:《价值共创视角下的东北全域旅游协同发展研究》 ◆ 雷智中 2021 年:《辽中南城市群产业集聚模式与效应研究》 ◆ 马会 2020 年:《新时代东北老工业基地产业结构一体化升级建构方略》 ◆ 林木西 2020 年:《沈阳经济区新型工业化国家综合配套改革试验区发展报告》 ◆ 唐晓华等 2019 年:《东北老工业基地新一轮产业结构优化:以制造业为例》 ◆ 杨宇 2019 年:《开发区:东北新成长空间》 ◆ 张志元 2018 年:《制造业转型与东北全面振兴》 ◆ 齐昕 2018 年:《辽宁老工业基地振兴中的城市化经济运行研究》 ◆ 李敏娜等 2014 年:《东北老工业基地战略性新兴产业改造研究》 ◆ 李煜华 2012 年:《东北老工业基地产业集群化及其发展模式研究》 ◆ 钟贤巍 2010 年:《欧盟产业旅游对东北老工业基地的启示》 ◆ 宋冬林 2009 年:《东北老工业基地资源型城市发展接续产业问题研究》 ◆ 宋冬林等 2008 年:《东北三省创新能力评价及产业结构调整对策研究》 ◆ 陈才等 2007 年:《东北地区县域经济发展研究》 ◆ 杜莉等 2007 年:《产业集聚与东北振兴:欧盟等国家(地区)的启示》 ◆ 杨共滨等 2004 年:《新型工业化道路与东北经济振兴》 (3)国企改革及民营经济发展 ◆ 曲静 2021 年:《大厂雄浑:一个东北老国企的前世今生》 ◆ 卜长莉 2016 年:《国企改革与东北振兴:构建工会与企业社会责任的互动机制》 ◆ 赫国胜等 2012 年:《利用外资改造东北老工业基地国有企业对策探索》 ◆ 卜长莉 2009 年:《社会资本与东北振兴:对东北地区 142 家工业企业的调查》 ◆ 潘石 2008 年:《私营资本积累与东北经济振兴》 (4)创新驱动发展及要素保障 ◆ 魏洪英 2022 年:《东北地区人口流出及其对经济发展的影响研究》 ◆ 李伟民 2018 年:《东北老工业基地区域技术创新竞争力研究》 ◆ 刘凤朝等 2016 年:《东北老工业基地创新驱动发展研究》 ◆ 吕政 2012 年:《振兴东北老工业基地科技支撑战略研究》 ◆ 武萍 2011 年:《东北老工业基地技术创新体系研究》 ◆ 张少杰等 2008 年:《东北老工业基地创新体系建设研究》 ◆ 梁桂 2006 年:《在振兴东北老工业基地中的高新区发展战略研究》 ◆ 杜莉 2012 年:《振兴东北老工业基地的金融支持》 ◆ 王顺 2012 年:《金融支持东北经济振兴理论与实践》 ◆ 盛松成 2008 年:《信贷政策如何支持振兴东北老工业基地》 ◆ 宋兴国 2006 年:《东北振兴金融先行:人民银行沈阳分行调研报告选编》 ◆ 田鹏颖 2018 年:《东北(辽宁)老工业基地劳模文化研究》

续表

类型	丛书和专著名称
问题及路径专项研究图书	◆ 房国忠 2010 年：《东北老工业基地人力资源开发研究》 ◆ 杨克 2006 年：《振兴东北老工业基地战略与人才培养研究》 （5）对外开放及区域合作 ◆ 唐立新等 2022 年：《打造对外开放新前沿：如何推动东北振兴取得新突破》 ◆ 东北亚经济研究院 2021 年：《大变局中的东北振兴与东北亚区域经济合作》 ◆ 东北 4 省发展研究中心 2020 年：《东北振兴：构建陆海内外联动开放新格局》 ◆ 张士尊 2020 年：《辽河航运史与东北经济一体化研究》 ◆ 于慧玲等 2019 年：《中国东北老工业基地振兴与俄罗斯远东开发联动效应研究》 ◆ 李靖宇等 2018 年：《中国东北方向陆海丝绸之路经济带：联通构想与推进方略》 ◆ 衣保中 2017 年：《东北沿边地区开发开放战略研究》 ◆ 林木西等 2014 年：《东北亚区域合作与东北老工业基地全面振兴》 ◆ 刘力臻 2010 年：《东北老工业基地振兴中的外部资源利用及市场开拓研究》 ◆ 李玉潭 2008 年：《中国东北对外开放》 ◆ 陈才 2008 年：《蒙东地区与东北三省产业对接与跨区域合作研究》 ◆ 王胜今 2007 年：《东北亚区域合作与中国东北振兴研究》 ◆ 赵传君 2006 年：《东北经济振兴与东北亚经贸合作》 ◆ 李玉潭等 2006 年：《东北亚区域经济发展与合作机制创新研究》
经济地理与经济史图书	◆ 徐前进 2023 年：《现代精神之花：一个东北工业城市的具体与抽象》 ◆ 金凤君等 2021 年：《东北经济地理》 ◆ 石建国 2016 年：《东北工业百年简史》 ◆ 姚永超 2015 年：《东北近代经济地理》 ◆ 谢伟 2015 年：《建国初期东北工业基地建设研究》 ◆ 马平安 2009 年：《近代东北移民研究》 ◆ 杨乃坤 2005 年：《近代东北经济问题研究：1916—1945》 ◆ 高广志 2004 年：《涅槃：东北老工业基地改造纪实》 ◆ 张新颖 2004 年：《东北三省老工业基地经济发展比较》
重点省市振兴之路研究图书	（1）辽宁省 ◆ 张本刚等 2023 年：《辽宁比较优势研究》 ◆ 徐皓 2023 年：《产学研协同创新体系建设研究——以辽宁省高校为例》 ◆ 梁启东等 2022 年：《辽宁蓝皮书：辽宁经济社会发展报告（2022）》 ◆ 唐晓华 2022 年：《智造强省发展战略与对策研究》 ◆ 祝爱民等 2022 年：《辽宁省装备制造业发展报告（2022）》 ◆ 王慎十等 2022 年：《辽宁文化发展报告（2021—2022）》 ◆ 邵文武等 2022 年：《辽宁省通用航空产业发展的探索与实践》 ◆ 夏德仁 2021 年：《从“十三五”到“十四五”辽宁产业研究》 ◆ 张芳 2021 年：《辽宁省海洋经济发展战略研究》 ◆ 赵晖等 2021 年：《辽宁民营经济发展研究报告（2020）》 ◆ 辽宁沿海经济带发展研究院 2021 年：《辽宁沿海经济带发展研究报告（2020）》

续表

类型	丛书和专著名称
重点省市振兴之路研究图书	◆刘亚璇 2021 年:《国潮品牌形象升级 -- 以辽宁老字号为例》 ◆刘畅 2021 年:《辽宁省大学生创业政策研究》 ◆哈静等 2021 年:《中国工业遗产史录辽宁卷》 ◆闫广华 2021 年:《辽宁省都市圈空间结构及其演化研究》 ◆刘广东等 2020 年:《嵌入与共享:"冰上丝绸之路"与辽宁区域发展》 ◆于兆吉 2020 年:《新时代背景下辽宁装备制造业发展路径选择》 ◆孙艳丽 2020 年:《辽宁省新型城镇化进程中的投融资问题研究》 ◆张万强等 2019 年:《新中国成立 70 年辽宁的探索与实践》 ◆王慧娟 2019 年:《辽宁农业生产性服务业发展问题研究》 ◆邢军伟 2018 年:《系统视域下辽宁创新能力研究》 ◆齐昕 2017 年:《辽宁参与京津冀协同发展:新一轮老工业基地振兴的战略选择》 ◆李长春 2015 年:《辽沈大地改革潮:20 世纪 80 年代振兴辽宁的探索与实践》 ◆周永生 2015 年:《辽宁经济振兴十周年回顾与展望》 ◆张万强 2014 年:《构建内生增长动力的老工业基地振兴道路》 ◆陈亚文等 2013 年:《辽宁现代产业体系构建问题研究》 ◆张万强等 2011 年:《打造世界级装备制造业基地:战略定位与发展路径》 ◆王福君 2010 年:《区域比较优势与辽宁装备制造业升级研究》 ◆辽宁省委政策研究室 2008 年:《辽宁振兴历程:2003—2008》 ◆辽宁省委政策研究室 2007 年:《辽宁"五点一线"沿海经济带开发开放战略》 ◆唐晓华 2006 年:《产业集群:辽宁经济增长的路径选择》 ◆闻世震 2004 年:《振兴辽宁老工业基地的思路与实践》 ◆中共辽宁省委办公厅 2003 年:《振兴辽宁老工业基地的探索与实践》 (2)吉林省 ◆李阳等 2023 年:《民间投资发展的制度安排与建议:吉林实践》 ◆王颖等 2023 年:《吉林蓝皮书:2023 年吉林经济社会形势分析与预测》 ◆丁晓燕等 2023 年:《吉林文旅绿皮书:吉林省文化和旅游发展报告(2022)》 ◆沈万根 2023 年:《中国图们江地区经济社会发展之路》 ◆李海舰 2022 年:《吉林省经济高质量发展研究 2022》 ◆齐殿伟 2022 年:《人工智能赋能实体经济融合发展研究:以吉林省为例》 ◆侯建明 2022 年:《中国东北地区人口流失及其影响研究:以吉林省为例》 ◆姜天龙 2020 年:《吉林省农业经济若干热点问题研究》 ◆吉林省科学技术协会等 2020 年:《吉林省冷链物流调研报告》 ◆朱麟奇 2020 年:《吉林省旅游产业结构优化研究》 ◆盛志君 2019 年:《全球价值链视角下产业集群发展基础与升级路径研究:以吉林省汽车产业为例》 ◆邵汉明等 2019 年:《新气象新担当新作为:推进吉林高质量发展》 ◆刘信君 2017 年:《智库助力吉林振兴:吉林经济社会发展调研报告集萃》 ◆李铁 2015 年:《图们江合作二十年》

续表

<table>
<tr><th>类型</th><th>丛书和专著名称</th></tr>
<tr><td>重点省市振兴之路研究图书</td><td>◆ 丁小燕等 2013 年：《吉林老工业基地振兴发展研究》
◆ 林秀梅等 2013 年：《吉林省重点产业竞争合作与发展》
◆ 王劲松 2011 年：《吉林老工业基地振兴之路》
◆ 程腊梅 2011 年：《吉林省新能源产业发展研究》
◆ 贺永强 2010 年：《长吉图战略与吉林文化创意产业发展》
◆ 郝圣亮 2008 年：《解密吉林文化产业现象》
◆ 陈才等 1996 年：《东北亚区域合作图们江地区开发》
◆ 刘希林 1990 年：《吉林省产业结构与产业政策研究》
（3）黑龙江省
◆ 闫修成 2022 年：《黑龙江蓝皮书：黑龙江经济发展报告（2022）》
◆ 徐旭等 2022 年：《黑龙江省资源型城市经济转型理论与实践》
◆ 欧江波 2022 年：《黑龙江省广东省对口合作工作报告（2021）》
◆ 王玉芳等 2021 年：《黑龙江省冰雪旅游产业发展：感知、消费与效率》
◆ 吴冠男 2020 年：《黑龙江工业建设口述史（1949—1999）》
◆ 祝洪章等 2019 年：《黑龙江省对俄跨境产业体系发展对策研究》
◆ 张春萍 2019 年：《“龙江丝路带”框架下黑龙江省对俄投资问题研究》
◆ 冷超等 2019 年：《黑龙江冰雪民俗体育文化发展研究》
◆ 刘文勇等 2019 年：《黑龙江省装备制造业竞争力研究》
◆ 谢金箫 2017 年：《“四化”推进下的黑龙江省产业结构升级研究》
◆ 钱威等 2014 年：《黑龙江省旅游产业发展若干问题研究》
◆ 赵德海等 2011 年：《黑龙江省服务外包装产业发展研究报告》
◆ 马增林 2011 年：《黑龙江大豆产业发展问题研究》
◆ 乔瑞中 2010 年：《黑龙江省资源型产业发展研究》
◆ 王威 2010 年：《黑龙江乳品产业的发展模式研究》
◆ 李建峰等 2009 年：《高技术产业人力资源问题研究：以黑龙江省为例》
◆ 赵德海等 2009 年：《黑龙江省第三产业结构优化与创新研究》
◆ 陈旭东 2006 年：《振兴·发展·腾飞：振兴老工业基地进程中的黑龙江》
◆ 徐晓飞等 2006 年：《黑龙江省制造业信息化发展战略研究》
◆ 潘春良 2005 年：《黑龙江省振兴老工业基地对策研究》
（4）沈阳市
◆ 崔剑生 2020 年：《全域旅游视角下沈阳市旅游业的改革与创新》
◆ 安玉新等 2019 年：《民营经济助力沈阳老工业基地振兴研究》
◆ 李庆杨等 2014 年：《沈阳经济区发展问题研究》
◆ 张言 2013 年：《沈阳经济区发展研究》
◆ 政协沈阳市委员会经济委员会 2012 年：《沈阳市服务业发展战略对策研究》
◆ 张行湘 2005 年：《突围历程：振兴沈阳老工业基地的探索》
◆ 顾春明 2004 年：《振兴潮：“东北振兴沈阳先行”集锦》</td></tr>
</table>

续表

类型	丛书和专著名称
重点省市振兴之路研究图书	（5）大连市 ◆辽宁自贸区研究院 2019 年:《辽宁自贸区大连片区创新案例研究（第 3 辑）》 ◆人民银行大连市中心支行 2018 年:《建设自由港的探索：走向未来的大连》 ◆大连软件和服务外包发展研究院 2013 年:《崛起于大连领军于中国：大连软件和服务外包产业发展十二年研究报告》 （6）长春市 ◆王有军 2018 年:《长春全面振兴发展探索》 ◆王有军 2014 年:《创新转型：长春改革发展观察》 ◆孔经纬 1991 年:《长春经济演变》 （7）哈尔滨市 ◆窦文章 2017 年:《哈尔滨建设国际时尚旅游城市的思考》 ◆崔丹 2008 年:《哈尔滨产业结构演进与发展研究》 ◆王清海 2003 年:《哈尔滨冰雪经济研究》 ◆王兰荣 2000 年:《哈尔滨经济发展若干问题研究》

后 记

2018 年 3 月，长城战略咨询沈阳业务中心落户东北，至今已 5 年有余，2022 年我们还在东北新设了 2 个分支机构，即大连业务中心和长春业务中心。本书的核心内容及主要观点基本上都源于这 5 年多我们在东北地区的“陪伴式”咨询服务实践。

本书由长城战略咨询吴勇、李文惠总体策划和编写。我们首先感谢东北的客户朋友，这 5 年多，他们的振兴需要为我们提供了洞见应用的场景，他们持续升级的实践探索是我们思考精进的动力。其次，感谢长城战略咨询相关领导和同事对全书架构、核心观点的悉心指导和大量帮助，包括创始人王德禄所长（1956—2022 年），联合创始人武文生总经理、刘志光理事长[①]，常务副总经理陈文丰，顾问赵慕兰，副总经理王奋宇、王志辉、曹善平，沈阳业务中心同事周俊彤、苗媛媛、于诗洋、潘思达，大连业务中心同事荆涛、韩有业等。此外，长城战略咨询智库办主任邵翔、市场部总监吴炜等在本书出版的协调和对接上，也予以很大帮助，在此一并致谢。

本书虽经编写团队严谨思考和不懈努力，但由于能力和水平所限，疏漏和不足之处在所难免，敬请广大读者批评指正。

编写组

2023 年 12 月

① 2023 年 3 月，刘志光理事长、赵慕兰顾问对本书初稿指导时，提出“不悔旧作”观点，对于激励本书编辑团队精益求精打磨此书是很大的鞭策。此后，2023 年 7—8 月，刘志光理事长、赵慕兰顾问还对本书阶段性稿件提出大量见地深刻的书面修改意见，2023 年 9 月、11 月武文生总经理也对本书送审稿提出大量建设性意见，这些都为本书经验总结和理论升华提供了极大的帮助。